DOSCIENTOS AÑOS
DE NARRATIVA MEXICANA

Volumen 1
SIGLO XIX

SERIE LITERATURA MEXICANA
XI

CÁTEDRA
JAIME
TORRES
BODET

CENTRO DE ESTUDIOS LINGÜÍSTICOS Y LITERARIOS

DOSCIENTOS AÑOS
DE NARRATIVA MEXICANA

Volumen 1
SIGLO XIX

Rafael Olea Franco
Editor

Pamela Vicenteño Bravo
Colaboradora

EL COLEGIO DE MÉXICO

M863.209
D722
v. 1

    Doscientos años de narrativa mexicana / edición, Rafael Olea Franco ;
    colaboración de Pamela Vicenteño Bravo -- 1a. ed. -- México, D.F. : El
    Colegio de México, Centro de Estudios Lingüísticos y Literarios,
    2010.
    337 p. ; 23 cm.

    ISBN 978-607-462-139-6 (obra completa)
    ISBN 978-607-462-140-2 (volumen 1)
    Volumen 1. Siglo XIX -- Volumen 2. Siglo XX

    1. Novela mexicana -- Siglo XIX -- Historia y crítica. 2. Autores
    mexicanos -- Siglo XIX -- Crítica e interpretación. 3. Novela mexicana
    -- Siglo XX -- Historia y crítica. 4. Autores mexicanos -- Siglo XX -- Críti-
    ca e interpretación. I. Olea Franco, Rafael, ed. II. Vicenteño Bravo,
    Pamela, ed.

Primera edición: 2010

DR © EL COLEGIO DE MÉXICO, A.C.
    Camino al Ajusco 20
    Pedregal de Santa Teresa
    10740 México, D.F.
    www.colmex.mx

ISBN 978-607-462-139-6 (obra completa)
ISBN 978-607-462-140-2 (volumen 1)

Impreso en México

ÍNDICE GENERAL

NOTA EDITORIAL

Doscientos años de narrativa mexicana pretende ofrecer visiones generales sobre algunos de los escritores que, en el ámbito narrativo, han marcado varias de las tendencias más trascendentes en nuestros dos siglos como nación independiente. El primer volumen, dedicado al siglo XIX, contiene catorce trabajos; el del siglo XX, veintidós.[1] El título global rinde homenaje al libro pionero de Mariano Azuela: *Cien años de novela mexicana* (1947), donde reunió las conferencias que hasta ese momento había impartido en El Colegio Nacional, institución a la que ingresó desde su fundación, es decir, en 1943. En 1950, Azuela actualizó sus lecturas sobre el género mediante el ciclo "Algo sobre novela mexicana contemporánea", donde comentó unas cuantas obras narrativas de los años más recientes; entonces expresó la siguiente prevención sobre la calidad de la labor crítica en México: "La crítica tiene con frecuencia un procedimiento que no la compromete y a la vez la dispensa de hablar de las obras que menciona sin leerlas, y es transcribir lo que otros dijeron y darlo como de la propia cosecha".[2] En cuanto al enfoque crítico que aquí practicamos, sin duda la academia universitaria está obligada a dialogar con honestidad con quienes la han antecedido en el estudio de los textos; no obstante, tengo la certeza de que eso no implica que nos limitemos a apropiarnos de lo dicho por otros.

Cuando se emitió la convocatoria e invitación para este proyecto colectivo, se pidió a los colaboradores algo sencillo y a la vez complejo: contribuir con ensayos que ofrecieran a los lectores interesados en la literatura mexicana de los siglos XIX y XX, una primera aproximación crítica a la obra de un escritor particular, desde un punto de vista analítico que tendiera a abarcar, cuando fuera posible, la mayor parte de sus textos narrativos. Con una intención didáctica, pensando sobre todo en quienes cursan estudios universita-

---

[1] En el proceso de edición de estos volúmenes, hubo el riesgo de que no contáramos con un ensayo sobre la obra narrativa de José Emilio Pacheco. Este riesgo me indujo a desechar otro trabajo que estaba preparando y a asumir yo mismo esa tarea. Afortunadamente, al final pudimos contar con dos ensayos sobre el autor, los cuales ofrecemos en el segundo volumen, como visiones complementarias de este esencial escritor mexicano del siglo XX.

[2] Mariano Azuela, "Algo sobre novela mexicana contemporánea", en *Obras completas*, Fondo de Cultura Económica, México, 1960, vol. III, pp. 675-676.

rios en el área literaria pero también en el amplio público, se solicitó expresamente un diálogo con la crítica; así, quienes consulten estos volúmenes contarán con un primer acceso a la bibliografía crítica sobre un autor (y ya se sabe que una puerta abre muchas más). Por cierto que a esta orientación didáctica se aúna un propósito pragmático, el cual me ha impelido a optar por un sistema de notación bibliográfica general que, no obstante, en algunos casos puede asumir variantes útiles (nunca he sido un fundamentalista de las cuestiones bibliográficas).

El 3 de enero de 1914, en plena efervescencia de la lucha fratricida entre las diversas facciones revolucionarias y las fuerzas federales del asesino Victoriano Huerta, Federico Gamboa —ese "hombre de otros tiempos, hombre ya sin tiempo" como lo definió agudamente Alfonso Reyes[3] para segregarlo de los miembros de su generación— pronunció una conferencia sobre la novela mexicana donde, luego de reivindicar el género y de revisar sus relativos logros en México, concluía con tono a la vez anhelante y profético: "Hoy por hoy, la novela apenas si se permite levantar la voz. Muda y sobrecogida de espanto, contempla la tragedia nacional que hace más de tres años nos devasta y aniquila [...] La novela, de luto ya, como el país entero, recordando pasadas calamidades, conociendo la vitalidad increíble de esta tierra adolescente y mártir, confía y espera".[4] Si no me equivoco, estos dos libros mostrarán fehacientemente dos puntos respecto de las aseveraciones y las dudas de Gamboa. Primero, que los logros de la novela (y del cuento) en México son mayores de lo que su perspectiva, muy cercana en el tiempo a los sucesos culturales evaluados, le permitía apreciar. Segundo, que por fortuna su cauto pero esperanzado vaticinio sobre el género se cumplió largamente en el siglo xx, empezando, al año siguiente de su conferencia, con *Los de abajo* de Mariano Azuela, cuya versión periodística se difundió en 1915 en El Paso, Texas.

Tan dilatado ha sido el cumplimiento del género en los siglos xix y xx que esta limitada muestra crítica pretende ser sólo representativa, es decir, no anhela ni la más mínima exhaustividad. Lamentablemente, por razones de diversa índole, en el camino se quedaron ensayos, ya comprometidos, sobre Heriberto Frías, Justo Sierra O'Reilly, Juan José Arreola y Fernando del Paso. En otros casos, no pude (o no supe) encontrar a algún investigador que asumiera el reto de redactar una aproximación crítica sobre otros escritores. Ojalá que esta carencia sea subsanada por otros investigadores, quienes al asumir una actitud constructiva, o sea, que no se conforme con censurar las limitaciones de lo que otros han hecho, podrían completar o superar esta muestra colectiva.

[3] Alfonso Reyes, "Pasado inmediato", en *Obras completas*, Fondo de Cultura Económica, México, 1960, vol. XII, p. 215.

[4] Federico Gamboa, *La novela mexicana* [Conferencia leída en la "Librería General" el 3 de enero de 1914], Ed. Eusebio Gómez de la Puente, México, 1914, pp. 26-27.

Toda propuesta de lectura, por modesta que sea, aspira, de manera consciente o no, a influir en la constitución de un canon literario (o de una tradición cultural). Estoy seguro de que algunos de los escritores analizados en estos volúmenes, o bien de los enfoques aplicados a los nombres aparentemente más conocidos, propiciarán cambios en el modo como percibimos el desarrollo (que no evolución) de la narrativa mexicana de los siglos XIX y XX. Contribuiremos así, dialogando críticamente, a la conmemoración de los dos siglos de vida independiente de nuestro país y del primer siglo de la Revolución Mexicana.

RAFAEL OLEA FRANCO

JOSÉ JOAQUÍN FERNÁNDEZ DE LIZARDI: VIDA DESGRACIADA Y OBRA PATRIÓTICA

María Rosa Palazón Mayoral

Instituto de Investigaciones Filológicas, UNAM

DATOS BIOGRÁFICOS

José Joaquín Eugenio Fernández de Lizardi Gutiérrez (1776-1827) nació en la Ciudad de México. Entonces corrían venas de agua donde se comerciaban en chinampas huertas flotantes que llegaban desde los "pueblos de indios" a ofrecer un altero de frutas, verduras y flores. Lugar poco expandido, a medida gustosa de los peatones, aunque los ricos se paseaban en engalanadas carrozas tiradas por caballos y, en caso de urgencia, tomaban los coches simones o de alquiler. Los vecinos pobres llegaban en carretas de mulas, machos y burros, así como caballos con su jinete. La suciedad que dejaba este medio de transporte era apoteósica. Como espacio pequeño, era centro de amistad y también de odios aderezados con frases hirientes. El 15 de noviembre de 1776, en la parroquia de Santa Cruz y Soledad, aquel niño con un ojo bizco fue bautizado por Francisco Rubio, con licencia del doctor Gregorio Pérez Cancino. La partida de bautismo, único documento oficial en esos días, consigna que su padrino fue Juan Casata. Su madre, Bárbara, originaria de Puebla, y probablemente hija de unos libreros de aquel lugar, falleció cuando Lizardi aún era niño. Lo crió su madrastra María Josefa Torres. Aun cuando es un procedimiento de lectura dudoso y frágil en extremo, podría detectarse en los escritos lizardianos su grito desgarrado de orfandad. Él insiste asiduamente en el nefasto abandono de las "señoras mujeres": dejaban a sus pequeños al cuidado de pilmamas, chichiguas o nanas que les llenaban la cabeza con fantasmas de la imaginación cuando los tenían en su falda. Las criaturas vivían angustiadas por amenazas intangibles, porque sus pudientes madres pasaban la vida durmiendo, en franchelas, visitas y derrochando el sueldo del marido. Eran fieles consumistas de la efímera moda y de superficialidades como cortarse el cabello hasta quedar pelonas y rizadas como Furias, es decir, como la Gorgona. Los mimos y regaños o límites de las señoras madres a sus crías estaban fuera de la buena educación: no se ocupaban en formar buenos ciudadanos. Tampoco se caracterizaron por ser figuras parentales acogedoras. Éste es el tema de las poesías lizardianas y especialmente de *La educación de las mujeres* o *La Quijotita y su prima*.

El padre del futuro escritor, Manuel Hernández o Fernández (ambigüedad que consta en documentos oficiales), bachiller en medicina, fue asignado al Real Colegio de Tepotzotlán, donde recibía un sueldo menor que el cocinero. Allá pasó nuestro periodista su infancia. Es probable que asistiera a escuelas públicas, donde aún se hablaba el náhuatl. El Real Colegio, maravilla del barroco, había caído en desgracia tras la expulsión de los jesuitas; por entonces era la última esperanza para alumnos que no lograron éxito en otros centros de enseñanza religiosa. Pese a esta suerte de degradación o mala fortuna, o quizá porque las circunstancias lo motivaron a atender a cualquiera, pobre o rico, Lizardi admiró a su padre, un médico consciente con un acendrado sentido del deber y con una sabiduría que se actualizaba. Lo admiró hasta la veneración, según se infiere de sus amargas críticas a los "matasanos". Desde el ángulo negativo, tal dependencia pudiera ser la explicación de la asidua censura de un superyó, o un padre dominante, que se yuxtapone incoherentemente al yo de un pícaro amoral en *El Periquillo Sarniento*. Es notable que en Tepotzotlán, año de 1794, José Joaquín haya sido denunciado a la Inquisición por su padre debido a que, a petición de terceros, copió una baraja adivinatoria con preguntas y respuestas graciosas, albureras, las que, cuando entregó Manuel Fernández de Lizardi, ya la había expurgado. Este proceso, al igual que el acta de bautismo de Lizardi, fueron recabados por Jefferson Rea Spell.

De 1792 a 1798, como ya sabía leer y escribir, aquel joven esbelto, de estatura media y caminar encorvado, que se peinaba hacia delante, siempre vestido con traje y corbata de moño extendido a lo largo de su pecho enjuto, estudió en la capital gramática latina en la casa de su padrino (sita en la cuarta calle de Mesones), el catedrático Manuel Enríquez de Ágreda, según notifica en su folleto *El Pensador a El Payo del Rosario*. Bajo el tutelaje de Francisco Zambrano aprendió retórica y estudió filosofía con el doctor Manuel Sancristóbal y Garay en la misma Universidad Nacional, según consigna en *El Periquillo Sarniento*, texto lleno de datos autobiográficos. "No me gradué ni de bachiller, porque al tiempo de los grados se enfermó mi padre, que era médico del Colegio de Tepozotlán: fui a asistirlo, y destripé el curso. He aquí toda mi carrera literaria" (Fernández de Lizardi 1995: 618).

Posteriormente, hasta 1808, fue escribano público o amanuense (porque los ricos tenían pésima letra, en su decir). En 1810 un europeo, teniente de justicia o juez temporal en Taxco, huyó temeroso de los insurgentes que asomaban por las entradas de aquella "ciudad de españoles". Por una extraña herencia, Lizardi, nacido en México, heredó el cargo (hecho inusitado desde el ángulo de las reformas borbónicas). Escribió cartas al virrey Francisco Javier Venegas, que nunca llegaron a su destino, notificándole las medidas defensivas que pensaba tomar. En 1811 entregó sin resistencia las armas al general Hernández, dirigente de las tropas lideradas por Miguel Hidalgo y Costilla. Lo apresaron los realistas, sus bienes fueron embargados y vino como reo a la Ciudad de México. Logró salir de este embrollo.

El esbozo ciertamente incompleto de su ideología la encontrará el lector atento en sus poesías y fábulas. Entonces sí podremos afirmar su patriotismo comunitario. Pidió que grabaran en su tumba el siguiente epitafio: "Aquí yacen las cenizas de El Pensador Mexicano, quien hizo lo que pudo por su patria" (1051); pero ya que el que vive como pobre, también muere como pobre, lo enterraron en San Lázaro, cementerio que acabó siendo una pocilga. Lo sepultaron con los honores de ordenanza. Su osamenta nunca fue localizada, pese a las diligencias de Luis González Obregón, quien deseó ponerle el mencionado epitafio, que previó en su *Testamento y despedida*: cerdos y perros callejeros acabaron hollando la tierra donde habían colocado su cuerpo. El simbólico apelativo de San Lázaro sugiere a los apestados, a individuos valiosos a cuya sombra el poder de dominio y los pragmáticos oportunistas escribieron ataques sucios, golpes bajos, faltos de generosidad. Después de una acre burla a la Orden de Guadalupe apoyada por su Alteza Serenísima, Antonio López de Santa-Anna, Ignacio Ramírez lanza un balazo directo de ironía llamando a Fernández de Lizardi "el caballero de medio millón de pesos, que recibió para buques" (Ramírez 1988: 220).

Nuestro autor no supo tocar las puertas de la adulación con maestría, sino que plantó una cara muy poco acicalada a una sociedad injusta y degradante para la mayoría de su población. Dije "con maestría" porque la censura impidió la expresión sincera de opiniones. Las reglas exigían, incluso a los más valientes rebeldes, escribir parrafadas laudatorias y besamanos, vistos desde nuestro horizonte; sus contemporáneos supieron leer muy bien aquello que obedecía a una norma y los párrafos donde se asomaba la discrepancia. Esta sinceridad, en ocasiones arrebatada, explica por qué el 29 y 30 de noviembre de 1812 hubo una manifestación popular favorable a la entereza de Carlos María de Bustamante y Lizardi porque éste decía "la verdad pelada" (nombre de uno de sus versos).

El 5 de junio de 1813, El Pensador contrajo matrimonio con María Dolores Orendáin Hurtado, originaria de las cercanías de Tepotzotlán; sobrevivió a su esposo unos meses (su acta de defunción es del 18 de diciembre de 1827). Él obtuvo un permiso temporal para casarse y salir de la cárcel, donde pasó siete meses por haber defendido el fuero de los curas rebeldes contra el juicio que les aplicaban los militares. En el número 9 de *El Pensador*... felicitó el aniversario del tirano. Según lo exigían los impresores y la censura llamó a Venegas ínclito virrey, demandándole, como bocón irredento, que revocara el bando del 25 de junio de 1812 que daba injerencia a los militares en el enjuiciamiento de los curas rebeldes. El escrito lizardiano provocó la suspensión de la recién estrenada libertad de imprenta, a la que dedicó los dos primeros números de *El Pensador Mexicano*. En su *Carta al Papista*, Fernández de Lizardi dice que cuando solicitó que se derogase tal disposición, Bataller alarmó a Venegas al decirle que ese escritor había hecho más daño que Morelos con sus cañones. A las tres de la mañana del 7 de diciembre de 1812, lo sorprendieron más de sesenta hombres. Lo metieron en el cuarto donde estaban los sacos de ajusticiados. El carcelero lo llevó a la Capilla del Olvido, reclusorio último de los sentenciados a muerte. A las nueve de la mañana del 8, Roldán y otros ministros lo condujeron a la casa de Bataller, donde estaba el alcalde de corte Felipe Martínez. Bataller lo injurió y lo llenó de improperios. Le tomaron la declaración, le levantaron el separo y Bataller lo sustrajo de su jurisdicción. No salió de la cárcel hasta que lo liberó el auditor de guerra Melchor Foncerrada. El párrafo de marras que desató tal represión dice:

> Vuestra excelencia, señor, no tiene jurisdicción alguna sobre los eclesiásticos, ni los mismos reyes, aunque sean aquéllos sus vasallos [...] Acuérdese vuestra excelencia que los mismos reyes cuando mandan alguna cosa a los eclesiásticos usan de estas moderadas: "ruego y encargo" [...]
>
> Revoque vuestra excelencia ese bando que ha sido la piedra del escándalo en nuestros días, y lloverán sobre vuestra excelencia las bendiciones de Dios, el pueblo lo colmará de elogios y su nombre será grande en lo futuro (Fernández de Lizardi 1968: 87).

La pequeña Dolores Fernández de Lizardi Orendáin venía en camino sin que sus padres hubieran cumplido el sacramento del matrimonio. Lizardi suplicó que le dieran un permiso temporal para salir de la cárcel y casarse. Tal concesión caducó inmediatamente después de la boda. La niña tenía siete años en 1820. Si en ocasiones usó el plural "hijos" es porque fue tutor de Joaquín Rangel, que llegó a general. Bajo su custodia, en Veracruz, murió la "Doloritas" de fiebre amarilla, y adoptó a Marcelo, hijo biológico de un carpintero, quien tomó el apellido Fernández de Lizardi (nuestro autor se avecindó una corta temporada en Mixcoac cuando era perseguido por la Condesa de la Cortina por una nimiedad o chisme sin importancia).

Nuevamente visitó el "mesón de la pita", nombre con que se conocía la prisión, debido a que en su *Chamorro y Dominiquín. Diálogo jocoserio sobre la independencia de la América*, argumentó de manera brillante que España daría por su propia voluntad la independencia a las Américas. Iturbide denunció sus *Cincuenta preguntas de El Pensador a quien quiera responderlas*. Todo esto indica que las publicaciones de Lizardi fueron llevadas a instancias censoras hasta el fastidio. En 1822 fue excomulgado, se le denostó en carteles y púlpitos, y en un acto público se quemó su *Defensa de los franc-*

masones, folleto por el que fue excomulgado *ipso facto absuque ulla declaratione incurrenda*. El texto circuló una semana sin pena ni gloria hasta que un carmelita predicó en la Catedral que el impreso era herético, y exhortó al Cabildo Eclesiástico a la excomunión de su autor. Se reunió la Junta de Censura y declaró el "papel" como sospechoso de herejía, ofensivo, escandaloso, temerario, fautor de cisma e injurioso a las autoridades civiles y eclesiásticas. El provisor Félix Flores Alatorre, canónigo doctoral de la Catedral y vicario del Arzobispado, lo excomulgó. Esta insulsa *Defensa*... sostiene que cien años después de decretadas las bulas de Clemente XII y Benedicto XIV, habían sido revividas para que los católicos no establecieran tratos con las sectas y los liberales fueran hundidos en la impopularidad. El Pensador argumenta que la única razón aducida es que mantenían sus resoluciones en secreto y bajo el cumplimiento de respetarlas en la práctica. Los masones no admitían el perjurio, mientras los católicos perjuraron de sus juramentos (a Carlos IV, a Fernando VII, a la monarquía española, a la Inquisición y al papa Alejandro VI), desdiciéndose no por convencimiento, sino por un repulsivo pragmatismo. Lizardi mandó cinco "ocursos" al Congreso para que se le levantara el castigo y se le nombrara un abogado. El Congreso se fingió sordo. También retó a un diálogo en la Universidad sobre aquel estigma, según se lee en su cuarta *Carta al Papista*. Incluso puso sobre la mesa las dos proposiciones que defendería: su excomunión no recayó sobre delito, y era ilegal porque en su fulminación se quebrantaron los trámites que prescriben los cánones. Nadie aceptó. Excomulgado, Lizardi experimentó un terrible ostracismo y acabó pidiendo perdón. Lo perdonaron el 23 de diciembre de 1823.

Encorajinado escribió la virulenta *Segunda defensa de los masones*, sus *Cartas al Papista* y su *Correo Semanario de México*, entre otros escritos.

En junio de 1823 fue encarcelado por un folleto en que fingió un congreso de ladrones, simbolizando la inseguridad que se vivía en la capital. También se prohibió que circulara su folleto *Si el gato saca las uñas, se desprende el cascabel*, bajo las acusaciones de falsedad, de ser contrario a la fe e irrespetuoso con los Sumos Pontífices. Adicionalmente fue encerrado, como si hubiera perdido sus facultades, en el Hospital de San Andrés por decirle vieja a su casera Josefa González, a la sazón de cincuenta y nueve años, edad provecta en los inicios del siglo XIX (embrollo debido a que doña Josefa era considerada heroína de la Independencia, y seguramente porque nuestro pobre tuberculoso no tenía dinero para la renta). Empezaba a aplicársele el ninguneo, por demás significativo en una población que, por desgracia, enjuicia Lizardi, nació en el Planeta Ovejo y todo lo lleva con paciencia.

A invitación expresa de Agustín de Iturbide se unió al Ejército Trigarante en calidad de jefe de prensa. Amó a la persona del "libertador"; pero disintió desde muy pronto con el boato de la Corte y la disolución del Congreso,

como deja entrever en su folleto *Defensa de los diputados presos y demás presos que no son diputados, en especial del padre Mier*. En 1825 fue nombrado editor de la Gaceta, órgano oficial del gobierno de Guadalupe Victoria. En sus últimos años, por los servicios que prestó a la Independencia, la Junta de Premios le asignó sesenta y cinco pesos mensuales como capitán segundo de infantería retirado.

21 de junio de 1827: José Joaquín Fernández de Lizardi murió de tisis a las cinco y media de la mañana en la accesoria, letra A, de la calle de Puente Quebrado, hoy uno de los tramos de República de El Salvador (aún perdura una placa conmemorativa en el sitio). Lo confesaron el sacerdote Juan Ximenes del Río y el sacerdote Pérez, aunque no recibió el viático. Lo enterraron al día siguiente. Como vamos hacia la muerte, paso inevitable, Lizardi invitó a que se acepte la edad, sin disimularla con un casquete bermejo —oís estimados *Güeritos de setenta años...*—, y a que gocemos sus ventajas, porque quizá la vejez regala con una tierna sabiduría, afirma el idealizado Heráclito lizardiano.

Hemos editado catorce tomos de la obra de Lizardi, así como la recepción que tuvo de 1810 a 1820, en gran parte anónima, que apareció casi diariamente. Por la cantidad seleccionada, este último tomo se dividió en dos volúmenes. Es el mismo caso de los ataques y alguna defensa que aparecieron en periódicos y folletos de 1821 a 1827 (en total, saldrán seis volúmenes a partir de tres tomos). Como las verdades amargan, el veneno urdido con perfidia, falsedad y envidia del dominio le pegó palos o pelotazos, como en aquel racista juego de feria llamado "péguenle al negro". Un tumulto de ataques salió a la luz diariamente en la prensa. Maledicencias escritas tanto por los dominadores como por el poder difuso, que se ejerce más que poseerlo legalmente. Nuestro autor de folletos no supo, y quizá tampoco quiso, reverenciar a las cimas del poder, y estas cumbres y sus cohortes mercenarias, ávidas de pingües ganancias, no dudaron en infamarlo. Fue blanco de las descalificaciones de convenencieros anónimos que no refutaron sus argumentos, sino que dictaron sentencia sin previo diálogo. La crítica a las calamidades de un espacio-tiempo, arma futurista, es válida cuando se ejerce de buena fe y con prudencia y valentía. En *Ideas políticas y liberales* por *El Pensador Mexicano* aclara estas orientaciones de sus tareas como escritor. Hoy Fernández de Lizardi es revalorado. Sus enemigos aún abundan. Si, al decir lizardiano, provocaba cóleras y evacuaciones, el emético que utilizó aún funciona. Agustín Yáñez escribió que la crítica erudita y anémica de valores "muerde" el patrimonio de nuestro más constante y desgraciado escritor mexicano. Con desdén lo acusan burlescamente de sencillo, mala imitación de autores españoles, desaliñado, de vulgar que visita plazas, mesones y garitos, un desgarbado sermoneador, pedagogo, que no literato; esto quizá, agrego, porque sólo han leído *El Periquillo*, *La Quijotita* y algunos de los versos de este "patriarca y

profeta" (Yáñez 1954: vii), quien vio lo que ahora empezamos a vislumbrar: "su voz clamó urgencias que subsisten sobre el desierto de nuestra vida colectiva" (*idem*). Altamirano aseguraba que el pueblo citaba a *El Periquillo* porque se adelantó a Sué en el desvelamiento de los misterios sociales; por ejemplo, en siete calendarios (1866) incluye citas y ejemplos de las secuelas lizardianas, como *Perucho, nieto de Periquillo*, editado en *El Mundo* (1895-1896) durante el régimen de Porfirio Díaz: es un adaptado texto contrario a los estadounidenses, auténticos virreyes. Si sólo escribió para su espacio-tiempo, las obras de El Pensador, tan llenas de verdades, fueron reconocidas después de su muerte, en parte porque escribió siguiendo, según el entender un tanto exagerado de Spell, a Feijoo.

Entre sus contemporáneos hubo envidia por su fama. En su fábula "Esopo y los animales", asegura que este pecado capital es asesino, porque mentalmente el envidioso quiere eliminar al envidiado para ocupar su lugar: Esopo escucha que el caballo afirma que el carnero tiene una vida holgazana porque no carga pesos ni está amarrado por las narices con argollas; el carnero envidia al caballo engalanado, afeitado, calzado y acariciado; el asno piensa que el cerdo es alimentado hasta el hartazgo sin que trabaje, mientras él no deja de hacerlo por una comida mezquina; el puerco exclama que el asno goza de libertad, salud y larga vida; el gorrión envidia a la gallina; el mastín al falderillo y viceversa. Total, "una grima" (Fernández de Lizardi 1963: 298). Esopo descubre a cada uno la suerte del otro y logra que vivan "libres de temores y de envidias" (299). En fin, contento el hombre viviera "si la suerte que envidia conociera" (*idem*).

LA ÉPOCA Y UN SINCERO ESCRITOR

Nada fácil le resultó a este "calvatrueno" y "alma de cántaro" de la América Septentrional asumir como oficio único el de un cañete de guajolote mojado en tinta y letra fijada con salvadera. Terminó siendo un guiñapo, escribe en su *Testamento*, una máquina desfallecida, reseca, minada por la enfermedad y detenida por unas piernas enclenques. Una década antes ya se describió como "gato enlagartijado" (Fernández de Lizardi 1968: 128) que se movía en vaivén entre la clase media baja y la clase agobiada por el hambre. Los bolsillos se le rompieron lastimosamente "al cabo de la vejez", es decir, a sus cincuenta años, después de sacrificar su salud y su vida escribiendo para bien de su patria (Fernández de Lizardi 1995: 1056). Económicamente siempre estuvo a salto de mata; en una temprana petición para representar comedias para niños (todo indica que fue denegada), habla de su agobiante urgencia de obtener arbitrios para mantener a su familia y hasta mandó un manuscrito a un rico de Puebla para que lo ayudara con dinero.

Así pues, Lizardi sufrió persecuciones, estuvo rigurosamente vigilado por los ejecutores de castigos adversos a la libertad de expresión, y se vio expuesto a la ira de un pueblo concitado en su contra mediante consignas que le "royeron los zancajos" al llamarlo "hereje" y "traidor a la patria". En uno de sus exabruptos, en *El Pensador Mexicano* (núm. 13, t. I) llamándose "escritor segundo" dijo: "Ya probé de mi espíritu lo flaco / y no quiero preciarme de borrico. / Y pues para escritor no valgo tlaco, / sacristán he ser, y callo el pico" (Fernández de Lizardi 1968: 118). Pero, así como la cabra tira al monte, no abandonó su tarea de instruir deleitando con su "fluido eléctrico".

Una aclaración: su ser o estar ahí en atropelladas y vertiginosas transformaciones históricas lo obligó a ceder, a fluctuar y posponer sus demandas más queridas, no por oportunismo, sino debido al ritmo acelerado de los hechos. Su vida se desarrolló en un punto crítico en el cual las opciones fueron renovarse o morir colectivamente. A saber, las postrimerías del Virreinato, bajo ideales emancipadores, la guerra de Independencia y los primeros años de la etapa fundacional de México como Estado-nacional exigieron no sólo grandes redefiniciones (cuyo punto de partida fue denunciar las lacras sociales). Se iba perdiendo el relativo orden anterior sin que el nuevo se hubiera instalado. La existencia de los habitantes de aquel enclave histórico semejaba encontrarse en un caos, en un "sueño de la anarquía" porque, según recuento lizardiano: abdicó Carlos IV y, como medida táctica, se enarboló la bandera fernandina, en el entendido de que, por estar en franca e irreversible crisis, España difícilmente vencería a la Francia napoleónica. Lizardi imaginó que ante la torpeza de colocar en el trono a Pepe Botella, y ante la presencia heroica de los rebeldes encabezados por Riego, Lacy, Porlier y otros, aquel "sol" borbónico era una esperanza dudosa, pero esperanza si tomaba el partido liberal. En 1812 se decretó la avanzada Constitución de la monarquía española; ¡qué viva la Pepa!, gritaron los españoles de ambos lados del Atlántico, decepcionados de las conspiraciones de la Nueva España descubiertas y acabadas: las guerrillas armadas estallaron precipitadamente; por lo mismo, fueron sofocadas con rapidez, salvo la del sur, que permaneció aislada y desconocida.

Estalla la rebelión de la Profesa porque la aplicación de la Constitución de 1812 afectaría privilegios de las clases ricas; privilegios tan evidentes que el barón de Humboldt apreció que las distancias clasistas eran las mayores del mundo en esta América Septentrional. Esta insurrección nombró emperador a Agustín de Iturbide, contradiciendo las expectativas de sus seguidores de cuño avanzado, como El Pensador Mexicano. Tras que Iturbide disolvió el Congreso y encarceló a los diputados contestatarios, hubo el levantamiento republicano de Casa Mata, que triunfó; se desterró al emperador Agustín I, excelente militar sin ideas revolucionarias, esto es, el opuesto de Hidalgo y

Morelos, grandes ideólogos y pésimos estrategas militares, a juicio de Lizardi. A Iturbide se le otorgó una jugosa pensión —si es culpable, ¿por qué es premiado?; si es inocente, ¿por qué se le castiga?, observa nuestro indiscreto autor— que le facilitó volver con sus seguidores. Por su torpeza murió en el patíbulo. Luego de inicuos gobiernos transitorios, se nombra a Guadalupe Victoria presidente de la República. En 1824 se elabora la primera Constitución mexicana. Pese a que aquel presidencialismo fuerte, que se sacramentaba en Palacio, en síntesis ilustrativa de nuestro autor, el 16 de septiembre de 1825, Victoria decreta la manumisión de los esclavos negros y sus mezclas. Lizardi lo celebra escribiendo la segunda parte de *El negro sensible*, originalmente de Comella.

Por las razones mencionadas, debemos leer retrospectivamente la obra lizardiana: desde cuando no hubo, al menos con el mismo tenor aplastante, la censura de sus obras tempranas vigiladas rigurosamente por el poder civil y eclesiástico. Mediante este proceder hemos descubierto el sentido embozado de sus palabras: fue independentista, aunque prefirió la vía pacífica que habían preparado los diputados de Cádiz (después de la rebelión gaditana que impidió que Fernando VII jurara la Constitución, Lizardi abrió una suscripción para ayuda de las víctimas), y fue partidario de una república federada bajo la libertad, igualdad y fraternidad. Hagamos memoria. Cuando en 1808 Napoleón invadió España, forzando a Fernando VII a abdicar, y puso en el Ejecutivo a José Bonaparte, una Junta Central de españoles patriotas administró el gobierno y creó la Constitución de 1812; este grupo fue partidario de Fernando VII, abolió la Inquisición (hecho que celebra Lizardi en *El Pensador Mexicano*) y garantizó la libertad de prensa, motivo por el que Fernández de Lizardi se lanzó a escribir *El Pensador...*, donde aborda temas delicados para el estatus colonial. Tanto hubo talentos en España como, en contra de las circunstancias, en América, dice. Argumenta que la soberanía es popular por esencia. El gobierno ha de dividirse en tres, agrega, y el Ejecutivo ha de obedecer órdenes de los diputados. Lizardi fue, pues, un antecedente brillante del republicanismo, como expresó con fluido quemante en su *Conductor Eléctrico*:

Decidido a ser útil a mi patria, desde que se nos permitió por la primera vez el uso libre de la imprenta, no temí estampar las verdades que me parecieron conducentes al beneficio de aquélla, y esto bajo los gobiernos despóticos de los Venegas y Callejas, y aun después en el del señor Apodaca. Son bien públicas las persecuciones que he sufrido por esta causa. Sin embargo, no me ha faltado la firmeza necesaria para hacer frente a las murmuraciones de los necios, a los ladridos de los envidiosos, a las injurias de mis enemigos y al terror que deben infundir tres prisiones (Fernández de Lizardi 1991a: 245-246).

EL OFICIO DE ESCRITOR

El Pensador Mexicano eligió osadamente ser escritor de tiempo completo; esta elección lo mantuvo en la pobreza. Hubo premura en su quehacer. No tuvo el tiempo libre necesario entre la producción y distribución de sus obras. Escribió muchísimo para llevar el pan a la boca (lo prueban catorce volúmenes de sus *Obras*, editados por el equipo de Lizardi en la colección Nueva Biblioteca Mexicana de la Universidad Nacional Autónoma de México: trescientos folletos, nueve periódicos, diez piezas teatrales localizadas y cuatro novelas); pero acabó tan miserable que careció de recursos para aliviarse de la tisis: no tuvo cien pesos para la cura, que consistía en cambiar de aires, por ejemplo trasladarse a San Agustín de las Cuevas, hoy Tlalpan, y alimentarse bien. En sus letras se aspira, pues, el resuello de un tuberculoso. Escritos con apresuramiento y bajo tensión económica, sus textos, en general, están plagados de errores ortográficos, aunque en sus contemporáneos abunda el mismo defecto, y también abundan las pifias tipográficas, que no le son imputables. Consciente de estas deficiencias, aclara en *El Periquillo* que se avergüenza de errores inadvertidos al tiempo de su escritura; que realizaba su labor en medio de las bullas familiares y de amigos. Debía sujetar sus escritos a depuración pero que no tenía paciencia, y pide que los sabios disculpen su premura: "La obrita tendrá muchos defectos, pero éstos no quitarán el mérito que en sí tienen las máximas morales que incluye, porque la verdad es verdad dígala quien la diga y dígala en el estilo que quisiere" (Fernández de Lizardi 1982b: 415). Esta concesión se justifica porque Lizardi, autor de folletos y periódicos por vocación, escribía y pagaba diariamente la publicación de sus escritos.

Debido a que costeaba la impresión, su carrera literaria era como la que emprenden los tahúres, dijo en símil: si en ocasiones ganaba lo que cubría sus necesidades de un mes, lo perdía en el siguiente, por lo que asiduamente se agravaba su economía. Incluso en su exitoso periódico *El Pensador Mexicano* (núm. 13, t. I), anuncia que ha llenado los pliegos ofrecidos en la suscripción; pero tiene que suspender su obra debido a que el papel estaba tan caro que no le salían las cuentas para seguir, a menos que se abaratara. Como escribía para los pobres, que llamó con toda corrección y sin demagogia "pueblo", sus "papeles" no debían ser el lujo que pudieran adquirir sólo unos cuantos.

Constantemente emitió juicios alejados de la "nieve preciosista", vacía de contenido, incomprensible para un pueblo atraído por el voceo de títulos ingeniosos. En "Diálogo entre un francés y un italiano", aparecido en *El Pensador Mexicano*, en boca del primero declara sus fines: mi "gusto" es "que me entiendan hasta los aguadores, y cuando escribo jamás uso voces exóticas o extrañas, no porque las ignore, sino porque no trato de que me admiren cuatro cultos, sino de que me entiendan los más rudos" (Fernández de Lizardi 1968: 268).

Ofrecía un número corto de páginas, legibles en tertulias (incluso sus novelas aparecieron por entregas) y escuchadas por un público analfabeto. Las escribió porque "las palabras luego mueren / y las letras siempre viven", acota en *Papeles contra sermones* (Fernández de Lizardi 1991a: 64). ¿Escribir para un pueblo mayoritariamente analfabeto? Lo hago, suelta a boca de jarro en "Vaya una zapiroleta en vez de prólogo" (*El Payaso de los Periódicos*), como me da la gana: su auditorio era libre de comprar o no sus "papeles". Los ávidos corrillos designaban a uno o varios que leían. Las marcas de oralidad en los textos lizardianos son varias: además de su recurrencia a célebres frases hechas, usó refranes y proverbios y anécdotas o historias para que el mensaje se fijara en la memoria; imitó el habla de los diversos estratos populares, lo cual explica la excelente acogida que tuvieron algunas de sus obras, como *El Pensador Mexicano*: un tiraje de 2 600 ejemplares destinados a una población diezmada por el *statu quo*. Usó itálicas para enfatizar ciertos enunciados; incidió en diálogos de corte teatral que facilitan el cambio de voz; otra marca es la reiteración de enunciados previos después de oraciones incidentales, porque no estaba prevista la cansada lectura retroactiva. Como sus destinatarios eran sus contemporáneos, no describe los sitios y ambientes donde ocurre la acción: sólo nombra la imprenta de Alejandro Valdés, los Portales de la Plaza Mayor, la Academia de San Carlos, el Hospicio de Pobres, el Hospital de San Hipólito, el convento de San Francisco y un cúmulo de iglesias más. Con sus "palabras llanas, expresiones directas, lugares comunes y locuciones latinas en boga [...] consigue hacerse entender de la plebe [...] provoca el enojo de los poderosos y satisface a los humildes [...] lleva a la imprenta la genuina expresión del pueblo, descubriendo sus grandes posibilidades artísticas" (Yáñez 1954: xxxiv). Joaquín Fernández de Lizardi utilizó la retórica necesaria para que sus ideas fueran claras en sus periódicos, folletos, alcances, hojas sueltas, calendarios, dramas, novelas, versos y fábulas. Incursionó en gran cantidad de moldes en sus versos reiterativos y deleitosas fábulas, llenas de reflexiones filosóficas de extraña actualidad, aunque este artilugio compositivo no está ahora al día. Sin duda los fabulados pensamientos lizardianos inspiran su reactualización analógica con nuestra situación. Esopo, Iriarte y Samaniego fueron sus influencias; pero sus fábulas, escritas mayoritariamente en 1811 y 1812, son indiscutiblemente suyas y resultan por demás sugerentes. Sus periódicos, folletos y novelas mezclan compactamente la narración breve con poesías y diálogos de corte dramático (historia entre interlocutores de formación educativa diferenciada); contienen las noticias locales de interés básico para los historiadores, los avisos, las leyes, incluyendo las publicadas por bando, las resoluciones del Congreso, la crítica de libros, la pesadilla que daba a la luz la burocracia, las cartas y los comunicados, esto último porque siempre ofreció un espacio para que cualquiera expresara sus inquietudes y quejas. Si algunos han clasificado a Lizardi dentro del estilo neoclásico, porque la influencia de

Iriarte y Samaniego está presente en sus fabulaciones, según sus críticos más acuciosos en muchos de sus textos siguió el modelo barroco de Cervantes: mezcla relato, diálogo, versos, citas y el recurso testamentario. Yáñez piensa que en *El Pensador Mexicano* "tuerce" sus influencias barrocas para convertirlas en una "exégesis de lo mexicano", proyectando sus admoniciones al porvenir de México. Fijándonos en las taxonomías, aunque poco dicen, llama la atención la cantidad de formas métricas que manejó: romancillos, cuarteta popular en hexasílabos, octosílabos, pentasílabos, versos de pie quebrado, romances, pareados, quintillas, seguidillas, coplas castellanas, décimas, espinelas, endechas... Sus versos no son lo más logrado, aunque su poema "México por dentro o guía de forasteros" es digno de las mejores antologías.

Nunca faltó en sus escritos la reproducción libre de frases de Juvenal, Cicerón, Plutarco, Fénelon, de filósofos griegos y romanos, de los deístas y teístas, de los profetas y de san Agustín y san Jerónimo... Si para engañar a la censura recurría a *La escuela de las costumbres* de Blanchard, *El fruto de mis lecturas* de Jamin, y a Fleuri, Madame Maintenon y Muratori, entre otros, esto no oculta sus conocimientos de los jansenistas, prohibidos en España, de los reformistas a la galicana, como Juan Antonio Llorente, de quien parafraseó su historia de los papas en el periódico *El Correo Semanario de México*, y hasta entrevemos a trasmano aprendizajes directos e indirectos de los ilustrados, como las fases educativas del *Emilio* de Rousseau, reproducidas en la trama de *La Quijotita y su prima*. Esta lista queda muy corta y hasta es tendenciosa, juzgada desde la obra, porque Lizardi escondió mucho su sabiduría enorme, erudita e inesperada (Vogeley, discutiblemente, cree detectar hasta conocimientos de Hume). ¿Cómo y dónde este enamorado de nuestra América Septentrional leyó tantos libros y párrafos de autores censurados?

Por cierto que nuestra edición de Lizardi en la UNAM se llama *Obras* y no "Obras completas", porque aún nos faltan algunos "papeles" del autor. Por ejemplo, *Obras I* se limitó a reproducir las poesías de *Ratos entretenidos* (1819). No obstante, sus poemas se encuentran esparcidos en toda su producción, en particular en los periódicos y folletos.

LAS OBRAS

Las fábulas, escritas en 1817, cuando Lizardi redactaba también *La Quijotita y su prima*, opacan a sus poesías: alcanzan una gracia encomiable que remite a Esopo, Fedro, Samaniego e Iriarte; y antes que nada, a la gracia de nuestro autor. Las pensó como algo anacrónico. Un verdadero castillo de naipes, lo expone para llorar su labor inútil y lánguida. Pero se equivocaría. Sus fábulas se entregan como un arte sencillo para una multitud potencial de receptores, quienes deberíamos interpretarlas y descubrir cómo une filosofía y poesía.

Fernández de Lizardi, el más común de los hombres sabios y el más sabio de los hombres comunes, ha sido identificado como el primer novelista de América, que no primer narrador. Este advenimiento literario tuvo una bienvenida calurosa: se pagaron por los tres primeros tomos de *El Periquillo Sarniento* desde dos pesos cuatro reales, hasta veinticinco y sesenta pesos, que no contrasta demasiado con el precio de sus románticas *Noches tristes y día alegre*. El tomo IV de *El Periquillo* no se imprimió. Spell conjetura que se debió a los juicios lizardianos contra la esclavitud. Esta novela, como un gran mural, denuncia la agobiante corrupción. Con los jansenistas, señala con dedo flamígero la proliferación de los desclasados pícaros que encontraban en la inmoralidad su modus vivendi, sin importarles ni la salud de sus "pacientes", ni las estafas, ni la justicia, ni la educación, ni... Los males no son atribuibles sólo a una hipotética perversión con que nacemos, porque, escribe en "Concluye el diálogo extranjero": "no hay nación alguna cuyos habitantes sean todos malos ni todos buenos" (Fernández de Lizardi 1968: 273), nuestra sociabilidad se acompaña de una insociabilidad que arriba hasta la tiranía obsesionada con el tener económico, político y en el valer cultural de un *ego* contrario a su comunidad.

Lizardi escribió sus novelas para que nos vayamos esculpiendo hacia el lado bueno o sociable: nunca dejó de ser un "Quijote entremetido y ridículo reformador de los hombres", según le imputaban peyorativamente mientras insistía en "refutar el egoísmo" (Fernández de Lizardi 1970: 245). *El Periquillo*, novela costumbrista, describe instituciones, tipos, no sitios. El Pensador escribió su "dialoguismo popular" (Yáñez 1954: xviii) afianzado en su país y no en un lejano Parnaso o República de las Bellas Letras. Es una síntesis (incoherente a veces) de las clases bajas sin oficio ni beneficio (nunca abandonó a los jansenistas), aunque este pícaro o pelado es "un tipo nacional" (vii): "vencedor de destinos, saltimbanqui de vidas" (ix), escribano chanfaina, picapleitos, quien, aunque no actúe siempre de mala fe, envenena a la sociedad (*idem*), aventurero cuya existencia acaba en tragedia. Casi nada queda sin juzgar, ideas sin atar y destinos sin juicio final (x). Yáñez asemeja esta novela a *Vida de Torres de Villarroel*, y al *Gil Blas* de Lesage. Este crítico afirma que es ridículo calificarla de "mal gusto" porque habla de orines, de suciedades, de garitos, de...: habla de los "pelados" (categoría que Yáñez defiende para mexicanizar la picaresca cuando Samuel Ramos y el grupo Hiperión estuvieron interesados en descubrir la quimérica identidad del mexicano y lo mexicano): "No hay pues vulgaridad —en sentido peyorativo—, sino justeza de lenguaje, cuando El Pensador Mexicano saca en letras de molde palabras y modismos corrientes en el trato colonial, principalmente en las masas populares" (xxx).

Contra la influencia anquilosada de Boileau y Luzán, Lizardi rompe con tal "bizantinismo retórico". Es pertinente decir que escribe la verdad y señala corruptelas (xxii) y que Perico se redime mediante el trabajo. Agustín Yáñez señala que el pícaro reacciona con ingenio inmoral, hipócrita, acomodaticio; el lépero carece de los recursos ingeniosos y amorales del pícaro (en cambio, para Vogeley, más que delincuente, el pícaro lizardiano es un trasgresor de costumbres). Sólo muestra su voluntad libertaria, "autonomista y autárquica" (xxv) contra la realidad. Lo cual aplica al personaje estudiado, aunque no sé si se trata de un pelado. Yáñez concluye que Telémaco influye en *El Periquillo Sarniento*, y así como las fábulas de Fénelon censuran el régimen opulento del Rey Sol, Lizardi apunta a una exaltación reformista basada en su republicanismo. Spell detecta influencias de Feijoo en esta obra; Yáñez alega que puede haberla si, y sólo si, se le ubica en un ambiente mexicano, como el Feijoo mexicano, señalando su "equilibrio, sentido común, franqueza, abundancia, vigor, infatigabilidad, viveza de recursos" (xlvii).

Para Luis González Obregón, *El Periquillo* "es un libro de mérito indisputable, el primer libro verdaderamente mexicano" (1938: 11). Hablando del "Prospecto" de este relato, dice que es "su obra más conocida, y de mayor mérito" (43). Por su parte, en dos de sus numerosos trabajos críticos sobre la novela, Spell afirma que sus páginas son de "inestimable value as portraits of social life in Mexico in this regime" (1931: 899), además de tener la distinción de constituir "the best picaresque novel written in America" (1925: 145).

El Perico, subsidiario del proyecto reformista de Lizardi, explica los numerosos pasajes moralizantes, que, dice en "Apología de El Periquillo Sarniento" (Fernández de Lizardi 1982a: 17-27), seguía a Don Quijote, que en tanto moralizaba y predicaba que Sancho Panza le dijo que podía coger un púlpito y andar por el mundo predicando lindezas. En suma, el escrito llama con trompetas a las justas arrabaleras para dar a conocer las artimañas de la supervivencia en desastrosas situaciones políticas, económicas y de salud. Lizardi trabajó para sus coterráneos y contemporáneos: nosotros lo espiamos por la cerradura textual.

Para Vogeley es un relato picaresco del educado según los estándares coloniales inferiores a los privilegios de la élite hispana: "*The Periquillo* seems to have been a popular sucess when it was published, but is also true that some contemporany critics found these digressions tedious and distracting" (Vogeley 1994a: 125). Juicio que, sin restar otros méritos de este mural, es verdadero. La novela es decimonónica. Una aclaración, en su tesis de tercer ciclo en la Universidad de Lille III —*Periquillo Sarniento du récit au roman*—, Catherine Raffi-Béroud analiza el texto en cuestión utilizando las 31 funciones aportadas por Vladimir Propp. Otra aproximación formalista es la de Timothy G. Comton, *Mexican picaresque. Narratives: Periquillo and Kin*; comenta la cronología de la narrativa mexicana, recoge la crítica con que fue recibido *El Periquillo* y detecta elementos básicos en la picaresca y los códigos que la iluminan.

Lizardi abordó *La educación de las mujeres* o *La Quijotita y su prima, historia muy cierta con apariencias de novela*. Describe las debilidades de formación, los anacronismos y la enajenación de las falsas conciencias. Como apóstol de la ilustración, defendió la enseñanza gratuita y obligatoria, aplicada, dirá en sus periódicos, según el método lancasteriano: los alumnos avanzados auxilian a los rezagados. Al tenor del *Tratado de la educación de las jóvenes* de Fénelon, del *Emilio* de Rousseau y del *Eusebio* de Pedro Montengón, e inspirándose en el "Diálogo entre Cecilia y Feliciano sobre la educación de las niñas" (apareció en la prensa periódica del 26 de noviembre y 6 de diciembre de 1810), o conversación de un matrimonio acerca de su hija Matilde en contraste con Epimania, hija de sus vecinos, desbroza las vidas paralelas de dos jóvenes, Pudenciana y Pomposita, a partir de actitudes familiares diversas: "a fictional educational treatise on the reading of girls" (Spell 1926b: 338).

Como novela es un manual pedagógico cuyas máximas son: durante la infancia debe ejercitarse el cuerpo, que la criatura juegue el mayor tiempo posible, sin fatigar su atención con excesivas horas de clase; leer pocos libros, adecuados a la edad; las enseñanzas se deben aplicar a cierta edad para que no ejerzan influencias negativas, porque cuando se imparten tempranamente, se crían niños sabihondos que repiten con la inercia y la afectación de un loro. La instrucción ha de evitar las memorizaciones inútiles de datos que se encuentran en diccionarios y enciclopedias. Los aprendizajes teóricos han de complementarse con los menospreciados oficios manuales, y debe existir la educación sexual.

En la educación familiar y en la escolarizada resulta nefasto el rigor excesivo, la perniciosa severidad generalmente vestida de afectación que trasmiten los adultos; igualmente nefasta es la indolencia porque ambas prácticas roban la infancia. La moral y la religión cimientan el amor al prójimo: buena religión es la apartada de supersticiones. Las etapas educativas son las del cuerpo y las de los sentidos, que despiertan la observación que, de manera implícita, encauza la facultad racional; la fase intelectual debe volver la instrucción lo más amena posible, de modo que el educando deduzca las teorías y hasta pueda iniciar su argumentación.

Noches tristes y día alegre es, a juicio de Yáñez, la pintura de una situación paradisíaca en que la naturaleza y el espíritu logran la felicidad del hombre virtuoso, quien la alcanza en un día alegre y bien aprovechado después de las noches tristes.

Vida y hechos del famoso caballero Don Catrín de la Fachenda, la mejor de sus novelas, pone el dedo en los contrastes clasistas entre miserables, que subsistían con lo mínimo frente al socialmente humillante lujo de los condes y marqueses, fósiles vivientes de etapas históricas canceladas, a juicio lizardiano. La nobleza se jactaba de estar libre de mezclas impuras o nobleza de sangre, sin que "nobleza" fuera, como debía ser, una virtud moral. Debido a tales extremos, se hallaban, sin mayor necesidad de velas potentes, familias que heredaron los títulos de un antepasado suyo paria encumbrado por sus servicios en la Conquista, lo que Lizardi juzgó crimen de lesa patria. Los catrines y petimetres, o afectados por la moda, habían perdido sus riquezas que no su orgullo y altivez. Con estas ideas, esta corta novela es un diario engolado, coherente, que mantiene su vigencia como una de las cumbres literarias de nuestra América.

Catherine Raffi-Béroud usa el método actancial de Greimas, la sociología de la literatura con Goldman, Laborit y Jean Delay, así como la semiología, para que le revelen el concepto lizardiano del teatro. Distingue microsecuencias, personajes, acotaciones escénicas y estructuras superficiales y profundas en sus signos verbales y no verbales. Analiza ocho obras. En el *Auto mariano* descubre a Guadalupe enfocada como una utopía. Raffi-Béroud encuentra en la *Pastorela* el sentido del matrimonio y deberes de los cónyuges; no los cumple Bato y su mujer actúa con bastante independencia: en la ciudad abundan las malas esposas y madres abocadas a la hipocresía, la intriga, la traición; pero en el campo son sencillas, alegres, obedecen al marido y se preocupan por la educación y el mantenimiento de la unidad familiar.

Si El Pensador Mexicano incursiona en los problemas de la mujer oprimida y, por lo mismo, vengativa, y retrata, con un humor que linda en lo sarcástico, las inútiles rutinas de las damas de sociedad, en sentido opuesto, feminista, dice que conforme a la ley de la oferta y la demanda, las viudas y solteras únicamente usaban tres salidas: el convento, la prostitución y la costura; el coronel Linarte, el sentido común, enseña a su hija Pudenciana el oficio de relojera. Si considera que la mujer es débil físicamente, Lizardi las iguala a los hombres en las "facultades racionales". Además, puso en el "bello sexo" el valor de la valentía, que las encumbraba a la categoría de madres secularizadas de la patria, como se lee en su calendario sobre las mujeres patriotas. Asimismo escribió: "Finges tener una gran gana de ser diputada, y alegas en justicia. Los hombres no tan sólo no somos más que ustedes, sino que a las veces somos menos. Ustedes, las señoras mujeres tienen sobre nosotros un predominio admirable [...] las mujeres, por serlo, nunca desmerecen los más altos puestos de la república, pues las ha habido tan útiles como los hombres" (Fernández de Lizardi 1995: 889, 891).

Yáñez valora que los "retratos" de personajes secundarios de la Pastorela, como Pascual, Mariantoña y Culás, son magníficos (Yáñez 1954: xxiv). Por todo lo anterior, Ignacio Ramírez atribuye a Joaquín Fernández de Lizardi un feminismo larvado de gran aliento: "El *Pensador Mexicano*, como yo, como el siglo, adivinó que la revolución es la mujer. ¡Con cuánto amor se dirige a la amante, y a la madre y a la abuela, para convertirlas en sus cómplices, y para convencerlas de que la nueva generación debe ser enteramente americana y jamás gachupina" (Ramírez 1952: 296).

En "La figuración de la mujer: México en el momento de la Independencia", Nancy Vogeley relaciona a la virgen de Guadalupe con el indio: "creo que Lizardi quería que sus lectores espectadores entendieran la fusión de una sensibilidad cariñosa y expresividad indígena, de verdad femenina y voz india" (Vogeley 1996: 312). Ella atribuye a la leyenda guadalupana de Lizardi un enfoque subversivo: "El relato de esta historia religiosa en este momento de conflicto político sugiere la transformación de la mujer y del indio en protagonistas seculares del cambio" (313).

En la *Pastorela* destaca el ambiente campesino dominado por el bien. Luzbel, el galán extranjero, "tirano que infunde miedo", como lo describe Raffi-Béroud (1994: 106), le sugiere que su belleza y su locura son comparables con la de Iturbide, o con algún Borbón o reconquistador. A mi juicio, Luzbel está presentado como el fracaso: los hombres, seres libres, hacen el mal, dejándolo en condición de inútil, de un "pobre diablo" (217). Luzbel afirma que no puede forzarse a nadie a que peque: cada quien se condena a sí mismo sin que intervenga ningún diablo, ente simbólico, ficticio. Son los mortales quienes tienen la mayor destreza en las tranzas y el engaño. Luzbel se queja de que le lanzan toda clase de vituperios cuando la humanidad se tienta, se provoca y es su maestra. No extraña que Lizardi acabara excomulgado.

Sobre el coloquio *Todos contra el payo y el payo contra todos*, Raffi-Béroud asegura, contra las dudas de Jacobo Chencinsky, que dada la concordancia temática y los giros idiomáticos, sí fue escrita por Lizardi (108). Presenta el mundo como un hospital de locos poblado por el avaro, el pródigo, el rey, el militar, el payo, el jugador y el glotón. Vicios y actitudes tiránicas que infectan la realidad. Los *Unipersonales del arcabuceado* (un homicida condenado a muerte) y el texto de Iturbide se basan en hechos reales que sirven para analizarlos en su condición moral e insinuar reformas. El de Iturbide es un soliloquio o "monólogo lírico" (136). El libertador, gran militar que evitó el retorno de los Borbones, fue incapaz de gobernar.

El grito de la libertad en el pueblo de Dolores destaca que Hidalgo procuraba ser objetivo; impulsó la agricultura y combatió los monopolios. Esta imagen positiva se opone a la que El Pensador ofreció cuando lo enjuiciaba como un excelente ideólogo y pésimo estratega militar. *El negro sensible*, continuación de la pieza de Comella prohibida por la Inquisición en 1809, tiene como mensaje la acusación de que se trate a un ser humano como mercancía y máquina laboral: ¿Quién le dio a los blancos sobre el negro tal dominio? (Comella); "A los blancos ¿quién los autorizó a vendernos?"; es una pieza donde no se enjuicia la jerarquía social, si el dominante practica la filantropía. Catul, el negro sensible, ama a su familia, no es egoísta, y vive armónicamente con la naturaleza y las leyes divinas. Es el perfecto individuo ponderado por el romanticismo, contrapuesto a Jacobo y Enrique, personificación de los defectos del poder dominador. La obra propone un modelo utópico de la sociedad justa e ilustrada, según Catherine Raffi-Béroud. Yo la considero un ejemplo de cómo los factores ideológicos no se habían superado del todo: la mentalidad del amo y el esclavo eran la guía. Los negros seguían siendo "carabalí", nombre con que se designaba a los negros esclavos traídos de diferentes lugares de África, es decir, con culturas y lenguas distintas para que no pudieran comunicarse y rebelarse como cimarrones. Sin embargo es, dice Raffi-Béroud, "su pieza mejor conseguida teatralmente, ya que es la única que presenta un conflicto auténtico con todos los Actantes representados en el escenario" (193). *La Tragedia del padre Arenas* es una reseña de tipo periodístico de sucesos ocultados; teme la reconquista de México, y pondera el sistema republicano contra el clero fanático que expone sus deseos con "brutalidad, cinismo y frialdad" (208) en medio de quienes le rinden pleitesía. Con redondillas, Lizardi destaca los peligros velados y la falta de energía para castigarlos, si bien al final Arenas infunde temor y lástima. "Este uso del teatro de tipo histórico es casi romántico" (209). La pieza es fallida, a pesar de su coherencia interna, debido a que es un panfleto liberal.

El teatro lizardiano incide en el poder religioso, clerical, económico, en el bien y el mal, y en el temporal poder político, en la justicia, el poder económico, militar y tiránico. Unas obras llevan la chispa del humor, como *Todos contra el payo*, y otras muestran más explícitamente la voluntad de instruir deleitando. Raffi-Béroud hace una valoración conjunta de las obras teatrales lizardianas:

> Si es verdad que hoy en día nos parecen "malas", por ser poco dinámicas, poco "teatrales" [...] debemos tener presente que Lizardi las escribió para un determinado público, en determinadas circunstancias [...] son obras encaminadas a presentar ciertas situaciones (históricas y sociales) trasladadas al escenario para que cada espectador [...] pase un buen rato. No podemos olvidar que ciertos tipos de obras —coloquios, unipersonales— que ya no nos agradan, tenían entonces muy buena acogida [...] estas obras teatrales son "híbridas", desgarradas entre el deseo de "divertir" y de "instruir", sobre todo las que se escribieron después de la Independencia. Nos parece que utilizan un sistema convenido de señales de "su" tiempo y ya no compartimos todos los códigos que utilizan. Eran obras significativas en un cronotopo: el del umbral entre colonia y nación, cuando todo estaba por construir, el país como el arte teatral (250-251).

La ideología de un Pensador periodista y folletinero

Lizardi inició su labor como escritor cuando se estipuló la libertad de imprenta, que pronto fue minada por el absolutismo borbón y de los virreyes: "During the reactionary period of 1814-1820, when it would have been suicidal in Mexico to write on political matters, Fernández de Lizardi wrote three novels, the first writen in Spanish America" *El Periquillo Sarniento* (Spell 1931: 899). Fue novelista por contingencia, y periodista y folletinero por vocación, ligado a los hechos diarios y generales de la historia colectiva. En *El Pensador Mexicano*, después de dar la bienvenida con salvas a la libertad de imprenta, denuncia los abusos: que su nación había sufrido las peores infamias, porque hemos tenido el peor gobierno y hemos sido vasallos que sufrimos las cadenas de la arbitrariedad. Señaló a la Corona y al clero como déspotas que dieron pie a la insurrección en un país donde sus miembros actuaban como si fueran animales de tiro o máquinas semovientes. En tal ambiente se mostró progresista, hijo de la razón y cristiano, sin que lo arredraran los conservadores de vena aristocrática. Cuando la censura se ensañó con su persona, escribió, en tono menos exaltado, sobre costumbres donde también se cuela su espíritu reformador en lo político, económico, educativo y en los hábitos anticomunitarios.

Cuando por su culpa, entre otras, se suspendió tal libertad de la pluma, tuvo que bajar el tono de denuncia: entre 1814 y 1815 dio a la prensa *La Alacena de Frioleras y sus Cajoncitos*, llenos de artículos costumbristas. Desfilan por sus páginas los dandis, los caballeros de anteojito, las celestinas, las beatas, las damas de corsé, y particularmente los marginados: abrió las puertas de las vecindades y de los garitos. Miró a los indios que llegaban a vender carbón y se marchaban a pie hacia sus pueblos segregados, y miró a las nahuatlacas vendedoras que llegaban por canales y acequias. Escuchó las conversaciones en los mercados de El Parián, Las Flores y el Baratillo; se condolió de las mujeres y hombres enclaustrados contra su voluntad, quienes hicieron voto eterno de celibato, asistió a la Plaza de Toros... En suma, hizo patria negando la negación colonial, la cual había sido incapaz de comprender las peculiaridades e idiosincrasia de los que, como él mismo, se llamarían mexicanos, es decir, los variopintos habitantes del centro mismo de la América Septentrional, antiguo ombligo de Mesoamérica. Opinó que la ciudad (de México) debería rebautizarse oficialmente como Anáhuac, desplazando lo de Nueva España, porque no era nueva ni, a pesar de que en el siglo XVI se declaró ciudadanos españoles a todos los habitantes de esta parte geográfica colonizada, excepto a los negros y sus mezclas (a los prietitos, en palabra lizardiana), las únicas castas, sucedió que las primeras generaciones nacidas en este lado del Atlántico se identificaron como españoles de acá, no de allá, es decir, como no-españoles.

Si hubo de aceptar el yugo de la Corona española y un imperio, Fernández de Lizardi militó en la ideología republicana federalista, dividida en Supremo Gobierno o Poder Ejecutivo; Supremo Congreso o Poder Legislativo; y Supremo Tribunal o Poder Judicial. El primero limitado a ejecutar lo que decidieran los diputados, elegidos directamente y no como se practicó durante el Virreinato. En la Constitución de una República Imaginaria, sita en sus extraordinarias *Conversaciones del Payo y del Sacristán*, decreta *motu proprio*: "*Artículo 19*. Jamás se reunirán estos poderes en una sola persona o corporación, ni se mezclará un poder en las funciones de otro" (Fernández de Lizardi 1973: 421). Dijo que un diputado debe practicar el desinterés personal y tener mucho patriotismo, dedicarse al estudio y tener valor probado (Fernández de Lizardi 1995: 851). Amar a la patria es lo contrario al chauvinismo y la xenofobia, que encallan y aíslan a un país urgido de maestros en la agricultura y la industria. Lizardi sostuvo que se debería abrir las puertas a los miembros del ancho mundo que quisieran arraigarse y arraigar su capital en México. Empero protestó porque allende de los límites geográficos de su país, no se atendían los logros y aportaciones de sus connacionales.

La democracia, autoridad del pueblo, era de tendencia comunitaria: posibilita las potencialidades individuales e implica manifestar las discrepancias de palabra y obra, si no entran en contradicción con el bien general. La democracia conlleva la exclusión de mecanismos discriminatorios del poder. Luego, era indispensable moderar los extremos de la indigencia y la opulencia, nivelando la población en una clase media culta. Lizardi pensaba, bajo una directa o indirecta influencia de Adam Smith, que la ley de la oferta y la demanda lograría tal propósito (sin que pensara en la necesidad de expropiar los medios de producción para ese fin).

La democracia, dijo, es lo contrario a las discriminaciones clasistas; a los derechos de libres contra esclavos; a la escisión de oficios honrosos y deshonrosos, como el de carnicero, zapatero y artista, tema que abordó en varios folletos; a los géneros escindidos en superiores e inferiores; a la concepción de los indios como atrasados y a los españoles como cultos, y las numerosas combinaciones de estas aberraciones que aún siguen en pie. La ley demanda igualdad y no una aplicación de "compadres", como la que ejercían los abogados que acriminaban a los reos que "untar no puede tu mano" (Fernández de Lizardi 1963: 210). Justicia es, afirma, igualdad económica, social y legal. El resto de sus ideales ya los he expuesto, pese a que en los periódicos y folletos encuentran su formulación más completa.

PRECURSOR DE LA REFORMA

La igualdad era quimérica porque al clero pertenecía la mitad de bienes muebles e inmuebles. Como antecedente de la Reforma, Lizardi exigió la expropiación de esos bienes de manos muertas; además criticó la Inquisición y el celibato forzoso. Exigió que se acabara el tráfico comercial de reliquias, estampas, medallas y sacramentos. En su Testamento escribe que deja a su patria libre de toda Corona excepto la de Roma. En sus "papeles" sostuvo que los canónigos no eran una institución evangélica y sí perjudiciales al Estado, porque absorbían los diezmos y arruinaban a la agricultura. Juzgó simoniaca la vigencia de los diezmos y las ganancias en medallas y demás fuentes de ingreso clerical. Gritó a voz en cuello cuando se demandó que se restableciera la Inquisición; denunció la cantidad de donaciones que hacían los pobres en Semana Santa y para la Redención de Cautivos. También en la prensa denunció con tono amarillista, motivado por una sospecha falsa en este caso, la supuesta conspiración del padre Arenas; defendió a los francmasones; se mostró adversario acérrimo del celibato y se burló del *Catecismo* del padre Ripalda. Ilustró la falibilidad papal, y con los jansenistas denunció las supersticiones, como la especialización de los santos para una gracia, así como la creencia en íncubos y "súbcubos". Se quejó del exceso de iglesias y procesiones que no servían y sí obstaculizaban el establecimiento de la nación. En suma, aseveró que había demasiadas mañas y poca caridad. No sólo fue encarcelado y excomulgado, sino que los carmelitas predicaron en los púlpitos en su contra e insistieron en excomulgarlo de nuevo. Propuso cuestiones "que medio siglo después hemos resuelto; ¡sí! hemos resuelto muchos en esta guerra titánica que se enorgullece con el nombre de *Reforma*" (Ramírez 1990: 93).

"El *Pensador Mexicano* fue el diablo para la época colonial, en nuestra patria; Hidalgo, el guerrero, fue una máquina de combate; Lizardi, el analizador, fue el rayo que a un mismo tiempo destruye e ilumina: Hidalgo rompió las cabezas; Lizardi las arregló de nuevo" (90). Como un espejo del porvenir, Lizardi fue alejándose de un lenguaje dogmático-religioso para fomentar la identidad postcolonial. Asimismo fue partidario de la separación de la Iglesia y del Estado, se declaró creyente de los dogmas de la Iglesia romana y se apartó de las trampas so pretexto de religión.

En el nombre de Dios omnipotente, autor y conservador de la naturaleza.

Digo yo, el capitán Joaquín Fernández de Lizardi, escritor constante y desgraciado [...] que

Dejo a mi patria independiente de España y de toda testa coronada, menos de Roma.

[...] dejo a los señores capitulares de esta santa iglesia [Catedral quienes se negaban a poner el águila americana en el hueco donde estaban las armas reales españolas] el privilegio exclusivo de burlarse de las leyes civiles públicamente, sin el menor respeto al gobierno ni a la nación (Fernández de Lizardi 1995: 1038, 1040-1042).

Para cerrar con broche de oro su *Testamento*, escribe que se ratifica en todo lo que ha dicho sobre los abusos introducidos bajo el pretexto de la religión, alertando que los congresos parecían concilios debido a la mayoría de sacerdotes que los integraban. Además defendió que el Estado tenía que velar por el bien social; hacer efectivo que la autoridad última es el espíritu colectivo, fundado en la solidaridad y mutuo respeto del otro. Así como encauzar la utilización de bienes sin derroche ni rapiña. Como quienes nadan en la abundancia no entienden la nación como una fratría integrada por el nosotros, dijo que la patria la concretan los pobres, no los dueños del capital. El famélico Lizardi fue expuesto para desmentir la conseja de que murió endemoniado.

CONCLUSIÓN

La decepción de El Pensador Mexicano fue inmensa. El desprecio soez que padeció fue ajeno al mérito. La lucha individual no gana batallas; pero el tirano, predice, dura mientras los "pequeños" no dejan salir su ira defensiva. Un pequeño es el campesino porque la agricultura es básica; pequeño es el escritor solitario.

La educación es otra motivación de Lizardi: promoverla, a la par de la industria, fue su bandera. Atacó la escolástica anquilosada que se impartía en el bachillerato y la universidad. Abordó este tópico con tal entrega obsesiva que intentó abrir una Sociedad Pública de Lectura, en la calle de la Cadena letra A, donde se leerían los periódicos e impresos, y podrían llevarse a domicilio. Perdió lo que había gastado. Sobre la mayoría de los habitantes no hispanohablantes de aquel México afirmó: "dejo a los indios en el mismo estado de civilización, libertad y felicidad a que los redujo la Conquista, siendo lo más sensible la indiferencia con que los han visto los Congresos, según se puede calcular por las pocas y no muy interesantes sesiones en que se ha tratado sobre ellos desde el primer Congreso" (1042).

Si Fernández de Lizardi alcanzó a ver sus caros ideales a corto plazo, como la Independencia, la primera Constitución mexicana (la de 1824) y el sistema federal, los hechos no fueron como los soñó su utopía. En primer lugar, el artículo 3° de la Constitución no aceptó la tolerancia de cultos, impidiendo que vinieran maestros en todas las artes a arraigarse en nuestros suelos.

Los dogmas capitalistas fueron una mentira novedosa que sólo prolongó la dominación: nunca el pueblo tuvo la palabra, ni la ley de la oferta y la demanda igualó a la población en una clase media instruida y justa, ni la ley se aplicó como lo señalaba su letra. El monstruo capitalista recién instaurado metió a El Pensador en el saco de los desvalidos. Mirando la ventana, pensó que sus "papeles" acabaron siendo polvo, sombra, cenizas, viento y nada.

En sus libros, periódicos y folletos, recogidos allende y aquende el Atlántico, hemos hecho una evaluación de este prolijo escritor mexicano, cuya sombra alcanzó a Guillermo Prieto y a Ignacio Ramírez, el Nigromante. También nos llega a nosotros, porque aún nos reta diciendo "Pero pues no os movéis a mis reclamos, defendeos, si podéis, que ya os embisto" (Fernández de Lizardi 1968: 283), y esto porque un educador divertido siempre nos deja transidos por la mancha de haber sido ovejas que siguen a la que lleva el cencerro. La cadena de la apatía y el destructivo capitalismo expansivo, clasista, que arrasa ecosistemas y es fautor de centros y periferias, discriminador de géneros, de oficios y hasta de "quiméricas" razas, fue el desengaño que llevó a José Joaquín Eugenio a la fatal melancolía. Según el Nigromante, "debemos salvar del olvido al varón insigne, que ha sido el padre verdadero del *Payo del Rosario*, del *Gallo Pitagórico*, de *Don Simplicio* y de *Las Cosquillas*. Recuerde la posteridad agradecida al *Pensador Mexicano*" (Ramírez 1990: 93).

¿Nos sentimos embestidos por sus palabras? ¿O aún provoca cóleras y evacuaciones leer sus textos más incisivos y actualizables? ¿Le decretamos una fiesta de resurrección o lo dejamos morir? Nuestro equipo de trabajo asumió, desde la UNAM, este último reto salvador porque consideramos que la riqueza de su producción fue y ha sido oscurecida por la cizaña, la demagogia que, cuando más, exige que los adolescentes lean obligatoriamente *El Periquillo Sarniento* en una edad incapaz aún de juzgar esta clase de textos (la literatura es un juego deleitoso con sus propias reglas). Fernández de Lizardi ejemplificó una praxis escritural que llama a la vida contra la muerte. Nosotros amamos a este *Amigo de la Paz y de la Patria* y gracias a *El Hermano del Perico que cantaba la Victoria* (donde recurre a la metempsícosis que supuestamente fue credo pitagórico. En este periódico Pitágoras aparece encarnado en un perico), la hermenéutica de la sospecha nos advierte que los actuales gobernantes cantan sus éxitos mientras se los come un gavilán. Entramos en los tribunales y salimos indignados por la nulidad de medidas administrativas. En las escuelas nos topamos con la pésima y castrante educación. Paseamos por las calles y nos condolemos de la miseria y las distancias clasistas. Sí, "Que duerma el gobierno más, y nos lleva Barrabás" (Fernández de Lizardi 1995: 957-989). Luego, José Joaquín Fernández de Lizardi todavía está aquí y ahora como auténtico prójimo espíritu comunitario.

BIBLIOGRAFÍA

(ANÓNIMOS). Francisco Javier VENEGAS, D. A. O. *et al.* 2006. *Amigos, enemigos y comentaristas* [de Fernández de Lizardi] *(1810-1820)*, I-1 y I-2, recop., ed. y notas María Rosa Palazón Mayoral, Columba Camelia Galván Gaytán, María Esther Guzmán Gutiérrez, Mariana Ozuna Castañeda y Norma Alfaro Aguilar, índices M. E. Guzmán Gutiérrez, intr. M. R. Palazón Mayoral. Universidad Nacional Autónoma de México (*Nueva Biblioteca Mexicana*, 163 y 164), México.

FERNÁNDEZ DE LIZARDI, José Joaquín. 1963. *Obras I-Poesías y fábulas*, inv., recop. y ed. Jacobo Chencinsky y Luis Mario Schneider, est. prel. J. Chencinsky. Universidad Nacional Autónoma de México (*Nueva Biblioteca Mexicana*, 7), México.

——. 1965. *Obras II-Teatro*, ed. y notas Jacobo Chencinsky, pról. Ubaldo Vargas Martínez. Universidad Nacional Autónoma de México (*Nueva Biblioteca Mexicana*, 8), México.

——. 1968. *Obras III-Periódicos. El Pensador Mexicano*, recop., ed. y notas María Rosa Palazón y Jacobo Chencinsky, presentación J. Chencinsky. Universidad Nacional Autónoma de México (*Nueva Biblioteca Mexicana*, 9), México.

——. 1970. *Obras IV-Periódicos. Alacena de frioleras. Cajoncitos de la alacena. Las sombras de Heráclito y Demócrito. El Conductor Eléctrico*, recop., ed., notas y presentación María Rosa Palazón M. Universidad Nacional Autónoma de México (*Nueva Biblioteca Mexicana*, 12), México.

——. 1973. *Obras V-Periódicos. El Amigo de la Paz y de la Patria. El Payaso de los Periódicos. El Hermano del Perico que cantaba la Victoria. Conversaciones del Payo y el Sacristán*, recop., ed., notas y est. prel. María Rosa Palazón Mayoral. Universidad Nacional Autónoma de México (*Nueva Biblioteca Mexicana*, 30), México.

——. 1975. *Obras VI-Periódicos. Correo Semanario de México*, recop., ed., notas y presentación María Rosa Palazón Mayoral. Universidad Nacional Autónoma de México (*Nueva Biblioteca Mexicana*, 40), México.

——. 1980. *Obras VII-Novelas. La educación de las mujeres o La Quijotita y su prima. Historia muy cierta con apariencias de novela. Vida y hechos del famoso caballero don Catrín de la Fachenda*, recop., ed., notas y est. prel. María Rosa Palazón Mayoral. Universidad Nacional Autónoma de México (*Nueva Biblioteca Mexicana*, 75), México.

——. 1981. *Obras X-Folletos (1811-1820)*, recop., ed. y notas María Rosa Palazón Mayoral e Irma Isabel Fernández Arias, presentación M. R. Palazón Mayoral. Universidad Nacional Autónoma de México (*Nueva Biblioteca Mexicana*, 80), México.

——. 1982a. *Obras VIII-Novelas. El Periquillo Sarniento*, ts. I-II, pról., ed. y notas Felipe Reyes Palacios. Universidad Nacional Autónoma de México (*Nueva Biblioteca Mexicana*, 86), México.

——. 1982b. *Obras IX-Novelas. El Periquillo Sarniento*, ts. III-V. *Noches tristes y día alegre*, presentación, ed. y notas Felipe Reyes Palacios. Universidad Nacional Autónoma de México (*Nueva Biblioteca Mexicana*, 87), México.

——. 1991a. *Obras XI-Folletos (1821-1822)*, ed., notas y presentación Irma Isabel Fernández Arias. Universidad Nacional Autónoma de México (*Nueva Biblioteca Mexicana*, 104), México.

——. 1991b. *Obras XII-Folletos (1822-1824)*, recop., ed. y notas Irma Isabel Fernández Arias y M. R. Palazón Mayoral, pról. María Rosa Palazón Mayoral. Universidad Nacional Autónoma de México (*Nueva Biblioteca Mexicana*, 100), México.

——. 1995. *Obras XIII-Folletos (1824-1827)*, recop., ed., notas e índices María Rosa Palazón Mayoral e Irma Isabel Fernández Arias, pról. M. R. Palazón Mayoral. Universidad Nacional Autónoma de México (*Nueva Biblioteca Mexicana*, 124), México.

——. 1997. *Obras XIV-Miscelánea. Bibliohemerografía. Listados. Índices*, recop. María Rosa Palazón Mayoral, Columba Camelia Galván Gaytán y María Esther Guzmán

Gutiérrez, ed. y notas Irma Isabel Fernández Arias, C. Camelia Galván Gaytán y M. R. Palazón Mayoral, índices M. E. Guzmán Gutiérrez, pról. M. R. Palazón Mayoral. Universidad Nacional Autónoma de México (*Nueva Biblioteca Mexicana*, 132), México.

FERNÁNDEZ GARCÍA, Jesús. 2003. *Fernández de Lizardi. Un educador para un pueblo*, 2 vols. UNAM-UPN (*Historia, Ciudadanía y Magisterio*, 2), México.

GONZÁLEZ OBREGÓN, Luis. 1938. *Novelistas mexicanos. Don José Joaquín Fernández de Lizardi (El Pensador Mexicano)*. Ediciones Botas, México.

RADIN, Paul. 1939. *Some Newly Discovered Poems and Pamphlets of J. J. Fernández de Lizardi (El Pensador Mexicano)*. Sutro Branch, California State Library (*Occasional Papers. Mexican History Series*, 1), San Francisco.

——. 1940. *An Annotated Bibliography of the Poems and Pamphlets of J. J. Fernández de Lizardi*, part I-II, edit. Paul Radin. Sutro Branch, California State Library (*Occasional Papers. Mexican Series*, 2), San Francisco.

RAFFI-BÉROUD, Catherine. 1994. *El teatro de Fernández de Lizardi*. Tesis de Doctorado, Universidad de Groningen, Países Bajos.

RAMÍREZ, Ignacio. 1952. "Discurso pronunciado en sesión que el Liceo Hidalgo celebró en honor de D. José Joaquín Fernández de Lizardi (1874)", en *Obras completas I. Poesías. Artículos históricos y literarios*. Editora Nacional, México.

——. 1988. "La Orden de Guadalupe (1857)", en *Obras completas VII. Textos jurídicos. Debate en el Congreso Constituyente 1856-1857. Jurisprudencia. Escritos periodísticos. Apuntes. Varia*, invest., comp. y selecc. Davil R. Maciel y Boris Rosen Jélomer, pról. Jorge Madrazo. Centro de Investigación Científica Ing. Jorge L. Tamayo A. C., México, pp. 217-220.

——. 1990. "En honor de don José Joaquín Fernández de Lizardi (1874)", en *Obras completas III. Discursos. Cartas. Documentos. Estudios*, comp. y rev. David R. Maciel y Boris Rosen Jélomer. Centro de Investigación Científica Ing. Jorge L. Tamayo A. C., México, pp. 88-93.

SPELL, Jefferson Rea. 1926a. "The Educational Views of Fernández de Lizardi", *Hispania*, vol. IX (noviembre), núm. 5, pp. 259-274.

——. 1926b. "Fernández de Lizardi: The Mexican Feijoo", *The Romanic Review*, vol. XVII (octubre-diciembre), núm. 4, pp. 338-348.

——. 1927a. "Fernández de Lizardi as a Pamphleter", *The Hispanic American Historical Review*, vol. VII (febrero), núm. 1, pp. 103-124. ["Bibliography", pp. 490-507].

——. 1927b. "La sociedad mexicana juzgada por Fernández de Lizardi", *Anales del Museo Nacional de Arqueología, Historia y Etnografía* (México), t. V, pp. 224-240.

——. 1931. *The Life and Works of José Joaquín Fernández de Lizardi*. Tesis de Doctorado, University of Pennsylvania (*Romanic Language and Literatures*, 23), Filadelfia.

——. 1935. "The Costumbrista Movement in Mexico", *PMLA (Publications of the Modern Language Association of America)*, vol. L (marzo), núm. 1, pp. 290-315.

——. 1956a. "The Historical and Social Background of *El Periquillo Sarniento*", *The Hispanic American Historical Review*, vol. XXXVI (noviembre), núm. 4, pp. 447-470.

——. 1956b. "The Intellectual Background of Lizardi as Reflected in *El Periquillo Sarniento*", *PMLA*, vol. LXXI (junio), núm. 3, pp. 414-432.

——. 1963. "A Textual Comparison of the First Four Editions of *El Periquillo Sarniento*", *Hispanic Review*, vol. XXXI (abril), núm. 2, pp. 134-147.

VOGELEY, Nancy. 1994a. "A Latin American Enlightenment Version of Picaresque: Lizardi's *Don Catrín de la Fachenda*", en *The Picaresque. A symposium on the Rogue's Tale*, eds. Carmen Benito-Vessels y Michael Zappala. University of Delaware Press, Newark, pp. 123-146.

——. 1994b. "Intertextuality and Nineteenth-century Nationalism: *Perucho, nieto de Periquillo*", *Bulletin of Hispanic Studies*, vol. LXXI (octubre), núm. 4, pp. 485-497.

——. 1996. "La figuración de la mujer: México en el momento de la Independencia", en *Mujer y cultura en la Colonia Hispano Americana*, ed. Mabel Moraña. Instituto Internacional de Literatura Iberoamericana (*Biblioteca de América*), Pittsburgh, pp. 307-326.

——. 1998. "Death and its Challenge to Decolonization: José Joaquín Fernández de Lizardi's Last-Will and Testament", en *Pós-colonialismo e identidade*. Universidade Fernando Pessoa, Porto Alegre. [ejemplar mecanografiado]

——. 2003. *Un manuscrito inédito de poesías de José Joaquín Fernández de Lizardi. Estudio de la literatura en manuscrito en el México de la Independencia*, coords. María Rosa Palazón Mayoral, Columba C. Galván Gaytán, María Esther Guzmán G. y Mariana Ozuna Castañeda, invest., ed., notas y est. intr. N. Vogeley. UNAM-University of California, Berkeley, México.

YÁÑEZ, Agustín. 1954. "Estudio preliminar" a J. Joaquín Fernández de Lizardi, *El Pensador Mexicano*, est. prel., selec. y notas... Universidad Nacional Autónoma de México (*Biblioteca del Estudiante Universitario*, 15), México, pp. v-liii.

EL LIBRO DE LAS MASAS:
IGNACIO MANUEL ALTAMIRANO
Y LA NOVELA NACIONAL

Christopher Conway
University of Texas at Arlington[1]

EL MAESTRO

El papel fundacional que desempeña Ignacio Manuel Altamirano (1834-1893) en las letras mexicanas modernas se debe a su incansable labor como teórico y promotor de la literatura nacional, a su cuantiosa producción literaria y a las lecciones que brindó a aquellos escritores jóvenes que llegaron a la madurez durante el Porfiriato. Uno de sus alumnos más devotos, Justo Sierra, lo consideró un "tipo único" en la historia literaria de su país porque sabía cómo enseñar modelos a la vez que los recreaba en su poesía y narrativa (Sierra 1889: 166). La reputación de Altamirano como el más elocuente y cálido de los tutores de la juventud de su época no puede separarse de la idea directriz de la abundante producción literaria del propio escritor: educar. Efectivamente, en su crítica literaria y en otros escritos, Altamirano subrayó que el arte podía y debía instruir y civilizar. Esta conciencia didáctica nos provee de valiosas propuestas para acercarnos a su obra literaria y enmarcarla de manera coherente. En las páginas que siguen, utilizaré el concepto de la enseñanza para esbozar una visión de conjunto de las tres novelas mayores de Altamirano: *Clemencia* (1869), *La navidad en las montañas* (1871) y *El Zarco* (1901).[2] Quiero mostrar cómo estas obras "son o quieren ser fábulas o parábolas morales" que exigen "la participación moral del lector, que si no se indigna no capta lo inmisericorde de la vida social, los prejuicios de clase y raza" (Monsiváis 2000: 251).

Aunque la extensión y los objetivos de este ensayo me impiden realizar una biografía de Altamirano, sí me detendré en un aspecto singular de su vida, porque encierra el germen de la pasión que sintió el Maestro a nivel

[1] Este trabajo no hubiera sido posible sin la generosa ayuda y respaldo de Ignacio Ruiz-Pérez, Desirée Henderson, Rafael Olea Franco y Raúl Bueno. También agradezco la ayuda de Max Parra y Beatriz González Stephan.

[2] Por razones de espacio, no abordaré la novela corta *Antonia* (1871), ni las novelas inconclusas *Beatriz* (1873-1874) y *Atenea* (1889).

personal, social y cultural por la enseñanza.[3] Me refiero al hecho de que la monumental figura de este escritor se forjara a partir de un niño indígena de Tixtla que entró a la escuela de su pueblo como "niño de razón" a los ocho años, gracias a la influencia de su padre, quien fungía en aquel entonces como alcalde de indios. Pocos años después, Altamirano empieza su ascenso a las más altas tribunas de la política, el periodismo y la literatura mexicana, apoyado por una beca que recibe para asistir a uno de los mejores planteles del país, el Instituto Científico y Literario de Toluca. La entrada de Altamirano al Instituto lo desvía de la vida que pudiera haber tenido en Tixtla y sus alrededores, una vida anónima y campesina al margen de los círculos del poder y de la cultura nacional. El propio Altamirano declaró una vez que la beca que lo llevó a Toluca, y que fue instituida por el Estado de México para educar a niños campesinos, lo salvó de la miseria y de la ignorancia (Altamirano *apud* Ramírez 1960: vi).

Aun cuando nuestro autor hubiera querido olvidar este humilde origen, su fisonomía indígena se lo impidió. "Yo soy un indio como nadie feo", escribió una vez en un poema, "os repito, soy hijo de esos parias / que habitan las oscuras serranías, / que construyen sus chozas solitarias / en las selvas más tétricas y umbrías" (Altamirano 1986d: 160-161). Efectivamente, una de las protagonistas de *El Zarco* utiliza el enunciado *indio horrible* para rechazar al noble herrero Nicolás, personaje modelado en el propio Altamirano, quien en su niñez quería ser herrero.[4] Una reminiscencia de uno de los discípulos del escritor sugiere cómo Altamirano fue marcado por el clasismo de la época. Juan de Dios Peza recordó que un día llegó un caballero indio al despacho de un periódico capitalino en busca de Manuel Payno, que en ese momento no se encontraba en el local. Al recibir al hombre, Altamirano le dijo tajantemente que se fuera al corredor "porque en estos sillones no se sientan los indios". Peza y otros presentes quedaron escandalizados por la inesperada violencia de las palabras del escritor, por lo cual Altamirano explicó —con lágrimas en los ojos— que al llegar al Instituto Científico y Literario de Toluca en 1849, acompañado de su padre, el mismo hombre los había recibido en el plantel y le dijo a su padre: "No están las personas que buscas pero puedes esperarlas, porque alguna de ellas ha de venir esta tarde... Vete con tu muchacho al corredor, porque aquí no se sientan los indios" (Peza

---

[3] Recomendamos los siguientes textos sobre la vida y época de Altamirano: Negrín (2006), Conway (2005), Giron (1993), Fuentes (1988) y González Obregón (1935).

[4] En un artículo publicado en *El Universal*, Altamirano confiesa que de niño quería ser herrero (*apud* Rivas 1890: 1). Los siguientes estudios exploran el elemento racial como clave de una lectura biográfica de los escritos de Altamirano: Segre (2007), Conway (2005), Gomáriz (2001), Escalante (1997), Palazón y Galván (1997) y Martínez (1949). Esther Hernández Palacios (1997) señala que *Clemencia* pudo haber sido inspirada en un episodio de la vida de Altamirano.

1913: 2). A pesar de que pocos hombres alcanzaron la fama de Altamirano en la segunda mitad del siglo XIX, el Maestro tuvo que cargar con el peso simbólico de su humilde herencia indígena, lazo que lo unía al orgullo de origen y a la suerte de aquellos que no pudieron ascender a la cúspide de la cultura letrada mexicana.[5]

No sorprende, entonces, que Altamirano encauzara su conciencia de origen hacia las fórmulas de redención social impulsadas por el movimiento de Reforma: el anticlericalismo, la libertad y el progreso. Entre sus valores más caros estaban el poder regenerador de la educación y la necesidad de acortar la distancia entre los ricos y los pobres, conceptos entrelazados desde su punto de vista. En 1870, Altamirano acompañó al presidente Juárez cuando éste repartió premios a los mejores alumnos de las escuelas de la Sociedad de Beneficencia, un conjunto de instituciones para niños pobres fundada por el famoso benefactor popular Miguel Vidal Alcocer (1801-1860). Altamirano dio uno de sus mejores y más conmovedores discursos; aparte de alabar a Alcocer como un ejemplo de la expresión del republicanismo más puro y benéfico, habló de cómo la revolución liberal tenía que nivelar las clases sociales y reivindicar a los pobres para realizarse plenamente. Este reconocimiento de los poderes regeneradores —si no revolucionarios— de la educación, llevó a que Altamirano privilegiara la instrucción como clave del progreso nacional. Su carrera pública en la República Restaurada y en el Porfiriato atestigua este compromiso vital. Además de desempeñar prestigiosos cargos, como los de fiscal y presidente de la Suprema Corte de Justicia y diputado al décimo Congreso de la Unión, Altamirano impartió clases sobre diversas materias en la Escuela Nacional de Comercio, la Escuela de Jurisprudencia y la Escuela Preparatoria. Asimismo, elaboró los planes que llevaron al establecimiento, en 1889, de la Escuela Normal de Profesores, en cuyo plantel los maestros mexicanos se educarían, algunos de ellos bajo la tutela del propio Altamirano. En el plano de la literatura, al cual ahora acudiremos, el concepto didáctico también desempeñará un papel decisivo.

NACIÓN Y NOVELA

Después de sobresalir militarmente en las filas liberales que derrocaron a Maximiliano en 1867, Altamirano se sumerge en el periodismo político y cultural. Con Ignacio Ramírez, Pantaleón Tovar y José Tomás de Cuéllar, funda *El Correo de México*, un periódico que se opuso a la reelección de Juárez y

[5] Escribe Altamirano en el poema "A Leonor en su álbum": "Ando muy orgulloso de mi cuna, / nací en el Sur, y aunque nada os cuadre, / jamás pedí limosna en puerta alguna..." (Altamirano 1986d: 160).

que respaldó la candidatura de Porfirio Díaz. Al mismo tiempo, Altamirano se distingue como comentarista de la vida cotidiana de la Ciudad de México a través de abundantes reseñas teatrales y crónicas para los periódicos *El Siglo XIX* y *El Monitor Republicano*. La pasión literaria, sin embargo, es lo que más seduce a nuestro autor durante la República Restaurada: empieza a escribir medulares ensayos de crítica y a organizar y participar en veladas literarias, donde se reunieron escritores consagrados (como Guillermo Prieto y Manuel Payno) y noveles (como Justo Sierra) para compartir y propagar su amor a la literatura. En 1868, mientras comienza a ejercer el cargo de fiscal en la Suprema Corte de Justicia, Altamirano elabora un largo estudio titulado *Revistas literarias de México*, en el cual define, justifica y explora los rumbos que la literatura mexicana debe tomar para descolonizarse de dañinas influencias extranjeras y realizarse como verdaderamente nacional.[6] Un año más tarde, como puesta en práctica del ímpetu que condujo a estos argumentos estéticos, Altamirano y Gonzalo Esteva fundan la revista literaria *El Renacimiento*, en cuyas páginas las mejores luces del momento encontrarían expresión. Aunque la vida de la revista será corta, como la de las veladas literarias, la suerte ya estaba echada: Altamirano se había identificado más que ningún otro contemporáneo con el quehacer literario, con el patronazgo de los jóvenes escritores y con la idea de una literatura nacional.

¿Qué era, entonces, la literatura nacional para Altamirano? Para contestar esta pregunta, vale la pena retroceder un momento y reflexionar sobre el concepto de nación, ya que su definición ayudará a contextualizar y explicar los planteamientos del Maestro en *Revistas literarias de México*. De acuerdo con Ernest Renan (1823-1892), un distinguido escritor francés cuya obra fue citada en varias ocasiones por Altamirano, la nación es "un alma, un principio espiritual", compuesto por una memoria histórica compartida y por "el consentimiento actual, el deseo de vivir juntos" (Renan 2000: 65). La nación no surge de los lazos de sangre, de una religión compartida o de la casualidad geográfica, sino que es un aparato imaginario que surge en la época moderna para explicar y legitimar las conexiones invisibles entre los ciudadanos de una República. Según Renan, el nacionalismo configura una manera de hablar del pasado (aquel rico legado de recuerdos) para sancionar la idea de que cada ciudadano debe actuar al unísono para defender o servir a la patria (el consentimiento actual, querer hacer más). En su famoso estudio sobre el tema, *Comunidades imaginadas*, Benedict Anderson amplía los conceptos de Renan al proponer que la nación "Es *imaginada* porque aun los

---

[6] Nicole Giron (2007), Pablo Mora (2005) y Carlos Illades (2004) ofrecen valiosas reflexiones acerca de *Revistas literarias de México* y de la historia de la crítica literaria mexicana en el siglo XIX.

miembros de la nación más pequeña no conocerán jamás a la mayoría de sus compatriotas, no los verán ni oirán siquiera hablar de ellos, pero en la mente de cada uno vive la imagen de su comunión" (Anderson 1993: 23). Para plasmar esa comunión entre desconocidos, el nacionalismo provee estructuras y ficciones para dar coherencia, peso y trascendencia al agregado de personas que constituyen una nación.

El siglo XIX es el siglo de los nacionalismos en Europa y en las Américas. En este periodo se despliega un sinnúmero de elementos para imaginar la nación en la América de habla española: surge el género de la descripción de costumbres y tipos nacionales que llamamos el costumbrismo literario; se popularizan las colecciones de anécdotas históricas o tradiciones nacionales, cuyo exponente más conocido era el peruano Ricardo Palma; la historiografía y la pintura nacional surgen para urdir incidentes del pasado dentro de un matiz capaz de inspirar y hablar al presente; la novela se reviste de temas autóctonos, absorbiendo cuadros costumbristas y episodios históricos en sus tramas; y la crítica literaria empieza a catalogar, celebrar e impulsar obras de enfoque autóctono, con lo cual se delimita un corpus literario propiamente "nacional". El estudio *Revistas literarias de México* de Altamirano, así como sus novelas, pertenece a este momento histórico nacionalista, el cual se nutrió del afán de asentar ciertos valores, conceptos y personajes como positivos y rechazar otros como dañinos. Estos impulsos nacionales buscan alentar un sentir común, una experiencia subjetiva compartida que inspire y sirva de aliciente para el progreso de la República.

Tomando todo esto en cuenta, pasemos ahora a *Revistas literarias de México* y a los patrones ideológicos que Altamirano emplea para definir los rumbos que la literatura y la novela mexicana deben tomar. En primer lugar, para él la literatura será una escuela para formar buenos ciudadanos: "es el apóstol que difunde el amor a lo bello, el entusiasmo por las artes, y aun sustituye ventajosamente a la tribuna para predicar el amor a la patria, a la poesía épica para eternizar los hechos gloriosos de los héroes, y a la poesía satírica para atacar los vicios y defender la moral" (Altamirano 1988: 48). Altamirano llama a la novela "lectura del pueblo" y "libro de las masas", comparándola también con la canción y la leyenda popular porque puede alcanzar a quienes carecen de bibliotecas y destrezas para aprovechar obras filosóficas o historiográficas. La novela, cuyas lecciones nacionales van envueltas en resortes literarios que entretienen y catalizan el sentimiento durante la lectura, promete iniciar a las masas "en los misterios de la civilización moderna" y proveer de fuertes lazos de unión con la élite cultural, a la que pertenecen Altamirano y otros letrados liberales.

Si la novela es concebida como cátedra para instruir al pueblo, la lección que imparte es la identidad nacional. *Revistas literarias de México* y otros escritos del Maestro subrayan una y otra vez la importancia de desco-

lonizar la cultura mexicana, es decir, evitar influencias extranjeras, particularmente la francesa —recuérdese que la producción literaria de Altamirano
florece durante la República Restaurada, el periodo inmediato a la Intervención francesa.[7] Por un lado, la descolonización se debe a la necesidad de
rebatir la imagen de la barbarie mexicana en la prensa y en los libros extranjeros, por lo cual Altamirano escribe: "Es la ocasión, pues, de hacer de la
bella literatura una arma de defensa" (38). Por otro lado, la posesión de una
novela y literatura nacional son fundamentos de la civilización moderna a
la que aspira México: "pero deseamos que se cree una literatura absolutamente nuestra, como todos los pueblos tienen, los cuales también estudian
los monumentos de los otros, pero no fundan su orgullo en imitarlos servil-
mente" (37). Por esta razón, Altamirano presenta la expresión autóctona y
los valores nacionales como contrapartes de la agricultura, la industria y la
minería, como bienes fundamentales para el desarrollo y el progreso del
país.[8] Las novelas extranjeras que Altamirano condena por ser excesivamente sensacionalistas e inverosímiles, son incapaces de fomentar la virtud y el
orgullo.

Para terminar este breve recorrido por la crítica literaria de Altamirano, recalco que el autor considera la literatura nacional como una literatura modernizadora. En otro sugerente pasaje de *Revistas literarias de
México*, escribe que la novela moderna es compañera "del periodismo, del
teatro, del adelanto fabril e industrial, de los caminos de hierro, del telégrafo y del vapor" porque contribuye "a la mejora de la humanidad y a la
nivelación de las clases por la educación y las costumbres" (48). La novela no es concebida como una entidad secundaria respecto del progreso,
como pequeño injerto en un tronco mayor de adelantos materiales y políticos, sino como parte intrínseca de la semilla y savia del progreso: en las
elocuentes palabras del Maestro, los escritores de la Reforma "dispersaban
entre las masas del pueblo las ideas que como fecundas semillas, germi-
naban y producían la gran cosecha de la opinión pública" (267). La literatura construye la nación, a la cual provee de valores, lecciones y memorias que la fortalecerán e impulsarán hacia un futuro mejor. Como se verá
a continuación, las novelas del Maestro intentan realizar esta promesa
regeneradora.

[7] Tómese en cuenta, por ejemplo, la siguiente cita de Altamirano: "adonde quiera que
la Francia ha podido llevar el imperio de su moda corruptora, allí la bella literatura ha
tenido que resentir su influencia maléfica, y las buenas obras del ingenio han ido siendo
más raras cada día, porque esta literatura, *cogida por hambre*, no podía nunca servir de
modelo, es decir, de buen modelo" (Altamirano 1988: 234).

[8] "¡Oh!, si algo es rico en elementos para el literato, es este país, del mismo modo que
lo es para el agricultor y para el industrial" (Altamirano 1988: 34). También escribe que la
historia antigua es una "mina inagotable" para la producción literaria (*idem*).

DESENCUENTROS LITERARIOS E IDEOLÓGICOS EN *CLEMENCIA*

Clemencia (1869) es la historia de dos soldados mexicanos: uno, Fernando Valle, un patriota honrado, el otro, Enrique Flores, un dandy. La ironía de la trama melodramática radica en la belleza seductora del traidor, quien enamora a Clemencia, personaje central de la novela, y en el aspecto y las maneras menos agraciadas del valiente patriota. Usando como trasfondo los movimientos militares del ejército mexicano cerca de Guadalajara durante la Intervención francesa, Altamirano despliega la trágica historia del honrado y sensible Fernando Valle, cuyo amor no correspondido por Clemencia lo conduce a liberar de su prisión a Enrique Flores, espía francés que ha conquistado el alma de la misma mujer. La novela termina con el fusilamiento de Valle, cuyo sacrificio y honor es descubierto demasiado tarde por Clemencia. Como lo demuestra Luzelena Gutiérrez de Velasco, la novela encuentra inspiración concreta en dos cuentos del famoso novelista alemán, E.T.A. Hoffman: "El corazón de ágata" y "La cadena de los destinados" (Gutiérrez de Velasco 2006: 369). Mediante estos gérmenes literarios del extranjero, Altamirano elabora una novela de enfoque nacional que muchos críticos han considerado la primera novela "perfecta" o "artística" de la literatura mexicana (Sol *apud* Altamirano 2000: 27).[9]

Si acudimos a la sugerente formulación de Carlos Monsiváis, *Clemencia* es una suerte de parábola moral que se fundamenta en la creencia de que la lectura sugiere patrones para "elegir conductas lícitas y apropiadas" (2000: 252). La novela está repleta de didacticismo, lo cual es un eco de varias de las propuestas de *Revistas literarias de México* y otros escritos literarios, pero también contiene contradicciones que resaltan un desencuentro de propósitos ideológicos y estéticos. En las páginas que siguen, trazaremos estas dos facetas de la novela, comenzando con algunas pautas nacionalistas que Altamirano escenifica en *Clemencia*.

En primer lugar, el carácter trascendental de la historia que se va a contar se anuncia desde el inicio, con el artificio de un narrador que cuenta una historia "verídica". En este caso, el narrador es el Dr. L, un veterano del Cuerpo Médico Militar que también funge como "literato instruido y amable... lleno de sentimiento y de nobles y elevadas ideas". El gabinete, cargado de connotaciones virtuosas y edificantes, es significativo porque sintetiza de manera simbólica el espacio de enunciación que Altamirano quiere sancionar:

---

[9] En su introducción a *El Zarco*, Manuel Sol expone el razonamiento de este juicio cuando cita al escritor decimonónico Enrique de Olavarría y Ferrari y a Carlos González Peña, autor de la *Historia de la literatura mexicana* (1963). Otras novelas del XIX "adolecen de un romanticismo lacrimoso o bien están concebidas como una serie de intrigas, a veces simplemente yuxtapuestas, que ignoran precisamente esa unidad de acción, clara, precisa y armónica..." (27).

Es éste una pieza amplia y elegante, en donde pensábamos encontrarnos uno o dos de esos espantosos esqueletos que forman el más rico adorno del estudio de un médico; pero con sumo placer notamos la ausencia de tan lúgubres huéspedes, no viendo allí más que preciosos estantes de madera de rosa, de una forma moderna y enteramente sencilla; que estaban llenos de libros ricamente encuadernados, y que tapizaban, por decirlo así, las paredes (Altamirano 1973: 3).

La ausencia de "esqueletos" o "lúgubres huéspedes" en este espacio de orden, paz y sabiduría, anuncia que la narrativa del médico no se asemejará a las novelas extranjeras que tienden al sensacionalismo y a las sugestiones fantásticas. El mismo Dr. L resalta este hecho cuando confiesa que no podrá "urdir tramas y... preparar golpes teatrales" en su historia porque lo que va a referir es verdadero. De esta manera, la novela se anuncia como una historia de cierta sobriedad y realismo. La sencillez del gabinete también refuerza la descripción que hace el Dr. L de su propia historia: será una "humilde leyenda". Esta calificación podría parecer insignificante si no fuera por el hecho de que Altamirano, en *Revistas literarias de México*, rechaza el tecnicismo a favor de un estilo sencillo y accesible capaz de convertir la novela en leyenda popular (Altamirano 1988: 77). En otras palabras, *Clemencia* no es una obra dirigida a un pequeño círculo de lectores especializados, perteneciente a la clase letrada, sino a las masas que tienen menos experiencia con la lectura de libros. Sincero y hospitalario, y conocedor íntimo de la historia que narra, el Dr. L actúa como un mecanismo imprescindible para el funcionamiento didáctico de la novela (Cortázar 2006: 83).

He afirmado que esta novela tiene algo de realismo. Para el lector contemporáneo, el sencillo, melodramático y trágico triángulo sentimental pudiera parecer demasiado trillado e histriónico para ser considerado realista. Según Altamirano, sin embargo, el realismo de esta novela, como el de *La navidad en las montañas* y *El Zarco*, radica en el enfoque de temas, tipos y sucesos mexicanos, así como en las sanas moralejas que el texto puede proveer a sus lectores.[10] La novela nacional puede ir "revestida con las galas y atractivos de la fantasía", pero detrás de todo ese artificio debe estar "el hecho histórico, el estudio moral, la doctrina política, el estudio social, la predicación de un partido o una secta religiosa: en fin, una intención profundamente filosófica y transcendental en las sociedades modernas" (Altamirano 1988: 39). En síntesis, el "realismo" de *Clemencia* no reside en la trama, sino en el

[10] La siguiente observación de Manuel Sol es pertinente: "Altamirano, en contra de lo que pudiera pensarse, nunca se consideró un escritor romántico o, por lo menos, en una de las acepciones que solía tenerse de él, es decir, un autor de una literatura truculenta, grandilocuente, gemebunda, falaz y, sobre todo, divorciada de la realidad histórica o social... Parece como si la acepción de romanticismo, vigente en su época, estuviera reñida con las nociones de autenticidad, sinceridad y realidad" (Sol *apud* Altamirano 2000: 42-43).

afán de situar la acción de la novela en la historia (por medio de varias digresiones sobre el contexto histórico), en la introducción de cuadros costumbristas (las descripciones de Guadalajara y sus habitantes) y en una moraleja que celebra la trascendencia de la verdad por encima de las seductoras —y en este caso malignas— apariencias.

Sin embargo, los elementos "realistas" se combinan con recursos literarios o ficticios propios del romanticismo como el sentimentalismo y la melancolía. En su perspicaz estudio sobre *Clemencia*, Rafael Olea Franco observa que Altamirano no reconcilia el resorte didáctico o realista con el artificio ficticio de manera convincente. Señala que en *Clemencia* Altamirano quiere acoplar la novela histórica, cuyo propósito es instruir, con la "novela de sentimiento", a la cual éste consideraba máxima expresión de la belleza literaria. La síntesis deseada entre lo histórico y lo sentimental no se logra, arguye el crítico, porque el ímpetu nacionalista no se ajusta a los aparatos románticos que utiliza el autor, como la descripción de una fiesta navideña de tinte europeo (1997: 167). Pero las contradicciones no acaban en el nivel discursivo, sino que se extienden a los ámbitos temático e ideológico.

En su estudio acerca de Fernando Valle como un suicida romántico, Adriana Sandoval advierte que Altamirano intenta reconciliar el subjetivismo con el nacionalismo. Al final, sin embargo, cuando Valle se sacrifica en nombre de Clemencia, el afán nacionalista es negado por la melancolía suicida del joven. Al sustituir a Flores en la prisión y morir en su lugar, Valle libera a un traidor que seguirá trabajando en contra de la patria (Sandoval 2007: 170). Aún más, Valle se contradice a sí mismo porque si en un momento no vacila en escoger la patria por encima del amor, finalmente permite que el amor venza al patriotismo (165). En otras palabras, la maquinaria melodramática de la trama, constituida por el subjetivismo melancólico que llevó al suicidio de Werther, protagonista titular de la novela fundacional de Goethe, se apodera del desenlace de *Clemencia*, introduciendo dudas sobre la moral de la novela. Como escribe Sandoval: "al final, Valle traiciona a la patria como Flores y ante la imposibilidad de hacerlo como un conquistador amoroso, guapo, seductor, se iguala con él en la traición" (170).[11]

El acto suicida de Valle también es ambiguo en otro registro. Por un lado, como demuestra Sandoval, el sacrificio del protagonista forma parte de una tradición de subjetivismo y melancolía romántica que culmina en el *Werther* de Goethe y que Altamirano introduce en su novela para reforzar el carácter

---

[11] Por estas razones, no concuerdo con la lectura de José Gomáriz, quien propone que el personaje de Valle "reivindica la identidad indígena como parte de la nación mestiza mexicana" porque el personaje se sacrifica de manera heroica en "aras del bien de Clemencia y de la patria" (Gomáriz 2001: 50). María Fernanda Lander y Alejandro Cortázar también rechazan esta lectura "heroica" de la muerte de Valle (Cortázar 2006: 89; Lander 2003: 92).

trágico de ésta y la intensidad del amor que siente Valle por Clemencia (169). Por otro lado, sin embargo, el propio Altamirano reconoce en otros escritos que las novelas que idealizan el suicidio presentan un peligro para la sociedad. Aunque admira a *Werther* por ser la primera expresión del romanticismo moderno, el Maestro confiesa que extravió muchas almas (Altamirano 1988: 47). En una crónica de 1869, explica que la moda del suicidio femenino destruye a las familias y amenaza con sembrar el caos en la sociedad. Culpable de esta epidemia del suicidio es la amplia difusión de novelas que "ha bajado de las clases educadas a las que no lo son" (Altamirano 1979: 118), contaminando a mujeres de la clase trabajadora, como una de ellas que "comprendió que puesto que aquellas señoras tan decentes se habían matado por sus novios, ella también debía hacerlo" (119). Aunque Valle termina encarnando el ideal amoroso de Clemencia, que en una ocasión declara que se siente capaz de amar para siempre a un mártir muerto en un cadalso (Altamirano 1973: 49), lo hace a costa de la nación y sus valores.[12] Como apunta María Fernanda Lander, el "absurdo sacrificio de Valle representa su exclusión de la esfera de los iniciados en los saberes necesarios para llevar a cabo la consolidación del proyecto del Estado nacional" (Lander 2003: 93). El propio Altamirano, prosigue Lander, proporciona la pista para juzgar a Valle, cuando en su famoso discurso contra la amnistía para el movimiento conservador, declara que aquellos que confunden su persona con la nación entera pecan contra el patriotismo: "antes que la amistad está la patria; antes que el sentimiento está la idea; antes que la compasión está la justicia" (Altamirano 1986a: 60).

Quizá se encuentre una posible salida a estas aparentes contradicciones si se considera a Clemencia como eje principal de la novela. Altamirano entendió que la mayor parte de los receptores en México eran lectoras: "el bello sexo, que es el que más lee y al que debe dirigirse con especialidad, porque es su género" (Altamirano 1988: 77), por lo cual se puede suponer que uno de los objetos principales de su novela era instruir a la mujer. Desde este punto de vista, es posible descartar a Valle como ancla de la moraleja de la novela y restaurar cierta coherencia ideológica a la obra. Una lectura alternativa propondría que el modelo que verdaderamente interesa al autor es Clemencia, con su incapacidad de ir más allá de las formas en su análisis de Fernando Valle y Enrique Flores. Las lectoras, y por antonomasia, los lectores, no se deben dejar engañar por las apariencias, porque tal engaño es un verdadero peligro nacional que puede llevar a las más funestas consecuencias, como sucede en el desenlace de *Clemencia*. Las mujeres son particularmente susceptibles al imperio de las formas o las apariencias, pero no debe-

---

[12] Alejandro Cortázar (2006) propone otro camino: "Si la historia amorosa termina en la tragedia, quizá esto sea simbólico de la realidad aristocrática como obstáculo al progreso colectivo de la nación [...]" (90). También señala que al entrar a un convento, Clemencia se castiga a sí misma, "se suicida en vida" (89).

mos olvidar que la traición de Flores se conjuga también por medio del engaño de Valle y todo el personal militar patriota (Gutiérrez de Velasco 2006: 371). Efectivamente, la condena a la mentira es un lugar común dentro de la filosofía universal que cobra particular importancia en planteamientos sobre la sociabilidad en la época moderna. El ensayista francés Michel de Montaigne (1533-1592) llama a la mentira un "vicio maldito" porque lo único que liga a los hombres es la palabra: "El lenguaje falso es en efecto mucho menos sociable que el silencio" (Montaigne 1983: 45).[13] La verdad en el trato social es esencial para el funcionamiento de la sociedad. Si no podemos confiar en las apariencias ni en las palabras de otros, perdemos la seguridad necesaria para entrar en unión con ellos. El engaño es, en última instancia, una violación del contrato social, el cual se fundamenta en la voluntad general de una comunidad y no en el interés propio del individuo. En su análisis del tema, Carlos Monsiváis nos remite al contexto inmediato de la República Restaurada y el Porfiriato, cuando el "dogma" burgués de las apariencias como reflejo del "yo" empieza a extenderse a México (Monsiváis 2000: 253). De acuerdo con este crítico, *Clemencia* y *El Zarco* son agudas observaciones sociales que rechazan la "fe en la exterioridad" y que reflejan, hasta cierto punto, la percepción que tiene Altamirano de sí mismo como "indio feo" (*idem*).

RELIGIÓN Y REVOLUCIÓN EN *LA NAVIDAD EN LAS MONTAÑAS*

Manuel Sol declara que *La navidad en las montañas* (1870) es la novela más leída de Altamirano por "su brevedad, su sencillez, su trasfondo ideológico, pero, sobre todo, su perfección como obra artística del lenguaje" (Sol 1999: 73). Esta historia, que narra el encuentro de un soldado liberal con un cura español que ha logrado modernizar y regenerar su pequeño pueblo montañés, se publicó por primera vez en 1870 en un folletín del periódico *La Iberia* titulado *El álbum de navidad*, pero fue lo suficientemente popular para reimprimirse el mismo año, y luego en 1880, 1884 y 1891. La mayor parte de la crítica sobre esta novela se ha centrado en: 1] la utopía, 2] el contexto ideológico y 3] la perfección estilística y estructural (76). Los primeros dos puntos están íntimamente entrelazados, claro está, porque la utópica reconciliación del liberalismo con la religión parece contradecir el apasionado liberalismo de Altamirano. Conviene recordar que el liberalismo que empuñaba el Maestro en 1870 se había forjado mediante una cruenta lucha con la Iglesia, comenzando con el movimiento de Reforma, y pasando por las pruebas de

---

[13] Otra cita sugerente proviene de *Los oficios* del famoso orador y pensador Cicerón, en el cual leemos que la deshonestidad "repugna más a la naturaleza que la misma muerte, que la pobreza, que el dolor y todos los otros daños que pueden sobrevenir a nuestro cuerpo" porque atenta contra la sociedad humana y la unión (Cicerón 1893: 158).

fuego de la Guerra de Reforma y luego la Guerra de Intervención. Altamirano y su generación se ganaron el odio de la Iglesia porque abolieron los fueros eclesiásticos, se apoderaron de sus propiedades, promovieron la libertad de cultos e impusieron su subordinación a la autoridad del Estado liberal. Estas propuestas, hechas ley en la Constitución de 1857, aseguraron que la Iglesia fuera una destacada antagonista del liberalismo en la Guerra de Reforma y la Intervención. *La navidad en las montañas* se presenta, entonces, como un reto a lo que conocemos del perfil ideológico de Altamirano.

En su estudio de la novela, Sol reúne pruebas de la hispanofobia de Altamirano para recalcar el carácter utópico y ficticio de la ideología del texto. Por mi parte añado que quizás sea más significativo su odio hacia la Iglesia católica en su papel de opositora ideológica del proyecto liberal. ¿Cómo insertar, entonces, la bella representación del cura de *La navidad en las montañas* dentro de la trayectoria ideológica de Altamirano, cuyo radicalismo liberal era tan notorio que se le conocía con el mote de *Marat de los puros*? La respuesta más fácil es ver la novela como una simple fantasía sobre lo que *debería ser* la Iglesia católica dentro de una república liberal: en vez de enemigo y contrapeso del progreso, podría ser un verdadero aliado y transmisor de valores republicanos. Y efectivamente, las tentativas del cura de aldea para modernizar el entorno, la dieta, la religión y la cultura de sus feligreses son un reflejo transparente del programa liberal. La identidad del hablante como parangón de un cristianismo auténtico autoriza sus lecciones, de la misma manera que el narrador de *Clemencia* es presentado como una voz privilegiada y superior. El vínculo se repite a nivel estructural también, como apunta Alejandro Cortázar, porque tanto el cura como el Dr. L son anfitriones-narradores que ofrecen solaz y protección a los narradores que describen al médico y al cura (Cortázar 2006: 91).

Pero hay otra manera de plantear este problema. La pista se encuentra en el pasaje en que el cura cuenta al soldado liberal que las órdenes religiosas en México han decaído en comparación con la época en que los heroicos misioneros penetraban la oscuridad de la barbarie como apóstoles, ganándose la gloria de la conversión o el santo martirio en "cumplimiento de los preceptos de Jesús" (Altamirano 1986c: 103). Este análisis nostálgico de la Iglesia es una transparente puesta en escena de argumentos que Altamirano esgrime en *Revistas literarias de México*, cuando elogia profusamente a la empresa evangelizadora de la Iglesia en otros tiempos porque provee de modelos de difusión al proyecto nacionalista, que también debe ser como una evangelización del pueblo:

La Iglesia propaga sus doctrinas diestramente. Sus misioneros aprenden las lenguas de los pueblos gentiles que pretenden convertir; procuran iniciarse en los misterios de la vida de estos pueblos, en su poesía, en sus costumbres, conocer y manejar los resortes de la imaginación; y una vez instruidos, comienzan la predicación, como la comenzó el fundador del cristianismo, con un lenguaje sencillo, valiéndose de figuras familiares, de parábolas y de frases que en la elocuencia popular son todo el secreto del éxito. Así se hacen entender hasta de los salvajes, entre cuyas tribus pudieron penetrar perfectamente los misioneros españoles del tiempo de la Conquista (Altamirano 1988: 78).

Altamirano prosigue alabando a los viejos evangelizadores y sus métodos de instrucción, para concluir con una pregunta: "¿Por qué no hacer nosotros lo mismo con la leyenda y con toda especie de lectura destinada al pueblo?" (79). Los viejos misioneros, personificados en el cura de *La navidad en las montañas*, proporcionan a Altamirano un mecanismo o una estructura para teorizar la difusión de la novela nacional a nivel popular. Esta visión de la Iglesia evangelizadora también otorga a Altamirano un dispositivo para presentar un enfoque alternativo de la historia de México: si la Conquista real fue un cruento proceso destructor que terminó sembrando las raíces de las injusticias sociales del presente, la Conquista deseada es un proceso regenerador que difunde igualdad, paz y progreso.

Para concluir este breve apartado sobre *La navidad en las montañas*, deseo distinguir entre la forma y el contenido del concepto religioso en Altamirano, particularmente en esta novela. La evangelización llevada a cabo por el cura es una estructura modélica para la literatura nacional y la instrucción popular. Por esta razón, nuestro autor vacía al cura de todo referente real para convertirlo en portavoz "utópico" o "ideal" del liberalismo. No hay contradicción en la celebración de este personaje porque Altamirano se apropia de él para resaltar una técnica y un modo de alcanzar a las masas.

MUJER E IDENTIDAD NACIONAL EN *EL ZARCO*

La novela póstuma *El Zarco (Episodios de la vida mexicana en 1861-1863)*, publicada en Barcelona en 1901, completa el tríptico de novelas mayores de Ignacio Manuel Altamirano.[14] Como *Clemencia* y *La navidad en las montañas*, el texto es una lección nacionalista. La historia de la joven pueblerina que se enamora de un cruel bandido y de los hombres valientes que los persiguen, reitera la necesidad de acabar con la violencia rural, la corrupción política, la infiltración extranjera y los defectos morales de cierto tipo de subjetividad femenina, todo en nombre de la protección de valores nacionales. En el plano jurídico-constitucional, la idealización del cazabandidos Martín Sánchez

---

[14] Parte del análisis que sigue apareció por primera vez en mi ensayo "Lecturas: ventanas de la seducción en *El Zarco*" (2000).

Chagollan obedece a la nostalgia de Altamirano por la suspensión de las garantías individuales por el presidente Juárez en 1861 para luchar contra el bandolerismo rural. En 1880, frente al problema del crimen rural y de la compenetración entre el crimen y la corrupción política, Altamirano creyó que la suspensión de garantías proporcionaba una salida al caos social (Rivas Velázquez 1992: 175-177). *El Zarco*, que Altamirano escribió entre 1874 y 1888, le permite proponer un dispositivo para combatir el desorden sembrado por el crimen en México y esbozar un orden social acorde con la ideología porfirista de su época (Cortázar 2006: 121).

La crítica literaria reciente sobre la novela ha privilegiado estas cuestiones ideológicas, particularmente los temas del mestizaje y el constitucionalismo. Evodio Escalante —quien señala que es fundamental que las descripciones de Altamirano se lean como un pronóstico ideológico— propone a Yautepec como una población modelo que representa el mestizaje: tanto por su organización vegetal, en la cual el elemento oriental desempeña una función hegemónica (naranjos, limoneros), como por su organización étnica, ya que el pueblo "está rodeado por una franja de marginalidad indígena... pero en definitiva su composición no lo es" (Escalante 1997: 197). Alejandro Cortázar desarrolla esta línea de análisis al señalar que el indio Nicolás, por su instrucción, transculturación e integración a Yautepec, debe ser considerado un mestizo cultural y no un indio puro (Cortázar 2006: 113). En este marco, una de las vetas simbólicas más importantes en la novela es la tensión entre quienes detentan valores que agreden al ideal del mestizaje (el blanco/güero Zarco, Manuela, quien rechaza a Nicolás por ser indio) y los hombres feos que representan el progreso (Nicolás, Martín Sánchez y Benito Juárez). Sin embargo, esta trama es mediatizada por la suspensión de garantías individuales, mediante la cual estos hombres justifican su lucha extrajudicial contra el crimen rural. Escalante considera este recurso una violación del constitucionalismo y un ejemplo de dogmatismo republicano por parte de Altamirano, mientras que Manuel Sol lo lee en función del marco histórico de la novela recordando que el Congreso mexicano otorgó al presidente las facultades necesarias para suspender las garantías individuales en 1861 (Escalante 1997: 201; Sol *apud* Altamirano 2000: 65-66).

En mi caso, en lugar de estas imprescindibles coordenadas de análisis, abordaré otro enfoque igualmente importante no sólo para *El Zarco*, sino también para *Clemencia*. Me refiero a la lectura de lo que Doris Sommer denomina el enlace de Eros y Política en la novela decimonónica latinoamericana, o sea, el enlace de tramas amorosas con fórmulas nacionalistas (Sommer 1991: 231). Por ejemplo, en su útil comentario acerca de *Clemencia*, José Gomáriz realiza tal lectura demostrando cómo Enrique Flores "desea poseer a Clemencia, invadirla, penetrarla, como los franceses pretenden hacer con México, precisamente con la ayuda del mismo Enrique" (Gomáriz 2001: 55). Aunque Sommer propone un acercamiento alegórico similar para *El Zarco*, donde el Zarco y Manuela representan la penetración francesa, yo reflexiono aquí sobre la puesta en escena de ciertas inquietudes del autor sobre la lectura, particularmente en lo que concierne a las *lectoras*.[15] En *Revistas literarias de México*, Altamirano reconoció que la lectura de novelas, culturalmente asociada con la domesticidad y lo femenino, podía impulsar lo espiritual y lo moral, con lo cual habría progreso, pues la lectura era aquella actividad en que el alma del individuo encontraba regeneración y refugio: "Cuando el alma se fatiga de las tareas graves del estudio o de las enfadosas preocupaciones del trabajo físico, desea un descanso agradable, un entretenimiento inocente, y entonces la lectura de poesías o de novelas viene a ser una necesidad" (Altamirano 1988: 54). La mujer era la lectora por excelencia porque vivía sus días en aquella esfera doméstica propia para la lectura de novelas: el hogar. El propio Altamirano afirmó que el lector al que debía dirigirse el novelista era una lectora: "adoptemos para la leyenda romanesca la manera de decir elegante, pero sencilla, poética, deslumbradora, si se necesita; pero fácil de comprenderse por todos, y particularmente por el bello sexo [...] porque es su género" (77). Cuando Altamirano señala los peligros de la literatura extranjera o extranjerizante, su lenguaje se aparta de las generalidades sobre un público lector "colectivo" (el "pueblo") y de "masas" para precisar:

> [...] la bella ignorante que aparta el libro de las manos luego que ve escrito *La Alameda* o el *Paseo de Bucareli*, en vez del *Boulevard des Italiens* o del *Bois de Boulogne*, que está acostumbrada a ver en sus novelas francesas [...] ella ha visto sus castillos, y no le gusta ya sino lo que pasa en ellos, aunque sea una historia descabellada [...] da su preferencia al enredo, a la intriga, a los golpes teatrales, aunque sean inverosímiles [...] (80).

Esta lectora que rechaza lo propio por lo ajeno no es tan distinta de Clemencia, quien se deja seducir por la falsedad de Enrique Flores, mientras desdeña al hombre feo que representa los valores nacionales. Y tampoco es tan diferente de Manuela en *El Zarco*, quien rechaza su entorno familiar y a un humilde herrero a favor de una imagen fantasiosa de un hombre de "formas" falsas, el Zarco.

Estos planteamientos tenían connotaciones sexuales y se relacionaban con el entorno histórico-cultural de Altamirano. En las novelas del Porfi-

---

[15] Aparte de lo propuesto por Sommer, sugiero considerar la posibilidad de leer *El Zarco* como una puesta en escena de la Conquista. Los términos que utiliza Altamirano para hablar de Cuauhtémoc y Cortés en un ensayo titulado "Cuauhtémoc" se adecuan de manera admirable para hablar de los protagonistas de *El Zarco* (Altamirano 1986b: 339-353).

riato[16] prevalecía la defensa de lo materno por encima de las tentativas de mujeres que intentaban salir de su papel tradicional, ya fuese en búsqueda de otras experiencias como de un nuevo papel social (Ramos 1989: 80-82). La antítesis de aquel "ángel del hogar" defendido por el *statu quo* porfiriano era la ramera o tepachera, blanco de reglamentaciones que buscaban domar el peligro anárquico de su sexualidad. En un artículo titulado "La enfermedad social" (1883), Francisco Sosa situaba el origen de la degeneración nacional en la "polla", aquella mujer seductora e inmodesta de la clase media o acomodada en la que "se estrellan todas las esperanzas, de desvanecen todas las ilusiones, y se oscurece todo el porvenir" (Sosa 1883: 8). A partir de estos marcos culturales, se puede empezar a abordar las conexiones entre el género sexual y la nación.[17]

En su análisis de los personajes femeninos de *El Zarco*, Jacqueline Cruz advierte que Manuela se asemeja a la Malinche, "prototipo de la mujer violada" y abandonada por el violento invasor extranjero de piel clara (Cruz 1993-1994: 74, 80-82). En contraste con este personaje, que encarna tanto la corrupción femenina como la social, Altamirano propone a Pilar, modelo del "ángel del hogar" que transmite "los valores morales rechazados por Manuela" (75). En cuanto a la moraleja de la novela, Cruz subraya que la relación entre el medio y el agente social femenino es circular. Manuela, lectora de libros extravagantes que la llevan a idealizar al Zarco, no es la que genera el desorden en la nación, sino que es víctima de un desorden nacional previo. O sea, cuando los liberales incorporaron elementos criminales a sus filas para luchar contra los conservadores, permitieron que una joven aldeana confundiera a un criminal con un militar. De acuerdo con esta lectura, Manuela es a la vez símbolo y víctima de la corrupción nacional.

El argumento literario-moral sobre el peligro de lecturas inapropiadas sugiere que nuestra lectora es incapaz de distinguir entre la realidad y la fantasía. Cuando Manuela ve al Zarco, se crean expectativas amorosas en la joven, ya predispuesta a este desvío moral por lecturas que forjaron "un ideal extraordinario, revistiendo a su amante bandido con los arreos de una imaginación extraviada" (Altamirano 2000: 266). Las lecturas promueven un concepto teatral del ser que amenaza con desestabilizar los papeles sociales que limitan a la mujer. En el capítulo titulado "La adelfa", cuando Manuela se entrega al mal, sabiendo que las joyas que le ha regalado el Zarco están

[16] Por ejemplo, *Oceánida* (1887) de Rafael de Zayas Enríquez, *La Calandria* (1890) de Rafael Delgado, *La Rumba* (1890) de Ángel de Campo y *Santa* (1903) de Federico Gamboa.

[17] Concuerdo con Esther Hernández Palacios, quien escribe "si bien *Clemencia* y *El Zarco* son novelas históricas, el retrato de las mujeres que protagonizan la narración es tan relevante como la intención histórica-política" (1997: 233).

manchadas con el robo y el asesinato, Altamirano la metamorfosea en demonio, describiéndola como una "aparición satánica" que "no se detenía ante la vergüenza ni el remordimiento" (158). Las aguas negras del remanso en las cuales Manuela ve su propia imagen la recrean como un Narciso femenino o quizás una Madame Bovary mexicana. La joven se deja seducir por esa oscura imagen, aquel negro cuadro que la incita a cruzar los límites entre un honor hogareño y la vida añorada y ficticia que busca con el Zarco. Como declara Jean Baudrillard en su estudio sobre la seducción, "«Yo seré tu espejo» no significa «Yo seré tu reflejo» sino «Yo seré tu ilusión»" (Baudrillard 1981: 69).

En 1873, Vicente Aguirre V., periodista y comentarista chileno, publica en *La Estrella de Chile* un artículo en el que presenta los peligros de la ficción en términos de seducción y criminalidad, quejándose de que: "lo que muchos padres i madres de familia consienten es que varios bandidos i criminales con nombres i figuras de novela sean los que den frecuentes lecciones a su familia" (Aguirre *apud* Poblete 1999: 84). La cita nos recuerda que el enlace de lo social y lo sexual en Altamirano no es un ejemplo aislado en el liberalismo literario latinoamericano. El proyecto nacional en el siglo XIX se fundamentó en el reconocimiento de que ciertas condiciones subjetivas tenían que ser cumplidas de manera individual y colectiva por medio de una cultura nacional. Con base en el ejemplo negativo de Manuela en *El Zarco* (y la protagonista titular de *Clemencia*), Altamirano subraya que la lectura desempeña un papel decisivo en el desarrollo moral de los pueblos.

El legado de Altamirano

La contribución de Altamirano a la novela mexicana no puede ser menoscabada: más que ningún otro escritor del siglo XIX, impulsó la creación y difusión de una identidad nacional por medio de una literatura moderna y autóctona. Sus novelas plantean candentes temas de la época —como la religión, la corrupción política, las políticas raciales, el género sexual y el crimen— de manera provocadora e intensa, invitando a que los lectores se identifiquen con el quehacer de imaginar, sentir y recrear la nación. A veces melancólico, otras veces vehemente, Altamirano era un novelista capaz de abarcar entonaciones románticas y realistas en su producción literaria, en busca de una literatura que enseñara e inspirara. Hoy, la lectura de las novelas de Altamirano nos convoca a recrear uno de los orígenes más importantes de la modernidad literaria mexicana y a reconocer las correspondencias entre pasado y presente. Más de un siglo después de su muerte, el Maestro nos sigue enseñando.

BIBLIOHEMEROGRAFÍA

ALTAMIRANO, Ignacio Manuel. 2006. *Para leer la patria diamantina. Una antología general*, selec. y est. prelim. Edith Negrín. FCE-Fundación para las Letras Mexicanas-UNAM (*Biblioteca Americana*), México.

——. 2000. *El Zarco*, ed. Manuel Sol. Universidad Veracruzana (*Clásicos Mexicanos*), Xalapa.

——. 1988. *Obras completas XII. Escritos de literatura y arte 1*, selec. y notas José Luis Martínez. Secretaría de Educación Pública, México.

——. 1986a. *Obras completas I. Discursos y brindis*, ed. y notas Catalina Sierra Casasús y Jesús Sotelo Inclán, discurso intr. Jesús Reyes Heroles. Secretaría de Educación Pública, México.

——. 1986b. *Obras completas II. Obras históricas*, ed., pról. y notas Moisés Ochoa Campos. Secretaría de Educación Pública, México.

——. 1986c. *Obras completas III. Novelas y cuentos 1. La navidad en las montañas*, ed. y pról. José Luis Martínez. Secretaría de Educación Pública, México, pp. 95-152.

——. 1986d. *Obras completas VI. Poesía*, pról. y notas Salvador Reyes Nevares. Secretaría de Educación Pública, México.

——. 1979. "Crónica de la semana (27 de febrero de 1869)", en *El Renacimiento. Periódico Literario (México, 1869)*, ed. facsimilar Huberto Batis. Universidad Nacional Autónoma de México, México, pp. 117-122.

——. 1973. *Clemencia. Cuentos de invierno*. Porrúa, México.

——. 1949. *La literatura nacional*, ed. José Luis Martínez. Porrúa, México.

ANDERSON, Benedict. 1993. *Comunidades imaginadas. Reflexiones sobre el origen y la difusión del nacionalismo*, tr. Eduardo L. Suárez. Fondo de Cultura Económica (*Popular*, 498), México.

BAUDRILLARD, Jean. 1981. *De la seducción*, tr. Elena Benarroch. Cátedra, Madrid.

CICERÓN, Marco Tulio. 1893. *Obras completas de Marco Tulio Cicerón*, t. IV, tr. Manuel de Valbuena. Librería de la Viuda de Hernando y Ca. (*Biblioteca Clásica*, LX), Madrid.

CONWAY, Christopher. 2005. "El aparecido azteca: Ignacio Manuel Altamirano en el necronacionalismo mexicano, 1893", *Revista de Crítica Literaria Latinoamericana*, vol. XXXI, núm. 62, pp. 125-142.

——. 2000. "Lecturas: ventanas de la seducción en *El Zarco*", *Revista de Crítica Literaria Latinoamericana*, vol. XXVI, núm. 52, pp. 91-106.

CORTÁZAR, Alejandro. 2006. *Reforma, novela y nación: México en el siglo XIX*. Benemérita Universidad Autónoma de Puebla, Puebla.

CRUZ, Jacqueline. 1993-1994. "La moral tradicional y la identidad mexicana vistas a través de los personajes femeninos de *El Zarco*", *Explicación de Textos Literarios*, vol. 1, núm. 22, pp. 73-86.

ESCALANTE, Evodio. 1997. "Lectura ideológica de dos novelas de Altamirano", en Sol e Higashi 1997, pp. 189-203.

ESCOBAR LADRÓN DE GUEVARA, Guadalupe y José Luis MARTÍNEZ SUÁREZ. 1997. "El concepto de lo femenino en Altamirano", en Sol e Higashi 1997, pp. 215-224.

FUENTES DÍAZ, Vicente. 1988. *Ignacio M. Altamirano, triunfo y vía crucis de un escritor liberal*. Gobierno del Estado de Guerrero, Casa Altamirano, México.

GIRON, Nicole. 2007. "Ignacio Manuel Altamirano: El campeón de la literatura nacional", en *La construcción del discurso nacional en México, un anhelo persistente (siglos XIX y XX)*, ed. N. Giron. Instituto Mora, México, pp. 215-252.

——. 1993. *Ignacio Manuel Altamirano en Toluca*. Instituto Mexiquense de Cultura-Instituto Guerrerense de la Cultura-Instituto Mora, Toluca.

GOMÁRIZ, José. 2001. "Nación, sexualidad y poder en *Clemencia* de Ignacio Manuel Altamirano", *Literatura Mexicana*, vol. XII, núm. 2, pp. 39-65.

GONZÁLEZ OBREGÓN, Luis. 1935. *Homenaje a Ignacio M. Altamirano; conferencias, estudios y bibliografía*. Imprenta Universitaria, México, pp. 3-19.

GUTIÉRREZ DE VELASCO, Luzelena. 2006. "El proyecto novelístico de Ignacio Manuel Altamirano", en Altamirano 2006, pp. 365-379.

HERNÁNDEZ PALACIOS, Esther. 1997. "Heroínas y antiheroínas en la novela de Ignacio Manuel Altamirano", en Sol e Higashi 1997, pp. 225-236.

ILLADES, Carlos. 2004. "Las revistas literarias y la recepción de las ideas en el siglo XIX", *Historias*, núm. 57, pp. 51-63.

LANDER, María Fernanda. 2003. *Modelando corazones. Sentimentalismo y urbanidad en la novela hispanoamericana del siglo XIX*. Beatriz Viterbo Editora (*Tesis/Ensayo*), Rosario, Argentina.

MARTÍNEZ, José Luis. 1949. "Prólogo" a Ignacio Manuel Altamirano, *La literatura nacional*. Porrúa, México, pp. vii-xxiii.

MONSIVÁIS, Carlos. 2000. *Las herencias ocultas de la Reforma liberal del siglo XIX*. Random House Mondadori, México.

MONTAIGNE, Michel de. 1983. *Ensayos escogidos*, pról. Juan José Arreola. Universidad Nacional Autónoma de México (*Nuestros Clásicos*, 9), México.

MORA, Pablo. 2005. "La crítica literaria en México: 1826-1860", en *La República de las letras. Asomos a la cultura escrita del México decimonónico. I. Ambientes, asociaciones y grupos. Movimientos, temas y géneros literarios*, ed. y est. intr. Belem Clark de Lara y Elisa Speckman Guerra. Universidad Nacional Autónoma de México (*Al Siglo XIX. Ida y Regreso*), México, pp. 355-376.

NEGRÍN, Edith. 2006. "Evocación de un escritor liberal", en Altamirano 2006, pp. 13-56.

OLEA FRANCO, Rafael. 1997. "Altamirano, novelista", en Sol e Higashi 1997, pp. 161-167.

PALAZÓN MAYORAL, María Rosa y Columba GALVÁN GAYTÁN. 1997. "El centro contra las periferias (el nacionalismo defensivo de Altamirano)", en Sol e Higashi 1997, pp. 97-114.

PEZA, Juan de Dios. 1913. "Aquí no se sientan los indios", *La Patria*, 1 de septiembre, p. 2.

POBLETE, Juan. 1999. "La construcción social de la lectura y la novela nacional: el caso chileno", *Latin American Research Review*, vol. 34, núm. 2, pp. 75-108.

RAMÍREZ, Ignacio. 1960. *Obras de Ignacio Ramírez 2. I Poesías. II Discursos. III Artículos históricos y literarios*, t. I. Editora Nacional, México.

RAMOS ESCANDÓN, Carmen. 1989. "Mujeres de fin de siglo. Estereotipos femeninos en la literatura porfiriana", en *Signos. Anuario de Humanidades, Historia y Filosofía*, t. II. Universidad Autónoma Metropolitana Iztapalapa, México, pp. 51-83.

RENAN, Ernest. 2000. "¿Qué es una nación?", en *La invención de la nación. Lecturas de la identidad de Herder a Homi Bhabha*, comp. Álvaro Fernández Bravo. Manantial, Buenos Aires, pp. 53-66.

RIVAS, José Pablo. 1890. "Una visita en Barcelona al Maestro Altamirano", *El Universal*, 4 y 5 de junio, pp. 1, 1-2.

RIVAS VELÁZQUEZ, Alejandro. 1992. "Altamirano y su nueva visión de la novela en *El Zarco*", en *Reflexiones lingüísticas y literarias. II. Literatura*, eds. Rafael Olea Franco y James Valender. El Colegio de México, México, pp. 169-185.

SANDOVAL, Adriana. 2007. "Fernando Valle: un suicida romántico, en *Clemencia* de Altamirano", *Literatura Mexicana*, vol. XVIII, núm. 2, pp. 163-178.

SEGRE, Erica. 2007. *Intersected Identities: Strategies of Visualization in Nineteenth and Twentieth-Century Mexican Culture*. Berghahn Books, Nueva York.

SIERRA, Justo. 1889. "El Maestro Altamirano", *Revista Nacional de Letras y Ciencias*. Imprenta de la Secretaría de Fomento, México, pp. 161-167.

SOL, Manuel. 1999. "*La navidad en las montañas* o la utopía de la hermandad entre liberales y conservadores", *La Palabra y el Hombre*, abril-junio, núm. 110, pp. 73-83.

—— y Alejandro HIGASHI (eds.). 1997. *Homenaje a Ignacio Manuel Altamirano (1834-1893). Universidad Veracruzana (Cuadernos)*, Xalapa.

SOMMER, Doris. 1991. *Foundational Fictions: The National Romances of Latin America*. University of California Press, Berkeley, California.

SOSA, Francisco. 1883. "La enfermedad social", *El Nacional*, parte literaria, t. VII, pp. 7-9.

FICCIÓN NARRATIVA E IDEOLOGÍA
EN ROA BÁRCENA

Rafael Olea Franco
El Colegio de México

José María Roa Bárcena nació el 3 de septiembre de 1827 en el seno de una tradicional familia de Xalapa, cuyo padre ocupó prominentes puestos públicos; estos orígenes sociales y geográficos no son un dato superfluo, pues en parte explican ciertas características de su obra, como su fuerte actitud conservadora (expresada en su vida política y en su literatura), su amor por el terruño (proclamado en un tono lírico exacerbado) e incluso su deseo de rememorar la dolorosa invasión estadounidense, cuyos estragos sufrió en esa ciudad en 1847 (*vid*. Montes de Oca 1913). Dedicado en su juventud al comercio, frecuentó la tertulia que se efectuaba en casa de la familia Díaz Covarrubias, donde se afinaron sus gustos estéticos, por lo que a los dieciséis años inició una muy temprana carrera literaria.

Después de haber difundido en la prensa local sus primeros poemas y narraciones, en 1853 emigró a la Ciudad de México, donde desarrolló una permanente labor en las publicaciones periódicas, en especial de tendencia conservadora. Además de algunos artículos para el diario *El Universal* y para la revista *La Cruz* (bastión del conservadurismo católico, fundada por Clemente de Jesús Munguía, futuro arzobispo de Michoacán), a partir de 1858 colaboró con el periódico *El Eco Nacional* y, después, con *La Sociedad*; en las tres últimas publicaciones también desempeñó la dirección editorial. Como la falta de perspectiva histórica suele ser engañosa, conviene citar el comentario de Jiménez Rueda respecto de esta aparente labor egregia, que en el fondo exigía una elemental modestia: "El director lo era todo: escribía el periódico, corregía las pruebas, lo enfajillaba, lo ponía en el correo, firmaba los recibos de los subscriptores, cuando era necesario los cobraba, a veces llevaba los paquetes a las alacenas de los portales de Mercaderes y Capuchinos para su venta y, sobre ello, ponía dinero de su propio peculio para pagar a la imprenta" (Jiménez Rueda 1941: xv).

El primer periodo narrativo del autor consta del conjunto de relatos "La Vellosilla" (1849), "Una flor en su sepulcro" (1850), "Aminta Rovero" (1853) y "Buondelmonti" (1856), en los que el joven escritor intenta aprender el manejo de una voz narrativa que le permita expresar sentimientos personales ínti-

mos. El común denominador de estos textos, todos con un notable sesgo
romántico, es un argumento que gira alrededor de una historia de amor desdichado. Por ejemplo, la trama de "Buondelmonti" sucede en la Florencia de
1215, enmedio de las disputas políticas entre güelfos y gibelinos: el padre de
la bella y bondadosa María, un noble gibelino, se opone rotundamente a que
su hija se una al güelfo Buondelmonti, pero como ella enferma de tristeza, él
accede; antes de que el matrimonio se consume, Buondelmonti, cuyas virtudes son infinitamente menores que las de su prometida, se casa en secreto
con una joven de familia güelfa; para vengar este agravio, los parientes de la
desairada asesinan en público al traidor, quien no alcanza a ser salvado por
la intervención de la fiel María, la cual cae fulminada de muerte por la impresión de ver fallecer a su amado. A la llaneza de este tipo de tramas románticas, corresponde un estilo que abunda en descripciones forjadas a base de
lugares comunes y de frases hechas, mediante las cuales se intenta construir
un ambiente de romanticismo; una breve prueba de ello es este pasaje de
"Aminta Rovero", lleno de adjetivaciones superfluas: "Efectivamente, la noche
era bella y serena; las estrellas brillaban en el azulado cielo; una brisa tibia y
perfumada agitaba apenas el cortinaje de seda de la ventana en que se recli-
naba Aminta" (Roa Bárcena 2000: 75).

Esta primera etapa narrativa se cierra en 1857, con la escritura de su
única novela, *La quinta modelo*, que constituyó un giro en los intereses temá-
ticos del autor. Si bien entre 1855 y 1858, desde la codirección de *La Cruz*
(que ejercía junto con José Joaquín Pesado), polemizó con los escritores liberales del diario *El Siglo XIX*, sin duda su mayor contribución a la lucha ideológica provino de su ejercicio de las letras. En efecto, *La quinta modelo* es una
obra donde se discute la coyuntura política del periodo inicial de la Reforma,
cuando este proceso histórico apenas se estaba gestando. La escueta trama se
ubica en la década de 1840, cuando Gaspar Rodríguez, quien se había exiliado
por su "desenfrenado lenguaje" más que por su activismo político, regresa a
México por el puerto de Veracruz. Gratamente sorprendido por el sistema
democrático visible en varias ciudades de Estados Unidos, donde ha subsistido
gracias a los beneficios de una hacienda que posee en su lugar de origen,
Gaspar confunde la causa con el efecto, pues según explica el narrador: "Atri-
buyó el espíritu trabajador y mercantil de la raza anglosajona a la forma política de su gobierno, en vez de considerar este mismo gobierno como resultado forzoso de aquel espíritu" (97). Desde el principio, el personaje es descrito
como un hombre que si bien carece de la más mínima perspicacia, tiene facilidad para elaborar proyectos futuros; él es uno de esos seres que la inclemente pero certera sabiduría popular ha bautizado como un "tonto con iniciativa", atributo que lo induce a esbozar planes de modificación social para todo
el país: "Resultado de todas estas observaciones fue que Gaspar se prometiese
seriamente, a su vuelta a México, trabajar con actividad por establecer en

nuestro país instituciones políticas idénticas a las de los Estados Unidos y por establecer la libertad absoluta en todas las clases y condiciones sociales, sin perjuicio de obtener un privilegio exclusivo para importar unos cuantos negros de Virginia y hacerles trabajar en sus tierras" (98).

Al final de este pasaje, el narrador aprovecha su diatriba para marcar con ironía las contradicciones del sistema liberal estadounidense de la época, el cual se negaba a admitir la irresoluble incompatibilidad entre la defensa universal de los derechos humanos que había propiciado el nacimiento del país, y la preservación, en el sur de éste, de un sistema de producción económica esclavista. Asimismo, este fragmento exhibe el tipo de narrador en tercera persona escogido por el autor, quien mantiene una permanente y absoluta distancia crítica respecto del protagonista de la novela, empezando por su cómica caracterización, de acuerdo con el propósito maniqueísta que rige todo el texto. Respecto de Gaspar, ese maniqueísmo se complementa con Octaviana, quien en contraste con la simpleza y el nulo juicio de su cónyuge, es descrita como un modelo de mujer, educada al "influjo de sentimientos piadosos y cristianos" (106).

Conocedor de la política mexicana (que, entre paréntesis, por desgracia sólo ha cambiado en el tono), Roa Bárcena narra cómo Gaspar Rodríguez obtiene una diputación, apoyado en las triquiñuelas de su compadre Márquez. Desde su puesto en la Ciudad de México, Gaspar lanza modernos proyectos de reforma, aderezados con un tono demagógico: "él y sus compañeros presentaron en las sesiones secretas proyectos de leyes relativos a la libertad de cultos, libertad absoluta de imprenta, desamortización civil y eclesiástica, juicio por jurados y demás puntos que constituyen el credo político de la exaltación democrática" (125). En esta secuencia narrativa, el autor usa un antiquísimo recurso verbal, pues pretende ridiculizar eso que su narrador llama "el credo político de la exaltación democrática", poniéndolo bajo la nula autoridad de un personaje inepto; es decir, renuncia a discutir en detalle y con argumentos las probables desventajas de los planes liberales, los que intenta desacreditar por el simple hecho de que uno de sus vehementes seguidores reúne escasas capacidades intelectuales (según este difundido prejuicio, las ideas no valen por sí mismas sino por quien las emite).

Ahora bien, los puntos enumerados por Gaspar aluden, *grosso modo*, al eje del modelo de modernización liberal cuyo afianzamiento arrancó, en el plano jurídico, el 23 de noviembre de 1855 con la Ley de Administración de Justicia, mejor conocida por el nombre del entonces ministro de Justicia: Ley Juárez; esta ley establecía la supresión de los tribunales especiales, a excepción de los militares y eclesiásticos, los cuales sin embargo dejarían de tratar los asuntos civiles. Desde su revista *La Cruz*, tanto Roa Bárcena como José Joaquín Pesado lucharon con enjundia por los intereses conservadores. El segundo publicó numerosos artículos contra las leyes de Reforma y, sobre todo, contra la Constitución de 1857; en particular se preocupó por las relaciones entre la Iglesia y el Estado, tema al que dedicó diversos ensayos semanales. Aunque la historia oficial mexicana, heredera del liberalismo triunfante, suele ubicar en un mismo grupo relativamente homogéneo a todos los conservadores decimonónicos, entre ellos existían diferencias: "Alamán's Conservative Party attracted at least two different and quit distinct groups of adherents —first, those primarily interested in maintaining the colonial tradition and the prerogatives of the Church in the face of Liberal threats, men such as Juan Rodríguez de San Miguel and José Joaquín Pesado; and second, those who combined the love of the traditional order with a concern of realpolitik and economic development" (Tenenbaum 1991: 79).

Si bien la distancia entre una postura que en principio pudiera calificarse como ideológica y otra más bien militante y activa resulta en general imperceptible, lo cierto es que en la etapa inicial de la pugna entre liberales y conservadores, la participación de Roa Bárcena se mantuvo en el ámbito de la palabra escrita, por medio de los textos de variada índole que publicó en la revista *La Cruz* (ensayos literarios y religiosos, relatos de viajes o biográficos, noticias, poemas, ficción narrativa, traducciones). Por ejemplo, en dos entregas de esa revista (12 y 19 de junio de 1856) había publicado su relato romántico "Buondelmonti". Pero al año siguiente las exigencias de la coyuntura política lo animaron a redactar y difundir *La quinta modelo*, novela aparecida en once entregas de *La Cruz* (21 de mayo a 17 de septiembre de 1857), con el seudónimo de "Antenor". Saber la fecha original del texto ayuda a su interpretación; por ejemplo, debido a que entonces no había ediciones modernas de la obra de Roa Bárcena, cuando Brushwood redactó su seminal libro *México en su novela*, fijó *La quinta modelo* en 1870, a partir de su inclusión ese año en un volumen misceláneo del autor; este involuntario anacronismo induce al crítico a sorprenderse de que los liberales hayan aceptado las colaboraciones de un conservador en la revista *El Renacimiento*: "La denuncia de Roa Bárcena [en *La quinta modelo*] es tan violenta que es difícil entender cómo lo pudieron aceptar los liberales, aunque sólo fuese a título de colaborador en una revista literaria" (Brushwood 1973: 206). Sin embargo este hecho no resulta tan extraño si se considera que entre la edición de la novela de Roa Bárcena y la aparición, en 1869, de la revista de Altamirano, habían pasado doce años y, sobre todo, se había dirimido mediante la guerra el conflicto histórico que enfrentó a liberales y conservadores.

Aunque los escasos testimonios de los lectores decimonónicos mexicanos no son suficientes para aquilatar las repercusiones directas de ninguna novela, tal vez convenga evocar la optimista hipótesis de Ignacio Montes de Oca sobre la influencia inmediata de *La quinta modelo* entre sus contemporáneos: "La caricatura tan perfecta que [Roa Bárcena] delineó con mano maestra de los tribunos de aquella época, de sus discursos, de sus utopías, de sus fracasos, produjo quizá mayor efecto que los brillantes artículos de controversia que adornaban las revistas y periódicos que redactó" (Montes de Oca 1913: 147).

Como indiqué, Roa Bárcena empezó a publicar su obra el 21 de mayo de 1857, o sea apenas emitida, el 5 de febrero de ese año, la Constitución, contra cuyos preceptos jurídicos, sancionados por un Congreso Constituyente, ya no se podía combatir directa y legalmente. Sospecho que ésta fue una de las razones que lo indujeron a proyectar su novela hacia un futuro utópico. Así, en el argumento de ésta, la aventura de Gaspar Rodríguez en la capital del país no trasciende, porque él carece, en cuanto humilde diputado provinciano, de poder político para implantar sus proyectos democráticos. Sin embargo en la segunda parte de la trama, que acontece cinco años después del fallido periplo citadino del protagonista, éste decide aplicar en su finca, ya que no puede hacerlo en la nación, sus ideales de igualdad absoluta (social, política y económica) entre todos los seres humanos, emanados tanto de los consejos de su compadre Márquez como de sus propias lecturas; el narrador describe así el anómalo estado mental del personaje al asumir esta disposición:

> De algunos días atrás el administrador notaba cierto extravío en los ojos de Gaspar y una marcadísima incoherencia en sus ideas. Gaspar, de seis meses a aquella parte, se había entregado en cuerpo y alma a la lectura de todos los sistemas socialistas y comunistas, desde el origen y la formación del falansterio, hasta la teoría de la república universal [...] En las telas confusas de su acalorada imaginación, Fourier y Saint-Simon aparecían como dos genios bienhechores de la humanidad [...] trataba de fundar un establecimiento que, a la vez que fuese la glorificación del trabajo, diese idea exacta, aunque en pequeño, de una república perfecta [...] De allí en adelante iban a ser enteramente iguales el amo y el mozo (Roa Bárcena 2000: 153).

Además de su importancia para la novela, este pasaje proporciona datos fidedignos sobre algunas teorías políticas en boga en la década de 1850 en México, las cuales sólo se mencionan pero no se debaten en el texto. Por ejemplo, el pensador francés Charles Fourier (1772-1837) sirve aquí como pretexto para implementar en la hacienda de Gaspar la unidad de producción y consumo llamada falange o falansterio, basada en un cooperativismo integral y autosuficiente. Pero más allá de este carácter instrumental, no se describen los fundamentos conceptuales de la propuesta de Fourier, que implican una crítica al sistema de producción económica capitalista vigente. En última instancia, el fin de Roa Bárcena era burlarse de cualquier noción que sugiriera la igualdad plena entre todos los individuos; sin duda este punto es una alusión directa a la Constitución de 1857, la cual había sido acompañada de un breve manifiesto que contenía esta significativa frase: "La

igualdad será de hoy en adelante la gran ley en la república". Esa igualdad es
la que desea aplicar Gaspar Rodríguez para convertir su hacienda en una
"quinta modelo" ejemplar para la nación; de este modo entra en juego, en la
construcción de la obra, un antiguo género literario, la utopía (aunque por
los resultados negativos más bien podría hablarse de una distopía).

En su función de contraparte de su esposo, Octaviana es una católica por
los cuatro costados, mientras que él no sólo es liberal sino incluso ateo; en la
realidad histórica mexicana del siglo XIX, rara vez alguien confesaba en público su condición de ateo (incluso entre los liberales, quienes en su mayoría se
declaraban católicos, ya fuera por convicción íntima o por conveniencia política). Por todo ello Gaspar manifiesta un repudio extremo contra la Iglesia
católica como institución, aspecto que está claramente marcado en uno de
los discursos que él emite en calidad de diputado, donde critica la enorme
influencia ejercida por los sacerdotes entre su grey: "Esos hijos de la Roma
moderna —pues los tonsurados dejan de ser mexicanos en el solo hecho de
que obedecen al Papa— en los misterios lóbregos del confesionario inculcan
a las gentes sencillas y fanáticas un odio profundo hacia nosotros los hombres de la reforma, y como ellos disponen de los bienes de la tierra, y de los
del cielo —únicos que deberíamos dejarles— dominan completamente a las
masas" (123). Además de parodiar el tipo de discursos políticos que solían
escucharse en esa época, el autor construye la arenga de Gaspar (autodefini-
do como "hombre de la reforma") mediante una oratoria incoherente y sin
sentido, donde se nombran las culturas griega, egipcia y druida para llegar a
una incomprensible comparación con la realidad mexicana; la intención
autoral es obvia: los liberales son incapaces de generar un discurso hilado y
comprensible.

Como Octaviana pertenece a esas "gentes sencillas y fanáticas" mencionadas por Gaspar, acude al sacerdote y al juez de paz (un antiguo militar)
para que disuadan a su marido de aplicar sus planes de reforma. La reacción
del protagonista es fulminante; entre sus disposiciones al organizar la hacienda, decreta:

> Segundo: quedan abolidos todos los antiguos privilegios y prerrogativas, y el cono-
> cimiento de las causas de militares y sacerdotes pertenece al jurado popular.
> De consiguiente, usted, señor juez, militar retirado, y usted señor cura, que-
> dan bajo la jurisdicción de este tribunal, por haber sido sorprendidos en flagran-
> te delito de conspiración contra la república.
> Supuesto lo dicho, el tribunal destierra a uno y otro perpetuamente de la
> hacienda (161).

El pasaje anterior remite con nitidez a la citada Ley Juárez, cuyos preceptos incluso se exageran, porque en realidad esta disposición legal preser-

vaba los fueros militar y eclesiástico, si bien cancelaba la posibilidad de que estas instancias trataran los negocios civiles. A los pocos meses de que tanto el sacerdote como el juez son expulsados de la hacienda, la propiedad, transformada en una moderna cooperativa donde participan los campesinos, se hunde en una anarquía improductiva que culmina con la rapiña casi generalizada. No obstante, al final la intervención salvadora de la autoridad civil y sobre todo de la eclesiástica, apoyadas por Octaviana, evitan el desastre absoluto. De este modo, el mensaje ideológico que construye la novela es nítido: "Roa ve en la familia la célula social fundamental y le parece inconveniente diluirla en el pueblo, como consideraba que los liberales lo deseaban. El suyo es un nacionalismo conservador que sitúa en el pasado español la fuente de la continuidad histórica de la patria mexicana. Religión y lengua son a su juicio el legado peninsular más apreciado" (Illades 2005: 154).

Pero antes de que en el argumento de la novela se restituya el orden previo, operación típica de un propósito moralizante, Gaspar sufre la pérdida de su único hijo varón, muerto en medio de los vicios y la depravación, hábitos adquiridos en la escuela atea y excesivamente libertina a la que lo manda su padre, quien se derrumba en la locura cuando asume la conciencia parcial de su culpa. Una vez restablecida la armonía —sobre todo gracias al efectivo sermón que dirige el sacerdote a los campesinos para que regresen a sus antiguas "religiosidad y morigeración"—, se proporciona una imagen casi paradisíaca de la antes devastada hacienda:

> Pocos meses después, el color parduzco de los terrenos desaparecía bajo un espeso tapiz de follaje verde o amarillo [...] Levantóse la cosecha; los graneros se llenaron [...]
>
> En cuanto a la inmoralidad y el vicio, habían desaparecido ya casi del todo. La posesión de las cosas necesarias a la vida quitaba del corazón de los mozos el aliciente más poderoso que hay para el hurto, y respecto de la embriaguez y el juego no les quedaba tiempo para entregarse ni a una ni a otro. Pasaban todo el día en el campo y las oficinas, y volvían de noche a sus cabañas con buen apetito y excelente humor. El día de fiesta era empleado por ellos en oír la misa y la plática del sacerdote [...] (Roa Bárcena 2000: 184).

Desde el punto de vista literario, la decisión de Roa Bárcena de forjar una novela de tesis lo indujo a elaborar personajes maniqueístas con escaso o nulo desarrollo interior: más que tipos, son arquetipos, lo cual resta verosimilitud y profundidad sicológica al relato. Por ejemplo, los campesinos abandonan con increíble rapidez su conducta crapulosa y delictiva por otra civilizada y respetuosa de los poderes institucionales consagrados: la Iglesia, la ley y la familia. Asimismo, aunque en la obra hay una débil línea argumental de corte romántico (la historia de amor entre Amelia, la hija de Gaspar, y Alberto), el objetivo central de ésta fue más bien político y coyuntural: ridiculizar los proyectos liberales y enaltecer la labor benéfica de la Iglesia, considerada por el autor como la única fuente para alcanzar una educación genuina que condujera a un verdadero camino moral. Con base en ello, cuando en la trama Monsieur Dionisio, director de la escuela excesivamente libertina donde Gaspar inscribe a su hijo, califica como un anacronismo las nociones religiosas que antes se enseñaban y propone sustituir el fanatismo religioso con la moral filosófica, la voz autoral interrumpe el relato con esta ideológica nota a pie de página que delata la tendencia ensayística del texto: "Próximamente publicaremos en *La Cruz* la traducción de una obra notable de Monseñor Affre, en que se demuestra que la moral no puede existir sin la religión, que es fuente de ella" (133).

Si las novelas mexicanas del siglo XIX abundan en narradores en tercera persona que emiten juicios valorativos sobre los personajes o sobre sus acciones, este rasgo se acentúa en *La quinta modelo*; así se percibe, por ejemplo, en la tajante opinión del narrador sobre el proyecto para implantar un modelo democrático en el país:

> Si los congresos fueran, en efecto, representantes del país, veríamos en ellos igualmente respetadas y atendidas las clases todas que lo componen; pero cuando un liberalismo exagerado se apodera de los negocios públicos, llama sin criterio alguno al ejercicio del derecho electivo a toda la masa de la población, influye en sus votos, asalta los pueblos en virtud de la preponderancia del número y no del triunfo de la razón y de la inteligencia, y dicta leyes, no protectoras de la sociedad, sino atentatorias respecto de una o más clases, e inútiles o nocivas al común de los ciudadanos (124).

He citado este largo párrafo porque implica múltiples significados. En primer lugar, exhibe la enorme indignación del autor, la cual incluso lo arrastra a producir un anacoluto, pues no completa la secuencia oracional enumerativa que inicia con la frase "pero cuando...", que carece de parte final. Ello revela también el método de escritura de la obra, el cual fue simultáneo a su publicación; conviene recordar que si bien todas las denominadas novelas por entregas aparecen en números sucesivos de una revista o un periódico, algunas de ellas se escriben de forma paralela a su impresión, como sucedió con *La quinta modelo*, cuya trama redactó Roa Bárcena al mismo tiempo que la revista *La Cruz* publicaba el texto; obviamente, este proceso no le permitió revisarlo y corregirlo. Quizá por ello mismo el autor no supo cómo rematar la trama, para cuyo final echó mano, burdamente y sin anuncio previo, del antiguo artilugio de simular que se trataba de un manuscrito ajeno: "Cuando llegó a mis manos el manuscrito de *La quinta modelo*, vi que su autor [...]" (198).

Por último (y aparte), el párrafo citado antes posee una honda significación histórica, porque demuestra que en septiembre de 1857 (fecha en que
Roa Bárcena data la conclusión de la escritura), un intelectual conservador
como él era consciente de que los liberales tenían enormes posibilidades de
triunfo. Quizá por ello mismo *La quinta modelo* se ofrece al lector con un
descarado fin utilitario. Cuando la voz autoral finge que la historia narrada
proviene de un manuscrito anónimo, señala que éste concluía con la frase:
"¡Ojalá que [...] los males causados por la demagogia a todo un pueblo fuesen
tan fáciles de remediar como los que causa un loco en una quinta!" (*idem*). Y
luego de aclarar que esas palabras estaban borradas en el manuscrito, justifica así esa decisión del supuesto autor original: "El fin moral de la obra es
evidente y los lectores son muy entendidos" (*idem*). Si en verdad Roa Bárcena
pensara que "los lectores son muy entendidos", habría optado por otro género literario, por ejemplo la parábola, modelo de hondas raíces bíblicas que
sugiere los significados en lugar de enunciarlos directamente. En cambio, él
desea que los objetivos extraliterarios de su novela sean bien comprendidos,
lo cual delata su intención de influir de inmediato en lo que ahora llamaría-
mos la ideología de sus receptores.

De acuerdo con los anteriores elementos de análisis, coincido con esta
evaluación global sobre *La quinta modelo*: "Si advertimos [...] que la novela es
ante todo una reacción política de índole antidemocrática y antipopular, y
que los episodios narrados no resultan más que una caricatura del proyecto
liberal, estaremos en la actitud de una lectura crítica, ansiosa por conocer la
visión del mundo de los conservadores antes que por coincidir con sus ideales e intereses" (Ruffinelli 1984: 8). Sin embargo, desde una perspectiva literaria, la obra tiene un limitado valor, porque al privilegiar un propósito ideológico sobre una realización estética, el autor incurrió en la factura de
situaciones hiperbólicas que son poco convincentes; además, la conducta de
sus personajes, estereotipados y caricaturescos, es inverosímil y vacilante
(por ejemplo, a la edad de doce años, Enrique, el hijo de Gaspar, degüella
juguetona y cruelmente un gato tan sólo para probar el filo de un cortaplu-
mas). Sospecho que el propio autor no ignoraba este problema, porque luego
de que su narrador describe las acciones licenciosas y lascivas del joven Enrique, quien en su libertina escuela aprende a fumar, beber, blasfemar e incluso a mantener relaciones sexuales, registra las probables dudas que esa conducta podría suscitar entre los receptores: "¡Exageración! ¡Caricatura!
—exclamará tal vez alguno de mis lectores—. Un muchacho de menos de
catorce años de edad no puede tener las inclinaciones ni los vicios de un
joven de veinticinco" (Roa Bárcena 2000: 137-138). Luego de ello, dedica más
de una página a una reflexión moral donde pretende convencer a algún escéptico lector de que la corrupción de las costumbres de esa época genera tales
excesos; y cuando alude a las relaciones carnales del adolescente Enrique, se

niega a calificarlas con la palabra "amor"; incurriendo en un lenguaje cursi, dice que el amor "es una flor que no se abre en los terrenos pantanosos ni entre el corrupto follaje de los vicios" (139).

En suma, el problema fundamental de esta novela, significativa desde el punto de vista histórico, es que Roa Bárcena no supo construir un narrador que manejara con habilidad el tono distanciado y crítico indispensable en un discurso irónico. Se trata de una equivocación de carácter estético, la cual propicia que su deseo (ético) por servirse de la literatura para denostar el proyecto democrático no alcance eficiencia verbal. Quizá un ejemplo donde el autor usa de forma apropiada la ironía (con la misma intención ideológica de *La quinta modelo*) ilustre lo que quiero decir. En el cuento "El rey y el bufón" (1882), cuyo argumento se desarrolla en la época medieval, el narrador aprovecha la lejanía temporal para burlarse con fina ironía de los cambios impuestos a la relación entre el Estado y la Iglesia en el mundo moderno: "Como aún no regía el principio de separación del Estado y la Iglesia, el rey pudo asistir a tales vísperas [en la catedral] sin conculcarle, y sin temor a las declamaciones de la imprenta, que no había sido inventada" (278). Al analizar este texto de la época madura del autor, López Aparicio señala el contraste con su producción previa: "En este cuento Roa Bárcena pone en práctica el estilo «joco-serio» [como él lo llamó] que descubre en los ingleses, en Cervantes y en Lesage, y que tan buen empleo habría de darle. En «El rey y el bufón» con una burla solapada reemplaza los sermones y diatribas de *La quinta modelo*" (1957: 101-102).

En este periodo el autor también incursiona, paulatinamente, en el relato fantástico, tanto en formas versificadas como en prosa. Su trayectoria por este género se sintetiza en dos polos complementarios, los cuales representan una parte sustancial del desarrollo de toda su obra: del incipiente ejercicio de leyendas con motivos sobrenaturales, a la madurez de su escritura con una postulación fantástica plena dentro del cuento moderno. El interés primigenio de Roa Bárcena por temas afines a lo fantástico se reveló en su misceláneo libro de 1862 (nunca reimpreso) *Leyendas mexicanas, cuentos y baladas del norte de Europa*, el cual fue una excepción en un clima bélico poco propicio para la cultura, según reconoció en 1869 Altamirano, en su "Introducción" al primer número de *El Renacimiento*:

> Escasas eran las producciones en aquella época, y eso apenas conocidas en círculos reducidos. Don José María Roa Bárcena publicó en 1862 sus *Leyendas mexicanas* [...] con cuya colección cualquiera otro menos conocido habría alcanzado nombre de poeta; pero no recordamos en este momento otra producción de la misma naturaleza. Apenas de nuestro lado [el liberal] solía suavizar las páginas fogosas de los periódicos una que otra composición fugitiva que no fuese un canto de guerra" (Altamirano 1988: 11-12).

Con esta obra, Roa Bárcena se suma a uno de los caminos elegidos por los escritores del siglo XIX para construir eso que el propio Altamirano denominó "literatura nacional": el rescate y reelaboración del acervo de tradiciones y leyendas acumuladas durante siglos en la cultura mexicana. Este interés cultural deriva de la creencia romántica de que existe un alma nacional, la cual sería visible en las composiciones populares; así, él afirma que para imprimir color local a una literatura "no queda más arbitrio que recurrir a la historia y las tradiciones especiales de cada país" (Roa Bárcena 1862: 6). Con base en esta idea, renuncia tácitamente a seguir otras vertientes legendarias (como la bíblica, presente en su leyenda "Ithamar", de 1848), y en la parte central de su libro de 1862 retoma sobre todo argumentos de origen prehispánico y sólo un episodio colonial, conjunto al que añade algunas traducciones indirectas del rico archivo europeo de cuentos y baladas, así como una exigua sección con cortas composiciones poéticas (a la que se alude con el subtítulo "y algunos otros ensayos poéticos").

En la introducción a su libro *Ensayo de una historia anecdótica de México en los tiempos anteriores a la conquista española* (también de 1862), Roa Bárcena declara que para redactarlo consultó tanto la *Historia antigua de México y de su conquista* (1780, en italiano; 1824, en español), de Francisco J. Clavijero (1731-1787), como la *Historia antigua de México* de Mariano Veytia (1718-1780), la cual circuló en forma manuscrita a fines del siglo XVIII y se imprimió en 1836. A su vez, Veytia tuvo presente la obra histórica de Fernando de Alva Ixtlilxóchitl (*ca.* 1568-1648), cuyos manuscritos había podido leer e incluso copiar antes de su difusión en formato de libro en 1829 (gracias a la labor de rescate de Carlos María de Bustamante). Aunque Roa Bárcena no lo menciona en el prólogo de sus *Leyendas mexicanas*, en ellas también es notoria la presencia de Clavijero y de Veytia como fuente principal de lo que podría considerarse datos de origen histórico, los cuales, por supuesto, se presentan transfigurados por la ficción. En cambio, en el prólogo el autor ofrece una imagen certera de los objetivos de sus "leyendas aztecas", como las denomina:

Mi leyenda de "Xóchitl" da idea de la destrucción de la monarquía tolteca, que precedió a las demás establecidas en el Anáhuac. Después de consignar las tradiciones relativas a la emigración, el viaje, la llegada, esclavitud y emancipación de los aztecas y a la fundación de México, trazo algunas de sus costumbres domésticas y sociales en el "Casamiento de Nezahualcóyotl"; paso a describir en "La princesa Papantzin" los presagios de la venida de los europeos y los primeros síntomas del gran cambio efectuado con la conquista española; y no tomo del periodo colonial más episodio que el de "La Cuesta del Muerto" (6-7).

De forma paralela a estos propósitos nacionalistas, intentó una empresa imposible: la conciliación del mundo prehispánico con el del cristianismo, para lo cual planteó una continuidad más que una ruptura entre estas dos realidades opuestas. Así, por ejemplo, el personaje de "La princesa Papantzin" es llamado el "apóstol primero de Cristo" en América; y al final la voz lírica justifica el dominio de los indígenas por parte de los españoles con la típica postura del catolicismo: "Lidiaron otros con fortuna adversa, / mas con valor que admirarán los siglos. / Sus brazos amorosos la Cruz luego / tendió entre vencedores y vencidos" (169). Además, Roa Bárcena incurrió en un desliz común a todos los literatos de la época que coincidieron en la escritura de leyendas: la invención de un mundo prehispánico con cualidades románticas que no concuerdan con la cosmovisión indígena, ignorada a plenitud por quienes sin embargo tenían un loable deseo de reivindicar esa cultura (por lo menos en el plano artístico). De este modo, los escasos datos históricos disponibles se supeditan al afán de construir una historia romántica.

El libro de 1862 contiene algunos relatos versificados que construyen argumentos divergentes de una concepción literaria realista. Entre las ocho leyendas de la primera sección del volumen (siete prehispánicas y una colonial), destaca "La princesa Papantzin". Según se anuncia en el primer canto, la joven y bondadosa princesa del título, hermana del rey Moctezuma, es resucitada por designio divino con el fin de que transmita a los suyos la buena nueva de la fe cristiana:

> En medio de agüeros de gran desventura,
> Dios quiso a la azteca gentil monarquía
> con raro portento mostrar cierto día,
> si bien entre sombras, la luz de la fe.
>   Sacó del sepulcro discreta princesa
> que a reyes y plebe contó lo que ha visto;
> con ello el apóstol primero de Cristo
> en estas regiones de América fue
> (148).

Paralizado por los augurios funestos, el rey Moctezuma es incapaz de pelear contra los invasores, tarea que sí asumen sus súbditos, aunque con fortuna adversa. Al final, la voz lírica pretende atenuar la fatalidad histórica del pueblo azteca enunciando, en el verso ya citado, la quimérica idea de que el cristianismo estableció un vínculo de amor entre los bandos antagónicos. Como muchos escritores mexicanos de la segunda mitad del siglo XIX, Roa Bárcena participó de un afán nacionalista fundado en el romanticismo, al cual se sumaron su personal ideología conservadora y sus profundas creencias religiosas. Su ilusorio propósito de conciliar el cristianismo español con el mundo prehispánico falla por dos razones: tanto porque los datos históricos concretos desmienten esa supuesta conciliación, como por su desconocimiento de la cosmovisión y prácticas religiosas de las culturas prehispánicas.

Ahora bien, aunque la resurrección de la princesa Papantzin infringe las leyes causales del mundo familiares para los personajes, al inicio de la leyenda se adelanta que ese suceso sobrenatural emana de la voluntad divina, por lo que participa de una mentalidad católica que lo definiría como un milagro. Así, este insólito caso no es el principio estructural y dominante del relato, sino más bien una herramienta tanto para la eventual conversión religiosa de los personajes (después de bautizarse, Papantzin asume el nombre de María), como para construir un mensaje dirigido a los lectores, quienes se encontraban inmersos en un conflicto histórico —la fratricida y sangrienta lucha entre liberales y conservadores— donde la religión y la Iglesia podían desempeñar una sustancial labor ideológica. Para la redacción de esta leyenda, el autor se basó casi literalmente en el pasaje de Clavijero titulado "Suceso memorable de una princesa mexicana" (libro quinto de su *Historia antigua de México*); señalo, de paso, que esta anécdota extraordinaria parecería contradecir los principios de Clavijero, quien en el prólogo de su obra enuncia su intención de no dar cabida a la fantasía; sin embargo es obvio que para este intelectual y sacerdote jesuita, un milagro formaba parte de la realidad verificable.

Antes de analizar "La Cuesta del Muerto", la otra leyenda con tema sobrenatural, conviene comentar brevemente, por sus semejanzas con el texto anterior, dos relatos en verso pertenecientes a la segunda sección del libro, donde Roa Bárcena tradujo, siempre a partir de las versiones francesas de X. Marmier, algunas obras europeas que englobó como "cuentos y baladas". En "La vuelta de una madre", desde su tumba una mujer logra que Dios le conceda regresar al mundo de los vivos por una sola noche, durante la cual ella vela por sus seis hijos, quienes sufren el descuido de su padre y de la nueva esposa de éste (por cierto que, como en la leyenda de Papantzin, en este relato la aparición sobrenatural es percibida primero por una niña, cuya inocencia atenúa su probable reacción de sorpresa o miedo frente al suceso extraordinario). En "La restitución", el alma en pena de un hombre pide que su viuda devuelva a unas huérfanas la propiedad de la cual él las despojó, porque así podrá "Volver al sepulcro y en él descansar" (277). Como se ve, el acto increíble narrado en ambos textos —el regreso de los muertos al mundo de los vivos— no afecta gravemente la conducta de los personajes, ni desencadena las tramas de suspenso típicas del género fantástico; más bien sirve para plasmar una intención didáctica y moralizante.

El tema de las ánimas en pena, como se le llama en México, adquiere su mayor extensión en la única leyenda colonial: "La Cuesta del Muerto", obra de patente y a veces rudo aprendizaje poético, constituida por once desiguales cantos, en versos donde alternan diferentes formas métricas: desde octosílabos asonantados, dispuestos en cuartetas o en largas tiradas, hasta endecasílabos consonantes en octavas, pasando incluso por una especie de silva, todo en casi cien páginas impresas. Después de un retrato lírico de las bellezas campiranas entre Xalapa y Coatepec, en el segundo canto el narrador principal o "cronista" (como él se identifica) se asombra de que su guía en la caza, un hombre valiente pero supersticioso, de pronto sea presa de un irracional pavor. Para justificar su miedo, el guía refiere que el nombre del lugar donde se encuentran, la Cuesta del Muerto, se debe a que, apenas cae la tarde, muchos testigos han percibido ahí la visión de una casa incendiada, así como de un fantasma que carga un pesado costal:

> El muerto, cual si pujase
> al peso de lo que lleva
> y que debe de quemarle.
> A la orilla del abismo,
> do ser más profundo sabe,
> se para; los pies afirma;
> mece en infernal balance,
> siempre en las espaldas puesto,
> el costal para lanzarle,
> y a poco desaparecen
> muerto y costal, y unos ayes
> resuenan, que con oírlos
> para morirse hay bastante
> (186-187).

El escéptico cronista decide aguardar la llegada de la tarde para cerciorarse de la autenticidad de este relato. Durante la espera, que abarca del tercer al décimo canto, el guía cuenta la historia que supuestamente originó la imagen espantosa. Caído de la gracia del rey español Carlos III (1759-1788) y exiliado en México, don Lope de Aranda lleva ya cinco años de matrimonio con la bella e infeliz doña Inés, la cual es cortejada por Román, sobrino de don Lope, y por Francisco, hijo del mayordomo de la hacienda. En un ataque de celos, don Lope intenta en vano asesinar a Francisco, por lo que doña Inés urde un maligno plan: para quedar libre y poderse casar con Román, a quien ama en secreto, ella finge inclinarse por Francisco y lo incita a matar a su esposo. Una vez cometido el crimen, ambos meten el cadáver en un costal y ella incendia la casa; mientras doña Inés ayuda a Francisco a transportar la pesada carga, aprovecha el contacto físico para atar la ropa de éste al costal; así, cuando él arroja su carga a un precipicio, es jalado por el peso y también muere. Al final, Román, inocente y mudo testigo de todo, prefiere huir antes que concretar un amor manchado por la sangre, y doña Inés es sentenciada a morir por el garrote. Esta truculenta y poco convincente trama explicaría la terrible visión de una casa incendiada y de un hombre que parece arrojarse a un barranco junto con su pesada carga.

La dilatada historia, cuyo desenlace presuntamente provoca la imagen fantasmal, resulta excesiva, pues además de que abarca tres cuartas partes del texto, si acaso la primera aparición suscita un relativo suspenso, éste se disuelve de manera paulatina. Esta deficiencia es de tal magnitud, que en el último canto el autor no encuentra la fórmula verbal apropiada para que sus personajes vuelvan al presente de la enunciación después de la crónica retrospectiva transmitida por el guía. Así, para simular que el relato de éste ha quedado trunco por la terrible visión que dice percibir, el narrador principal repite con monotonía la frase "Iba a contarme el guía", con la cual inicia varias estrofas, entre ellas una donde expone las reacciones totalmente opuestas de los dos en relación con el aterrador espectro:

> el buen Andrade que temblaba como
> débil hoja al embate de la brisa,
> "es el muerto" me dijo con espanto,
> emprendiendo la fuga a toda prisa.
> En vano yo seguirle pretendiera,
> que a la del ciervo iguala su carrera
> en rapidez, e insólito deseo
> tengo de ver la aparición terrible;
> los ojos abro hasta donde es posible,
> lector, y, sin embargo, nada veo
> (255-256).

Así, el cronista aprovecha su función tanto mediadora como testimonial para negar la aparición del fantasma advertido por el guía, con lo cual el texto se aparta del narrador característico de los relatos fantásticos clásicos, cuya labor central consiste en construir un mundo ficticio donde se confirme que en el entorno de los personajes se ha producido un fenómeno extraño, fuera de las coordenadas racionales mediante las que ellos se familiarizan con su realidad y la explican.

De todo lo anterior se concluye que los relatos versificados o en prosa del libro *Leyendas mexicanas* no alcanzan una verdadera postulación fantástica, pues su objetivo oscila entre dos polos ajenos a este género. Por un lado, si bien "La princesa Papantzin", "La vuelta de una madre" y "La restitución" se basan en sucesos que en principio se juzgaría como sobrenaturales, en el fondo no se trata de misterios irresolubles contrarios a la concepción lógica y causal de la realidad, sino de "milagros" propios de una cosmovisión religiosa. Por otro lado, en "La Cuesta del Muerto" se rechaza de manera tajante la posibilidad de que en el mundo concreto de los personajes —en última instancia análogo al de los lectores— haya fenómenos que transgredan las coordenadas de la racionalidad materialista, según la cual sólo debe creerse en aquello que empíricamente es perceptible e incluso mensurable.

Luego de sus *Leyendas mexicanas*, la siguiente cala narrativa del escritor se produjo en la serie de relatos *Noche al raso* (escrita en 1865 pero publicada hasta 1870), cuyo subtítulo ("Manuscrito hallado entre papeles viejos") repite la estratagema de simular que se origina en un manuscrito perdido, aunque este elemento no se desarrolla. El texto se construye mediante el antiguo artificio literario de una trama que permite reunir a un grupo de desconocidos, quienes se ven obligados a pasar la noche a la intemperie (es decir, "al raso"), debido a la descompostura del carruaje en que se trasladan de Orizaba a Puebla; uno de estos disímiles personajes, militar de profesión, propone que todos ellos cuenten una anécdota. El narrador general tiene una participación tenue, pues sólo interviene en la introducción y cada vez que es necesario indicar que otro de los personajes asume la voz. No obstante, es él quien imprime el tono irónico de todo el volumen, el cual se ejerce desde el inicio en la descripción de los personajes, como cuando se afirma que el desaliño del "procurador o agente de negocios" se sintetizaba "en las enlutadas y largas uñas, parte integrante de los utensilios de su profesión" (Roa Bárcena 2000: 199).

La mayoría de los relatos de *Noche al raso* están ligados al motivo del engaño, tema que puede ilustrarse con la descripción de "El cuadro de Murillo". Ahí, una anciana intenta vender a un anticuario un cuadro en cincuenta pesos, oferta que él rehúsa porque no considera sobresaliente la pintura, aunque sí acepta que ésta se quede a consignación; semanas después, la vieja regresa a la tienda, de la cual sale desconsolada porque aún no hay comprador; un tanto conmovido, el anticuario limpia la pintura y la coloca cerca de la entrada de su tienda, donde resulta más visible; luego de que un hombre observa la pintura durante tres días, el anticuario lo invita a entrar a la tienda, donde aquél la examina en detalle y opina: "Acaso yo me equivoque; pero este cuadro debe pertenecer a la escuela sevillana, y ser obra de alguno de sus más insignes maestros" (221-222). El anticuario le pide cien pesos por el objeto, pero el hombre contesta que no tiene medios para realizar la compra, aunque pocos días después regresa a proponer un negocio en el que ambos podrían obtener ganancias; dice que conoce a un inglés que pagaría una buena suma por el cuadro, el cual es valioso porque "es nada menos que del fundador de la escuela sevillana, Bartolomé Esteban Murillo, célebre pintor español que floreció en el siglo XVII" (223). Al día siguiente, el hombre, quien se ha identificado como el profesor Martínez, de la Academia de Bellas Artes, se presenta acompañado de un inglés, quien en su segunda visita acepta comprar el cuadro por quinientos pesos, suma que liquidará cuando el anticuario lleve la pintura a la dirección que le indica. Apenas cerrado el trato, la dueña del cuadro se presenta en la tienda para llevarse su pintura, por cuya venta le han prometido doscientos pesos. El anticuario calcula que, aun si él pagara esa cantidad por la pintura, obtendría pingües ganancias al venderla después al cliente inglés; así que alcanza a la vieja en la calle, adonde ella, ayudada por un mozo, llevaba ya el cuadro. No obstante que el anticuario no tiene esa suma, la mujer exige el pago de inmediato, pues, arguye: "nosotras las señoras [...] nada entendemos en esto de negocios, y con mucha facilidad somos engañadas" (228). Por ello él se ve forzado a pedir un préstamo de ciento cincuenta pesos, con la garantía de las escrituras de una casa de su esposa. Naturalmente, después él descubre que lo han engañado, porque al acudir a entregar el cuadro a la dirección indicada, nadie conoce ahí al supuesto comprador inglés; asimismo, cuando encuentra al verdadero profesor Martínez, éste examina la pintura y dictamina que no tiene valor artístico alguno. Al final, el anticuario queda desacreditado tanto en su hogar como en su profesión: "no pudiendo devolver los ciento cincuenta pesos que me prestaron, mi esposa perdió su casita y sus justísimos reproches se mezclaron por mucho tiempo con las risas de los almonederos vecinos" (229). En síntesis, el libro contiene una serie de relatos plenos de ironía y humorismo, con un claro origen popular y un fuerte tono oral. Además de su valor en conjunto, cada cuento podría transmitirse, con los ajustes necesarios, de modo autónomo. Estas cualidades artísticas han llevado a la crítica a declarar, con justicia, que *Noche al raso* contribuyó a la consolidación del cuento moderno en México (Munguía 2001).

Ahora bien, la excepción a esta serie de cuentos relacionados con el tema del engaño es "El hombre del caballo rucio", cuyo argumento demuestra la persistente fascinación del autor por las anécdotas de aparecidos. El narrador oral de este relato refiere, después de describir con un lirismo exaltado el valle veracruzano donde ubica su anécdota, cómo pasea de nuevo por la región el fantasma de un no muy devoto ni virtuoso hombre, muerto a causa de un accidente acontecido mientras cabalgaba en su veloz caballo, el "rucio" del título: "Los vaqueros que conducían ganado a los potreros de Rancho Nuevo protestaban, haciendo la señal de la cruz [que el muerto en persona] les había salido entre los árboles [...] espantándoles con tremendas carreras y estupendos y ronquísimos gritos el ganado, que se desperdigó por el monte, como si hubiera visto al diablo" (Roa Bárcena 2000: 234). Esta conseja se difunde pronto entre los habitantes de la comarca, algunos de los cuales presumen poseer el valor para enfrentarse al espectro. Luego de una tentativa infructuosa que sólo provoca pánico extremo en el primer atrevido, quien incluso es víctima de las burlas del fantasma, por fin un joven mallorquino, montado en un caballo tan rápido como el rucio, logra asir al muerto por la coleta con que solía recogerse el pelo; sin embargo el aparecido se desvanece frente a sus ojos, dejándole la coleta en las manos, la cual también acaba por esfumarse misteriosamente: "Y, como llegaron en esto los rancheros, ya repuestos del susto, y el mallorquino, refiriéndoles lo acaecido, tratara de enseñarles la coleta, sintió que le quemaba los dedos, y la arrojó al suelo. ¿Ven ustedes cómo se consume el tiro de este cigarro habano? Pues así, y apestando a azufre, se carbonizó la consabida coleta, sin perder su forma, y sin que en el lugar en que ardió volviera a nacer yerba" (240).

Como resulta evidente en la cita anterior, en sus mejores pasajes el texto construye con maestría cierto suspenso narrativo, así como una dosis de incertidumbre, mediante la cual se sugiere que el hombre del caballo rucio es el mismo diablo. Pero si bien este argumento resulta asombroso per se, hay dos elementos que minan un tanto su eficacia fantástica, pues el relator de esta historia contribuye a disminuir su probable efecto escalofriante. En primer lugar, porque la antecede con un comentario donde la califica como una mera creencia popular (una vulgar "tradición"), impropia del supuesto elevado nivel cultural de su auditorio; en segundo lugar, porque el narrador principal de toda la serie —recordemos que el cuento se presenta como parte de una secuencia— enfatiza que, sin esperar la reacción de su auditorio al escuchar la fantasmal historia, el relator de ella añade de inmediato que en el pasado otro oyente tuvo una reacción escéptica, porque en lugar de asustarse, le dijo: "Los espantos de los vivos son mucho más serios y temibles que los de los muertos; y aunque yo jamás he creído en estos últimos, todavía estoy azorado de resultas de aquéllos. Sepa usted, señor capitán, que acabo de verme a dos dedos del abismo... ¡Sepa que he estado a punto de casarme por compromiso!" (244); estas palabras introducen la última anécdota de Noche al raso, titulada precisamente "A dos dedos del abismo", jocoso relato de un hombre casi forzado a contraer matrimonio con una mujer a la que ni siquiera ha pretendido, lo cual provoca que al final parezca un amante despechado. No obstante estas precisiones, conviene subrayar que, a diferencia de "La Cuesta del Muerto", los elementos que disminuyen la postulación fantástica de "El hombre del caballo rucio" se ubican fuera de su argumento, en cuyo desarrollo los personajes sí atestiguan la existencia de un suceso extraordinario, el cual resulta inexplicable según las leyes naturales: la intromisión de un muerto en el universo de los vivos.

En 1877, Roa Bárcena culminó con "Lanchitas" lo que había apenas sugerido en sus Leyendas mexicanas y alcanzado con éxito relativo en "El hombre del caballo rucio": la escritura de un relato fantástico a partir de una anécdota sobrenatural proveniente del vasto acervo legendario y popular mexicano. Este logro comienza con su renuncia a la forma híbrida de la leyenda en favor de una estructura más moderna, el cuento, a la cual imprimió una eficaz modalidad fantástica; de acuerdo con Edgar Allan Poe, aquí se considera que un cuento es un relato breve de escritura condensada y climática, que tiende a narrar en prosa una acción central, privilegiando la descripción del suceso sobre la caracterización de los personajes, y mediante un espacio y tiempo más o menos unitarios.

Según mi concepción del género fantástico (Olea 2004: 23-73), en éste se produce un hecho aparentemente sobrenatural, el cual irrumpe de forma incomprensible en el mundo cotidiano y familiar de los personajes, quienes al principio del argumento son descritos mediante códigos literarios realistas. Como la estructura de un relato fantástico es indicial, esa intrusión no es abrupta sino que confirma los diversos indicios —datos cuyo significado total se completará en un nivel posterior y superior del texto— que presagiaban una fisura en la confiada cosmovisión de los personajes. En "Lanchitas" los indicios aparecen desde el comienzo, cuando el narrador en tercera persona acude a un relato oral para intentar dilucidar el misterio de cómo y por qué el sabio sacerdote Lanzas se transformó en el humilde Padre Lanchitas del título:

> No ha muchos meses, pedía yo noticias de él [Lanchitas] a una persona ilustrada y formal, que le trató con cierta intimidad; y, como acababa de figurar en nuestra conversación el tema del espiritismo, hoy en boga, mi interlocutor me tomó del brazo y, sacándome de la reunión de amigos en que estábamos, me refirió una anécdota más rara todavía que la transformación de Lanchitas, y que acaso la explique. Para dejar consignada tal anécdota, trazo estas líneas, sin meterme a calificarla. Al cabo, si es absurda, vivimos bajo el pleno reinado de lo absurdo (Roa Bárcena 2000: 267).

Así, el narrador siembra diversos indicios sobre su historia, pues al aludir al tema del espiritismo y al "reinado de lo absurdo", adelanta la naturaleza sobrenatural de ella. Cabe destacar también su postura ambigua respecto de su propia anécdota, de la cual aventura que "acaso" explique la metamorfosis de Lanzas, pero a la vez se niega a "calificarla". A todo ello se suma el singular inicio de su relato, forjado a partir de algo que le refirieron: "No recuerdo el día, el mes, ni el año del suceso, ni si mi interlocutor los señaló; sólo entiendo que se refería a la época de 1820 a 30, y en lo que no me cabe duda es en que se trataba del principio de una noche oscura, fría y lluviosa, como suelen serlo las de invierno" (267-268). Dubitativo, el narrador remite a un pasado impreciso; en contraste, delimita el ambiente de presagios en que se desarrollará su historia. En ella se cuenta que al dirigirse un día el Padre Lanzas a una tertulia, una humilde mujer le pide socorrer a un moribundo cuyo último deseo es que precisamente él lo confiese; al llegar al aislado lugar, el cual es descrito según algunas convenciones de herencia gótica —un sitio cerrado, sórdido, lóbrego y pestilente—, el padre se enfrenta a una visión terrible:

Cuando el padre, tomando la vela, se acercó al paciente y levantó con suavidad la frazada que le ocultaba por completo, descubriose una cabeza huesosa y enjuta, amarrada con un pañuelo amarillento y a trechos rotos. Los ojos del hombre estaban cerrados y notablemente hundidos, y la piel de su rostro y de sus manos, cruzadas sobre el pecho, aparentaba la sequedad y rigidez de la de las momias.

—¡Pero este hombre está muerto!— exclamó el Padre Lanzas dirigiéndose a la vieja.

—Se va a confesar, padrecito —respondió la mujer, quitándole la vela [...] y al mismo tiempo el hombre, como si quisiera demostrar la verdad de las palabras de la mujer, se incorporó en su petate y comenzó a recitar en voz cavernosa, pero suficientemente inteligible, el *Confiteor deo* (269).

Cabe destacar la habilidad desplegada por el autor para construir la estructura pertinente para el género fantástico tradicional, la cual exige dos operaciones complementarias. La primera, la inscripción en el texto de los indicios que ayudan a que el final del argumento sea coherente con la lógica del relato (si en lugar de ello el escritor empleara el clásico recurso de *deus ex machina* —es decir, introdujera un agente externo, de origen divino o de otra índole—, entonces impondría una solución ajena a la caracterización y a las acciones de los personajes). La segunda, que una vez inscritos los indicios, éstos se encubran de inmediato, lo cual propicia un suspenso climático que permite posponer el desenlace de la trama y presentarlo como una relativa sorpresa. En el citado pasaje de "Lanchitas", se acumulan los indicios sobre el hombre que desea confesión, el cual es descrito por el narrador mediante rasgos propios de una entidad muerta: cabeza huesosa, ojos hundidos, piel seca y rígida de momia, voz cavernosa. El más fuerte de ellos —la afirmación del Padre Lanzas de que el hombre está muerto— no es desmentido ni confirmado por la vieja, quien desvía la atención tanto del sacerdote como de los lectores subrayando que el hombre se va a confesar. Claro está que en principio todo ello parece consecuente con el estado físico de un moribundo. (No debe olvidarse que la calidad de un texto fantástico se mide también por la cantidad de indicios que están ahí desde el principio, pero que sólo una atenta y posterior lectura nos concede desentrañar.)

Para explicar cómo se supo lo que el penitente dijo al padre, quien nunca violó el sagrado secreto de confesión, el narrador indica que de "algunas alusiones y medias palabras" de Lanzas, se pudo inferir que el hombre "se daba por muerto de muchos años atrás, en circunstancias violentas que no le habían permitido descargar su conciencia como había acostumbrado pedirlo diariamente a Dios, aun en el olvido casi total de sus deberes y en el seno de los vicios, y quizá hasta del crimen; y que por permisión divina lo hacía en aquel momento, viniendo de la eternidad para volver a ella inmediatamente" (269-270). Después de interpretar esto como un mero desvarío del penitente provocado por la fiebre de la agonía, el padre lo absuelve y sale del lugar, cuya puerta se cierra herméticamente sin que él la empuje. Al llegar sudoroso a su tertulia, busca su pañuelo y no lo encuentra; como se trata de una prenda de gran valor afectivo, pide que un criado vaya a buscarla a la accesoria donde estuvo, cuyas coordenadas proporciona con exactitud. Cuando el criado regresa, comunica que luego de tocar sin respuesta a la puerta de la accesoria, el sereno de esa calle le informó que durante años nadie había vivido ahí. Ante ello, el Padre Lanzas y el dueño de la accesoria, por casualidad presente en la tertulia, deciden visitar el lugar al día siguiente. Al llegar ambos al sitio, no hay la más mínima huella de que éste haya sido ocupado en fecha reciente; pero como el padre insiste, abren la puerta y comprueban que la accesoria está deshabitada y sin muebles, luego de lo cual:

> Disponíase el dueño a salir, invitando a Lanzas a seguirle o precederle, cuando éste, renuente a convencerse de que había simplemente soñado lo de la confesión, se dirigió al ángulo del cuarto en que recordaba haber estado el enfermo, y halló en el suelo y cerca del rincón su pañuelo, que la escasísima luz de la pieza no le había dejado ver antes [...] Inundados en sudor su semblante y sus manos, clavó en el propietario de la finca los ojos, que el terror parecía hacer salir de sus órbitas; se guardó el pañuelo en el bolsillo, descubriose la cabeza, y salió a la calle con el sombrero en la mano [...] (274).

Hasta antes de este fragmento, la veracidad de la supuesta y privada confesión descrita por el padre estaba en duda (en la literatura fantástica los acontecimientos insólitos son siempre privados, porque si fueran públicos y generales, estaríamos más bien en el ámbito de lo maravilloso). Pero finalmente su extraño relato es corroborado por una prueba testimonial: el pañuelo que, contra toda lógica, aparece en un lugar vacío y cerrado por años. De este modo se transgrede la lógica de la disyunción que constituye la base de las clasificaciones del empirismo científico, la cual emplea una taxonomía dicotómica (A "o" B) para clasificar los fenómenos de la naturaleza. En el texto opera más bien una lógica de la conjunción, que admite la suma de características en apariencia excluyentes (A "y" B). Así, un objeto actual puede encontrarse en un sitio cerrado durante años, lo cual lleva a un incidente más grave: la posibilidad de que un personaje pertenezca tanto al mundo de los vivos como al de los muertos (en la lógica de la disyunción, se está vivo "o" muerto). Debe subrayarse, además, que esto se deduce de la propia trama secuencial del texto, donde nunca se expresa que el hombre inconfeso sea un fantasma; a diferencia de "El hombre del caballo rucio", el Padre Lanzas no sabe que se enfrenta a un espectro, pues piensa que está confesando a un hombre de carne y hueso. (En última instancia, si desde el principio los personajes creen en la existencia de entidades ajenas al mundo material, como son los fantasmas, entonces aceptan de antemano la ampliación de su paradigma de la realidad.)

Conviene reflexionar ahora sobre un tópico de larguísima tradición en las culturas de raíz católica: el de los muertos que regresan de ultratumba por permisión divina. Aunque con manifestaciones muy diversas, surge de una misma idea: la posibilidad de que alguien muerto en pecado logre volver al mundo terrenal para redimirse. La mayoría de los textos previos con este tema —como "El sacristán impúdico" de Gonzalo de Berceo, *La devoción de la cruz* (1636) de Pedro Calderón de la Barca, mencionada en "Lanchitas", o la leyenda "Papantzin" del propio Roa Bárcena— codificaban el fenómeno sobrenatural como un milagro, o sea un suceso decidido por voluntad divina, gracias a un agente externo a las acciones de los personajes. Por ello su objetivo literario no era suscitar un efecto estético que trastornara la concepción de la realidad de los personajes (o del propio receptor), sino más bien confirmar una fe religiosa que prescinde de dudas o escepticismos. En última instancia, el paradigma de la realidad del mundo ficticio quedaba incólume, ya que los sucesos presuntamente extraordinarios eran explicados mediante una creencia religiosa coherente con la cosmovisión global de los personajes: en circunstancias excepcionales, Dios mismo podía intervenir en la vida cotidiana de los seres humanos.

Roa Bárcena también construye su argumento con base en un fondo católico, pues un lector sagaz infiere que la conversión del Padre Lanzas en Lanchitas puede deberse a que interpreta el hecho sobrenatural como un aviso de Dios, quien le demanda sustituir la vana erudición teológica por el ejercicio constante y humilde de su sagrado ministerio sacerdotal. Pero esto no se declara en el texto, como sí pasa en "La princesa Papantzin" o en "La vuelta de una madre". Si así hubiera sido, en el cierre del argumento, el propio sacerdote (o bien el narrador) habría enmarcado expresamente los extraños sucesos dentro del ámbito de lo "milagroso" perteneciente a una cosmovisión católica. La ausencia de una aclaración religiosa explícita resulta todavía más notable si se consideran los antecedentes específicos del personaje: "La gran ironía de «Lanchitas» es que el protagonista, un sacerdote, es incapaz de creer en milagros, aunque la religión que profesa está llena de ellos" (Duncan 1990: 109). Muy significativamente, el relato guarda silencio absoluto sobre la índole de la experiencia sufrida por el personaje (por ejemplo, Lanzas deja en el vacío la angustiosa pregunta del dueño de la accesoria, cuyo desconcierto extremo sólo le permite articular: "Pero, ¿y cómo se explica usted lo acaecido?" [Roa Bárcena 2000: 275]). Se acata así el silencio final indispensable para el éxito de lo fantástico (véase Campra 1991), porque se verifican los hechos misteriosos pero no se proporciona ninguna explicación de ellos. En suma, el cuento busca provocar en los personajes (y mediante

ellos en el lector mismo) una reacción de incertidumbre que tienda a desestabilizar su previa certeza de estar viviendo en un mundo cuyos seguros
confines se creían conocidos y familiares.

Ahora bien, la típica reacción de terror frente al amenazante riesgo de
que los muertos invadan el reino de los vivos, visible en el protagonista de
Roa Bárcena, fue estudiada pocos años después por Freud en su famoso ensayo traducido equívocamente al español como "Lo siniestro" —quizá "lo omi-
noso" hubiera sido mejor—, donde describe cómo muchas personas consideran perturbador todo lo relacionado con la muerte (cadáveres, aparición de
los muertos, espíritus, espectros), a partir de lo cual propone:

> Pero difícilmente hay otro dominio en el cual nuestras ideas y nuestros senti-
> mientos se han modificado tan poco desde los tiempos primitivos, en el cual lo
> arcaico se ha conservado tan incólume bajo un ligero barniz, como en el de *nues-*
> *tras relaciones con la muerte* [...] Dado que casi todos seguimos pensando al res-
> pecto igual que los salvajes, no nos extrañe que el primitivo temor ante los
> muertos conserve su poder entre nosotros y esté presto a manifestarse frente a
> cualquier cosa que lo evoque. Aun es probable que mantenga su viejo sentido: el
> de que los muertos se tornan enemigos del sobreviviente y se proponen llevarlo
> consigo para estar acompañados en su nueva existencia (Freud 1973: 2498).

Si se recuerda ahora la cauta actitud inicial del narrador, quien se niega
a juzgar o calificar la historia transmitida, se podrá concluir que Roa Bárcena
escribió un texto bastante moderno, donde luego de codificar varios indicios,
deja en manos del lector la deducción del significado último de la historia. Ya
señalé que en ella no se postula un paradigma cerrado que acepte lo sobrenatural como parte de una mentalidad religiosa. Asimismo, si por un lado los
intersticios forjados por el texto sirven para resquebrajar el concepto de realidad de los personajes, quienes la juzgaban concreta, homogénea y cognos-
cible, por otro resultan insuficientes para proponer nuevos parámetros interpretativos de una realidad a la que se sumen fenómenos antes desconocidos.
Ahí reside la amenaza desestabilizadora de la literatura fantástica, la cual
derruye nuestra confianza en un paradigma de la realidad basado en la lógica
causal y racional, pero no nos proporciona uno nuevo que lo sustituya; en
suma, nos abandona a la incertidumbre plena.

A partir del examen de la estructura de "Lanchitas", Lasarte, luego de
analizar cómo la ambivalencia del texto entre una probable lectura religiosa
y otra fantástica se resuelve por la segunda, postula una inteligente hipótesis: "Se podría decir que el cuento, todavía en una época y en un contexto
devoto, utiliza la posible explicación «sagrada» para jugar con las dudas y la
fe religiosa del lector. Sugerimos a la vez que al ostentarse esta tensión entre
lo religioso y lo sobrenatural secular, el cuento, autoconscientemente, tema-

tiza la encrucijada poética en torno a los límites y posibilidades de la escritura fantástica de la época" (Lasarte 1991: 14). En el México del último tercio del siglo XIX, se sentía ya la ascendente influencia del positivismo, corriente impulsada por el gobierno como la doctrina oficial a partir de 1867, con el establecimiento de la República Restaurada; desde esta perspectiva histórica, el género fantástico implica una sana resistencia contra esa imposición, pues demuestra que no todas las manifestaciones culturales son reductibles a los postulados de la ciencia empírica. En síntesis, no importa que la doctrina oficial niegue la existencia de fenómenos extraordinarios, los cuales no son mensurables mediante un experimento científico, porque en la cultura, sobre todo en la de origen oral y popular, seguirán presentándose diversos sucesos "sobrenaturales", aptos para su codificación en un texto fantástico. En cuanto ejemplo notable de esta literatura, la importancia de "Lanchitas" reside en ser una de las obras fundacionales del género en México, y no un mero "antecedente", como dice Leal (1956: 132), en una época en que las tendencias del pensamiento positivista conviven y se contraponen con la fe tradicional. Una prueba palpable de la gran trascendencia de este cuento es que haya generado una serie de relatos agrupables bajo el nombre de "La leyenda de la calle de Olmedo", pues las diferentes versiones que ha asumido su trama, tanto en la cultura letrada como en la popular, demuestran su capacidad para adaptarse a múltiples situaciones históricas y culturales (*vid.* Olea 2004: 75-133).

Obviamente, en el lapso que media entre "La Cuesta del Muerto" y "Lanchitas", el autor logró superar lo que según Hahn constituye un riesgo latente para la narrativa hispanoamericana de la segunda mitad del siglo XIX:

> Uno de los peligros que acechan al cuento literario del siglo XIX es lo que podría llamarse "el espectro de la leyenda". La estructura de ese género pugna por hacerse presente en muchos relatos de la época, sobre todo en los de aquellos autores que suelen cultivar los dos géneros. Esta situación es evidente en el caso del polígrafo mexicano José María Roa Bárcena y particularmente en su cuento "Lanchitas" [que] no es ya ni una "tradición" ni una leyenda —aunque muestre algunas huellas de esos géneros—, sino un cuento literario, cuyas vacilaciones son explicables si recordamos que Roa Bárcena es también autor de varias recopilaciones de leyendas mexicanas, y que estamos en un momento en que el cuento aún pugna por independizarse como género (Hahn 1982: 62, 64).

En lo personal considero que, más que un peligro, el rico legado de la Colonia acaba siendo para Roa Bárcena una fuente literaria para caminar con éxito por los senderos del cuento moderno. Por ello se ha dicho con razón que, en la tradición narrativa mexicana, los ejercicios cuentísticos del autor contribuyeron a consolidar el género como una forma autónoma; según Luis

Leal, son Roa Bárcena y Vicente Riva Palacio quienes "escriben por vez primera verdaderos cuentos, cuentos que podemos llamar modernos en toda la extensión de la palabra. Su influjo sobre los cuentistas de la generación siguiente [...] es notorio" (Leal 1956: 59). En lo que respecta a la postulación fantástica, puede concluirse que Roa Bárcena superó lo legendario en cuanto paradigma cerrado que incluye lo sobrenatural como parte de una explicación religiosa, para alcanzar las dimensiones de la modalidad fantástica. En síntesis, las creencias religiosas fueron sabiamente usadas para forjar un cuento fantástico con profundas raíces católicas, las cuales más bien se sugiere que explicitan; es decir, el texto renuncia a "explicar" el cambio del padre Lanzas en términos estricta y exclusivamente religiosos, pues ello habría debilitado su sentido fantástico para apuntar hacia lo alegórico. Cabe concluir, por tanto, que en "Lanchitas" la intención ideológica está supeditada a un exitoso propósito estético, lo cual implica un muy notable avance literario respecto de *La quinta modelo*.

Al valorar la estética general tanto de los relatos de *Noche al raso* como de "Lanchitas", Brushwood dice:

> Cada uno de ellos se propone contar un buen cuento y además proporcionar el estimulante efecto de una circunstancia misteriosa que admitiría una explicación sobrenatural. Estos cuentos me parecen importantes por dos razones: en primer lugar, son válidos por sí mismos, puesto que no predican ninguna ideología política y social. Están escritos con sumo cuidado, y su popularidad revela interés en el buen oficio literario. Pero en segundo lugar, y como contradicción parcial, tenemos el hecho de que su persistente aunque sutil suposición de la bondad del pasado los hizo especialmente agradables al ánimo porfirista (Brushwood 1973: 257).

Concuerdo con este destacado crítico en que la renuncia de Roa Bárcena a difundir una ideología política o social es un acierto estético; no obstante, señalo que además de una leve imprecisión suya (afirmar que todos estos textos sugieren una "explicación sobrenatural"), no estoy convencido de que *Noche al raso* y "Lanchitas" impliquen una "sutil suposición de la bondad del pasado" que haya servido para asegurar su aceptación entre los círculos porfiristas. Esto significaría presuponer que toda literatura que no es explícitamente contestataria, apoya el statu quo; como dije, en última instancia "Lanchitas" entraña un fuerte rechazo de la doctrina oficial del positivismo.

Con el citado relato "El rey y el bufón" (1882), Roa Bárcena efectúa el último giro de su narrativa. En el prólogo de este simpático texto, cuya trama confiesa haber extraído de un libro escolar de Villemain, postula el estilo que él llama "joco-serio" o "humorístico", del cual afirma: "Si suele no agradar a académicos graves y a críticos exigentes, halaga a toda la gente de buen

humor. Mucho hay que decir en pro de la unidad de tono; pero su variedad
ameniza y divierte, imita a la naturaleza, es trasunto de la vida humana, y,
lejos de excluir, refuerza útiles enseñanzas. Las mejores frutas de otoño para
mi paladar son las agridulces; si tú, lector, prefieres otras, cierra el libro" (Roa
Bárcena 2000: 277-278). El argumento de "El rey y el bufón" sigue esta estética, pues entretiene gustosamente al lector a la vez que encierra una profunda reflexión sobre las debilidades humanas. El cuento narra cómo en vísperas del día de san Juan, el rey siciliano Roberto, al escuchar el pasaje del
Magníficat que dice "Deposuit potentes de sede, / Et exaltavit humiles", pide
adusto que el deán le explique su significado; como ese texto afirma que el
poder infinito de Dios puede abatir al más alto y elevar al más humilde, el
soberbio monarca se irrita y ufana de que no hay nadie capaz de derribarlo;
luego de esto, las almas del rey y de su bufón Benito cambian de cuerpo, por
"permisión y disposición divina" (282), con lo cual el texto no se alinea a las
coordenadas de lo fantástico. Al principio, el bufón convertido en rey admi-
nistra el reino con sabiduría y justicia, pero poco a poco se llena de soberbia
absoluta; transcurrido un año, de nuevo en vísperas del día de san Juan, él
también pide que se le explique el pasaje antes citado, y como reacciona
igual que Roberto, esto propicia que ambos regresen a su estado primigenio.
Al final, el bufón que había sido rey intenta una revuelta, pero es ahorcado;
por su parte, Roberto recupera sus virtudes, pero decide dimitir porque se
siente inepto para gobernar: "Al recobrar Roberto la humildad y la bondad, y
al ganar en saber y experiencia, se había inutilizado para el mando. ¡Cosas de
este mundo y de nosotros los hombres!" (288). Así, el texto concluye de modo
suave e irónico, con una desencantada reflexión sobre la naturaleza humana
que rehúye el tono de una prédica moral.

La tendencia a valorar la obra de Roa Bárcena con base en sus excelsas
dotes narrativas no juveniles, con la cual yo coincido, fue juzgada como
errónea por Montes de Oca a inicios del siglo xx: "En el género de literatura,
que menos estimó, y que casi no tomó a lo serio, es en el que Roa ha sido
últimamente más admirado y con mayor entusiasmo elogiado: *en la novela
corta*. Muchas escribió en la primera, y en la última época de su vida; pero
aquéllas fueron en su mente armas de combate, o juguetes literarios para
dar variedad a su periódico; las últimas, mero entretenimiento con que llenar los ocios de su verde vejez, o complacer a sus amigos" (Montes de Oca
1913: 147).

Aunque para la historia literaria poco importa que el escritor haya considerado o no que su narrativa tenía trascendencia, resulta paradójico que,
por un lado, Montes de Oca acierte al calificar las narraciones de la segunda época como un "mero entretenimiento" individual y colectivo, y, por
otro, asuma una postura de desprecio hacia estos fines esencialmente estéticos. En efecto, en contraposición a lo propugnado con vigor por Altamira-

no (para quien la literatura debía tener, en primer lugar, utilidad en la instrucción pública), a partir de *Noche al raso* Roa Bárcena descubre que el arte debe privilegiar la búsqueda de objetivos de carácter estético, lo cual no cancela que también pueda servir para diversos propósitos secundarios. Gracias a este hallazgo, el autor alcanzó una concepción estética muy clásica, que favorece que ese periodo de su obra mantenga una gran vigencia frente a los potenciales lectores modernos, pues: "en estos cuentos hoy ya clásicos, Roa recupera y funda la fruición de lectura que caracteriza a la mejor literatura, gracias a una mano diestra en la descripción, en el ritmo, en el lenguaje, en los diálogos. Como si por un momento se despojara de la ideología, dejase de lado intenciones políticas inmediatas y panfletarias, así como actitudes religiosas y morales y se decidiese sencillamente a narrar" (Ruffinelli 1984: 16).

Ahora bien, en este sentido, los relatos de la etapa madura del autor (entre ellos, además de los citados, el menos logrado "Combates en el aire", de 1884) entran en franca contradicción con sus narraciones primigenias, a tal punto que ambas vertientes parecerían haber emanado de dos plumas diferentes:

> Otras novelas cortas originales y del gusto romántico, escribió nuestro autor, tales como "Una flor en su sepulcro", "Aminta" y "Buondelmonti", y algunas otras publicó, traducidas. Entre aquellas tres novelitas y su pequeña colección de cuentos titulada: *Noche al raso* y "Lanchitas", otro cuento independiente de la serie denominada *Noche al raso*, media una grande diferencia, así en los asuntos como en el tono dominante y en el estilo, tanto, que no parecen haber sido escritas unas y otras narraciones por la misma pluma. Por estos últimos cuentos aparece que no era el sentimentalismo idealista la mejor fuente de la inspiración de Roa Bárcena, sino los cuadros de la vida diaria, prosaica, si se quiere, pero interesante por lo verdadera, y que no entró en su genuino y apropiado género como novelista, sino cuando contempló la realidad de frente y no pretendiendo adornarla con ensueños, ni falsos idealismos (Revilla 1917: 232).

Desde una perspectiva actual, queda claro que el último periodo es similar al modo como ahora entendemos la literatura. En cambio, sus primeros textos narrativos han envejecido por dos vías distintas. Los inaugurales ("La Vellosilla", "Una flor en su sepulcro", "Aminta Rovero" y "Buondelmonti"), de exacerbado carácter romántico, suenan hoy al lector excesivamente anquilosados y almibarados; en cuanto a *La quinta modelo*, amén de las deficiencias estéticas que he señalado, nuestra distancia temporal respecto de la época que constituye su referente, así como el triunfo histórico del grupo liberal, tienden a diluir nuestra comprensión de sus alusiones a la disputa entre liberales y conservadores, sin las cuales la novela resulta casi nula.

A partir de ciertos elementos estilísticos, la crítica ha sugerido que estas dos etapas narrativas corresponden, *grosso modo*, a un periodo romántico y otro realista (López Aparicio 1957: 83). Pese a su relativa utilidad, esta clasificación presenta problemas: por ejemplo, "Lanchitas", que por su génesis se ubicaría en el segundo periodo, es decir, el realista, desarrolla un tema fantástico con una irrefutable vena romántica. Más allá de la valoración específica de cada etapa, es indudable que ellas remiten a las dos estéticas que estuvieron en pugna durante el siglo XIX (y, de hecho, a lo largo de toda la historia cultural): la concepción que pide al arte verbal servir como medio para alcanzar otros objetivos (didácticos, moralizantes, religiosos, etcétera) y la que cree que el primordial fin literario consiste en provocar un goce estético entre sus receptores. Quizá con esta dicotomía en mente, Leticia Algaba intenta conciliar ambas etapas y asignarles un valor semejante:

> Ochenta y un años de vida para un escritor que tuvo ante sí la gestación del cambio en el orden social y en el terreno literario; a él le debemos unos relatos "desinteresados", los que publicó por los años ochenta, no muy afortunados en la recepción de su momento, pero que ahora podemos valorar como obras plenas de interés por cuanto las descripciones de los ambientes, los trazos de los personajes y la técnica narrativa se atienen a la sola finalidad estética, como bien señala Luis Leal, rasgos que, en mi opinión, no demeritan el conjunto de relatos de la primera época, pues en éstos ya encontramos personajes y anécdotas memorables correspondientes a otra estética, la que incluía elementos éticos, morales e incluso doctrinarios en aras de un proyecto civilizador (Algaba 2000: xxiii).

Según he expuesto, las preferencias ideológicas del autor forman parte sustancial de su obra, o bien inciden en ella, por lo cual —así como sucedió con la gran mayoría de sus contemporáneos—, su vida personal y profesional no puede disociarse de su filiación política. Por ejemplo, sus inamovibles simpatías por el pensamiento conservador lo llevaron a firmar, el 1 de junio de 1863, el Acta de Notables que solicitaban la intervención en México de Napoleón III, la cual coadyuvó al establecimiento del Imperio de Maximiliano. En las festividades que se celebraron con motivo de la, para los conservadores, auspiciosa llegada del austriaco, Roa Bárcena compuso y declamó la "Oda en la inauguración del Segundo Imperio" (1864), que le granjeó alabanzas de sus correligionarios y hostilidades del lado liberal. Sin embargo apenas Maximiliano empezó a ejercer el poder, Roa Bárcena y otros intelectuales de su mismo partido se desilusionaron del emperador, cuyas acciones incluso sintieron muy cercanas a los postulados liberales. Muchos años después, en 1888, ya derrocado el Imperio y muerto Maximiliano, el sexagenario Roa Bárcena precedió la reimpresión de su "Oda" con un irónico prólogo donde aconsejaba tomar el texto con ciertas prevenciones: "El lector será bastante discreto para no darle otra significación que la de una estampa fotográfica del espejismo político de cuyo desvanecimiento se habla en «La Noche de Querétaro». Subsista aquélla [la «Oda en la inauguración del Segundo Imperio»] como documento auténtico de lo que «las ranas del estanque mejicano» esperábamos y nos prometimos del adventicio régimen" (*apud* Montes de Oca 1913: 78).

Pero antes de confesar su arrepentimiento (si bien nunca se retractó de su extrema ideología conservadora), tuvo que pagar las consecuencias de su elección política: a la caída del régimen imperial, fue apresado junto con varios más que habían suscrito el llamado al intervencionismo extranjero. José de Teresa, quien tenía influencia entre los liberales, lo sacó de la cárcel, y aunque fue condenado a dos años de prisión, sólo cumplió unos meses de encierro en el Convento de la Enseñanza de la Ciudad de México, entonces habilitado en cárcel. Como consigna Ángel José Fernández, Roa Bárcena fechó su poema "Paisaje" en "Prisión de La Enseñanza, septiembre de 1867"; este crítico añade que con el epígrafe "Multados", el 12 de agosto de 1867, *La Iberia* transcribió la comunicación oficial del 8 del mismo mes donde se señalaban las cantidades de las multas impuestas a los acusados "por infidencia a la patria", que ellos debían abonar antes del día 15, bajo amenaza de embargo de sus bienes; el escritor sufrió una multa de 500 pesos (véase Fernández 2010). Por cierto que los benéficos nexos con De Teresa los empezó a forjar el autor durante su entrañable amistad con Pesado, la cual fue fundamental para el desarrollo de su vida. En primer lugar, porque a su lado participó en varias empresas culturales. En segundo lugar, porque gracias a las tertulias efectuadas en casa de su amigo, conoció a la hija de éste, Susana Pesado, así como a De Teresa, a quien al parecer Roa Bárcena ayudó en sus exitosas pretensiones matrimoniales con ella. A la muerte de José de Teresa, la viuda de éste le encargó la administración de sus negocios, labor que desempeñó desde 1871 y hasta inicios de 1906, cuando su protectora falleció (en las oficinas comerciales de la viuda de Teresa se desarrolló una tertulia de la cual Roa Bárcena fue el líder y que continuó *de facto* la de Pesado).

Para explicar el apoyo del autor a la intromisión extranjera en México, Montes de Oca aventura una sugerente pero antigua hipótesis (semejante a la usada de modo extensivo por Lucas Alamán), la cual se incluye en su análisis del poema elegíaco "Recuerdos de la invasión Norte-Americana –Alcalde y García" (1847), donde Roa Bárcena rememora con tristeza la muerte en Xalapa de sus amigos Alcalde y García, fusilados por las fuerzas invasoras en 1847, bajo el argumento de que habían violado su palabra previa de no empuñar más las armas contra los estadounidenses. Montes de Oca arguye que la temprana y terrible experiencia de ver mancillada la soberanía nacional explica en parte por qué el escritor se afilió al partido conservador primero y luego al imperialista: creía que ése era el único medio posible para oponer un vigoroso dique a la desmedida ambición de los vecinos del norte, con lo cual se evitarían escenas como las que le tocó sufrir en su juventud, cuando apenas rondaba los veinte años (*vid*. Montes de Oca 1913: 69). Por mi parte, considero que, en última instancia, esta discutible hipótesis apuntaría al el típico y poco halagüeño caso de quien, ante la debilidad propia, decide entregarse en brazos de un enemigo, con lo cual pretende frustrar las pretensiones de otro adversario al que considera aún más peligroso (tengo fe en que no será ése el destino de las naciones menos favorecidas).

Tan traumática fue para Roa Bárcena la experiencia invasora de su juventud, que en 1883 publicó *Recuerdos de la invasión norteamericana (1846-1848), por un joven de entonces*, obra que, pese a su sesgo personal, sin duda en su época fue la más documentada, extensa y completa sobre esa etapa histórica, y cuya consulta aun hoy resulta imprescindible. No obstante, se le ha criticado su falta de unidad formal y estilística —deficiencia aceptada por el propio autor en su libro (Roa Bárcena 1991: I, 27); este rasgo es perceptible, por ejemplo, en su larga reproducción de documentos (aspecto que, paradójicamente, con el tiempo ha adquirido un gran valor histórico).

Como se sabe, el semanario cultural *El Renacimiento*, cuyo primer número apareció el 2 de enero de 1869, fue el fruto de la convocatoria lanzada un año antes por Ignacio Manuel Altamirano, quien se propuso conciliar a todos los escritores, liberales o conservadores, luego de la derrota definitiva del Imperio de Maximiliano, a quien se fusiló el 19 de junio de 1867. Al final de su "Introducción" al número inicial de *El Renacimiento*, Altamirano expresa: "Nada nos queda ya que decir, si no es que fieles a los principios que hemos establecido en nuestro prospecto, llamamos a nuestras filas a los amantes de las bellas letras de todas las comuniones políticas, y aceptaremos su auxilio con agradecimiento y con cariño. Muy felices seríamos si lográsemos por este medio apagar completamente los rencores que dividen todavía por desgracia a los hijos de la madre común" (Altamirano 1988: 15).

No obstante que Roa Bárcena se sumó de inmediato a esta convocatoria, pues publicó artículos críticos, poemas y traducciones en *El Renacimiento*, durante mucho tiempo su imagen estuvo parcialmente signada por su antigua pertenencia al segundo grupo, lo cual resultaba inadmisible para la mentalidad liberal triunfante. Así sucedió en 1882, cuando Vicente Riva Palacio publicó la versión en libro de su columna de *La República* firmada con el seudónimo de "Cero", a la cual agregó algunos retratos de sus contemporáneos no incluidos en el periódico, entre ellos el de Roa Bárcena. El gesto resulta simbólico, ya que uno de los más decididos combatientes a favor del liberalismo intentaba aceptar a un fervoroso militante de las ideas conservadoras. Pero como la escritura suele delatar los más íntimos sentimientos, el texto de Riva Palacio sobre su otrora enemigo político es uno de los más débiles de la colección (muy inferior, por ejemplo, a su impresionante y preciso retrato de Guillermo Prieto, a quien, pese a no perdonarle sus debilidades y ridiculeces humanas, ensalza sin límites por el uso de sus aptitudes oratorias en defensa de los genuinos intereses de la nación). Aunque Riva Palacio reitera que las cuestiones políticas no tienen cabida en sus retratos, de entrada señala, con una frase que suena más a prejuicio que a descripción, que Roa Bárcena "luchó por la causa de la reacción, fue uno de los paladines de las ideas conservadoras en la prensa" (Riva Palacio 1979: 365), si bien le reconoce, en una opinión que se convirtió en un tópico de la época, el haber ejercido el periodismo sin rebajarse nunca al insulto y la calumnia. Tan grande es la dificultad del biógrafo liberal para acercarse a la figura del conservador, que aprovecha la mención accidental de diversos temas (el periodismo, el estilo, la historia, la prudencia o la modestia) para construir un discurso sumamente digresivo que sirve para borrar al presunto retratado, como Riva Palacio mismo acaba admitiendo: "Roa Bárcena, de quien como de costumbre, me había yo apartado" (372). En fin, parecería que él estaba pensando más en pasar a otro tema que en emitir juicios valorativos sobre su contemporáneo.

Hace más de medio siglo, luego de aludir al perjuicio que implicó para el literato su militancia en el derrotado partido conservador —estigma que por cierto no siempre se endilgó a quienes compartieron sus ideas—, Jiménez Rueda proponía reivindicar su figura: "Roa Bárcena ha sido un autor proscrito del panteón de los consagrados en la literatura nacional. Tiempo es ya de que su obra se justiprecie y se comprenda también la actitud de este autor" (Jiménez Rueda 1941: xx). Creo que para poder evaluar el lugar de este escritor en nuestra historia literaria, es necesario disponer primero de toda su obra. Si bien contamos ya con loables esfuerzos de difusión de su disfrutable obra narrativa (como el libro que he citado), hasta hoy él ha sido apreciado casi exclusivamente gracias a la inclusión de "Lanchitas" en numerosas antologías del relato hispanoamericano y mexicano del siglo XIX; por desgracia, el grave riesgo latente en este reconocimiento es que Roa Bárcena pase a la historia literaria como autor de un único aunque excelso cuento. Ignoro si la propuesta de Jiménez Rueda para incluirlo en el "panteón de los consagrados" de nuestra literatura nacional (si es que eso existe) pueda parecer hiperbólica a algunos críticos, pero creo que su obra merecería ser conocida en su conjunto por el lector actual, quien estaría así en posibilidades de discernir cuáles de sus textos son más afines a la estética y al gusto literario vigentes (aunque la crítica funciona como una útil guía, la última palabra siempre la tiene el receptor). Finalizo, pues, expresando mi más íntimo deseo de que, a más de cien años de su desaparición física, ocurrida el 21 de septiembre de 1908, Roa Bárcena deje de ser un escritor de "antología" para convertirse en un autor de "obras completas".

BIBLIOGRAFÍA

ALGABA, Leticia. 2000. "Prólogo" a José María Roa Bárcena, *Novelas y cuentos*, ed. cit., pp. ix-xxiii.

ALTAMIRANO, Ignacio Manuel. 1988. "Introducción a *El Renacimiento*" (2 de enero de 1869), en *Obras completas XIII. Escritos de literatura y arte, 2*, selec. y notas José Luis Martínez. Secretaría de Educación Pública, México, pp. 9-15.

BRUSHWOOD, John S. 1973. *México en su novela. Una nación en busca de su identidad*, tr. Francisco González Aramburo. Fondo de Cultura Económica, México.

CAMPRA, Rosalba. 1991. "Los silencios del texto en la literatura fantástica", en *El relato fantástico en España e Hispanoamérica*, ed. Enriqueta Morillas Ventura. Sociedad Estatal Quinto Centenario, Madrid, pp. 49-73.

CLAVIGERO, Francisco J. 1844. *Historia antigua de México y de su conquista*. Imprenta de Lara, México. (Disponible en la Colección Digital de la Universidad Autónoma de Nuevo León, bajo la dirección: http://cdigital.dgb.uanl.mx/la/1080023605/1080023605.html).

DUNCAN, Cynthia K. 1990. "Roa Bárcena y la tradición fantástica mexicana", *Escritura. Revista de Teoría y Crítica Literarias*, vol. 15, pp. 95-110.

FERNÁNDEZ, Ángel José. 2010. "Poesía amorosa de José María Roa Bárcena", *La Palabra y el Hombre*, 3ª época, primavera, núm. 12, pp. 11-16.

FREUD, Sigmund. 1973. "Lo siniestro" (1919), en *Obras completas*, vol. 3, ordenación y revisión Jacobo Numhauser Tognola, tr. Luis López-Ballesteros y de Torres. Biblioteca Nueva, Madrid, pp. 2483-2505.

HAHN, Oscar. 1982. "José María Roa Bárcena y el espectro de la leyenda", en *El cuento fantástico hispanoamericano en el siglo XIX*. Premiá, México, pp. 62-67.

ILLADES, Carlos. 2005. *Nación, sociedad y utopía en el romanticismo mexicano*. Consejo Nacional para la Cultura y las Artes, México.

JIMÉNEZ RUEDA, Julio. 1941. "Prólogo" a José María Roa Bárcena, *Relatos*. Universidad Nacional Autónoma de México (*Biblioteca del Estudiante Universitario*, 28), México, pp. ix-xxi.

LASARTE, Pedro. 1991. "José María Roa Bárcena y la narración fantástica", *Chasqui. Revista de Literatura Latinoamericana*, vol. 20, núm. 1, pp. 10-16.

LEAL, Luis. 1956. *Breve historia del cuento mexicano*. Eds. de Andrea, México.

LÓPEZ APARICIO, Elvira. 1957. *José María Roa Bárcena*. Metáfora, México.

MONTES DE OCA Y OBREGÓN, Ignacio. 1913. "Introducción" a José María Roa Bárcena, *Obras poéticas*. Imprenta de Ignacio Escalante, México, t. 1, pp. 5-169.

MUNGUÍA ZATARAIN, Martha Elena. 2001. "*Cuentos del general* y *Noche al raso*. La fundación de una poética del cuento mexicano", en *Literatura mexicana del otro fin de siglo*, ed. Rafael Olea Franco. El Colegio de México, México, pp. 145-155.

OLEA FRANCO, Rafael. 2004. *En el reino fantástico de los aparecidos: Roa Bárcena, Fuentes y Pacheco*. El Colegio de México-Conarte de Nuevo León, México.

REVILLA, Manuel G. 1917. "El historiador y novelista D. José M. Roa Bárcena" [Discurso leído en la Academia Mexicana de la Lengua el 30 de marzo de 1909], en *En pro del casticismo*. Andrés Botas e Hijo Eds., México, pp. 227-249.

RIVA PALACIO, Vicente. 1979. *Los Ceros. Galería de Contemporáneos* (1882), pról. José Ortiz Monasterio. Promexa, México.

Roa Bárcena, José María. 1862. *Leyendas mexicanas, cuentos y baladas del norte de Europa y algunos otros ensayos poéticos*. Ed. Agustín Masse-Librería Mexicana, México. [Este libro nunca ha sido reimpreso; algunos de sus textos se compilaron, junto con "El hombre del caballo rucio" y "Lanchitas", en la accesible antología: José María Roa Bárcena, *De la leyenda al relato fantástico*, ed. e intr. Rafael Olea Franco. Universidad Nacional Autónoma de México (*Relato Licenciado Vidriera*), México, 2007.]

———. 1991. *Recuerdos de la invasión norteamericana (1846-1848), por un joven de entonces*, 2 ts., pról. Hipólito Rodríguez. Conaculta, México.

———. 2000. *Novelas y cuentos*, pról. Leticia Algaba, epílogo Jorge Rufinelli. Factoría Eds., México.

Ruffinelli, Jorge. 1984. "Notas para una lectura de José María Roa Bárcena", en J. M. Roa Bárcena, *Noche al raso*. Universidad Veracruzana (*Rescate*), Xalapa, pp. 7-16.

Tenenbaum, Barbara A. 1991. "Development and Sovereignty: Intellectuals and the Second Empire", en *Los intelectuales y el poder en México*, eds. Roderic A. Camp, Charles A. Hale y Josefina Zoraida Vázquez. El Colegio de México-UCLA, México, pp. 77-88.

Veytia, Mariano. 1944. *Historia antigua de México*. Leyenda, México.

LUIS G. INCLÁN: EL ARTE DE LA LENGUA HABLADA Y ESCRITA EN LA NOVELA MEXICANA DEL SIGLO XIX

Manuel Sol

Universidad Veracruzana

Luis Gonzaga Inclán (1816-1875) es autor, aparte de *Astucia, el jefe de los Hermanos de la Hoja o los charros contrabandistas de la rama* (1865-1866), de dos novelas más: *Los tres Pepes* y *Pepita la planchadora*. La primera tiene como protagonistas a tres estudiantes que la gente apodaba Pepe Gallo, Pepe Beta y Pepe Astucia. La segunda narra las peripecias de una mujer del pueblo en su diaria lucha por la vida. Estas dos novelas se perdieron en el incendio y naufragio del vapor "San Andrés", cuando el doctor Juan Daniel Inclán, hijo del autor, hacía un viaje de San Andrés Tuxtla a Tlacotalpan. Esta pérdida nos privó de disfrutar de una faceta más de su narrativa, pues, a diferencia de *Astucia*, su acción estaba situada en la Ciudad de México. No en vano decía el doctor Juan Daniel Inclán que eran de "costumbres metropolitanas" (*apud* Núñez y Domínguez 1918: 86-87). Quizá la estancia de Pepe el Diablo en la ciudad nos hubiera ofrecido una imagen de los personajes urbanos y del ambiente citadino del novelista, a quien más bien siempre se ha considerado uno de los mejores representantes de la novela rural.

Con todo, me atrevo a suponer que desde un punto vista artístico, difícilmente podrían haber superado el arte narrativo de *Astucia*, pues ésta fue, entre todas, su preferida y de la que se ocupó durante más largo tiempo. Pero además de *Astucia*, la que analizaré más adelante, sí se preservaron otros textos narrativos de Inclán, entre ellos los *Recuerdos del Chamberín* (1860a), obra que en vida del autor tuvo la fortuna de varias ediciones. En ella narra las aventuras, públicas y privadas, de su caballo el Chamberín, desde que lo compró, cuando éste tenía dos meses de edad, hasta que murió a los "27 años, 10 meses y 23 días" (Inclán 1940: 71). El Chamberín era un caballo criollo, diestro, inteligente, manso, travieso, que curiosamente manejaba su amo incluso sin rienda, con la simple voz. En varias ocasiones —dice Inclán—, lo libró de haberse despeñado, de que se extraviara en la sierra o de que lo asaltaran. Aclara que sólo mencionará las aventuras que fueron más raras y notables: los "hechos de agilidad, de nobleza y de un instinto precoz que adornaron al Chamberín" (72). Antes de empezar a narrar estas aventuras, dice:

La sucinta relación del Chamberín será tal vez la única en su género, y siento sobremanera carecer de los tamaños propios de un buen escritor, para haberla adornado con las elocuentes voces en que abunda la poesía; todo lo contrario hay en ella, pues he tratado de compendiarla y escribirla con palabras del dialecto ranchero que es el único que conozco, pues jamás he estudiado y por lo mismo creo que tiene muchos defectos; pero la bondad de mis amigos los disimulará, recibiendo gustosos este obsequio (73).

Se trata, aclara Salvador Novo, de una *hipopeya*, escrita, si se quiere, en abominables décimas, como decía Carlos González Peña, pero quizá no peores que las del *Martín Fierro* (Novo 1946: XVIII).

Las *Reglas con que un colegial pueda colear y lazar* (1860b), como su nombre indica, son una serie de instrucciones sobre los modos más comunes de hacer estas suertes ("y otros particulares que yo conozco", agrega el autor); todo ello resultado de la práctica y la experiencia adquiridas por Luis Inclán a lo largo de su vida. Finalmente, de nuevo, justifica así su habla de ranchero: "Para mejor aclaración me he tomado la libertad de no sujetar mi relato a las palabras propias del buen castellano, sino que lo explico con las más vulgares y conocidas de los rancheros, con que es costumbre entre nosotros explicarnos cuando se trata de relatos de esta especie" (6).

En *El capadero en la hacienda de Ayala. Propiedad del Sr. D. José Trinidad Pliego* (1872a), narra la visita que hizo a esta hacienda. Describe con lujo de detalles lo ocurrido los días 25 y 26 de junio de 1872, esto es, "la charreada, / los dichos, las ocurrencias, / los lances, las competencias", no sólo de los hacendados, amos y caporales, sino de todos aquellos que sabían montar un caballo, ya fueran vaqueros o simplemente jornaleros. De él, a sus cincuenta y seis años, sólo informa:

> En el caballo Remiendo
> sólo di un sentón mal dado,
> y en un tordillo quemado
> tras de un toro fui corriendo;
> pues mis males resintiendo,
> sufriendo cruel aflicción,
> falto de respiración
> al punto me convencí,
> que ya no soy lo que fui
> mas que sólo en afición
> (Inclán 1940: 148).

Escribió también la *Ley de gallos o sea Reglamento para el mejor orden y definición de las peleas* (1872b), así como un poema humorístico titulado *Don*

Pascasio Romero, que al decir de Hugo Aranda Pamplona, su biógrafo más preciso, es el "mejor poema charro jamás escrito" (Aranda 1969: 28). En él narra el viaje que hace un acaudalado ranchero a la Ciudad de México en busca de una mujer para casarse; encuentra a varias de ellas, quienes son descritas, en su físico, su modo de andar y sus mañas, con los términos que utilizaría un sabio conocedor de yeguas y potrancas.

ASTUCIA

Pero sin duda Inclán ha pasado a la historia de la literatura mexicana por su novela *Astucia*, cuyos dos volúmenes se publicaron en 1865 y 1866, respectivamente. El entusiasmo con que el autor cuenta el origen de la obra cuando se encontró de nuevo en México con Lorenzo Cabello; la recreación de muchas de sus vivencias personales; la descripción o alusión de innumerables sitios, la mayoría del estado de Michoacán, en donde había trabajado y puesto en práctica sus conocimientos del campo; la inclusión de cientos de refranes y expresiones del habla de los rancheros de México; el amoroso cuidado que puso en hacer interesantes cada una de las aventuras de los Hermanos de la Hoja; la estructura narrativa, armónica y perfecta; y finalmente su estilo siempre ameno, galano y encantador. Todo esto hace de *Astucia* no sólo la mejor obra de Inclán, sino una de las más logradas novelas de la narrativa hispanoamericana del siglo XIX.

Durante muchos años *Astucia* permaneció en el olvido, aunque no de la gente aficionada a la lectura, pues a principios del siglo XX, Francisco Pimentel dijo que era una de las más populares y que en el gusto de la gente había superado al *Periquillo Sarniento* (Pimentel 1904: 338). Pero la novela sí estuvo apartada de la crítica institucional y académica. Pese a que Inclán era uno de los novelistas que llevaba a la práctica las ideas del nacionalismo en el arte propugnadas por Ignacio Manuel Altamirano, éste no lo mencionó en su *Revistas literarias de México*. El mismo Francisco Pimentel, al enjuiciarlo en lo general, lo consideraba inferior a Lizardi, a Justo Sierra O'Reilly y a Florencio M. del Castillo, aunque agregaba que no carecía de mérito "en su línea"; no sabemos si con esto se refería a su carácter de novela de aventuras o a su lenguaje representativo del "dialecto mexicano" (*idem*). En 1918, Jesús Núñez y Domínguez también hacía constar que "Para la generación actual el nombre de Inclán es casi completamente desconocido" (1918: 19).

En 1965, cuando se celebró el centenario de la publicación del primer tomo de *Astucia*, Emmanuel Carballo recordó que desde su aparición había sido "condenada por nuestros críticos y hombres de letras a vivir en los suburbios de la literatura" (Carballo 1965: viii). A pesar de que era la única que había inundado "de vida la literatura" del siglo XIX (Carballo 1991: 59; véase también Carballo 1999: 33-39). Al año siguiente, en 1966, cuando todavía se seguía conmemorando el centenario de *Astucia*, cuyo segundo tomo apareció en 1866, Salvador Novo, Carlos González Peña, Ángel María Garibay, Gabriel Ferrer Mendiolea y Andrés Henestrosa recordaron su difusión como uno de los acontecimientos más memorables en la historia de la narrativa mexicana.

Entonces Salvador Novo volvió a poner en escena una adaptación teatral de *Astucia*, con el título *El coronel Astucia y los Hermanos de la Hoja o los charros contrabandistas de la rama* (Novo 1948b), que ya había representado con inigualable éxito, también, en el Palacio de Bellas Artes de México.[1] Se trata de una obra de teatro infantil que consta de tres actos y un prólogo. El primer y tercer acto están formados por dos cuadros; el segundo, por cinco. La primera dificultad que enfrentó Novo, como suele suceder con la mayoría de las adaptaciones, fue reducir la amplia información que proporciona la novela (cerca de 1 300 páginas en la edición preparada por él mismo) a un texto teatral de escasas dimensiones. Novo echó mano de varios recursos: para empezar, sintetizó en el prólogo el contenido de los seis primeros capítulos; y el tema de las aventuras o hazañas de los Hermanos de la Hoja, que en la novela se desarrollan en dieciocho capítulos, lo redujo a un corrido cantado por un ciego en los inicios del acto inaugural; cito unos versos de este corrido:

> Voy a contarles, señores,
> las hazañas nunca vistas
> de los valientes que llaman
> los charros contrabandistas.
> Los seis ganaban su vida
> por los pueblos comerciando,
> pero el gobierno al comercio
> lo llama contrabando
> (Novo 1948a: 23).[2]

Novo construyó su obra tomando como eje, sobre todo, el contenido de los seis últimos capítulos de la obra, que narran los episodios en los que Lorenzo Cabello se convierte en el coronel Astucia en el valle de Quencio.

En la novela, como en la adaptación de Novo, el coronel Astucia, de común acuerdo con todos los habitantes, se autonombra Jefe de Seguridad Pública. Desde esta posición, decide dejar de enviar las contribuciones a la

---

[1] La obra se representó en 1948, con música de Blas Galindo, coreografía de Gilberto Martínez del Campo, decorados y vestuario de Julio Prieto, actores de la Escuela de Arte Teatral del INBA, coordinación artística de Concha Sada y dirección de Salvador Novo (Novo 1948a: 7).

[2] Estos versos y los poemas completos "Corrido del Coronel Astucia" y "Romances de los Cabello", Vicente Marín Iturbe los atribuye a Guillermo Prieto (Iturbe 1966: 41-42).

capital del estado para administrarlas en beneficio de todos: compra armas y las distribuye entre los vecinos para que, a una orden suya, ellos ayuden a combatir a los bandidos; destierra a todos los holgazanes y malvivientes; almacena granos para venderlos a bajo precio en épocas de penuria; construye escuelas, puentes y presas; y, sobre todo, se ocupa de la educación de los niños. De este modo, el valle de Quencio pronto empieza a convertirse en un pequeño paraíso donde reina la paz y la justicia social.

Carlos González Peña, en un pequeño ensayo titulado el "Encanto rústico de *Astucia*", hacía hincapié en la facilidad de Inclán para crear personajes de la más variada edad, clase social, psicología y oficio. No "existe novela mexicana en que, con tal y tan profundo sentido de humanidad y con tan clara visión de lo pintoresco y genuino pulule tal número de personajes: al extremo de que, por este concepto, y como a Zola o Galdós, puede llamarse a Inclán un novelador de multitudes" (González Peña 1966: 10). Señalaba también su "unidad" como una "condición imprescindible y esencial en la obra de arte", ya que las aventuras de los Hermanos de la Hoja dan motivo para que los charros mismos puedan entreverar sus propias y personales historias sin que ellas aparezcan como digresiones o novelas intercaladas, porque se unen tan íntimamente a la historia principal que la hacen todavía más entretenida y pintoresca. Finalmente, concluía que uno de sus mayores encantos era su rustiquez: "La sombra de don Luis Gonzaga Inclán pasa, con el mirar ladino de sus ojos bizcos, por las sabrosas páginas. Es —decididamente— un ranchero el que narra, el que observa, el que pinta, el que dialoga; un ranchero que —según diría él mismo— «se halla en sus propios terrenos»" (11).

Ángel María Garibay afirmaba, por una parte, que Inclán, Manuel Payno, José Tomás de Cuéllar e Ignacio Manuel Altamirano formaban el grupo más representativo de la novela mexicana de la segunda mitad del siglo XIX, y, por otra, que su lenguaje era una fuente imprescindible para el estudio del español hablado en México durante el siglo XIX (Garibay 1966).

Ahora bien, al cumplir su primer centenario, *Astucia* era ya una obra cuya importancia artística había sido reconocida por la crítica literaria, gracias a los estudios de Carlos González Peña y a la citada edición que había preparado Salvador Novo para la editorial Porrúa.

En su discurso de ingreso a la Academia Mexicana de la Lengua, titulado *Luis G. Inclán en la novela mexicana* y leído el 31 de agosto de 1931, González Peña aportó nuevos datos sobre la vida de Inclán y estudió determinados aspectos de su personalidad partiendo del texto de la misma novela, pues consideraba que algunos de los personajes dejaban vislumbrar rasgos autobiográficos. Pero indudablemente lo más valioso de este trabajo radica en el estudio de la estructura narrativa, de los personajes y de su estilo, elementos que hacen de *Astucia* una obra excepcional en la narrativa hispanoamericana del siglo XIX. Después de mostrar prolijamente todo esto, González Peña concluye: "Si al escritor hay que juzgarle en su ambiente y en su tiempo, yo no vacilaría en afirmar que Inclán es, en muchos aspectos, superior a los novelistas mexicanos que le antecedieron y a casi todos sus contemporáneos" (González Peña 1954: 333).[3] Un poco más adelante agrega: "Jamás antes que Inclán, en la novela mexicana, se conoció el arte de cautivar con el juego de la acción y de la pasión desbordada, tanto como con el fluir de vida total de la que las páginas son mero trasunto. Entretiene y cautiva, sí, y escribiendo con sinceridad y viendo con verdad, nos interesa profundamente" (*idem*).

En 1946, Salvador Novo preparó una edición de *Astucia*, la mejor que se había hecho desde la aparición de la novela en 1865-1866. Novo tuvo a la vista la que podríamos considerar edición *princeps* y la de la Vda. de Bouret, publicada en 1908. Corrigió las faltas de ortografía, modernizó la puntuación e introdujo algunos cambios (como la separación de la obra en dos partes); asimismo, numeró de corrido los capítulos. Desafortunadamente, no fue congruente en sus criterios de edición; con todo, mejoró las inmediatas anteriores, como la de "Cronos" (1922) y la de Publicaciones Herrerías (1939), e incluso fue superior a la difundida por la Editorial Hispano-Mexicana (1945a). En el "Prólogo", Novo revisa la bibliohemerografía existente tanto sobre el autor como sobre la obra; hace una semblanza de Inclán, caracteriza al protagonista y la época en la que se sitúa la acción, y señala la gran contradicción en que ha caído la mayoría de la crítica "cuando por una parte se admite el valor de fondo de esta novela, y por la otra se menosprecia y se lamenta la invalidez académica de su forma" (Novo 1946: xxv).

Astucia se publicó por entregas, mediante cuadernillos, de 1865 a 1866. En total consta de treinta capítulos, divididos en dos partes: la primera de dieciséis y la segunda de catorce. Los primeros seis capítulos están dedicados a narrar la infancia, adolescencia y juventud del protagonista, Lorenzo Cabello; y los seis últimos, las dificultades y finalmente el triunfo de este personaje, en el valle de Quencio, estado de Michoacán, ahora con el nombre del coronel Astucia. Los capítulos centrales cuentan la vida de los otros cinco integrantes de la sociedad de los Hermanos de la Hoja: José López (Pepe el Diablo), Atanasio Garduño (Tacho Reniego), Alejo Delgado (el Charro Acambareño), José María Morales (Chepe Botas) y Juan Navarro (el Tapatío). El hilo conductor de la novela son las aventuras de cada uno de los Hermanos de la Hoja, pero el narrador va entreverando, sin romper en ningún momento la unidad de la novela, lo que podríamos llamar la "prehistoria" de cada uno de ellos.

[3] Este discurso fue impreso por primera vez, junto con la respuesta de Victoriano Salado Álvarez, en 1931 por la editorial Cvltvra. Más tarde ha vuelto a aparecer en González Peña 1947: 75-124 y 1987: 31-61.

En el "Prólogo" de la novela, el autor explica que la asociación de los Hermanos de la Hoja se dedicaba al comercio del tabaco —entonces prohibido porque el gobierno lo había puesto en manos de particulares—, producto que trasladaban desde el valle de Orizaba hasta el oriente de Michoacán, pasando por los actuales estados de Puebla, Tlaxcala, Morelos y México. Aclara que no eran ladrones ni bandidos, sino que, por el contrario, perseguían a cuanto bandolero encontraban en el camino, por lo que eran muy queridos, respetados y celebrados por quienes los conocían. Agrega: "En estos charros se ve patentizado a toda luz el verdadero carácter mexicano", pues "con la mejor buena fe manifiestan los sentimientos de su corazón, probando con hechos su franqueza, hospitalidad, desinterés, respetos, sincera amistad y cuanto bueno y útil puede tener un hombre para sus semejantes" (Inclán 2005: I, 73-74).

Inmediatamente después presenta al protagonista de esta historia, a quien conoció en la hacienda de Púcuaro, cuando ambos trabajaban como dependientes; afirma que dejaron de verse en 1838 y que volvieron a encontrarse en 1863, esto es, dos años antes de que empezara a publicarse la novela:

Un instante bastó para el reconocimiento y que se reanudara nuestra antigua amistad; mutuamente nos dimos cuenta de nuestra vida en los *veinticuatro años* transcurridos; y al ver las extrañas aventuras de mi buen amigo, lances críticos, fuertes compromisos, tristes desengaños y otras vicisitudes a que sólo con su constancia, viveza, valor y fuerza de voluntad pudo afrontar y salir bien librado, después de quince años de estar con la vida vendida, lo comprometí a que escribiéramos su historia para publicarla (74).

Termina asegurando que relatará la vida de su amigo "valiéndome de su propio dialecto para no desfigurar los hechos" (*idem*). Una declaración semejante a ésta puede encontrarse en cada una de sus obras, por lo que no sorprende que el lenguaje y el estilo de la novela sea el del español de México, tal como se hablaba a mediados del siglo XIX. Con razón decía Ángel María Garibay:

Una enorme abundancia de mexicanismos, algunos poco estudiados o mal entendidos por los lexicógrafos, todavía han de dar trabajo a los investigadores. Cuando se resuelvan los académicos a escribir la historia de la lengua española en México, ya tendrán que ahondar en la mina que deja Inclán. Y no menos hay que decir de la gran abundancia de refranes que recoge y algunos de los cuales han caído en el olvido. Pasa de un millar la recopilación que he hecho de prisa y estoy seguro de que algunos se escaparon en las lecturas de este libro. Tienen los jóvenes amantes de lo mexicano un campo en que entretenerse (Garibay 1966: 15).

Ahora bien, no se trata de un lenguaje acartonado y artificioso, sino del lenguaje natural y llano. Los personajes de Inclán no son los *Mexicanos pintados por sí mismos*, ni mucho menos los personajes de la novela costumbrista, en donde se pretende hacer alarde del dialecto mexicano. El lenguaje de Lorenzo Cabello es el del campesino mexicano, al igual que el de Pepe el Diablo, el Charro Acambareño o Chepe Botas; o bien, cuando Clarita cuenta su vida o Camila conversa con el señor Garduño, el padre de Tacho Reniego, emplean las palabras de una mujer criada en una hacienda o las de una mujer que pretende agradar a su futuro suegro con sus conocimientos de las labores domésticas. De ahí que en su lenguaje se encuentren verbos como *porracié, haiga, resollar, quiéramos, pasié, voltié, se enjoscó, amuela, sambutió, maniar, satisfaciera, fifié, enchinchar, peliemos, chinampear, cocinear*. Sustantivos como *temboruco, aguardientero, tiricia, itacate, nixtamalero, punterito, escuinclitos, chichi, meope, pepestle, tata, tilichitos, tepache, cuachichil, parasismos, marota, bisbirinda, metichi, gachuso, pípila, cuelga, gurrumino, tarecua, pilguanejo, turicata, potiforma, tlalpiloya, xocoyote, polinaria, chiripienta, berengo, piucilla, machincuepa, camapé, nejayote, chimporrondingo, malacatonche*. Adjetivos o participios como *entelerido, pasmado, verdioso, encanijada, lamidita, cascarrienta, fieritas, alabancioso*. Adverbios como *horita, apriesa, toda chilla*, etcétera. Un apartado especial ocupa el léxico referente a las labores del campo y en particular el de todos los atributos del caballo y de los enseres relacionados con este animal: *barbecho, revesar, tajo, surco de cabero, escardar, escarramán, pala, mancera, calzonera, cotón, bota de campana, pechera, manguillo, jato, chinchorro, armas de pelo, caudillo, jaripear, colear, destroncar, vaciada, rosillo, rosillo flor de durazno, retinto, melado, cuatroalbo, mora lunanca, tordillo chancaco, tordillo quemado, colorado sangre linda, grullito, chocolín, overo, mascarillo, cebruno, aviona, romito, charchinita, pixtle, penco, chimpas, cacomiztle*, etcétera.

En cuanto a los refranes, sentencias o frases lexicalizadas, que en *Astucia* se encuentran íntimamente unidos a la acción y al diálogo de los personajes, pocas obras en lengua española ofrecen tal cantidad de ejemplos. Cito algunos de ellos: *a dónde ha de ir el buey que no are; al ojo del amo engorda el caballo; arrieros somos y en el camino andamos; con astucia y reflexión, se aprovecha la ocasión; con dinero baila el perro; consejos no pedidos los dan los entrometidos; chillarle a alguien el cochino; Dios castiga sin palo ni cuarta; el encino no puede dar más que bellotas; el pan ajeno hace al hijo bueno; el que asno va a Roma, asno se torna; el que no se arriesga no pasa la mar; el que por su mano se lastima que no gima; en caliente se pega el fierro; el dinero mal adquirido es como el del sacristán, cantando se viene y cantando se va; estar como agüita para chocolate; estar hecho un basilisco; estar como los pollos, encañonando y sin plumas; hacer la roncha; huir de las llamas y caer en las brasas; la mujer vale por la honra, el buey por el asta y el hombre por la palabra; me gusta dar el alón por comerme la*

*pechuga; nadie diga de esta agua no he de beber, porque en ella se ha de ahogar;
no era hombre de dichos, sino de hechos; no hay hatajo sin trabajo; no hay mal
que de mujer no venga; no hay plazo que no se cumpla ni deuda que no se pague;
no hay sermón sin San Agustín; no me traga de un sorbo ni me masca de un
bocado; paciencia y barajar; para cada perro ha criado Dios un palo; para los
toros del Tecuán, los caballos de allí mismo; pues ya que Dios te la dio, San Pedro
te la bendiga; qué caro cuesta tirar el maíz a las palomas por la codicia de pillar
un pichón; quien bien te quiere, te hace llorar; sacar los pañalitos al sol; ser tama-
ña lanza; tentar el vado para reconocer el fondo; tiempo perdido, lo lloran los
santos; todos para uno y uno para todos; un clavo saca otro; un loco hace ciento;
una golondrina no hace verano; una mano lava a la otra, y las dos lavan la cara;
ya ese capulín se heló, no tiñe ni da color; yo te cantaritos con quien querubines
casaca esa tepistoca,* etcétera.

Al conmemorar el centenario de la aparición de *Astucia*, Emmanuel Carballo la llamaba "el milagro mexicano", no sólo porque, más allá de escuelas
y tendencias, había inundado de vida las letras de su tiempo (Carballo 1965:
viii), sino también porque —agrego yo— Luis Inclán concibió una novela
perfecta, armónica y equilibrada en su estructura, y en cuanto a su lenguaje,
supo descubrir las bellezas de la lengua hablada, precisamente como se
hablaba en el México del siglo XIX.

Bibliografía directa

Ediciones de Astucia

INCLÁN G., Luis. 1865. *Astucia, El Gefe de los Hermanos de la Hoja o los Charros Contrabandistas de la Rama*. Novela histórica de costumbres mexicanas, con episodios
originales, escrita por Luis Inclán en vista de auténticas apuntaciones del protagonista, amenizada con sus correspondientes litografías, t. I. Imprenta de Inclán,
México.

——. 1866. *Astucia, El Gefe de los Hermanos de la Hoja o los Charros Contrabandistas de
la Rama*. Novela histórica de costumbres mexicanas, con episodios originales,
escrita por Luis Inclán en vista de auténticas apuntaciones del protagonista, amenizada con sus correspondientes litografías, t. II. Imprenta de Inclán, México.

——. 1908a. *Astucia, El Jefe de los Hermanos de la Hoja o los Charros Contrabandistas
de la Rama*. Novela histórica de costumbres mexicanas, con episodios originales,
escrita por Luis Inclán en vista de auténticas apuntaciones del protagonista,
amenizada con sus correspondientes litografías, 2 vols. Librería de la Viuda de
Ch. Bouret, México.

——. 1908b. *Astucia, El Jefe de los Hermanos de la Hoja o los Charros Contrabandistas
de la Rama*. Novela histórica de costumbres mexicanas, con episodios originales,
escrita por Luis Inclán en vista de auténticas apuntaciones del protagonista, 2
vols. Linotipografía de "El Imparcial", México.

———. 1922. *Astucia, el Jefe de los Hermanos de la Hoja o los Charros Contrabandistas de la Rama*. Novela histórica de costumbres mexicanas, con episodios originales, escrita por Luis Inclán en vista de auténticas apuntaciones del protagonista, amenizada con sus correspondientes litografías, 2 vols. Talleres Linotipográficos de "Cronos", México.

———. 1939. *Astucia, El Jefe de los hermanos de la Hoja o los Charros Contrabandistas de la Rama*, 2 vols. Publicaciones Herrerías, México.

———. 1945a. *Astucia o los Hermanos de la Hoja*, 2 ts. Editorial Hispano-Mexicana, México.

———. 1945b. *Astucia a través de tres personajes de la novela*, selec. e intr. José de J. Núñez y Domínguez. Universidad Nacional Autónoma de México (*Biblioteca del Estudiante Universitario*, 57), México.

———. 1946. *Astucia, El jefe de los hermanos de la hoja o los charros contrabandistas de la rama*. Novela histórica de costumbres mexicanas, con episodios originales, 3 ts., pról. Salvador Novo, ilustraciones Francisco Monterde Fernández. Porrúa, México.

———. 1951. *Astucia, El jefe de los hermanos de la hoja o los charros contrabandistas de la rama*. Novela histórica de costumbres mexicanas, con episodios originales, 2 vols. Editora Nacional (ed. facsímil de la de la Viuda de Ch. Bouret de 1908), México.

———. 1966. *Astucia, El jefe de los hermanos de la hoja o los charros contrabandistas de la rama*. Novela histórica de costumbres mexicanas, con episodios originales, pról. Salvador Novo. Porrúa (*"Sepan Cuantos..."*, 63), México.

———. 1979. *Astucia, El jefe de los hermanos de la hoja o los charros contrabandistas de la rama*, pról. Felipe Garrido. Promexa, México.

———. 1985. *Astucia, El jefe de los hermanos de la hoja o los charros contrabandistas de la rama*, en *La novela de aventuras*, presentación José Emilio Pacheco. Promexa, México.

———. 2001. *Astucia, El jefe de los hermanos de la hoja o los charros contrabandistas de la rama*, intr. Esther Martínez Luna. Océano, México.

———. 2005. *Astucia. El jefe de los Hermanos de la Hoja o los charros contrabandistas de la Rama*, 2 vols., ed., intr. y notas Manuel Sol. Universidad Veracruzana-FCE (*Biblioteca Americana. Serie de Literatura Moderna*), México.

Otras obras

———. 1860a. *Recuerdos del Chamberín*. Imprenta de Inclán, México.

———. 1860b. *Reglas con que un colegial pueda colear y lazar*. Imprenta de Inclán, México. [Véase también: "Recuerdos del Chamberín" en Alfredo B. Cuéllar, *Charrerías*, Imprenta Azteca, México, 1928, pp. 136-196; *Reglas para colear y lazar*, pról. Carlos Rincón Gallardo, intr. Ángel Pola. Librería de Ángel Pola, México, 1939, 102 pp. + una lámina].

———. 1863a. "Corridas de toros", *La Jarana*, México, t. I (23 de agosto), núm. 7, pp. 1-2.

———. 1863b. "Toros. Cuestión del día", *La Jarana*, México (4 de septiembre), núm. 10, p. 2.

———. 1872a. *El capadero en la Hacienda de Ayala*. Imprenta de Inclán, México. [*El capadero en la Hacienda de Ayala*. Imprenta de Miguel N. Lira, México, 1938; *El capadero en la Hacienda de Ayala*, pról. Mario Colín. Gobierno del Estado de México, México, 1976.]

——. 1872b. *Ley de gallos o sea Reglamento para el mejor orden y definición de las peleas.* Imprenta de Inclán, México.

——. 1928. "Don Pascasio Romero", en *Charrerías* de Alfredo B. Cuéllar. Imprenta Azteca, México, pp. 198-206.

——. 1974. "Don Pascasio Romero", *Artes de México. Caballos*, año XXI, núm. 174, pp. 32-33.

——. 1940. *El libro de las charrerías*, ed. y pról. Manuel Toussaint. Porrúa (*Biblioteca Mexicana*, 2), México. [Contiene: "Reglas con que el colegial puede lazar y colear", "Recuerdos del Chamberín", "El capadero en la Hacienda de Ayala", "Don Pascasio Romero", "Ley de gallos"].

Bibliografía indirecta

ARANDA PAMPLONA, Hugo. 1969. *Luis Inclán "El desconocido".* Manuel Quesada Brandi, Cuernavaca. [Contiene también: *Recuerdos del Chamberín, Reglas con que un colegial puede colear y lazar, El capadero en la Hacienda de Ayala, Ley de gallos, Don Pascasio Romero*].

AZUELA, Mariano. 1976. *Cien años de novela mexicana, Obras completas.* Fondo de Cultura Económica, México, vol. III, pp. 588-597.

BERNALDO DE QUIRÓS, Constancio. 1959. "Astucia, el Jefe de los Hermanos de la Hoja, o los Charros Contrabandistas de la Rama", en *El bandolerismo en España y en México*. Jurídica Mexicana, México, pp. 331-335.

BRUSHWOOD, John S. 1954. *The Romantic Novel in Mexico*. The University of Missouri Studies, Columbia, Missouri.

——. 1973. *México en su novela. Una nación en busca de su identidad*, tr. Francisco González Aramburo. Fondo de Cultura Económica (*Breviarios*, 230), México.

—— y José ROJAS GARCIDUEÑAS. 1959. *Breve historia de la novela mexicana*. Ediciones de Andrea (*Manuales Studium*, 9), México.

CARBALLO, Emmanuel. 1965. "El centenario de «Astucia»", *La Cultura en México*, supl. de *Siempre!*, 2 de junio, núm. 172, p. viii.

——. 1991. *Historia de las letras mexicanas en el siglo XIX*. Universidad de Guadalajara-Xalli, Guadalajara.

——. 1999. "*Los hermanos de la hoja*", en *Reflexiones sobre literatura mexicana siglo XIX*. Instituto de Seguridad y Servicios Sociales de los Trabajadores del Estado (*Biblioteca del ISSSTE*), México, pp. 33-39.

CHARPENEL EYSSAUTIER, Mauricio Eduardo. 1959. *Luis G. Inclán. Nuevas aportaciones.* Tesis de Maestría, Dirección de Cursos Temporales, UNAM.

FERRER MENDIOLEA, Gabriel. 1966. "A siglo y medio. El folklorista Inclán", *El Nacional*, 15 de junio, p. 3.

GAMBOA, Federico. 1914. *La novela mexicana*. Eusebio Gómez de la Puente, Ed., México.

GARIBAY, Ángel María. 1966. "Inclán", *Novedades*, 22 de junio, p. 15.

GLANTZ, Margo. 1985. "Una utopía insurgente. *Astucia* de Luis G. Inclán", *México en el Arte*, otoño-septiembre, núm. 10, pp. 44-48.

——. 1997. "*Astucia* de Luis G. Inclán, ¿novela «nacional» mexicana?", *Revista Iberoamericana*, enero-junio, vol. LXIII, núms. 178-179, pp. 87-97.

GONZÁLEZ OBREGÓN, Luis. 1889. *Breve noticia de los novelistas mexicanos en el siglo XIX*. Tipografía de O. R. Spíndola, México.

GONZÁLEZ PEÑA, Carlos. 1931. *Luis G. Inclán en la novela mexicana*. (Discurso pronunciado por su autor en el Paraninfo de la Universidad Nacional, la noche del viernes 21 de agosto de 1931, al ser recibido por la Academia Mexicana Correspondiente de la Española, como Individuo de Número. Respuesta por el señor Académico Don Victoriano Salado Álvarez). Cvltvra, México.

——. 1947. "Luis G. Inclán en la novela mexicana", en *Claridad en la lejanía*. Stylo, México, pp. 75-124.

——. 1954. "Luis G. Inclán en la novela mexicana", en *Memorias de la Academia Mexicana de la Lengua*. Jus, México, pp. 316-339.

——. 1963. *Historia de la literatura mexicana desde los orígenes hasta nuestros días*. Porrúa, México.

——. 1966. "Encanto rústico de *Astucia*", *El Libro y el Pueblo*, VI época (junio), núm. 17, pp. 9-12.

——. 1987. "Luis G. Inclán en la novela mexicana", en *Novelas y novelistas mexicanos*. UNAM-Universidad de Colima, México, pp. 31-61.

HENESTROSA, Andrés. 1966. "La nota cultural", *El Nacional*, 21 de junio, p. 3.

ITURBE MARÍN, Vicente. 1966. *Jungapeo en la historia*. Imprenta Arana, Jungapeo, Michoacán.

MAGDALENO, Mauricio. 1976. *El pequeño mundo mexicano de Luis G. Inclán*. Ediciones del Seminario de Cultura Mexicana, México.

MARTÍNEZ, José Luis. 1984. "Inclán", en *La expresión nacional*. Oasis (*Biblioteca de las Decisiones*, 7), México, pp. 276-282.

MARTÍNEZ LUNA, Esther. 2001. "*Astucia*, tesoro de la lengua y mural de costumbres mexicanas", en "Introducción" a Luis G. Inclán, *Astucia. El jefe de los Hermanos de la Hoja o los charros contrabandistas de la rama*. Océano, México, pp. 13-34.

NOVO, Salvador. 1946. "Prólogo" a Luis G. Inclán, *Astucia. El jefe de los hermanos de la hoja o los charros contrabandistas de la rama*. Novela histórica de costumbres mexicanas, con episodios originales, t. I. Porrúa, México, pp. xi-xxvii.

——. 1948a. *El coronel Astucia y los Hermanos de la Hoja o los charros contrabandistas. Adaptación teatral de la novela de Luis G. Inclán*. Instituto Nacional de Bellas Artes, México.

——. 1948b. "El coronel Astucia y los Hermanos de la Hoja o los charros contrabandistas. Adaptación teatral de la novela de Luis G. Inclán", *México en el Arte*, noviembre, núm. 3, s. p.

——. 1967. "Vida y obra de Luis G. Inclán", en Salvador Novo *et al.*, *La vida y la cultura en México al triunfo de la República en 1867*. Instituto Nacional de Bellas Artes, México, pp. 171-181.

NÚÑEZ Y DOMÍNGUEZ, José de Jesús. 1918. "El novelista Inclán", en *Los poetas jóvenes de México y otros estudios literarios nacionalistas*. Librería de la Viuda de Ch. Bouret, París-México, pp. 69-88.

——. 1945. "La novela *Astucia* y su autor", en Luis G. Inclán, *Astucia*. Universidad Nacional Autónoma de México (*Biblioteca del Estudiante Universitario*, 60), México, pp. ix-xiv.

ORTEGA, Raquel. 1933. "Estudio estilístico de *Astucia* de Luis G. Inclán. El lenguaje del charro mexicano", *Revista de Investigaciones Lingüísticas*, agosto, t. I, núm. 1, pp. 10-20.

PACHECO, José Emilio. 1991. "Luis G. Inclán", en *La novela de aventuras*. Promexa, México, pp. 121-122.

PIMENTEL, Francisco. 1904. *Obras completas*, t. V. Tipografía Económica, México.

PORRAS CRUZ, Jorge Luis. 1950. *La vida y la obra de Luis G. Inclán*. Tesis de Doctorado, Facultad de Filosofía y Letras, UNAM. [*Vida y obra de Luis G. Inclán*, Universidad de Puerto Rico, Río Piedras, 1976.]

SALADO ÁLVAREZ, Victoriano. 1954. "Respuesta al discurso de ingreso a la Academia Mexicana de la Lengua, pronunciado por Carlos González Peña, en 1931", en *Memorias de la Academia Mexicana de la Lengua*. Jus, México, pp. 340-344.

SOL, Manuel. 2001a. "El habla en *Astucia*, de Luis Inclán", en *Literatura mexicana del otro fin de siglo*, ed. Rafael Olea Franco. El Colegio de México (*Serie Literatura Mexicana*, VI), México, pp. 187-193.

——. 2001b. "Estructura y significado de *Astucia, el Jefe de los Hermanos de la Hoja o los charros contrabandistas de la rama* de Luis Inclán", *Texto Crítico*, julio-diciembre, año V, núm. 9, pp. 57-71.

——. 2003a. "Luis Inclán ante la crítica", *Texto Crítico*, enero-junio, año VI, núm. 12, pp. 117-127.

——. 2003b. "Refranes, adagios, sentencias y locuciones en *Astucia* de Luis Inclán", *Revista de Literaturas Populares*, enero-junio, año III, núm. 1, pp. 52-63.

——. 2005. "Introducción" a *Astucia. El jefe de los Hermanos de la hoja o los charros contrabandistas de la rama*. Universidad Veracruzana-FCE (*Biblioteca Americana. Serie de Literatura Moderna*), México, vol. I, pp. 11-68.

TOUSSAINT, Manuel. 1940. "Prólogo" a Luis Inclán, *El libro de las charrerías*, ed. y pról. M. Toussaint. Librería de Porrúa Hnos. y Cia. (*Biblioteca Mexicana*), México, pp. v-xiv.

WARNER, Ralph E. 1953. *Historia de la novela mexicana en el siglo XIX*. Antigua Librería Robredo (*Clásicos y Modernos. Creación y Crítica Literaria*, 9), México.

LAS NOVELAS HISTÓRICAS
DE VICENTE RIVA PALACIO

José Ortiz Monasterio
Instituto Mora

María Teresa Solórzano Ponce
Instituto de Investigaciones Bibliográficas, UNAM

Vicente Riva Palacio (1832-1896) es un autor imprescindible del siglo XIX. Su generación comenzó a escribir casi medio siglo después de la Independencia; durante esas cinco décadas, los escritores mexicanos se afanaron por crear una literatura propia, diferente de la española. Hoy día cuesta trabajo creer que hubo una época en que escribir sobre las cosas y las gentes de México se consideraba vulgar o provocaba risa (por ejemplo, las obras de teatro de tema prehispánico). Pero es preciso recordar que la Independencia de México se logró, en teoría, en 1821, pero se mantuvo vivo y actuante un partido monárquico y clerical que quería preservar el antiguo régimen. Esto explica la anarquía y los golpes de Estado que caracterizaron la primera mitad del siglo XIX, y por ello el triunfo de la República al derrotar al Imperio de Maximiliano en 1867 significó mucho; en palabras de Edmundo O'Gorman, representó la muerte definitiva de la Nueva España (O'Gorman 1969: 93).

El abogado Vicente Riva Palacio y Guerrero tuvo ambiciones políticas tempranas. Hijo del prominente político don Mariano Riva Palacio, cuyo prestigio le valió defender a Maximiliano en el juicio sumario al que fue sometido y ser gobernador del Estado de México en tres ocasiones, heredó de su padre excelentes relaciones con los liberales moderados. Como nieto del libertador Vicente Guerrero se ganó la simpatía de los liberales puros o radicales, con los cuales militó toda su vida.

En la segunda mitad de la década de 1850 fue síndico y luego secretario del Ayuntamiento de México; sufrió prisión cuando gobernaron Zuloaga y Miramón. Además, fue diputado al Congreso Constituyente de 1856 que dio forma a la célebre y problemática Constitución de 1857. En 1861, después del triunfo liberal en la Guerra de Reforma (1858-1860), de nuevo fue nombrado diputado en el Congreso y formó parte del nutrido grupo opositor al presidente Juárez.

Pero su dedicación a las labores literarias fue tan fuerte como su inclinación política, por lo que en los años de 1861 y 1862, se escenificaron en los teatros de la Ciudad de México una quincena de dramas y comedias escritas al alimón con Juan A. Mateos, con lo cual se convirtieron en los autores favoritos del público. Los entendidos apreciaron, por ejemplo en *La hija de un cantero*, su afán de representar en la escena a personajes modestos, lo cual constituyó un atrevimiento del romanticismo porque rompía con el dogma secular de que los protagonistas debían ser por fuerza personajes de calibre, gente acomodada; antes no cabían en la literatura, salvo en la picaresca, los individuos del pueblo, pues se consideraba que carecían de virtudes dignas de ser emuladas (Riva Palacio y Mateos 1871). Todos aplaudieron sus comedias satíricas, que hacían burla de los políticos de la época; esto era absolutamente nuevo en México y resurgiría después de la Revolución de 1910 con el *sketch* satírico-político. El mayor crítico de la época, Francisco Zarco, censuró esta politización del teatro argumentando, con razón, que las puyas y las alusiones a los contemporáneos serían incomprensibles en diez años. Pero Mateos y Riva Palacio no hicieron caso y continuaron burlándose de los funcionarios de entonces y ridiculizando a conservadores y clericales. Años después, en ese delicioso libro titulado *Los ceros*, Riva Palacio recordaría que Aristófanes, en sus comedias, fue el primero en hacer reír al público a costa de los poderosos; esto significa que el romanticismo fue una ruptura severa con la tradición, pero mediante una apropiación nueva de los clásicos. En cualquier caso, la experiencia de Riva Palacio como dramaturgo fue invaluable, porque así pudo medir el efecto que tenía en el público cada giro de su pluma, constatando que el humorismo y, en especial, la sátira siempre tenían éxito; esta lección sería uno de los rasgos característicos de su estilo, sobre todo como periodista.

Desde niño, el nieto de Guerrero dominó la equitación, pues la familia pasaba largas temporadas en su hacienda La Asunción, cercana a Chalco. Además, mostró valentía, ya que se fue a la guerra para combatir al invasor francés en los años de 1862 a 1867. Aunque injusto, es inevitable pasar muy rápido por los cinco años de campaña de Riva Palacio en Michoacán (ya Cervantes estableció el superior mérito del soldado sobre el escritor, en vista de que el primero se juega la vida); entre otras privaciones, el entonces general en jefe del Ejército del Centro se quedó, en plena campaña militar, con su miopía y sin espejuelos, por lo que fue preciso esperar el repuesto que envió Calpini desde su óptica en la calle de Plateros, en la Ciudad de México. Es preciso señalar que Riva Palacio fue árbitro inmejorable en las pugnas que siempre surgen entre los mandos de los ejércitos populares. Su inteligencia y habilidad fueron excepcionales: habiendo decretado Maximiliano que se fusilara a cualquier persona hallada con armas, el general perdonó la vida a unos prisioneros belgas (caros a la emperatriz) y consiguió un canje por oficiales y tropa republicanos; esto significó el reconocimiento de la fuerza de Riva Palacio como beligerante y no como salteador de caminos, que era la intención del emperador, quien no tuvo más remedio que expedir un contradecreto, exceptuando exclusivamente a Vicente Riva Palacio del decreto del 3 de octubre de 1865. Por otra parte, en el México decimonónico, experiencia en combate y alto grado eran muy buen capital político; y para el hombre de letras, conocer a fondo el México profundo era más que capital, pues implicaba *incorporarse* al pueblo, sin perder la buena crianza.

Si analizamos el mundo literario, no cabe duda de que el año 1867 representa un claro parteaguas. En primer lugar, las celebraciones por el triunfo republicano, las fiestas, los convites y demás fueron tan jubilosos y tan frecuentes que Riva Palacio, en plan de broma, le confió a un amigo (el caricaturista Constantino Escalante) que había mandado apagar el fuego en su casa, en vista de que pasaba todo su tiempo en fiestas. Aquí lo importante es reflexionar sobre la diferencia de crear una literatura propia, digamos en 1850, poco después de la derrota frente a Estados Unidos, a hacerlo después de 1867, cuando se había vencido al ejército francés. México no había resuelto muchos de sus problemas, pero el ánimo de la nación y la autoestima de los intelectuales eran completamente distintos.

Entre las fiestas que se celebraron al terminar la Intervención francesa, también llamada en la época "Segunda Guerra de Independencia", las más trascendentes fueron las veladas literarias de 1867-1868. En ellas, la generación de Riva Palacio halló su identidad, al discutir los rasgos generales que la literatura mexicana debía de seguir; en estas veladas destacó el liderazgo de Ignacio Manuel Altamirano y, de manera menos visible pero decisiva, la presencia crítica de Ignacio Ramírez, quien aportó el legado de las generaciones anteriores. La orientación política de los escritores que participaron era liberal, pero no faltó algún conservador como José María Roa Bárcena. Su proyecto era crear una literatura verdaderamente nacional, donde el paisaje, los tipos (personajes), el lenguaje y las costumbres retratadas correspondieran al auténtico modo de vida y a la historia del país. A la vez se quería hacer política: conseguir que medidas tan impopulares como las Leyes de Reforma resultaran aceptables para el "pueblo", es decir, a la clase media que formaba la masa de los lectores.

La mayoría de las veladas literarias fueron fiestas espléndidas, reuniones de la alta sociedad (el general Porfirio Díaz asistió a alguna de ellas), con mesas donde se colocaban libros lujosos y, para beber, licores importados que ahora resulta difícil identificar. Para Altamirano, convertir en eventos sociales las veladas las desviaba de su objetivo literario, por lo que se llegó a organizar la llamada "velada de la pobreza" en un zaquizamí (buhardilla) de estudiante. Para otros, las lujosas veladas que se celebraron en casa de Rafael Martínez de la Torre o del propio Vicente Riva Palacio eran un estímulo de gran importancia para los escritores. En palabras de Guillermo Prieto:

Ofrecer hospitalidad al talento que vaga despreciado por las calles, y hacerle entender que hay un lugar en que se le admira y se le respeta, preséntese con una lira en la mano, o con un compás o una esfera..., por último ver de par en par abiertas las puertas a la consideración social sin inclinar la frente al poder ni al oro, sin que la intriga sucia nos indique el camino, sin que la pobreza nos aconseje desviar nuestros pasos de esa reunión; todo esto significa mucho para nosotros y nos hace dar suma importancia a las Veladas (Prieto *apud* Batis 1963: 33-34).

La gran aportación de las veladas literarias fue que, gracias a las reseñas de la prensa y particularmente a las que hacía Altamirano en su revista *El Renacimiento*, se inició un vigoroso movimiento literario en las principales ciudades del país; de pronto, parecía que todo el mundo quería escribir y los periódicos se multiplicaban por todas partes. En lo referente a la novela, entre 1867 y 1876 se publicaron cuando menos 79 de ellas, cifra sin precedente en nuestra historia literaria (Monroy 1974: 787-792). Se ha señalado que el gobierno auspició este auge literario, pero si tal fuera el caso, ¿cómo explicar que se suspendiera la publicación de *El Renacimiento* por falta de recursos? En nuestra opinión, el gran aliado de los escritores de la época fue el desarrollo de la industria editorial que, con mejor maquinaria y novedosas técnicas de mercadotecnia, producía libros más baratos al alcance de un mercado más amplio.

Jefe de redacción del periódico *La Orquesta* ("la música tiene una influencia indudable en los animales que gobiernan", era su premisa) y magistrado de la Suprema Corte de Justicia a partir de 1867, Riva Palacio además *dictó* en esos años las siguientes novelas, todas editadas por Manuel C. de Villegas: en 1868 aparecieron *Calvario y Tabor. Novela histórica y de costumbres*; *Monja y casada, virgen y mártir. Historia de los tiempos de la Inquisición*; y su continuación *Martín Garatuza. Memorias de la Inquisición*; en 1869 *Los piratas del Golfo. Novela histórica* y *Las dos emparedadas. Memorias de los tiempos de la Inquisición*; en 1870, *La vuelta de los muertos. Novela histórica*; su ciclo como novelista termina en 1872 con *Memorias de un impostor. Don Guillén de Lampart, rey de México. Novela histórica*. La primera de las novelas mencionadas se refiere a la guerra de Intervención en Michoacán; en ella el general en jefe hace mutis, por lo que los protagonistas son los rancheros, los tratantes de maíz o de café, que sostienen la guerrilla contra el ejército francés. Las restantes se ubican en los tiempos del Virreinato de la Nueva España y continúan el discurso remoto de Fernández de Lizardi y el más inmediato de Ignacio Ramírez, que pretende demostrar que los viejos buenos tiempos que los monarquistas querían restaurar, fueron "en realidad" una época dominada por el despotismo, la desigualdad de las castas y el castigo a la libertad de conciencia, mediante el terrible aparato de la Inquisición.[1]

[1] Sobre las novelas rivapalatinas son indispensables los trabajos de Azuela (1947),

Un acontecimiento decisivo para convertir a Riva Palacio en novelista de la historia, y en historiador propiamente dicho, fue la comisión que recibió del presidente Juárez en marzo de 1861 de recoger del arzobispado el archivo de la Inquisición, con objeto de publicar algunos procesos célebres. Los agentes de la jerarquía católica lograron frustrar varias veces dicha publicación y en el Congreso se llegó a la conclusión de que el clero tenía emisarios por todas partes. Al parecer, Riva Palacio escondió el archivo de la Inquisición en un lugar seguro y esperó hasta que terminó la guerra con Francia.

Al restaurarse la República en 1867, si había un logro histórico irrefragable, éste era la libertad de conciencia; en la década que inició entonces, la libertad de imprenta fue mayor que nunca. Tal vez ello explique en parte que el gran personaje de las novelas coloniales de Riva Palacio fuera, precisamente, la Inquisición en cuanto sinónimo de intolerancia. Una decisión estratégica: el autor eligió el género de la novela histórica (bien pudo haber escrito sesudo tratado) para lograr un mayor efecto. En consecuencia, el público que se interesó por conocer los secretos celosamente guardados del Tribunal de la Fe se multiplicó, siendo las mujeres las más ávidas lectoras, como lo ha dicho muy bien Clementina Díaz y de Ovando (1978).

La Inquisición, ya en el siglo XIX, no tenía defensa posible. Celosa guardiana de la ortodoxia católica, la "nefanda institución" no sólo prohibía la libertad de pensar, sino que aplicaba además el tormento para sacar las confesiones de los desviantes: el "jarro" de agua que con un trapo introducido en la garganta ahogaba horriblemente; el "potro" que jalaba y descoyuntaba las extremidades. Sin embargo, los modernos estudios sobre el Tribunal de la Fe muestran que no todos los heterodoxos eran torturados, pues había otros medios más eficaces, como meter en las celdas agentes encubiertos para obtener información (Alberro 1988). Riva Palacio no ofrece cifras exactas de los torturados, ni muchos menos de los condenados a muerte que terminaban en la hoguera, lo cual hace creer al lector que éstas eran prácticas poco menos que cotidianas; a la vez, con sus envidiables recursos literarios, describe cómo en la hoguera de un ajusticiado queda sólo una mano calcinada, que luego es lanzada a un canal inmediato. El autor tampoco aclara que en los tiempos coloniales la tortura también era utilizada en los tribunales ordinarios de justicia. Nunca miente, pero el efecto que provoca es exagerado, pues lo que se propone fundamentalmente es desacreditar al clero; y sin duda lo consigue.[2]

Millán (1957), Algaba (1997; 1996a: 335-350 y 1996b: 43-58). Véanse también los trabajos fundamentales de Solórzano (1996a: 23-42; 1996b: 351-363), así como Ortiz Monasterio (1993, 1999, 2004). Para la teoría literaria de Riva Palacio la interpretación canónica sigue siendo la de Díaz y de Ovando (1994).

[2] Es difícil emitir un juicio imparcial de la Inquisición. Por un lado, los ingleses aprovecharon el nombre de Torquemada en esa campaña de difamación que se conoce como la

Al contrario de lo dicho líneas arriba, la Inquisición sí tuvo defensa: cuando apareció la primera edición de las novelas de Riva Palacio, la *Revista Universal*, de conocida filiación clerical, publicó en respuesta la larga serie de artículos: "Breves observaciones sobre la moderna novela *Monja y casada, virgen y mártir*" (Algaba 1997), firmada con el seudónimo "Alguien", aunque pronto se descubrió que el autor era el presbítero José Mariano Dávila y Arrillaga (1789-1870), quien había alcanzado notoriedad cuando, como director del Instituto Literario de Toluca, mandó quemar las obras de Voltaire, Rousseau, Diderot y D'Alembert "que existían completas en la biblioteca" (Altamirano 1988: 131). El presbítero, que actuaba por órdenes superiores, reunió después la serie de artículos en un libro de 120 páginas (Alguien 1869). Como puede adivinarse, Dávila negó absolutamente todo lo que describió Riva Palacio, es decir, no sólo las prácticas del Tribunal de la Fe, sino los aspectos evidentemente ficticios de la novela; ante ello, el periódico *La Orquesta* tuvo que responder el 2 de enero de 1869:

> En el cartel [promocional] se pintó un hombre a quien están quemando, luego este hombre es Garatuza, porque es cartel de la novela *Martín Garatuza*.
>
> ¿Quién le contó a la *Revista* que el quemado es Garatuza y la mujer es la madre? ¡Disparates! Que no hubo tal huída y tales amores, ni otras cosas por el estilo que se cuentan en la novela, es cierto, y no se necesitaba que él nos lo dijera, porque ya dijimos que era novela; es decir que éste es el tejido de la fábula.

Este punto es importante. Separar la ficción de la historia en las novelas históricas es algo que sólo contados expertos pueden hacer. En la práctica, se cree en todos los aspectos de la novela o, por el contrario, no se les da crédito; en historia, los mejores autores convienen en que los hechos históricos no existen de por sí, sino que *se construyen*. Por ello hay que darle la razón a Dávila cuando, a su vez, responde: "No hablamos con los abogados para quienes es un punto éste [se refiere a la tortura] más claro que la luz. Nos dirigimos únicamente al común de los lectores, que sólo juran en la palabra de los romanceros, y a puño cerrado creen cuanto ellos les cuentan, y mucho más cuando protestan que sólo se valen de hechos *históricos*" (Alguien 1869: 79). Como se ve, las novelas históricas de Riva Palacio también deben considerarse un belicoso artefacto de la Guerra de Reforma, que proponía una nueva visión del pasado y, en consecuencia, del futuro que debía seguir la nación.

"leyenda negra" contra España. Pero cuando uno lee los procesos, por ejemplo los de la familia Carvajal, causan pavor: los secretarios transcribían cada palabra y cada grito de la víctima, y una de las Carvajales resistió todos los tormentos que le inflingieron sin confesar que era judía; lo más horroroso es que ella ignoraba que sus familiares ya habían confesado.

Otro aspecto digno de consideración es, a propósito del monte Tabor donde Jesús se *transfiguró* ante sus discípulos mostrándose como Dios, el efecto que tuvo en Riva Palacio escribir siete novelas históricas, especialmente porque utilizó fuentes directísimas, como el archivo de la Inquisición. En un trabajo previo (Ortiz Monasterio 2005) se examinan dos discursos cívicos de Vicente Riva Palacio, ambos pronunciados en La Alameda de la Ciudad de México, en ocasión del festejo de la Independencia un 16 de septiembre, pero mientras el primer discurso, de 1867, es anterior a la escritura de casi todas sus novelas históricas, el otro, de 1871, es posterior a ellas. Entre otras diferencias, una de las principales es que en el discurso cívico de 1871, sostiene que los conquistadores españoles cumplieron una misión histórica fundamental, al poner fin a las monarquías indígenas, lo cual era una necesidad para la implantación de la democracia en América; otra es que, en el segundo discurso, los tumultos y levantamientos que hubo en la Colonia no son juzgados como meros acontecimientos que alteraban la monotonía de la vida novohispana, sino que se convierten en antecedentes directos de la Independencia, en los que el pueblo mostraba a sus amos que no valían tanto como creían. Se trata, pues, verdaderamente, de *una nueva manera de comprender el pasado*. Sobre este punto será útil visitar a dos autoridades.

La novela histórica del siglo XIX es diferente a la de otras épocas. Georg Lukács señala que: "A la llamada novela histórica anterior a Walter Scott le falta precisamente lo específico histórico: el derivar de la singularidad histórica de su época la excepcionalidad en la actuación de cada personaje" (Lukács 1971: 15). La novela realista del siglo XVIII, por ejemplo, intenta plasmar las características fundamentales de su época, pero los escritores no consiguen ver lo específico de su época *desde un ángulo histórico*, es decir, no hay "una visión clara de la historia como proceso, de la historia como condición previa, concreta, del momento presente" (18). El corolario del hallazgo de Lukács lo aporta Enrique Anderson Imbert cuando señala que la novela histórica del XIX no es sólo un nuevo tipo de discurso, sino una nueva manera de comprender el pasado:

En todas las épocas se noveló el pasado pero fue especialmente en el periodo romántico cuando las novelas históricas aparecieron en constelación con una implícita filosofía de la vida. Los racionalistas habían desatendido las raíces históricas de la existencia humana. Cuando ofrecían asuntos lejanos apuntaban a lo inmutable; y la móvil relatividad y versatilidad del hombre se les escapaba. La filosofía romántica, en cambio, insistió en que vivimos en el tiempo y, por tanto, el sentido de nuestras acciones está condicionado por las particularidades del proceso cultural. El novelista del siglo XIX —el siglo de la historia— enriqueció, pues, el viejo arte de contar con *un nuevo arte de comprender el pasado* (Anderson 1974: 93).

El tema dominante en las novelas históricas de Riva Palacio, debemos subrayarlo, es la Independencia nacional. Es verdad que el conflicto entre la Iglesia y el Estado es asunto muy principal en varias de las novelas, pero el gran acontecimiento, el telón de fondo delante del cual desfilan los personajes, es siempre un asunto relacionado con la Independencia de la patria. El tema central de *Calvario y Tabor* es la lucha por la Independencia y contra la Intervención francesa en Michoacán; en *Monja y casada, virgen y mártir*, lo es el tumulto de 1624 y la caída del virrey como antecedente del potencial revolucionario del pueblo; en *Martín Garatuza*, la supuesta conjura de los criollos para derrocar al gobierno español; en *Los piratas del Golfo*, los imaginados planes para arrebatar a España las islas del Caribe y la Nueva España; en *Las dos emparedadas*, el fallido intento de El Tapado para liberar a México del yugo hispánico; en *La vuelta de los muertos*, la fracasada rebelión de los indios contra la Corona española; y, por último, en *Memorias de un impostor*, la soñada revolución del irlandés Lampart, cuya efigie, por cierto, está grabada en piedra en el monumento conocido como el Ángel de la Independencia.

La estructura narrativa y la cosmovisión de las novelas de Vicente Riva Palacio, hoy día, representan para nosotros una lectura amena y entretenida, así como un valioso documento histórico-cultural, que nos ofrece la posibilidad de aclarar algunos aspectos fundamentales de la sensibilidad social del siglo XIX, pues como señala Carlos Monsiváis, los folletines de Riva Palacio, en su momento, "más que melodramáticos son genuinos adelantos de la cultura laica" (Monsiváis 1986: xiv), la cual, al paso del tiempo, daría lugar al desarrollo de una literatura artística mexicana, además de la ya tan probada y efectiva literatura popular. Las novelas de Riva Palacio son literatura popular, pero es conveniente hacer notar el hecho de que en el siglo XIX mexicano encontraremos de manera excepcional literatura "artística" propiamente dicha, pues más bien casi toda la literatura fue popular. Bajo el término de pueblo se reúne a una minoría selecta de la nación, que tenía la conciencia de su situación histórica y de los medios a su alcance para modificarla (Monsiváis 1986); esta minoría corresponde a la clase media en formación. No obstante, los estudios recientes de historia de la lectura nos muestran que la minoría lectora no era minúscula, como alguna vez se creyó. Además, la lectura en voz alta era costumbre generalizada: para ilustrar este punto, podemos citar a un corresponsal de Vicente Riva Palacio, quien le escribe desde Guadalajara para comentarle su lectura de la novela del general titulada *Calvario y Tabor*:

> Tal vez será una niñería lo que voy a decir, pero confío en que usted me dispensará en gracia de la sinceridad que dicta[n] mis palabras. En el curso de la novela, en episodios que oía con indiferencia una persona a quien yo la leía por las noches, yo sentía que se me venían las lágrimas a los ojos y tenía que suspender la lectura para limpiarlas con un pañuelo.

Por la escasez de mis recursos vivo con una familia en que hay niños desde nueve a doce años; pues bien, me daba gusto verlos sentados en círculo, escuchando atentos y conmoviéndose con la lectura que daba el hermanito mayor, porque usted con una sencillez encantadora ha sabido tocar las fibras más delicadas del corazón, y poner su novela al alcance de todas las inteligencias ("Carta de Jorge Manjarrez" 1868: 28).

Para enderezar el árbol torcido, se suele inclinarlo a la fuerza hacia el otro lado; debemos cuidarnos de no incurrir en esto. Si se ha subestimado, y por mucho, el número de lectores mexicanos en el siglo XIX, ello no debe conducirnos a hacer cálculos rápidos y exagerados en el sentido opuesto. Es necesario utilizar nuevas fuentes, confiables, y ésas son los padrones de los ayuntamientos. Este laborioso trabajo lo ha realizado Isnardo Santos Hernández para la Ciudad de México en 1882, con la siguiente conclusión: "Según cifras obtenidas, a través del Padrón de 1882, la población masculina que sabía leer era de 43 507 hombres y 40 020 mujeres. Si sumamos, encontramos un total de 83 527 posibles lectores. Lo que equivale al 42.78% de la población total de la ciudad de México" (Santos 2000: 65-66).[3]

"Las estadísticas —comentó en cierta ocasión O'Gorman— son como los bikinis: lo que enseñan es interesante, pero ocultan lo fundamental". Esto equivale a decir que no basta conocer el número de lectores, sino que es necesario comprender *la diferencia* en el acto de leer durante el siglo XIX. En ese tema, es muy interesante la obra *Empresa y cultura en tinta y papel (1800-1860)*, coordinada por Laura Beatriz Suárez de la Torre (2001), donde se aprende mucho sobre el mundo editorial decimonónico, ya que algunas voces afirman que el número de lectores del XIX ha sido subestimado. En la mencionada obra, Nicole Giron, quien, entre otras cosas, ha estudiado a fondo la publicación de folletos en el siglo XIX, dice:

Se ha repetido mucho que la población mexicana, aun la urbana, era mayoritariamente analfabeta; también se ha afirmado que, gracias a la práctica de la lectura en voz alta, una gran porción de las personas iletradas podía tener conocimiento de la información escrita. Quizá los esfuerzos que estamos realizando hoy para acercarnos a un mejor conocimiento de la vida editorial decimonónica nos conduzcan a reconsiderar las interrogantes relativas a los niveles reales de analfabetismo en México y a alcanzar una mayor congruencia entre los múlti-

---

[3] El índice de alfabetización para la Ciudad de México en 1882 es congruente con los datos que arroja el censo de 1895; en éste se señala para el Distrito Federal (Ciudad de México y pueblos circunvecinos) 44.8%, el índice más alto de la República, seguido por Tlaxcala con 33.9%. El mayor contraste se observa entre los estados del norte y los del sur: Tamaulipas 31%, Nuevo León 29.8%, Sonora 27.6%, Sinaloa 23.8%; mientras que Oaxaca tiene 8.7% y Guerrero 7.7% (*Estadísticas históricas* 1999: 100-112).

ples factores relacionados con este tema, que no parece estar aún totalmente dilucidado (Giron 2001: 59).

Por su parte, Lilia Guiot de la Garza, en su ensayo sobre las librerías de la Ciudad de México, afirma: "Este estudio descubrió también la trascendencia de las librerías en una ciudad que, paradójicamente, parecía estar poblada por analfabetos. Sin embargo, lo aquí manifestado nos lleva a pensar que tal vez el número de lectores no era tan reducido como siempre se ha manejado. En este sentido es necesario replantear el mundo de los lectores pues, para un escaso número de ellos, resulta sorprendente la cantidad de comercios dedicados a la venta de libros" (2001: 242). Una primera conclusión es que la imaginada y escasísima alfabetización decimonónica mexicana es lo que se llama una conseja. Cierto, los índices eran muy inferiores a los actuales, ¡pero hablamos de una diferencia de 100 o 200 años!

Cuando se aplica el adjetivo "popular" a la literatura mexicana decimonona, no se pretende negar el valor literario y estético de ella, sino simplemente enfatizar el objetivo de concientización nacional que sustentaban nuestras letras del siglo antepasado, dirigida al "pueblo"; a este objetivo se supeditó la misma estética. Asimismo, el carácter "popular" de la literatura nacional se refiere más que nada al medio del que se valieron los autores para difundir sus obras, es decir, diarios y revistas, folletines y "entregas", que estaban al alcance de lectoras y lectores potenciales de la época. El mayor obstáculo que debe superarse al hablar de literatura popular estriba en comprender que lo "popular" no le quita su calidad de literatura, y que en ocasiones es muy difícil, o casi imposible, distinguirla de la "buena" literatura. En consecuencia, una obra literaria, independientemente del calificativo que se le dé o incluso de su valor artístico, puede también ser significativa; lo decisivo es que las novelas de Riva Palacio no sólo transmiten abundante información, sino una nueva filosofía de la vida.

Durante los dos primeros tercios del siglo XIX, en su mayoría la novela fue de tipo folletinesco. El folletín,[4] al ser publicado en periódicos de amplia difusión, o en la modalidad de "entregas",[5] permitió, por vez primera, que la

---

[4] Folletín, del francés *feuilleton*, diminutivo de *feuillet*, "hoja", "página de un libro". En la época de Riva Palacio, se llamaba folletín a la parte inferior de los periódicos, donde se publicaban las novelas, la cual podía recortarse y eventualmente encuadernarse como libro. La primera novela de folletín se publicó en el periódico parisiense *La Presse* en 1836 y sirvió para aumentar la circulación, motivo por el cual el método fue copiado en todo el mundo. Ya en 1846 se publicaba en México *El padre Goriot* de Balzac, como folletín del *Diario Oficial*.

[5] Las entregas, hoy diríamos fascículos, se vendían de manera independiente por los editores, quienes tenían representantes en muchos lugares del país; por ejemplo, las publicaciones de Ignacio Cumplido llegaban a más de un centenar de poblaciones. Las entregas conservaron la técnica característica del folletín, que consistía en terminar en

novela llegara a un universo más extenso de lectores, superando, de tal forma, el carácter elitista que hasta entonces tenía el mundo de las letras. La novela de folletín abrió nuevos caminos a los escritores, quienes, independientemente de su calidad literaria, tuvieron la oportunidad de difundir sus obras, y aun algunos de ellos recibir cuantiosas regalías como producto de su trabajo; de este modo, por fin los escritores recibieron retribución económica y reconocimiento público por su labor. Esta nueva mercadotecnia, sumada a una mejor tecnología de impresión, abarató el costo de los impresos: *El gallo pitagórico* de Juan B. Morales se vendió en 1858 a tres pesos; las novelas de Riva Palacio, considerablemente más voluminosas pues llegaban a las 800 páginas, se vendían una década después a sólo dos pesos con cincuenta centavos (Ortiz 1993: 175).

En la novela de folletín, la acción lo es todo: la aventura y la intriga es la estructura temática, es el hilo argumental o el tema general de la obra, mientras que las peripecias suelen ser consideradas como los momentos particulares por los que atraviesa la aventura; en verdad el número de peripecias no es muy variado y por lo mismo su empleo es recurrente, sin embargo, la novela podrá durar todo el tiempo que la imaginación del autor permita entretener a sus lectores. A manera de las actuales telenovelas, cada entrega o folletín terminaba en suspenso para atrapar a los lectores, técnica que inevitablemente castigaba la forma.

La novela de folletín, con el paso del tiempo, propició el auge de la novela en general, puesto que contribuyó a la formación de una masa lectora activa, sedienta de nuevas narraciones. Asimismo, abrió el camino en gran medida al surgimiento, en las centurias siguientes, a una literatura popular o subliteratura, como la conocemos hoy día, rica en variantes: radionovelas, telenovelas, historietas, etcétera. Es evidente, entonces, la trascendencia y significación que la novela de folletín ha tenido para la cultura en general y para la literatura en particular. Esta modalidad proliferó en todo el mundo y México no podía ser la excepción. Entre los autores mexicanos dedicados a la producción de folletín destaca la figura de Vicente Riva Palacio, quien mostró una enorme habilidad y agilidad narrativa, pues como dijera Mariano Azuela, "es sencillamente un hombre que divirtiendo a los demás, también se divierte" (1947: 112).

Las novelas de Riva Palacio están construidas con base en un núcleo central, del que emanan las intrigas en forma de círculos concéntricos, razón por la cual los personajes se van entremezclando unos con otros y entre todos van tejiendo una red a manera de espiral. El autor, para conseguir que

suspenso cada capítulo para mantener en ascuas al lector hasta la siguiente entrega. Por ello las novelas rivapalatinas se consideran convencionalmente dentro del género de novelas de folletín, a pesar de que se publicaron todas por entregas.

los lectores asimilen bien la historia narrada y se identifiquen con los personajes y con las situaciones dramáticas, acude una y otra vez a los mismos recursos, golpes de efecto que intensifican la intriga: coincidencias, casualidades, reconocimientos y equivocaciones, disfraces, identidades encubiertas y finalmente reveladas, encuentros inesperados, secretos descubiertos en los momentos más inoportunos, revelaciones sorprendentes, apariencias engañosas y un tono melodramático que tiñe toda la novela. Riva Palacio, en esencia, es un gran narrador: la acción de sus novelas, llenas de peripecias, se desarrolla en forma rápida y amena; las descripciones y las disertaciones son breves, abundan los diálogos y la expectación. Dentro de la complejidad y diversidad de la intriga, el autor no pierde el control de las situaciones, ni el manejo de los personajes. La estructura de sus novelas es bastante tradicional, pues se basa en numerosos episodios que conforman los capítulos; cada uno de ellos termina en un momento de suspenso, aunque al final concluyen todos los enredos y se cierra convencionalmente la trama, sin dejar ningún cabo suelto.

El tiempo en la narración de las novelas (salvo en *Calvario y Tabor*) siempre está expresado en dos niveles: el presente del Virreinato y el presente del autor; es decir, Riva Palacio es plenamente historiador de la época colonial, cuya visión trasciende al mismo discurso narrativo. Por otra parte, el autor y el narrador son uno mismo; el narrador es omnisciente y pretende ser objetivo, además de que a menudo interviene en la narración congelándola. Los congelamientos de la acción son de diferente tipo: descripciones de los personajes y del ambiente físico en general, didactismos, que le permiten exponer su pensamiento y entrar en contacto directo con el lector (por cierto, la intromisión del autor no es en general del todo objetiva). El didactismo también le sirve para enfatizar o resaltar la figura de un personaje, sea éste o no de primera importancia para la trama, o bien, un suceso de primer o segundo orden. El hecho de que el autor destaque un personaje o acontecimiento en la narración es equivalente a los acordes de la orquesta en el teatro, los cuales marcaban la entrada o salida de las víctimas y los villanos, así como los momentos culminantes del melodrama. Otro uso de las digresiones es el manejo del suspenso o la manera de incorporar a la narración la crítica social y moral. Asimismo, la cronología de las novelas se adelanta o retrocede según convenga al interés de la trama.

Dicho en breves palabras, la estructura formal de la novelística de Riva Palacio es la combinación de una víctima, un héroe y un villano, los cuales se encuentran inmersos en una aventura amorosa plagada de sucesivos enredos y desenlaces, los cuales llegan a un final convencionalmente feliz, vestidura que cubre el pensamiento del autor, correspondiente a una ideología liberal y reformista políticamente hablando, y tradicional conservadora en el ámbito social.

Riva Palacio, como todos los intelectuales decimonónicos, a pesar de sus contradicciones ideológicas, sintió la urgente y común necesidad de encontrar una cultura propia capaz de expresar la naturaleza de la emergente nacionalidad; esa lucha por conseguir la tan anhelada expresión nacional lo llevó a entender la literatura como una función al servicio de la patria, por lo que su propósito al escribir fue entretener, al mismo tiempo que politizar y moralizar al lector. En consecuencia, no extraña encontrar en las novelas rivapalatinas una clara función educadora tanto social como política, religiosa, estética, histórica y fundamentalmente moral. En sus novelas, procuró que sus personajes y el medio que los rodeaba reflejaran conceptos morales o sociales, ya para criticar a las instituciones de la sociedad, o bien para exponer sus doctrinas e ideas transformadoras. En su afán educativo, Riva Palacio sacrificó la perfección literaria en la búsqueda de la comunicación efectiva y, de este modo, procuró concebir la intriga sugerente, asociada a la intensidad melodramática; se preocupó por conmover al público y provocar en él sentimientos de rechazo a los rezagos coloniales, aún vigentes en su tiempo, como la intolerancia racial y religiosa, especialmente el fanatismo de la fe que llevó a santificar los excesos del poder eclesiástico representado por la Inquisición. De igual manera, exaltó el respeto a la libertad de conciencia, así como el respeto a la integridad física y psicológica del individuo.

Riva Palacio se propuso reconstruir el pasado colonial, planteando a la vez muchos de los problemas del siglo XIX cuyo origen se localizaba en el Virreinato. En sus novelas supo aprovechar numerosos recursos de la comedia de capa y espada de los Siglos de Oro, contemporáneos a la etapa virreinal, para ofrecer a sus lectores una recreación amena, directa y vital de la Nueva España, en la que se dieron los primeros intentos por lograr la libertad nacional, o al menos ésa es la hipótesis del autor. Según algunos críticos, tuvo como fuente inspiradora de sus novelas de tema novohispano la producción novelesca del escritor español Manuel Fernández y González (1821-1888), en particular la novela *El cocinero del rey* (1857). Fernández y González maneja hasta cierta medida a sus personajes como elementos de la comedia de capa y espada de los Siglos de Oro: intriga y juego del amor entre la muy noble y leal doña Clara, don Juan —noble caballero que desconoce su verdadero origen— y la muy desgraciada y hermosa comediante Dorotea; logra el énfasis teatral al colocar al personaje antagónico femenino (Dorotea) en medio de las tablas. En cambio, Riva Palacio aprovecha en sus novelas no sólo el movimiento e intriga que proporciona la comedia de capa y espada, sino que también recrea cuidadosamente la esencia simbólica de los personajes y los altos conceptos morales que encierra la comedia española: amor, honor, piedad, generosidad, obligación, justicia y lealtad, son elementos que campean en todas sus novelas coloniales. Por otra parte, en sus demás escritos, el autor jamás menciona a Fernández y González, pero sí, y con alto aprecio, a Walter Scott.

Uno de los puntos importantes respecto al teatro español de los Siglos de Oro, y a su legado en las novelas rivapalatinas, es la estrecha relación que existió entre el dramaturgo y el público. Lope de Vega estableció que la finalidad del teatro es dar gusto al público, pero éste podía estar compuesto por personas de muy diversas condiciones sociales, educativas y de diferentes sensibilidades artísticas y literarias, por lo que era necesario crear un teatro mayoritario, profundamente nacional y popular. Este arte teatral nacional y popular lo buscó en las mismas raíces, ideas y creencias del pueblo. Sin duda, a Riva Palacio le debió atraer el carácter popular y nacional del teatro español, propicio para sus fines de recreación histórica y para sus intereses de impulsar y promover los valores del liberalismo radical. El teatro de los Siglos de Oro, sólo en pequeña medida y en mínimos detalles, resulta ser un reflejo de la vida; por tanto, para el historiador, el teatro constituye un testimonio relativamente dudoso y superficial de la realidad española del siglo XVII. En cambio, le ofrece otro aspecto de la vida más certero: los afectos, las esperanzas, los deseos y los contratiempos del pueblo español; los principios y valores sobre los que se sostenía la sociedad peninsular, iguales o muy semejantes a los del Virreinato de la Nueva España. En consecuencia, es muy posible que la comedia de capa y espada haya sido la fuente que inspiró a Riva Palacio para componer su recreación de la historia colonial; los personajes, los temas y recursos empleados en la comedia española, se convierten entre sus manos en instrumentos para dar vida y movimiento a la historia, la cual trata de reconstruir para sus lectores. Otra vez constatamos en esta literatura romántica una ruptura con la tradición inmediata, a través de una nueva lectura de los clásicos.

A la par de los elementos teatrales de las novelas, el autor insertó documentos históricos (muy abundantes en *Memorias de un impostor*) y descripciones auténticas de la etapa colonial, obtenidas de fuentes históricas fidedignas, con el objeto de imprimir mayor validez y verosimilitud a sus novelas, y al mismo tiempo introdujo en ellas los elementos de la novela francesa de aventuras del siglo XIX, para darle agilidad y suspenso a sus obras. Sin embargo, en *Calvario y Tabor* señala que los guerrilleros mexicanos que resisten la Intervención extranjera no mueren haciendo aspavientos, como en las novelas francesas, sino calladamente.

El doble referente que maneja constantemente Riva Palacio, siglo XIX y periodo colonial, trasmite también, con claro efecto para el presente, un mensaje consolador de un futuro de bienestar y progreso para todos, cimentado en los valores sociales y morales conservadores y en los principios políticos liberales. La estructura de la consolación, importada de los folletinistas europeos, no pudo entonces quedar fuera de sus textos, en otras palabras: paciencia en el presente en espera de un futuro mejor. Pero aquí la consolación tenía ciertas bases históricas, particularmente la convicción de que 1867 representaba un auténtico parteaguas para México, con la derrota definitiva de los monarquistas. El tiempo le daría la razón.

Los personajes de sus novelas no presentan una caracterización psicológica profunda o definida, pues no le preocupaba la psicología de los personajes sino, más bien, la de los lectores a quienes pretendía trasmitir su mensaje. De esta forma, Riva Palacio no manejaba individuos con psicología propia sino, como ya se dijo, alegorías esencialmente morales: generosidad, piedad, nobleza, valentía, compasión, tolerancia, honor, amor, justicia, libertad, etcétera. Por tal motivo, las contradicciones y conflictos internos de los personajes tendrán que buscarse en sus aliados o en sus oponentes. No son individuos propiamente dichos, sino personajes colectivos construidos en un sistema de oposiciones y semejanzas; así, los personajes, para ser interpretados como tales, deben ser estudiados como agrupamientos, como conjuntos, que en última instancia son uno solo. El complejo sistema de oposiciones y semejanzas comienza por el más evidente en cualquier historia de aventuras: la confrontación entre el bien y el mal; por razones obvias, la definición de bondad y maldad depende del punto de vista del autor, quien en este caso es un liberal radical, por lo cual el antagonismo entre el pensamiento liberal y el conservador se resuelve con el claro triunfo del liberalismo.

Durante el siglo XIX la novela estuvo dirigida en buena medida a las mujeres, quienes, como señala Díaz y de Ovando (1978), ya desde el *Amadís de Gaula* eran grandes lectoras, afición que cobró su mayor auge durante el romanticismo. La preocupación por la lectura a fin de educar a la mujer sin duda corresponde al interés social del romanticismo; como buen romántico y liberal que fue, Riva Palacio creía que las lectoras que ya contaban con cierta cultura podrían descubrir en sus novelas las ideas reformistas de las que estaban impregnadas sus obras, y ellas, a su vez, las trasmitirían a sus hijos. Pero estas novelas que sustentaban principios liberales pretendían también preservar una estructura social, fundada en una moral cristiana tradicional, que asimilaría fácilmente cualquier tipo de lectora, y que vendría a formar parte de su vida y de su educación. En vista de que Riva Palacio tenía tan gran interés en conmover e influir al público femenino, puede asegurarse que puso especial cuidado en la composición de los personajes femeninos de sus novelas, los cuales le permitirían entablar una mayor y más eficaz comunicación con las lectoras. Sus personajes femeninos son los que propician la mayor intensidad dramática en las narraciones y los que tienen más movilidad en los textos; también presentan más contradicciones internas, a la vez que la mujer es quien ocasiona los verdaderos acontecimientos en la novela; esto contrasta con los personajes masculinos, de mayor rigidez interna y escasa movilidad.

Las heroínas de sus novelas son ejemplos típicamente románticos: dulces, inocentes, fieles, puras, sensibles y capaces de los mayores sacrificios, en quienes a la belleza espiritual se suma la hermosura física. No obstante, la belleza externa no es privativa de las heroínas, pues las villanas son poseedoras de una extraordinaria y seductora hermosura, con la que ocultan sus tendencias diabólicas y atraen a sus redes a sus víctimas. La mujer es un ser celestial (ángel del bien o ángel del mal); esta procedencia angelical de la mujer posibilita que ella cree el cielo o el infierno para el enamorado. Y enmarcando a las ideas opuestas de bien y mal, cielo e infierno, ángel y demonio, se halla la oposición ideal-realidad. La personificación malvada en las narraciones (doña Luisa, doña Catalina, doña Ana, doña Inés) es mucho más compleja que la figura heroica (doña Blanca, doña Esperanza, doña Julia, doña Laura o Alejandra), puesto que en las villanas subsisten sentimientos opuestos y contradictorios: amor y odio, anhelos de venganza y de arrepentimiento, valor y cobardía. Este carácter contradictorio de la villana sugiere una mayor cercanía a la realidad. Así, la mujer desidealizada se convierte en una decepción para el hombre, quien atribuye entonces a ella un sentido de maldad. Sin embargo, la naturaleza angelical de la mujer no se pierde totalmente, pues el arrepentimiento y después la muerte o el enclaustramiento (muerte social) la devuelve a su verdadero ser celestial.

La juventud, al igual que la belleza, es característica común a heroínas y villanas; solamente las aliadas de ambas partes pueden estar en la madurez o la vejez de la vida; esto se diferencia de la relación héroe-villano, en la que si bien el héroe es siempre un hombre joven, el villano suele ser, en general, un hombre viejo o por lo menos bastante mayor que la víctima. La juventud en heroínas y villanas se hace obligatoria porque la mujer está en la búsqueda de un lugar en la sociedad. El espacio social, sustentado en las oposiciones abierto-cerrado, adentro-afuera, otorga a la mujer los espacios cerrados: habitación, casa, iglesia, convento; mientras que al hombre le pertenecen los espacios abiertos: atrios, plazas, calles, campos. Del espacio cerrado se deriva la situación social de la mujer; en consecuencia, las oportunidades que le ofrece la vida no pueden ser otras más que el hogar paterno, el matrimonio o el convento; cualquier otra perspectiva la colocaría fuera de la sociedad. La definición del lugar de la mujer dentro o afuera de la sociedad se lleva a cabo durante su juventud y resulta irreversible, aun en los casos en que podría haber una justificación, como sucede con Matilde en *Calvario y Tabor*: joven honrada, casada, madre de dos niños, seducida bajo amenazas, quien, sin embargo, no puede volver jamás a recuperar su lugar de esposa y madre en la sociedad. O bien, la madre de doña Catalina en *Martín Garatuza*; nacida de amores ilícitos, abandonada, educada por un militar en forma viril, decide aprovechar las ventajas de su hermosura con los hombres, camino que la lleva a convertirse en la aliada principal de los villanos. La única fuerza liberadora de la mujer, una vez determinado su destino, es la muerte física, como en los casos de la mulata Luisa en *Monja y casada, virgen y mártir*, y de doña

Inés en *Las dos emparedadas*, o bien la muerte social, como le sucede a doña Ana en *Los piratas del Golfo* y a doña Catalina en *Martín Garatuza*, quienes se ven forzadas a ingresar al convento para expiar sus culpas.

La apertura del espacio para el hombre le da flexibilidad y variedad en la fijación de la edad del héroe o el villano, y también multiplica las opciones para su reconocimiento dentro de la sociedad. La libertad de movimientos y la facilidad en la aceptación social del hombre esquematiza al personaje masculino, inmovilizándolo en buena medida, y sólo excepcionalmente se encuentra en un mismo personaje la contradicción; a menudo esto propicia que se tenga que recurrir a los aliados del personaje para poder establecer los conflictos internos de la persona representada. En cambio, la mujer, encerrada en rígidos patrones sociales, abre un campo más vasto en los movimientos del personaje femenino, permitiéndole traspasar el límite de lo prohibido.

La postura de Riva Palacio frente a la figura femenina representa una posición paternalista, pues al lado de una mujer siempre está un hombre bueno que la ayuda y defiende. La mujer permanece pasiva ante la vida y su única defensa es la virtud. En sus novelas, las mujeres que asumen sus propias decisiones y participan en forma activa en la acción (doña Luisa en *Monja y casada*, doña Ana en *Los piratas*, doña Catalina en *Martín Garatuza*, o bien doña Inés en *Las dos emparedadas*), son castigadas por su comportamiento viril. Así, a la oposición hombre-mujer corresponde la combinación actividad-pasividad; la pasividad, cualidad femenina representativa, introduce al personaje femenino en la polaridad del bien y el mal. Es decir, la mujer pasiva es buena y su bondad merece ser premiada; su recompensa será el matrimonio y, por consiguiente, el reconocimiento pleno de la sociedad (doña Esperanza en *Martín Garatuza* o Alejandra en *Calvario y Tabor*). En cambio, la mujer activa es mala y por tanto debe ser castigada con la muerte física o con el rechazo social. La mujer es una aliada del hombre, mas nunca ha de tomar su lugar, ni sus características, si no quiere perder su valor ante los ojos masculinos. La oposición actividad-pasividad, pecado-arrepentimiento, es esencial en los textos de Riva Palacio, pues de estas polarizaciones se desprenden los verdaderos acontecimientos de la novela. El papel malvado de las villanas provoca que las mujeres se separen de los límites establecidos para su sexo: castidad, candor, abnegación, honestidad, pasividad, fidelidad, etcétera. La trasgresión de los límites establecidos, junto con las acciones malvadas que desempeña o desencadena en el transcurso de la trama, conforman los rasgos que caracterizan al personaje villano. Por ello, el retorno a las fronteras admitidas para la mujer y el arrepentimiento de las acciones malvadas constituyen un acontecimiento en la vida del personaje maligno, quien así transita del terreno del mal al campo del bien, transformándose finalmente en un personaje heroico, como es el caso de doña Catalina en *Martín Garatuza*. Bajo el influjo del amor que ella siente por don Leonel, reconoce el carácter negativo de sus anteriores acciones, por lo cual se arrepiente y tan sólo desea el perdón del hombre amado, ya que no puede aspirar a la realización de ese amor. La confesión espontánea de sus faltas y la humillación de su natural altivez ante don Leonel, le permiten alcanzar el perdón de éste y su posterior purificación en el claustro. Por su parte, doña Luisa, quien ha seducido, intrigado, delatado, traicionado y asesinado con el propósito de satisfacer sus pasiones e intereses, conoce la gravedad de sus faltas, por primera vez, delante de una de sus principales víctimas: la infeliz Blanca, atormentada por la Inquisición. Ambas están encerradas en las cárceles de la Inquisición, sin embargo, Luisa será puesta en libertad, una vez descubierta la falsedad de los motivos que la tienen prisionera; ya arrepentida, ella procura la salvación de doña Blanca, cediéndole su lugar en la salida; así doña Blanca, cubierta por un manto, consigue escapar de su prisión, mientras que Luisa tendrá que sufrir la suerte que esperaba a la primera, es decir, la muerte. La manera en que muere Luisa libra a su víctima de una injusticia más; por su parte, Blanca consigue la redención y purificación de su espíritu mediante el martirio, que le devuelve su naturaleza original primaria y perdida por las circunstancias de la vida.

Si bien estos acontecimientos son importantes en la narración, el suceso más significativo en las novelas de Riva Palacio será el momento de rebeldía de la dulce, sumisa y abnegada Blanca, encerrada en el convento y obligada a profesar por la voluntad imperiosa de su hermano; entonces ella decide violentar su actitud pasiva natural y transgredir todos los límites de lo prohibido, huyendo del convento en el que ha sido recluida por don Pedro. En cuanto heroína y víctima de *Monja y casada, virgen y mártir*, Blanca se ubica en el espacio del bien asociado al de la pasividad, como ya se ha señalado; su transformación de personaje pasivo a personaje activo es doblemente trascendental, porque es el único personaje, no sólo femenino, que en su calidad de bueno traspasa sus propios límites, rompimiento que desenlaza una serie de peripecias acumuladas con gran rapidez. La huída de doña Blanca a través de espacios abiertos, que no le corresponden: calles, alamedas y campos, provoca la persecución de la Inquisición y finalmente su muerte.

El personaje de doña Blanca, que nunca pierde sus virtudes de heroína, muere antes de que su honra sea mancillada por su raptor, el bandido Guzmán; con esta muerte, el personaje, en última instancia, es castigado por el autor sin que por ello deje de hacer valedero en todo momento y en todo sentido su nombre de Blanca. Ella logra salvarse de la Inquisición, del poder judicial y de sus múltiples perseguidores; y podría haber sido feliz, pues se casa con el hombre al que ama, recupera la libertad y la salud perdidas en las cárceles del Santo Oficio; tendría que vivir aislada y olvidada de la sociedad y renunciar a sus riquezas, pero al menos se le ofrecía una posibilidad de vida. Sin embargo, el personaje es castigado (despeñándose en la barranca de la Monja maldita), no por ignorar las disposiciones de los representantes eclesiásticos, ni por enfrentarse al aparato represivo de la Inquisición o del poder judicial, sino por la desobediencia manifestada ante las decisiones, aunque injustas, tomadas por la autoridad paterna o masculina, representada en este caso por su hermano Pedro. La conducta autónoma de Blanca deshonrará, ante los ojos de la sociedad, no sólo a su persona, sino a la fama y el buen nombre de su familia, falta que tanto para la sociedad colonial como para la sociedad decimonónica, no podía quedar sin castigo; así, toda la fuerza dramática se concentra en la escena final, cuando doña Blanca muere defendiendo su honra, acción que sirve de castigo, pero al mismo tiempo de redención por su desobediencia, con lo cual ella puede regresar a su papel inmóvil y único en el bien; castigo y redención que, por supuesto, encierran una lección moral para la mujer en el final trágico de la noble y desgraciada Blanca.

En la imagen del mundo propuesta en las novelas de Riva Palacio y a partir del personaje femenino, se establece la relación entre hombre y mujer como elemento primario de la sociedad, donde los papeles de ambos están perfectamente definidos y diferenciados por una normativa moral de corte conservador. De la relación hombre-mujer se deriva el matrimonio, base de la familia institucionalizada por el liberalismo para sustituir a la Iglesia como institución regidora de la sociedad. La columna principal de la familia, entonces, sería la mujer, sobre cuyos hombros se apoyaría todo el peso de la sociedad, guardiana de la honra familiar y de las máximas morales, pues como se dice en *Calvario y Tabor*: "La familia, y sobre todo la mujer, son en México modelos verdaderamente evangélicos y tiernos" (Riva Palacio 1868a: 215). Ésta, que es su primera novela y la única de tema contemporáneo, más allá de su intricada trama e innumerables peripecias, representa el anhelo de la reunificación de las familias dispersadas por la larga lucha entre liberales y conservadores-imperialistas. El final de la novela: el reencuentro de los padres con los hijos (don Felipe-Leonor-Jorge y Margarita-Alejandra), y el matrimonio de las jóvenes parejas (Jorge-Alejandra y Eduardo-Leonor), que a su vez integrarán nuevas familias, deja grabada para siempre en la mente del lector la imagen familiar como base trascendental para la formación y el desarrollo de la sociedad. Así, la mujer es elevada a un altar equiparable al de la religión; de aquí la importancia de su rectitud, su integridad, su virtud y su virginidad. Sin embargo, la mujer sólo llegará a la sublimación a través de la maternidad, semilla familiar y social por excelencia y, además, insustituible, puesto que a ella le corresponderá la educación y orientación espiritual de los hijos.

Las seis siguientes novelas históricas de Vicente Riva Palacio se desenvolverán en la época colonial. El personaje femenino, específicamente la mártir, la víctima de la Inquisición, le permitió plantear la problemática relación entre Iglesia y Estado, conflicto que ya se había manifestado durante el Virreinato (la expulsión de los jesuitas en 1767) y que se radicalizó en el siglo XIX. La oposición Iglesia-Estado asociada a la imagen del personaje femenino, y por lo mismo a la situación social de la mujer, está enmarcada por un sistema de doble referencialidad: reconstrucción del pasado colonial y problemática del siglo XIX, referentes que se entrelazan y confunden en la narración, con lo cual se imprime al texto una mayor complejidad y riqueza. De tal modo, la cosmovisión histórica, social, política y moral de Riva Palacio está estructurada en dos tiempos: pasado y presente, y en dos niveles: explícito e implícito, con lo que se consigue dar más efecto a la narración y convencer a la mujer de su papel en la sociedad como guardiana de la estabilidad familiar. En las novelas, el personaje femenino o la mujer como núcleo central de la familia tiene marcada significación, ya que para el pensamiento liberal el orden social dependía de la estabilidad familiar, la cual, según el autor, era propiciada por la actuación de la mujer. Puede concluirse entonces que, si bien la postura de Riva Palacio fue en lo político radicalmente liberal, en el orden moral predominó, quizás sin darse cuenta, el peso de la doctrina cristiana tradicional. O acaso el autor decidió usar los valores tradicionales para que sus lectores y lectoras aceptaran más fácilmente los elementos liberales.

Riva Palacio fue un escritor ampliamente reconocido en su época, y en los subsiguientes siglos no ha sido olvidado ni ha perdido su amenidad, pues además de las numerosas reimpresiones que han merecido sus novelas, se cuenta con la versión cinematográfica, radiofónica y televisiva de varias de ellas. Por otra parte, las críticas sobre su obra suman ya un número considerable; el presente estudio es tan sólo una de las muchas lecturas posibles de la novelística de Vicente Riva Palacio, y cabe esperar que cada día afloren nuevos ensayos sobre este autor. Los derroteros por los que se puede explorar su narrativa son tan ricos que faltaría tiempo y espacio para dejar terminado este trabajo. Así, por ejemplo, podría citarse el caso de la novela histórica *La vuelta de los muertos*, una de las obras menos conocidas y trabajadas de Riva Palacio, sobre la cual se ha dicho que fue escrita y terminada a toda prisa; pero podría suponerse que tal vez en la aparente debilidad narrativa se encierra un gran logro. La velocidad de la acción lleva al autor a no indicar cuál de los personajes está hablando y en un sorpresivo capítulo final decide terminar con todos los personajes (mediante tremenda explosión en una cueva), sin importar que sean víctimas, héroes o villanos de la historia. Si le brindamos un poco más de crédito al autor, podrían hallarse aquí, quizás, los atisbos de una moderna composición literaria, carente de señalamientos al lector para interpretar las diferentes voces narrativas y los puntos de vista o focalizaciones. Este estudio queda abierto, en espera de que sea continuado por otros.

Decimos adiós señalando que cuando Riva Palacio termina su etapa de novelista, en 1872, apenas tenía cuarenta años de edad. Fue además periodista fecundísimo y de supremas habilidades, como jefe de redacción de *La Orquesta, El Correo del Comercio, El Ahuizote, El Radical*, entre otros, siempre como aliado político de Porfirio Díaz. Al llegar éste a la presidencia, nombra a Riva Palacio ministro de Fomento, cargo que desempeña con gran brillo. Luego, durante la presidencia de Manuel González, el general se involucró en el motín originado por la inserción de las monedas de níquel, por lo que terminó en prisión. La última década de su vida, que inició en 1886, fue embajador de México en España, donde desempeñó un papel destacado, no sólo en el ámbito diplomático sino también en el cultural.

En su carácter de novelista histórico, Riva Palacio se internó en el mundo colonial, lo cual debe mirarse como una tarea doble: hacer historia y hacer literatura. Más allá del evidente mensaje que estas novelas transmiten, en contra de la intolerancia y del despotismo, y a favor de la separación de la Iglesia y el Estado, la etapa colonial de nuestra historia queda incorporada como parte constitutiva del ser nacional. Esto significa que la colonización española ya no será vista como un mero "episodio", una contingencia que no afectó el ser de México sino que, al contrario, la etapa colonial se presenta como consustancial y decisiva en nuestra historia. Queriendo mostrar el cruel cautiverio al cual sometía el Santo Oficio a los desviantes, Riva Palacio es cautivado por los procesos de mestizaje y de integración cultural que se gestan en los tres siglos de la dominación española: nacía un historiador. La monumental obra *México a través de los siglos* (1884-1889) fue dirigida por el general, quien a la vez redactó el tomo dedicado al Virreinato; se trata de la primera historia integral del país (desde los tiempos más remotos hasta 1867), que resuelve la identidad nacional con el mestizaje: México puede gloriarse lo mismo de ser heredero de Cuauhtémoc como del Cid, pero a partir de 1821 nace una nueva entidad política: México, propiamente dicho.

Todas las obras de Riva Palacio se leen con deleite: sus *Tradiciones y leyendas mexicanas* (¿1885?), escritas junto con Juan de Dios Peza, son magníficas; sus magistrales esbozos biográficos, eruditos y satíricos de *Los ceros* (1882); sus sonetos, inolvidables; sus *Cuentos del general* (1896), escritos al final de su vida en Madrid, son castizos y de gran finura, demostrando que don Vicente eligió ser folletinesco, pero no por falta de talento e inspiración. Guillermo Prieto lamenta en una carta: "Nadie ha comprendido la misión social que tú, Altamirano y yo, hemos o quisimos desempeñar con nuestros versos y escritos, sacrificando el oropel académico a la savia civilizadora de nuestros sentimientos y doctrinas" ("Carta de Guillermo Prieto a Vicente Riva Palacio" 1896).

Esta literatura romántica *empeñada con la sociedad*, para utilizar el concepto de Jorge Ruedas de la Serna (1996), consiguió consolidar una literatura propia, inventó un público lector y sentó las bases de una nueva filosofía laica de la historia y de la vida.

Bibliografía

ALBERRO, Solange. 1988. *Inquisition et société au Mexique 1571-1700*. Centre d'Études Mexicaines et Centraméricaines (*Études Mesoaméricaines*, XV), México.

ALGABA, Leticia. 1996a. "Las protagonistas de *Monja y casada, virgen y martir*", *Literatura Mexicana*, vol. VII, núm. 2, pp. 335-350.

——. 1996b. "Una novela de Riva Palacio en entredicho", *Secuencia. Revista de Historia y Ciencias Sociales*, mayo-agosto, núm. 35, pp. 43-58.

——. 1997. *Las licencias del novelista y las máscaras del crítico*. Universidad Autónoma Metropolitana, Azcapotzalco (*Biblioteca de Ciencias Sociales y Humanidades. Serie Literatura*), México.

ALGUIEN (seudónimo del presbítero Mariano Dávila). 1869. *Breves observaciones sobre la moderna novela titulada "Monja y casada, virgen y mártir. (Historia de los tiempos de la Inquisición)". Aceptación de un tremebundo reto*. Imprenta Literaria, México.

ALTAMIRANO, Ignacio Manuel. 1988. "Biografía de Ignacio Ramírez", en *Obras completas XIII. Escritos de literatura y arte 2*, selec. y notas José Luis Martínez. Secretaría de Educación Pública, México, pp. 102-153.

ANDERSON IMBERT, Enrique. 1974. "El telar de una novela histórica: *Enriquillo* de Galván", en *Estudios sobre letras hispánicas*. Libros de México (*Biblioteca del Nuevo Mundo*, 7), México, pp. 93-106.

AZUELA, Mariano. 1947. *Cien años de novela mexicana*. Ediciones Botas, México.

BATIS, Huberto. 1963. *Índices de "El Renacimiento. Semanario Literario Mexicano" (1869)*. Universidad Nacional Autónoma de México, México.

"CARTA de Guillermo Prieto a Vicente Riva Palacio". 1896. "Archivo Vicente Riva Palacio". Colección García, Biblioteca Nettie Lee Benson, Universidad de Texas, Austin, 20 de mayo, fólder 198, doc. 104.

"CARTA de Jorge Manjarrez a Vicente Riva Palacio". 1868. "Álbum de documentos históricos, impresos y grabados referentes a don Vicente Riva Palacio". Guadalajara, 17 de julio, foja 28, doc. 76.

DÍAZ Y DE OVANDO, Clementina. 1978. "La novela histórica en México", en *Memorias de la Academia Mexicana de la Historia*, t. XXX (1971-1976). Academia Mexicana de la Historia, México, pp. 175-193.

——. 1994. *Un enigma de "los ceros": Vicente Riva Palacio o Juan de Dios Peza*. Universidad Nacional Autónoma de México (*Al Siglo XIX. Ida y Regreso*), México.

ESTADÍSTICAS históricas de México. 1999. Instituto Nacional de Estadística Geografía e Informática (INEGI), Aguascalientes, t. I.

GIRON BARTHE, Nicole. 2001. "El entorno editorial de los grandes empresarios culturales: impresores chicos y no tan chicos en la ciudad de México", en *Empresa y cultura en tinta y papel (1800-1860)*, coord. Laura Beatriz Suárez de la Torre, ed. Miguel Ángel Castro. Instituto Mora-UNAM, México, pp. 51-64.

GUIOT DE LA GARZA, Lilia. 2001. "El Portal de Agustinos: un corredor cultural en la ciudad de México", en *Empresa y cultura en tinta y papel (1800-1860)*, ed. cit., pp. 233-243.

LUKÁCS, Georg. 1971. *La novela histórica*. Ediciones Era, México.

MILLÁN, María del Carmen. 1957. "Tres novelistas de la Reforma", *La Palabra y el Hombre. Revista de la Universidad Veracruzana*, núm. 4, pp. 53-63.

MONROY, Guadalupe. 1974. "Las letras y las artes I. Las letras", en *Historia moderna de México. La República Restaurada. La vida social*, vol. 3, coord. Daniel Cosío Villegas. Hermes, México, pp. 747-800.

MONSIVÁIS, Carlos. 1986. "Prólogo" a Vicente Riva Palacio, *Monja y casada, virgen y mártir*. Océano, México, pp. iii-xviii.

O'GORMAN, Edmundo. 1969. *La supervivencia política novo-hispana*. Fundación Cultural Condumex, México.

ORTIZ MONASTERIO, José. 1993. *Historia y ficción. Los dramas y novelas de Vicente Riva Palacio*. Instituto Mora-Universidad Iberoamericana, México.

———. 1999. *"Patria", tu ronca voz me repetía... Biografía de Vicente Riva Palacio y Guerrero*. UNAM-Instituto Mora (*Serie Historia Moderna y Contemporánea*, 32), México.

———. 2004. *México eternamente. Vicente Riva Palacio ante la escritura de la historia*. Instituto Mora-FCE (*Sección de Obras de Historia*), México.

———. 2005. "La revolución de la lectura durante el siglo XIX en México", *Historias*, enero-abril, núm. 60, pp. 57-76.

———. 2008. "Dos discursos patrios de Vicente Riva Palacio o la novela histórica como método de conocimiento", *Historias*, enero-abril, núm. 69, pp. 57-79.

RIVA PALACIO, Vicente. 1868a. *Calvario y Tabor. Novela histórica y de costumbres*. Manuel C. de Villegas y Compañía, México.

———. 1868b. *Martín Garatuza. Memorias de la Inquisición*. Manuel C. de Villegas y Compañía, México.

———. 1868c. *Monja y casada, virgen y mártir. Historia de los tiempos de la Inquisición*. Manuel C. de Villegas y Compañía, México.

———. 1869a. *Las dos emparedadas. Memorias de los tiempos de la Inquisición*. Manuel C. de Villegas y Compañía, México.

———. 1869b. *Los piratas del Golfo. Novela histórica*. Manuel C. de Villegas y Compañía, México.

———. 1870. *La vuelta de los muertos. Novela histórica*. Manuel C. de Villegas y Compañía, México.

———. 1872. *Memorias de un impostor. Don Guillén de Lampart, rey de México. Novela histórica*. Manuel C. de Villegas y Compañía, México.

———. 1882. *Los ceros. Galería de contemporáneos*. Imprenta de F. Díaz de León, México.

——— (dir.), 1884-1889. *México a través de los siglos*. Ballescá, Barcelona, 5 vols.

———. 1896. *Cuentos del general*. Sucesores de Rivadeneyra, Madrid.

——— y Juan A. MATEOS. 1871. *Las liras hermanas. Obras dramáticas de...* Imprenta de F. Díaz de León y Santiago White, México.

——— y Juan de Dios PEZA [¿1885?]. *Tradiciones y leyendas mexicanas*. J. Ballescá, México.

RUEDAS DE LA SERNA, Jorge (coord.). 1996. *La misión del escritor. Ensayos mexicanos del siglo XIX*. Universidad Nacional Autónoma de México, México.

SANTOS HERNÁNDEZ, Isnardo. 2000. *"El Hijo del Trabajo" (1876-1884). La experiencia de la prensa independiente*. Tesis de Licenciatura, Universidad Autónoma Metropolitana-Iztapalapa, México.

SOLÓRZANO PONCE, María Teresa. 1987. *Vicente Riva Palacio ante la vida teatralizada de México en el siglo XIX*. Tesis de Licenciatura, Facultad de Filosofía y Letras, UNAM.

——. 1991. *La propuesta ideológica de la novela mexicana de folletín en el siglo XIX. La novela de Vicente Riva Palacio*. Tesis de Maestría, Facultad Filosofía y Letras, UNAM.

——. 1996a. "La historia como material compositivo de las novelas de Vicente Riva Palacio", *Secuencia. Revista de Historia y Ciencias Sociales*, mayo-agosto, núm. 35, pp. 23-42.

——. 1996b. "La novela teatralizada de Vicente Riva Palacio", *Literatura Mexicana*, vol. VII, núm. 2, pp. 351-363.

UN NOVELISTA ACTUAL: MANUEL PAYNO

Margo Glantz

Facultad de Filosofía y Letras, UNAM

MANUEL PAYNO Y SU ÉPOCA

Cuando hoy se lee la obra de Manuel Payno (1820-1894), se olvida que no sólo fue un importante novelista del siglo antepasado, sino también una destacada figura política y un extraordinario economista que, durante sus breves gestiones como ministro de Hacienda,[1] logró ordenar las finanzas internas y reducir la deuda externa. Basten algunos dramáticos ejemplos para mostrar la situación nacional.

Las aduanas eran el principal ingreso del Estado, aunque mermado casi íntegramente por la corrupción y el contrabando. Para subsanar estos problemas, los sucesivos gobiernos previos a la Guerra de Reforma y a la Intervención extranjera solían endeudarse de manera escandalosa; de un préstamo de 50 000 pesos (de entonces) hecho por un extranjero residente en México, el gobierno recibe 12 600 y se compromete a pagar el total a un interés altísimo. La deuda, obviamente, se acumula, en parte por la imposibilidad de recabar el dinero que debería haber entrado como producto de las aduanas. En calidad de responsable de Hacienda, Payno se ve obligado a recurrir a la indemnización que el gobierno de Estados Unidos le entregó a México después de la Intervención de ese país. Cuando viaja a Inglaterra para negociar de nuevo esa deuda, la situación es idéntica. La deuda externa mexicana se pagaba con el dinero recibido de Estados Unidos a cambio de la mitad del territorio, y en caso de no pagarse, México era invadido o intervenido por las potencias extranjeras (¿alguna coincidencia con la situación actual?).

El investigador francés Robert Duclas dedicó varios años de su estancia en México a armar la biografía de Payno (Duclas 1979). Entre sus múltiples hallazgos, probó que el novelista no había nacido en 1810, como siempre se había afirmado, sino en 1820, fecha que prueba que muchos de los aconteci-

---

[1] Payno ocupó la Secretaría de Hacienda durante los gobiernos de Joaquín Herrera (del 4 de julio de 1849 al 13 de enero de 1851), Mariano Arista (del 16 al 28 de enero de 1851) y de Ignacio Comonfort (del 14 de diciembre de 1855 al 15 de marzo de 1856 y del 20 de octubre al 11 de diciembre de 1857).

mientos relatados y los personajes retratados con tanto rigor, penetración y sabiduría en su novela principal, *Los bandidos de Río Frío*, los conoció cuando era apenas un adolescente, aunque las circunstancias extraordinarias por las que pasaba la nueva república obligaban a sus dirigentes, como en casi todos los países de América Latina, a empezar a laborar en la vida pública desde muy jóvenes. A los 19 años, Payno obtuvo un empleo en la aduana de la Ciudad de México y poco después viajó al norte del país, a Matamoros, a trabajar en la aduana marítima, bajo las órdenes de don Manuel Piña y Cuevas, para iniciarse en este tipo de negocios, en que su padre lo había precedido y que él perfeccionó, como demuestran sus escritos sobre economía y su breve aunque brillante actuación como ministro de Hacienda. José Emilio Pacheco aclaraba en 1985, en su columna "Inventario":

> El más hábil folletinista mexicano fue también el genial financiero que (un siglo antes de que hubiese escuelas de economía) logró, cuando el país estaba deshecho a raíz de la invasión norteamericana y sus incalculables pérdidas territoriales, que nuestros acreedores de Londres redujeran el interés del 5% al 3%, el pago de intereses y dividendos se hiciera aquí y los réditos insolutos se rebajaran de 10 a 3 millones de pesos (Pacheco 1985: 52).

Payno continuó su carrera y sus viajes por el país. En 1842 fue nombrado administrador de rentas del estanco de tabaco en Fresnillo, mientras el escritor Guillermo Prieto, su gran amigo, ocupaba el cargo de visitador de tabacos en Zacatecas. El tabaco era un cultivo muy codiciado, cuya distribución estuvo muchas veces fuera de la ley, como bien se demuestra en *Astucia. El jefe de los Hermanos de la Hoja o los charros contrabandistas de la rama*, de Luis G. Inclán, otra de las grandes novelas mexicanas del siglo XIX. Payno ayudó a liberar este cultivo en 1848, medida que propició un desarrollo importante de la producción nacional de tabaco y la desaparición del contrabando. En 1845, durante el gobierno del dictador Antonio López de Santa Anna, Payno, comisionado por el secretario de Instrucción Pública, visitó Estados Unidos para estudiar el sistema penitenciario de Nueva York y Filadelfia. Luego participó en la defensa de México durante la Intervención estadounidense. En la primera mitad del siglo XIX, se incorporó al ejército y obtuvo el grado de teniente coronel, además de asumir varios puestos políticos y administrativos. Pero su participación en 1857 en el golpe de Estado del general Ignacio Comonfort contra la Constitución liberal de ese año, su oposición a la desamortización de los bienes del clero, su apoyo al Plan de Guadalupe del político conservador Félix Zuloaga y, más tarde, durante la Intervención francesa, su colaboración con el Imperio de Maximiliano, lo alejan del partido liberal e interrumpen su distinguida carrera política a partir de los gobiernos de Juárez y Lerdo de Tejada. A la caída del Imperio, o mejor, después de la restauración de la República en 1867, incrementó su actividad como educador y se convirtió en profesor de historia patria en la Escuela Nacional Preparatoria; asimismo, fue electo diputado varias veces. Al final de su vida, Payno residió en el extranjero, primero en París como agente de colonización del presidente Manuel González (1882-1885), luego como cónsul interino en Santander (1886-1889) y, finalmente, con el cargo de cónsul general en España, con sede en Barcelona (1889-1892), durante el régimen del general Porfirio Díaz. Robert Duclas piensa que Payno regresó a México a mediados de 1893, donde fue electo senador y luego presidente del Senado. Murió el 4 de noviembre de 1894; su deceso pasó casi inadvertido.

Un hecho trascendente de su vida se relaciona con el escritor liberal Ignacio Manuel Altamirano, autor de varias novelas difundidas después de restaurada la República en 1867: *Clemencia* (1869), *La navidad en las montañas* (1871) y *El Zarco* (publicada de manera póstuma en 1901). El 22 de julio de 1861, Altamirano pronunció un exaltado discurso en la Cámara de Diputados, en el cual pedía la cabeza de Payno por haber apoyado a Comonfort:

> Se nos quiere aquí conmover con la perspectiva de las desgracias que han sobrevenido a este hombre, y ¿no hemos presenciado y aún estamos presenciando los sangrientos efectos de su crimen? [...] ¿Cómo se pretende que pese más en la balanza de nuestra conciencia ese siniestro consejero del infame Comonfort, que la dignidad de la república ultrajada por él? [...]
>
> ¿Payno es culpable? Sin duda. ¿Por qué? Porque ayudó a don Ignacio Comonfort a dar el golpe de Estado; es decir, a violar las instituciones y a traicionar a la república en diciembre de 1857. ¿Ha confesado su crimen? Aquí está su libro, y ahí está su confesión: ¿qué nos falta, pues? Declararlo culpable. Eso es obvio y no lo harán sólo los que teniendo ojos no vean, teniendo oídos no oigan; o mejor dicho, teniendo alma no tengan valor, teniendo patria no tengan patriotismo. Y después ¿qué faltará todavía? Lo que ha faltado siempre, lo que falta aún hoy, lo que preveo con indignación que seguirá faltando: el rigor para castigar. Y lo temo porque semejante conducta acabará por hundirnos; porque en casos como éstos, perdonar es suicidarse, es hacer la apoteosis del criminal en vez de condenarlo a la ignominia.
>
> [...] Castiguemos a Payno, y en vez de arrojar a los pies de Comonfort las flores de la adulación y las llaves de la república, arrojémosle la cabeza de su cómplice (Altamirano 1986: 61, 65, 68).

Payno sólo estuvo prisionero durante un breve periodo, pues por suerte la amnistía de 1862 lo benefició con la liberación. No obstante las violentas y quizá justas acusaciones de Altamirano, la labor de Payno como educador, economista, periodista, diplomático, jurista y escritor fue muy notable. A lo largo de su vida, escribió y publicó numerosos textos en diversas disciplinas:

ensayos políticos, económicos, educativos, históricos. Su experiencia bélica le permitió ser coautor, con Ignacio Ramírez y Guillermo Prieto, entre otros, de los *Apuntes para la historia de la guerra con los Estados Unidos* (1848). Más tarde, también como obra colectiva, escribió una sección de *El libro rojo* (1870) con Vicente Riva Palacio, Juan A. Mateos y Rafael Martínez de la Torre. Desde muy joven destacó como periodista; a partir de 1841 colaboró en el periódico *El Siglo XIX*, donde publicó muchos de sus artículos de costumbres. En la *Revista Científica y Literaria* aparecieron las entregas de su primera novela de folletín, *El fistol del diablo* (1845-1846), texto que dejó inconcluso y retomó en 1859. En 1861 publicó *El hombre de la situación. Novela de costumbres*, obra que apenas empieza a examinarse y reeditarse. Escribió además numerosos cuentos, varios de los cuales incluyó en *Tardes nubladas. Colección de novelas* (1871).

Pero en nuestros días Payno es reconocido de manera primordial por ser el autor de una de las novelas más significativas del siglo XIX mexicano: *Los bandidos de Río Frío*. Se trata de una obra poco conocida fuera de México, pero de sorprendente vigencia, pues por su sordidez, su escandalosa violencia, el estentóreo manejo que de ella se hace, y sobre todo por la inepta soberbia con que los que gobiernan precipitan al país a la ruina. Pareciera que los sucesos relatados provienen de la actual prensa cotidiana, y no de la prensa contemporánea a la cronología de su novela (más o menos situada entre los años de 1830 a 1839). La novela habla, como indica su título, del bandidaje, los secuestros, la inseguridad en los caminos, la ineficacia de los transportes, los asaltos a mano armada, el contrabando, y en especial de la corrupción que penetra hasta las estructuras más profundas de la administración pública. México, país de folletín, como bien dice Carlos Monsiváis (1997).

LA RECEPCIÓN DE *LOS BANDIDOS DE RÍO FRÍO*

Escrita entre 1888 y 1891, *Los bandidos de Río Frío* se publicó en España bajo el sello del editor catalán Juan de la Fuente Parres entre 1892 y 1893. Payno firmó la novela con el pseudónimo de "Un Ingenio de la Corte" (¿acaso para proteger su identidad como diplomático del gobierno mexicano?). La segunda edición de la obra la imprimió el mismo editor, y aunque es idéntica a la primera, lleva la importante adición del nombre del autor y algunos de sus cargos honoríficos. Le siguieron varias impresiones espurias y mutiladas. En 1928, los nietos de Payno decidieron reeditarla, corregida, en la Biblioteca Popular de Escritores Mexicanos, dirigida por Luis González Obregón, en la Imprenta de Manuel León Sánchez. Esta edición pretendía "mejorar" el estilo a veces "incorrecto" o "descuidado" del novelista; además, se añadieron algunos párrafos aclaratorios, en definitiva, redundantes. Para el filólogo Manuel

Sol, quien restauró la edición que Conaculta publicó en el año 2000 como parte de las obras completas de Manuel Payno, "estas enmiendas, al parecer insignificantes, lesionan la lengua y estilo de la novela, ya que obviamente no sólo se corrige el discurso del narrador sino también el de los personajes, ya se trate de monólogos, diálogos o descripciones, alterando no pocas veces su sintaxis y su léxico" (Sol 2009: 97).

Si queremos entender y ponderar *Los bandidos de Río Frío*, es necesario estudiar e interrogar el proceso de corrección sufrido por el texto, ese intento por "adecentarlo" y volverlo "presentable", y revisar el camino recorrido por la literatura mexicana a partir de 1868, cuando se restauró la República. Ignacio Manuel Altamirano fue el más activo y entusiasta promotor de la literatura como proyecto político y cultural y como toma de conciencia de una identidad nacional. En uno de sus textos sobre este escritor, José Luis Martínez precisa: "En la crítica y en la historia literarias encontró Ignacio Manuel Altamirano uno de los más adecuados instrumentos para ejercer aquel magisterio intelectual a que se vio destinado en las letras mexicanas, desde el año siguiente al fin de la intervención francesa y el imperio, 1867, hasta 1890, aproximadamente, en que la autoridad de su palabra dejo de ser oída por una nueva generación, la de los modernistas" (Martínez *apud* Altamirano 1949: vi).

Para Altamirano, la literatura es "el propagador más ardiente de la democracia"; los escritores, misioneros "que impulsan el progreso intelectual y moral de los pueblos", y la novela, el medio más eficaz de educación, "el libro de las masas". Altamirano se preguntaba si existía una tradición de novela mexicana y, en caso de haberla, deseaba interrogarla para descubrir si podía ofrecer algunas respuestas al problema de la consolidación de una literatura y una lengua nacionales que moldearan el pensamiento y educaran al pueblo. Consideraba que existía un precursor importante, El Pensador Mexicano, José Joaquín Fernández de Lizardi, cuya novela *El Periquillo Sarniento* había alcanzado una popularidad tan grande que era conocida por todos los mexicanos, gracias a su tema y a sus personajes, a su osadía y su clarividencia enormes, como anticipar muchos de los descubrimientos sociales de la novela francesa y hasta su modo de producción, el folletín. Además, Lizardi era fundamental porque había empezado a publicar su novela en tiempos del Virreinato y se había atrevido a denunciar las lacras de sus instituciones (incluyendo las religiosas), había incluido en su texto a todas las clases sociales del país y aceptado las consecuencias de la censura y la persecución. Sin embargo, Altamirano tenía una crítica seria que formularle: "Si algo puede tacharse al «Pensador», es su estilo [...] vulgar, lleno de alocuciones bajas y de alusiones no siempre escogidas", aunque —añade— inevitables, porque "si hubiese usado otro, ni el pueblo le habría comprendido tan bien, ni habría podido retratar fielmente las escenas de la vida mexicana"

(Altamirano 1949: 42). A pesar de las diferencias ideológicas entre ellos, Payno coincide con Altamirano. Años después, cuando el primero escribía su magna obra, la novela seguía siendo para el segundo la manera idónea de llegar al pueblo y forjar una conciencia nacional. Y aunque Altamirano hubiese preferido que se escribiese una prosa elegante y correcta, consideraba lícito el uso del lenguaje popular en la novela de Lizardi, pues "lejos de ser un defecto, es una cualidad, porque retrata fielmente las costumbres" (43).

En cambio, en su *Historia crítica de la literatura* (1885), Francisco Pimentel juzgaba esencial que la novela mexicana tuviera argumentos y temas autóctonos, pero exigía que la lengua empleada fuese estrictamente la castiza: "De adoptar como modo de escribir las variaciones de idioma que hay en México respecto de España, lo que resultaría es una jerga de gitanos, un dialecto bárbaro, formado de toda clase de incorrecciones, de locuciones viciosas, cosa que no puede admitir el buen sentido, llamado en literatura *buen gusto*" (*apud* Schneider 1975: 116).

Para finales del siglo, hacia 1890, la mayoría de los escritores ha dejado de interesarse en una literatura con finalidades políticas y didácticas, y aún menos en cultivar la novela histórica o escribir en forma de folletín. Cuando se publica, *Los bandidos de Río Frío* es, para sus contemporáneos, una novela obsoleta. Su estética es completamente distinta de la que practican los poetas y narradores modernistas. Amado Nervo, defendiendo esa estética, declara que es un producto americano, sin recurrir "al zempoaxóchitl y asaltar la tribuna patriótica", y añade, contestándole a Victoriano Salado Álvarez, con quien polemiza: "Es falso que los modernistas mexicanos imitemos todo. Imitamos el procedimiento artístico y no con el servilismo con que ustedes, los literatos del otro jueves, calcan el lenguaje de un Valera o de un Menéndez y Pelayo; mas, en cuanto a la idea, vuela ampliamente sin barreras y es hija nuestra, nacida del legítimo ayuntamiento" (131).

Estas polémicas quizá permitan entender parcialmente las críticas de varios ensayistas contra la novela de Payno o contra el estilo de su autor y comprender —no justificar— la decisión de sus herederos y la de su editor, llevados, muchos años más tarde, por la idea de que respetar el texto tal y como el escritor lo había entregado a la imprenta, favorecía los juicios negativos sobre la novela y rebajaba al autor. En 1882, su amigo y colega Vicente Riva Palacio dice, refiriéndose a él en *Los ceros*, libro de semblanzas biográficas de sus contemporáneos:

Manuel Payno es uno de los veteranos de nuestra literatura; se atrevió a escribir novelas en México, cuanto esto se tenía por una obra de romanos [...] en su juventud se dedicó a la poesía [...] Pero Payno poco a poco fue abandonando a las musas, quizá porque no se guisan con la economía política, o porque, como opina Macaulay, la poesía declina inevitablemente a medida que la civilización progresa. Ahora Manuel sólo ha quedado de orador en la Cámara, y en sus peroraciones usa de un estilo enteramente peculiar e inimitable [...]

Como novelista, Manuel Payno se hizo famoso por su *Fistol del diablo*: tengo la creencia de que Manuel no formó un plan para escribir esa novela, sin duda porque siendo hombre honrado, juzga que no es bueno tener un plan preconcebido: y un *arrière pensée* no cuadra a sus buenas intenciones, y de aquí es que la novela creció por acumulación, pero llegó a su término: aunque no todos los suscriptores tuvieron conocimiento de eso [...]

Manuel Payno es el mismo, en la conversación, en la tribuna, en el libro y en el artículo del periódico (Riva Palacio 1996: 51-58).

Riva Palacio —a quien se reprochaba el mismo defecto que a Payno, es decir, el estilo rápido y casual— destaca dos datos relevantes de su obra y de su vida. En primer lugar, el carácter pionero de la aventura escrituraria de Payno, su osadía de atreverse a escribir una novela —*El fistol del diablo*— cuya factura folletinesca —"obra de romanos"— fue quizás "improvisada", y sin embargo de gran éxito en su tiempo.[2] Realza, además, la importancia que para Payno y sus contemporáneos tuvo la vida pública, sus cargos como funcionario y su significativa participación, no siempre afortunada, en la política nacional, tanto que, a partir de la segunda mitad de su vida, sólo escribió obras de creación cuando se encontraba en la cárcel o en el exilio. Ninguna de sus varias ocupaciones es casual, pues corresponden a un tipo de hombre: el del intelectual latinoamericano de la primera parte del siglo XIX, obligado por las circunstancias a desempeñar muy diversas tareas públicas, entre las que se contaba una de carácter épico: forjar una identidad nacional y, entre otras, una ocupación menor, la de escritor.

La improvisación, el descuido, el giro campechano (aunque "peculiar e inimitable"), según sus críticos más propio de la conversación informal que del discurso literario, pasan a ser la condición *sine qua non* del —o falta de— estilo del novelista, juicio que se convertirá en un lugar común apenas alterado con el paso del tiempo; lugar común tan visitado como el de atribuirle una fecha de nacimiento errónea, 1810, dato cabalístico, año en que se inicia la guerra de Independencia de México contra España; aunque, como dije, este error fue corregido de manera contundente por Duclas.

En su *Historia de la literatura mexicana*, publicada por vez primera en 1928, reeditada varias veces en la colección "*Sepan Cuantos...*" de Porrúa, y

---

[2] Recuérdese que la novela fue publicada, incompleta, en la *Revista Científica y Literaria*, entre 1845 y 1846, en una época en que el folletín era el género de moda. Sus sucesivas reediciones (la segunda, corregida y aumentada, entre 1859 y 1860, y la tercera, de 1872) fueron populares en su tiempo, mucho más que *Los bandidos*, publicada a finales del siglo, época en que las modas literarias habían cambiado radicalmente.

por tanto libro de texto aún vigente, Carlos González Peña demuestra con creces cómo un juicio crítico puede perdurar y perpetuarse, casi sin variantes: "Falta en esta larga historia [*Los bandidos*] proporción y mesura; adviértese en ella *la completa despreocupación del estilo que caracterizaba* al *novelista*. Pero hay riqueza de tipos, muchos de ellos auténticos, copiados del natural; observación directa del medio; fidelidad, a menudo, en el traslado del habla popular: intenso color local en algunas descripciones" (González Peña 1977: 216; las cursivas son mías).

La percepción de que Payno escribía con la misma facilidad y descuido con la que hablaba —su oralidad— vuelve a ser un argumento crítico cuando en 1945 Antonio Castro Leal define la novela, promovida y prologada por él en la editorial Porrúa, en cinco tomos que reproducen la versión corregida y publicada por el editor Manuel Léon Sánchez. En 1965, la misma editorial reeditó la obra en un solo volumen en la colección "*Sepan Cuantos...*", formato en el que ha sido reimpresa numerosas veces, por lo que es la única edición que aún circula profusamente. En un curioso acto de justicia poética, Castro Leal fue, pese a su crítica, uno de los promotores más importantes de Payno: el hecho de incluirlo en la colección *Escritores Mexicanos* de Porrúa, lo convirtió casi de inmediato en una figura indispensable del canon de las letras mexicanas. En su prólogo a la primera edición de Porrúa, reproducido en todas las ediciones sucesivas, profesa:

> Y la novela que tiene el lector entre sus manos debe de haber sido escrita también por entregas; es seguro que Payno, conforme escribía cada capítulo lo enviaba al editor en Barcelona [...] De manera que, al principio, como sucede con toda novela de folletín, *el autor no debe de haber tenido más que una idea general del asunto y una concepción muy vaga de su plan y desarrollo* [...] Lo que, al correr de la pluma, escribía Payno en su refugio del Consulado de México en Santander tiene el valor documental y literario de la charla de un viejecito de ochenta años y de muy variadas experiencias y buena memoria: *en estilo familiar y descuidado* (Castro Leal 1965: vii, ix; las cursivas son mías).

A pesar de todo, Castro Leal cree necesario publicarla, por diversas razones. Primero, por su valor documental, argumento aún esgrimido por varios de sus críticos (por ejemplo, como señaló luego, Mariano Azuela, y aún en 1988 el historiador inglés David Brading). Además, por no haber exagerado el propósito moralizador de otras novelas del género y, por último, porque (repito, nótese el tono condescendiente) "*es de agradable lectura y digna de ser conocida y aun estudiada*" (Castro Leal 1965: xii; las cursivas son mías). La crítica reiterada contra el poco cuidado estilo —despreocupado, incorrecto y familiar—, constituye la mayor preocupación, como si se exhibiera fuera de casa la incorrección del idioma popular, es decir, el español hablado en México, impresentable en el extranjero y sobre todo en España, donde el libro había aparecido como folletín.

En su "Discurso de ingreso a la Academia de la Lengua" de 1947, Mariano Azuela emprende una sucinta historia de la novela mexicana. En el capítulo dedicado a Payno, habla de *Los bandidos* en forma por demás contradictoria. De entrada es inclemente: "El lector debidamente enterado de la moderna novela, sin afición especial por nuestras cosas viejas, no encontrará *nada digno de interés* en esta obra de Manuel Payno. Como novela —igual que sus congéneres— *vale bien poco y su valor se reduce a lo meramente documental*" (Azuela 1947: 77; las cursivas son mías).

Luego corrige su juicio y cree necesario detenerse en algunas de sus cualidades, a fin de redimir ciertos aspectos de la novela, con lo que sus opiniones anteriores sufren una alteración radical y encubren una flagrante oscilación:

> Las felices descripciones de una época de la vida nacional y de ciertos tipos sí tienen vital importancia para cuantos tengan amor o simplemente curiosidad por nuestro pasado.
>
> [...] *Los bandidos de Río Frío* fue una novela que los literatos mantuvieron en la oscuridad y en olvido por muchos años, pero *ahora se ha reivindicado totalmente su valor y no se le discute más*.
>
> Más culto, con técnica superior a la de los novelistas primitivos, con un campo de observación más vasto, mayor experiencia de la vida, conocimiento de muchos países, ministro de Estado, diplomático, etc., afirmó y enriqueció su visión, supo aprovechar todos esos elementos y agregarlos a *sus buenas dotes de narrador*, con el mayor éxito en sus producciones (Azuela 1947: 77-79; las cursivas son mías).

Cabe subrayar que en la recepción de la novela magna de Payno se produce un fenómeno semejante a lo sucedido con la obra de Luis G. Inclán, quien a diferencia de Payno es un escritor popular y totalmente marginado de la cultura oficial; su novela *Astucia* empezó a ser reevaluada e incluida en el canon literario nacional en la misma época y casi por los mismos autores que examinaron *Los bandidos de Río Frío*. Los críticos siguen los mismos parámetros, sus juicios son a la vez admirativos y condescendientes, y por ello mismo contradictorios: admiran a Payno y a Inclán por su "mexicanismo" y los denigran por su falta de estilo. En cierto momento se produce una vuelta de tuerca y el carácter oral de su escritura, uno de sus principales defectos, según sus críticos, comienza a concebirse, paulatinamente —curiosa alquimia—, como su máxima cualidad. Ya desde 1914, en pleno conflicto revolucionario, durante el ciclo sobre la mexicanidad —en el que también participaran otras destacadas figuras de la época, por ejemplo, Pedro Henríquez Ureña y Luis G.

Urbina—, mientras reflexiona sobre la novela mexicana y lo nacional, el célebre novelista porfiriano Federico Gamboa exhorta a leer estas novelas como paradigma de "lo nuestro", o sea, lo verdaderamente "mexicano":

> Astucia y Los bandidos no se inspiraron en Gilblases ni otros señorones extranjeros; copian y reproducen lo nuestro sin tomar en cuenta modelos ni ejemplos, influjos o pautas; antes, alardeando de un localismo agresivo y soberano, que ensancha hasta lo trascendental y realza hasta la hermosura sus cualidades y primores. *Por sus páginas, congestionadas de colorido y de la cruda luz de nuestro sol indígena, palpita la vida nuestra, nuestras cosas, nuestras gentes: el amo y el peón, el pulcro y el bárbaro, el educado y el instintivo; se vislumbra el gran cuadro nacional, el que nos pertenece e idolatramos,* el que contemplaron nuestros padres, y, Dios mediante, contemplarán nuestros hijos [...]
>
> A partir de esas obras, no digo yo la novela, el alma nacional, antes vagabunda y sin arrimo, dispersa en versos y cantares, ya dispone de asiento y acomodo donde pasar la existencia inacabable que, libre y digna, en el fondo le deseamos todos, aunque en ocasiones ¡malditas sean! no lo parezca [...] (Gamboa 1914: 15; las cursivas son mías).

No es una casualidad entonces que varias de las más significativas novelas mexicanas del siglo XIX tengan como protagonistas a personajes marginados: el pícaro en *El Periquillo Sarniento* de José Joaquín Fernández de Lizardi (obra que empezó a publicarse por entregas en 1816); los contrabandistas de *Astucia. El jefe de los Hermanos de la Hoja o los charros contrabandistas de la rama* de Luis G. Inclán (1865-1866), y los huérfanos y bandidos de *Los bandidos de Río Frío* (1889-1891) de Manuel Payno. Tampoco lo es que esas mismas tres novelas se mencionen siempre juntas y reiterativamente en los juicios de novelistas y críticos de finales del siglo XIX y la primera mitad del siglo XX. Las tres tienen como escenario épocas de confrontación política y caos. Para Lizardi, las guerras que desembocaron en la Independencia de la Nueva España en 1821; y para los otros dos, el periodo anárquico en que México se debatió entre dos tendencias en pugna, el proyecto federalista o el centralista, con la omnipresencia (fluctuante) del dictador Antonio López de Santa Anna, aunque ambos hayan escrito sus obras después: Inclán durante la Intervención francesa, en pleno Imperio de Maximiliano (su novela recibió el permiso de impresión del subsecretario de Gobernación de ese régimen) y Payno durante el Porfiriato (1880-1910), cumpliendo, resignado, su cargo de cónsul general de México en España. Y aquí es necesario reiterar las coincidencias antes subrayadas: tanto Lizardi como Inclán y Payno son admirados por su nacionalismo, presente sobre todo en las descripciones de personajes típicos, pero mayormente por su lenguaje coloquial, tan "mexicano", aunque al mismo tiempo sean rechazados y hasta despreciados por ese mismo coloquialismo, cuyo proceso de recuperación se incrementa con la reivindicación nacionalista que se produce después de la Revolución Mexicana.

Julio Torri, miembro del Ateneo de la Juventud (fundado en 1909, entre otros, por Antonio Caso, Pedro Henríquez Ureña, Alfonso Reyes, José Vasconcelos, Martín Luis Guzmán, Carlos González Peña), considera que *Los bandidos de Río Frío* es la mejor novela del siglo XIX. Esta aseveración, hecha por un escritor "de tan fino gusto literario" y que nunca produjo textos con temas populares ni exploró el idioma coloquial, le parece un hecho "concluyente" a José Luis Martínez (insisto, uno de nuestros más eminentes estudiosos de la literatura mexicana), al grado de otorgar a la novela la más alta categoría y por tanto un lugar primordial en nuestras letras. En un texto publicado en los años cincuenta, José Luis Martínez acepta el juicio de Torri, aunque lo rectifica en un punto: el muy justo lugar de honor otorgado a la novela debiera, sin embargo, compartirse con *Astucia* de Luis G. Inclán, obra, subrayo, criticada igualmente por ese mismo afán de limpieza y pulido que los críticos y escritores posteriores quisieron aplicarle a Payno y a Lizardi. La opinión de colocar las tres novelas en el mismo sitio de honor es compartida por Carlos González Peña, Mariano Azuela, Salvador Novo —autor de una adaptación teatral de *Astucia*— y Julio Jiménez Rueda, quien preparó una historia de la literatura mexicana publicada en 1944. Hasta aquí, más o menos en orden, el accidentado transcurso de una recepción y el proceso de la inserción de la novela en un canon nacional.

Recalco: la edición publicada por Manuel León Sánchez y luego difundida por varias editoriales es la que ha circulado profusamente en México. Su misión era mejorar el texto y salvaguardar el "honor" literario de Payno, aunque al hacerlo pusiese en entredicho uno de sus mayores méritos: la reproducción de un habla y la recreación de una atmósfera popular, cualidades ensalzadas también por quienes habían alterado el texto. Manuel Sol, por su parte, ha restituido la primera edición, la de Juan de la Fuente Parres, anotando todas las variantes, para recobrar "la sencillez, la espontaneidad, la naturalidad del habla de los mexicanos del siglo XIX y, en ocasiones, el estilo de Payno y aun su táctica como estratega de la narración" (Sol 2009: 97), verificación singular, que por sí misma basta para exaltar su importancia.

LA NOVELA

En *Los bandidos de Río Frío*, Payno recrea el pasado y reconstruye una sociedad que, en apariencia, ha desaparecido casi totalmente cuando la describe; al retomar la etapa de la anarquía con su trasfondo indisoluble de huérfanos y bandidos, nos demuestra que, en resumidas cuentas, en México las cosas no han cambiado. Para armar la trama de su inmenso texto épico, pone en

escena a un huérfano peculiar, que representa al niño expósito, Juan Robreño. El periplo de Juan por la Ciudad de México y luego por el entonces
inmenso territorio nacional, su breve pertenencia sucesiva a cada una de las
clases sociales y oficios de ese México situado entre la Colonia y la República,
su inserción en un tipo racial específico —hijo de una criolla y de un mestizo— le permiten ser el protagonista de un mito de origen, el de una nueva
conciencia gestada penosamente a partir de 1821. Sin ese personaje, sin el
esbozo de su figura, Payno hubiese sido incapaz de montar su mundo novelesco como una épica nacional. El título mismo de la novela refiere a los
bandidos, y como bien advertimos al irla leyendo, este tipo de hombres, cuya
¿profesión? es ambigua, está apoyado de manera estructural en un fenómeno
de desclasamiento aún más periférico y sin embargo medular: el que produce la orfandad. Por tanto, México es un país donde las estructuras de bandidaje demuestran ser indestructibles porque se apoyan en una carencia de
origen que fatalmente, en aparente círculo vicioso, engendra el bandidaje.

Antes de seguir, creo pertinente subrayar que el conocimiento de Payno
sobre las instituciones eclesiásticas, jurídicas y educativas, la tenencia de la
tierra y el intrincado sistema de las corporaciones religiosas en México, otorga a su narrativa folletinesca un fundamento profundo y sólido, así como
autoridad histórica a varias de las aventuras vividas por sus personajes. En
diversos episodios de la novela, se pasa revista a los problemas de la propiedad feudal de quienes habían heredado su riqueza desde los tiempos de la
Colonia; se exhibe la vigencia, durante las primeras décadas del México independiente, de los Juzgados de Capellanías, institución eclesiástica de raigambre, por ejemplo en el caso concreto de las leyes que regían las propiedades
del Conde de Sauz y en la capacidad de sus abogados para enajenar los bienes
del marqués de Valle Alegre por deudas, así como de mantener en litigio,
desde la época de la Conquista, la herencia de los descendientes de Moctezuma II y, en la novela, específicamente, el inmenso legado que parecería per-
tenecerle a Moctezuma III (cf. Lira 1997). Puede comprobarse asimismo la
fidelidad histórica con que se analiza el aparato jurídico de la época, sistema
que sanciona los peores excesos a los que nos tiene acostumbrados la novela
de folletín: la utilización de las leyes para favorecer las fechorías de los tutores y los abogados y los consiguientes cambios de fortuna de quienes están
encomendados a su tutela; por ejemplo, el caso de doña Severa, rica heredera y esposa de Relumbrón, cuyos malos manejos la hunden en la ruina. En
suma, podríamos decir que este tipo de folletín pertenece a la literatura realista, o quizá naturalista, como tímidamente nos sugiere el propio Payno en
el prólogo de la novela: la sociedad que produce este género literario favorece los excesos que aderezan sus escenas melodramáticas más extremas.

La temporalidad histórica de la novela abarca acontecimientos ocurridos
durante el período de la anarquía, mejor conocida en México como el santa-

nismo, época en que Santa Anna ocupó y desocupó muchas veces y de manera intermitente la presidencia de la joven República Mexicana. Durante su reinado, el país sufrió varias intervenciones extranjeras, entre ellas, en 1838, la francesa, conocida como la Guerra de los Pasteles, originada por la reclamación de una deuda de repostería por parte de Francia, cuya armada se encontraba en Veracruz; en esta guerra el dictador perdió una pierna, la cual fue luego enterrada con gran pompa, y originó su pseudónimo, "el Quince Uñas", título asimismo de una novela de Leopoldo Zamora Plowes. De consecuencias más trágicas fue la derrota que sufrió el dictador en la guerra emprendida contra Texas (1836), cuyo costo final, varios años después, fue la pérdida de una gran parte del territorio nacional: al frente de sus tropas, Santa Anna, de triste renombre, rechazó sin éxito la invasión estadounidense de 1847; su actuación en esa guerra fue ampliamente analizada por sus contemporáneos, en los ya mencionados *Apuntes para la historia de la guerra con los Estados Unidos*, en *Memorias de mis tiempos* de Guillermo Prieto y en la segunda edición de *El fistol del diablo* de Payno, novela reescrita entre 1858 y 1859.

En su novela más famosa, Payno hace coincidir diversos sucesos de épocas anteriores o posteriores al periodo que abarca la narración. Según las deducciones de Duclas, la acción de la novela transcurriría entre 1820 y 1839. El primero sería el año en que Juan Robreño empieza su periplo como niño expósito, el mismo periodo en que, de manera casi sobrenatural, se prolonga el embarazo de doña Pascuala, de cuya suerte depende la existencia misma del expósito, personaje indispensable del folletín. 1839, año de la ejecución del coronel Juan Yáñez, marcaría el final de la novela. Nunca se habla en ella ni de la Guerra de Texas (1836) ni de la Intervención estadounidense (1847); en cambio, se mencionan varias guerras intestinas, epidemias, ferias, invasiones de indios apaches y multitud de cosas más; algunas de ellas revisadas en pasquines, uno de los géneros en boga caricaturizados en el texto, el cual además es utilizado para reafirmar la estructura folletinesca de la novela, cuyo primer capítulo se escribe siguiendo ese modelo, perfectamente idóneo para hacer circular el rumor y propagar las calumnias. El personaje histórico en quien se inspiró la narración, el coronel Juan Yáñez, es conocido en el texto sólo por su apodo de Relumbrón, y su ejecución, junto con varios de sus cómplices, fue tristemente célebre en México. En las memorias de la marquesa Calderón de la Barca se describe la siguiente escena:

Hablando de ladrones y robos, tema inagotable en la conversación, me contaba el otro día el Señor... que en el tiempo del Presidente anterior, cierto caballero fue a palacio para despedirse antes de salir para Veracruz. Fue recibido por el Presidente, que se encontraba solo con su ayudante el general Yáñez y le contó confiadamente que iba a llevar consigo una considerable suma de dinero, pero que estaba tan bien escondida en el doble fondo de un baúl, del cual le hizo una descripción, que en el caso de ser atacado por los ladrones era imposible que pudieran descubrirla, y que, en consecuencia, no creía necesario hacerse acompañar de una escolta. Este confiado caballero salió de México al día siguiente con la Diligencia. Apenas había salido de la garita el carruaje, cuando fue asaltado por los ladrones, los que, por extraño que ello parezca, se fueron en derechura del mismo baúl que contenía el dinero, le abrieron, rompieron el fondo, y apoderándose de la suma allí escondida, se marcharon con toda tranquilidad. Fue una singular coincidencia de que el principal de los ladrones, aunque medio cubierto por un disfraz, tuviera un sorprendente parecido con el ayudante del Presidente. Si esto no son coincidencias... (*apud* Castro y Alvarado 1987: v).

Aunque el prólogo anuncie de inmediato que la causa instruida en contra de Yáñez da origen la novela, en ella se entretejen además múltiples historias, por lo que el famoso Relumbrón brilla por su ausencia hasta la segunda mitad del texto. Por ella deambulan numerosos personajes, y de manera principal el ya mencionado Juan Robreño, vástago ilegítimo de una condesita y del hijo de un administrador de hacienda, cuya aparición en la novela desata la trama y provoca el parto súbito de doña Pascuala, la protectora de Moctezuma III, también protegido por un pícaro licenciado o tinterillo conocido en la novela como Crisanto Lamparilla (*cf.* Glantz 1997). Las aventuras de Juan Robreño nos permiten explorar uno a uno los lugares más importantes de la Ciudad de México y pasar revista a todas las clases sociales e instituciones nacionales, entender el destino de las antiguas castas y de los indios, visitar las iglesias y las casas más acaudaladas, bajar hasta los basureros, circular por los mercados, los canales, las acequias, las guaridas de los malhechores, las madrigueras de los indios, cenar en fondas deleznables o en las mansiones acaudaladas, frecuentar los teatros y escuchar embelesados a los cantantes de ópera, jugar al tresillo en las garitas o en los salones, bailar en las mansiones más aristocráticas de la capital, malvivir y malcomer en un orfanatorio, ir a los entierros, entrar a las pulquerías, las cárceles, los juzgados, participar y mercar en las ferias, leer libelos, asistir a juicios espurios, ser miembro de un ejército precario, promover pronunciamientos, morir súbitamente en una epidemia de peste bubónica, presenciar asesinatos y robos a mano armada en las carreteras más frecuentadas del país. Entre esos personajes y en algunos de esos lugares, podremos trabar conocimiento con Evaristo el tornero, maestro del huérfano Juan y asesino de su esposa Tules, ahijada de Mariana, la madre del niño expósito y protectora del aprendiz. También con la guapa y decidida Casilda, primera amante de Evaristo, y con la simpática y sensual verdulera Cecilia, quien trae sus frutas y verduras desde el lago de Chalco a bordo de sus trajineras, y quien más tarde se convertirá en esposa del licenciado Lamparilla. Otro personaje importante es el licenciado don Pedro Martín de Olañeta, garbanzo de a libra, como vulgarmente se dice, cuando alguien es extremadamente valioso; además, y por ello mismo resulta extraño, con esta expresión se califica también una piedra preciosa de tamaño excepcional y de magnífico pulido y oriente. Olañeta es, cosa extraña en el medio en que se mueve, un abogado honrado a carta cabal y el componedor más avisado de cualquier entuerto. Las ocupaciones rurales de varios personajes, la aparición de algunos miembros de la iglesia, curiosamente menos abundantes en el texto que otros estamentos de la vida nacional, y la actividad militar desplegada en la novela, nos permiten recorrer varias regiones y conocer las costumbres de la aún enorme República Mexicana. Y ya transcurridos cientos de interminables páginas, por fin trabamos conocimiento con nuestro héroe, el coronel Yáñez, alias Relumbrón, a quien yo a mi vez introduzco con estas palabras de su creador, por si no nos bastase la muy elocuente e irónica presentación de doña Francisca Calderón de la Barca:

El jefe del Estado Mayor, con quien comenzaremos a hacer conocimiento, era un hombre de más de cuarenta años; con canas en la cabeza; patillas y bigote que se teñía; ojos claros e inteligentes; tez fresca, que refrescaba más con escogidos coloretes que, así como la tinta de los cabellos, le venían directamente de Europa; sonrisa insinuante y constante con sus labios gruesos y rojos, que enrojecía más con una pastilla de pomada; maneras desembarazadas y francas; cuerpo derecho, bien formado. Era, en una palabra, un hombre simpático y buen mozo, aun sin necesidad de los afeites. Vestía con un exagerado lujo, pero sin gusto ni corrección; colores de los vestidos, lienzo de las camisas, piel de las botas, todo finísimo, pero exagerado, especialmente en las alhajas, botones o prendedores de gruesos diamantes, que valían tres o cuatro mil pesos; cadenas de oro macizo, del modelo de las de Catedral, relojes gruesos de Roskel, botones de chaleco de rubíes; además, lentes con otras cadenas de oro más delgadas; en fin, cuanto podía poner de piedras finas y de perlas, permitiéralo o no la moda, tanto así se ponía. Era notable su colección de bastones con puño de esmeralda, de topacio o de zafir; era la admiración y la envidia aun de los generales cuya fortuna permitía rivalizar con él [...] (Payno 2000: II, 245-246).

Casi sin excepción, en la novela los que nacieron huérfanos acaban convirtiéndose en bandidos (Relumbrón es también un huérfano, y aunque los lectores sepamos bien quiénes fueron sus padres, él lo ignora). ¿Cómo podía ser de otro modo en una sociedad productora de hijos ilegítimos y donde las desigualdades sociales son monstruosas? La presentación de Relumbrón manifiesta la riqueza increíble de ciertos miembros de las clases encumbradas; es más, no sólo la manifiesta sino que la ostenta. Hay que convenir en que no hay exageración alguna en esta aseveración: el personaje utiliza su cuerpo como maniquí para exhibir las prendas que lo adornan, como si estuviesen expuestas en la vitrina de una joyería, prendas-emblema de su importancia. A mayor exhibición, mayor el prestigio de quien las porta: la riqueza es objeto de rumor, de conversación y al mismo tiempo y, de forma extraña, algo completamente natural. Esto lo demuestra otra anécdota relatada por la marquesa Calderón de la Barca, quien describe su viaje rumbo a la capital, después de desembarcar en el puerto de Veracruz, recién llegada de Europa; ella y su esposo, el primer embajador de España en México después de la Independencia, recorren la carretera de Veracruz a México, el camino del oro y de la plata, como lo bautizara Alexander von Humboldt porque, durante la Colonia, era el destino obligado de las conductas cargadas de metales rumbo a la metrópoli. En el trayecto, ellos visitan la hacienda de Manga de Clavo, donde reside Santa Anna en los breves intervalos en que, por razones políticas, desocupa la presidencia de su país. Los marqueses llegan a la hacienda justo a la hora del desayuno, y la esposa del presidente los recibe graciosamente enfundada en un vestido de seda, recubierta de pies a cabeza con los más finos diamantes y las esmeraldas más vistosas. No es casual que la novela anterior de Payno lleve el título de *El fistol del diablo*: su personaje principal es justamente Rugiero, el diablo, cuya prenda distintiva es un alfiler o fistol labrado en los más ricos metales, enriquecido con un enorme diamante amarillo, semejante a los que se engarzan en la platería de don Santos Aguirre, el padre del coronel Yáñez. "¿No ve usted [le dice Relumbrón a quien en realidad es su padre, y además su socio] que es necesario mantener el aparato y la representación" (Payno 2000: II, 273). Sí, el padre de Relumbrón es un joyero, lo cual cae por su peso: el progenitor de un hombre tan brillante es necesariamente quien pule y monta los diamantes. Podríamos hasta jugar con una clásica expresión, la que afirma que si alguien o algo puede brillar y no brilla es porque es aún diamante en bruto: para que brille es necesario pulirlo; es más, en este caso el verbo adecuado sería tallar, es decir, un diamante en bruto se talla para realzarlo y darle un brillo deslumbrante (valga el pleonasmo). Y esta expresión viene como anillo al dedo, porque el vicio primordial que afea el carácter de Relumbrón, y también el de su Alteza Serenísima, don Antonio López de Santa Anna, es la pasión por el juego, en verdad la pasión nacional en la primera mitad del siglo XIX mexicano. Quienes presiden el juego son los talladores, los que tallan las cartas, semejantes a los orfebres que tallan los diamantes:

> Hacía diez minutos que había comenzado la talla. González tenía en las manos las cartas; el oro, manejado por los gurupiés que pagaban y los puntos que recogían, dejaba oír ese sonido seductor que no se parece a ningún otro sonido del mundo. El canto de las aves, la voz de una cantatriz, el cristal, la plata, nada es comparable con las monedas de oro cuando al contarse por una mano diestra chocan unas con otras y van despertando las más lisonjeras ideas de los placeres

y comodidades que se pueden disfrutar con ese que algunos necios, y seguramente muy pobres, han llamado *vil metal* (Payno 2000: II, 258).

Payno cuenta cómo Relumbrón, casi arruinado por su desorden y su ambición de lujo, decide tentar su última carta, es decir, jugar a la baraja y hacer quebrar al dueño del garito, gracias a un golpe casi milagroso de suerte. Viraje del destino o del azar, su ganancia es tan fabulosa —treinta y siete mil pesos, mientras la gente de buen vivir puede mantenerse con doscientos pesos anuales—, su ganancia, repito, es tan enorme que cuando sube con el oro obtenido al carruaje que ha de conducirlo a su mansión, casi lo desfonda. Y al llegar a su casa, ¡oh asombro!, guarda su dinero en el ropero. La noticia de esta hazaña se difunde como reguero de pólvora y al día siguiente toda la ciudad conoce su fortuna y sin embargo nadie intenta robársela, a pesar de los violentos contrastes de miseria y riqueza, constantemente subrayados en la novela. Asombra esta familiaridad con el oro, metal que, como digo, se guardaba en los roperos, y no debajo del colchón, según la expresión vulgar: oro distribuido a diestra y siniestra, en escudos, en onzas, en gruesas cadenas, encima del tapete verde de la famosa casa de juego de Panzacola, situada en la calle que sigue llevando el nombre de Arenal, en el barrio de San Ángel (ahora sede, curiosamente, del Consejo Nacional para la Cultura y las Artes). El oro se desplaza con la misma rapidez con que los personajes se desplazan por la novela; su movilidad, signo de la transformación vertiginosa de la riqueza, es uno de sus rasgos sobresalientes. Daría tentación regresar a las crónicas de la Conquista y especialmente a la de Bernal Díaz del Castillo, releer los pasajes en que los embajadores de Moctezuma ofrecen a Cortés objetos preciosos como muestra de respeto y deferencia hacia los recién llegados, con la evidente intención de que regresen a la costa, se embarquen de nuevo y vuelvan con sus naves o sus bártulos de donde habían venido; en cuanto reciben el oro, esos invasores lo examinan con admiración antes de proceder a describirlo en sus crónicas y, sobre todo, a fundirlo en gruesas barras, luego transportadas en pesados carruajes rumbo a los galeones que lo llevarían a la metrópoli, como parte del quinto real o, en raras ocasiones, en la forma como había sido trabajado y entregado por los mexicas a los españoles, muestra indiscutible de la pericia y habilidad de los nativos del país para contrahacer, como entonces se decía, los objetos de la naturaleza, es decir, su pericia y arte para imitarlos con primor mediante la orfebrería.

Payno relata cómo Mariana, la condesita, la madre del niño expósito, obligada por su padre a casarse con el marqués del Valle Alegre, recibe las joyas que éste le trae como regalo de boda, aunque ella abre sin entusiasmo los cofres que las albergan. El novelista, maravillado, compensa hiperbólicamente su indiferencia (nota al margen, *completamente folletinesca*: no hay que preocuparse, pues Mariana guardará fidelidad eterna a su amado, el ahora capitán de bandidos, el falso Pedro Cataño, y la justicia poética del texto la recompensará, como esperan sus lectores, reuniéndola al final con su amado y con su hijo):

> Las joyas y diamantes que Mefistófeles presentó a Margarita y que la sedujeron y condujeron a su perdición, eran cualquier cosa comparadas con lo que contenían las arcas maravillosas que el marqués tenía delante, como si las hubiera adquirido de las misteriosas cavernas de Alí Babá. En efecto, las familias ricas de los tiempos anteriores a la Independencia y que generalmente se designaban con el nombre de *Títulos de Castilla*, iban en el curso de los años reuniendo tales preciosidades y rarezas en materia de diamantes, perlas, piedras preciosas y esmaltes, que con el tiempo llegaban a formar una especie de museo de un valor crecido, que representaba un capital bastante para que una familia viviese con descanso. Zafiros, peinetas de carey incrustadas de oro, con labores y cifras de piedras, verdaderamente una colección maravillosa de adornos y de combinaciones distintas para la cabeza, para los brazos y para los vestidos.
>
> [...] Aretes de gruesos diamantes negros, anillos de brillantes y rubíes, collares de esmeraldas, adornos de topacio quemado, aguas marinas y rosas.
>
> El marqués sacó de su bolsillo una cajita de terciopelo azul que contenía un broche de una sola perla, ¡pero qué perla! Más grande que un garbanzo, perfectamente redonda y un oriente que, sin los cambiantes, era superior al de un ópalo (Payno 2000: I, 521-522).

Payno agrega, en nota a pie de página: "Un joven inglés que comerciaba en alhajas compró, entre otras, en el Montepío, una perla más gruesa que un garbanzo, casi como una avellana, en 1 000 pesos, y la vendió en Londres, para la reina Victoria, en 1 000 libras esterlinas. Esas alhajas pertenecieron a una de estas ricas familias de que se habla en esta novela" (521).

La riqueza es tan extrema que sólo parece verosímil si se la compara con las maravillas narradas en los cuentos de hadas —al mencionar a Alí Babá, Payno remite a *Las mil y una noches*— o al folletín, *El conde de Montecristo*, por ejemplo, novela que él conocía muy bien. Lo más extraordinario: esa riqueza es verdadera; aún más, tangible, concreta, manejable, transportable, una presencia corroborada y resaltada en la nota de pie de página que he transcrito, donde se da cuenta de la distinta manera en que la riqueza se trataba en los imperios y en las colonias: ¿no era entonces Inglaterra la reina de los mares y la reina Victoria, la soberana más poderosa de la tierra?

La ambición de Relumbrón sobrepasa cualquier expectativa de vida desahogada o, "descansada", como de manera por lo demás curiosa señala Payno en su hiperbólica enumeración de joyas, a menos que vida descansada quiera decir una vida donde pudiera gozarse con tranquilidad de esas inconmensurables riquezas, sin desear obtener más, cosa que resultaría imposible para quienes se enriquecen. Poseedor de mansiones, haciendas, joyas, carrozas, trajes, Relumbrón no puede mantener el lujo al que aspira, esa colosal voracidad que todo se lo traga, esa impudicia que lo conduce a exhibirse, a cargarse de oro y de diamantes, a colorearse las mejillas y los labios y a teñirse el cabello.

Don Santos Aguirre —su compadre, su socio, en fin, su padre— maneja otra teatralidad: la de la religiosidad, la abstinencia, la mortificación y la modestia; su casa es simple, sus enseres ordinarios, su único lujo es una virgen antigua albergada en un nicho de plata pura, al igual que su cama y su servicio de mesa. Don Santos Aguirre es un magnífico orfebre; en su yunque y con sus instrumentos, transforma los metales y las joyas robadas que primero una corredora, doña Vivianita, y luego su hijo-compadre le consiguen; en su taller las prendas cambian totalmente de apariencia y de dueño para ser revendidas más tarde a sus originales poseedores. Relumbrón y don Santos alteran la circulación de la riqueza, estacionada durante mucho tiempo en las casas de las familias más pudientes y aristocráticas; gracias a esa operación, el oro se desplaza y se transforma, en una sociedad donde la nueva movilidad social altera las antiguas estructuras coloniales. Don Santos trata las joyas robadas de la misma manera como los alquimistas trataban el oro: las convierte en piedra filosofal.

En México sigue imperando esa polarización, la de la miseria y la riqueza extremas, aunque han cambiado las maneras de almacenar la riqueza, guardada en las cajas de caudales de los bancos. En los tiempos paradisíacos resucitados por Payno, la riqueza se almacenaba dentro de las casas, donde a lo sumo se contaba con un espacio frágil y secreto que resguardaba las prendas más preciadas, además del oro, entonces la moneda corriente; este secreto era conocido por todos los miembros de la familia, dentro de la cual se contaba a los mayordomos y criados de confianza. Las damas paseaban en coche y sus pechos, cabeza y manos iban cuajadas de joyas, y sus vestidos eran de los más finos géneros. Casi podría decirse, utilizando un símil vulgar, que las joyas estaban engastadas en la pobreza.

Oigamos otra descripción de Payno, la cual realza la otra cara de la moneda, pues se refiere a los indios que habitan cerca de la Ciudad de México:

A poca distancia de la garita de Peralvillo, entre la calzada de piedra y la de tierra que conducen al santuario de Guadalupe, se encuentra un terreno más bajo que las dos calzadas. Sea desde la garita o sea desde el camino, se nota una aglomeración de casas pequeñas, hechas de lodo, que más se diría que eran temazcales, construcciones de castores o albergue de animales, que no de seres racionales [...]

No deja de ser curioso saber cómo vive en las orillas de la gran capital esta pobre y degradada población. Ella se compone absolutamente de los que se llamaban *macehuales* desde el tiempo de la Conquista, es decir, los que labraban la tierra; no eran precisamente esclavos, pero sí la clase ínfima del pueblo azteca que, como la más numerosa, ha sobrevivido ya tantos años y conserva su pobreza, su ignorancia, su superstición y su apego a sus costumbres [...] Unos [hombres] con su red y otros con otates con puntas de fierro, se salen muy tempranito y caminan hasta el lago o hasta los lugares propios para pescar ranas. Si logran algunas grandes, las van a vender a la plaza del mercado; si sólo son chicas, que no hay quien las compre, las guardan para comerlas. Otros van a pescar *juiles* y a recoger ahuautle, las mujeres por lo común recogen tequesquite y mosquitos de las orillas del lago, y los cambian en la ciudad, en las casas, por mendrugos de pan y por venas de chile. Las personas caritativas siempre les dan una taza de caldo y alguna limosna de cobre (Payno 2000: I, 43-44).

Relumbrón, abandonado por la fortuna o quizá demasiado confiado en ella, tiene que remendar su suerte, porque la estructura de su riqueza es un tejido grosero que se rige por una filosofía: "tapar agujeros". Antes de dirigirse a Panzacola, "para probar fortuna", Relumbrón se encuentra milagrosamente con su amigo el coronel Baninelli, soldado valiente y honrado (otro garbanzo de a libra), quien nunca asciende en el ejército ni tiene fortuna, por lo que puede servir a nuestro pícaro como antídoto contra la mala suerte. Y en efecto, Baninelli es acompañado por Moctezuma III, el supuesto heredero de las riquezas de los emperadores aztecas, quien ya en la sala de juego, sólo le apostará a las figuras, pálpito o corazonada que seguirá Relumbrón y que lo hará rico por un instante. Antes de ese encuentro fortuito, está al borde de la quiebra:

Por todo capital efectivo le quedaban veinte onzas y un par de cien pesos que había dejado en su casa para el gasto. Relumbrón, sin embargo, tenía casas en México, una hacienda, una huerta en Coyoacán, la casa que había cedido a Baninelli en Chimalistac y muchos otros negocios, y ganaba dinero por aquí y por allá; pero al mismo tiempo hacía cuantiosos desembolsos: pagaba libranzas por efectos comprados a crédito; sostenía tres casas con lujo; prestaba a los amigos y no les cobraba; hacía frecuentes regalos de valor a los personajes influyentes; en una palabra: ningún dinero le bastaba, y desaparecía de sus manos como si un prestidigitador se lo quitase en uno de sus pases de destreza; no tenía ni orden ni contabilidad; un dependiente le llevaba meros apuntes en un libro de badana encarnada, y eso cuando estaba de humor de darle los datos. Lo que sí llevaba con mucha puntualidad, era un registro, que cargaba en su bolsa, de la fecha en que debía pagar las libranzas que había aceptado [...] (Payno 2000: II, 254-255).

Relumbrón gasta su nuevo capital en rellenar agujeros, es decir, en pagar deudas viejas y en contraer nuevas y, una vez hecho el balance, advierte que todavía debe alrededor de doce mil pesos: "Era para su situación, no un simple agujero, sino un ancho boquete que tenía urgencia de cerrar, pues de lo contrario, podía irse por allí su fortuna y su crédito" (279). Ese inmenso boquete por el que puede escurrirse su fortuna, arruinando su *modus vivendi* y su reputación, abre una nueva etapa en la vida de nuestro personaje; una etapa en donde se cancela el viejo desorden que regía su conducta, el cual es sustituido por un orden preciso, perfecto, envidiable, necesario si quiere instrumentarse una organización ejemplar, la que sostiene a una utopía, la del robo: una intrincada red de ojos y orejas penetrará en los más secretos rincones de las mansiones de la ciudad, vigilará las carreteras y el tráfico de diligencias, ya amagadas por Evaristo, convertido en asaltante de caminos (y nombrado inocentemente por Baninelli, quien lo cree honrado, capitán de rurales para escoltar las carreteras, bajo el falso nombre de Pedro Sánchez). También se fabricará moneda falsa, se asaltarán las haciendas y las diligencias, se robará en las casas, y se desmontarán los garitos con cartas compuestas. Relumbrón da cuenta de su plan a su compadre, el platero, quien se encargará, como siempre, de transformar las alhajas robadas y de falsificar la moneda. Oigamos sus palabras; podemos acercarnos, pues, como muy bien dice el refrán, "las paredes oyen", como sucede en ese preciso momento con la cocinera de don Santos, Rafaela, quien después revelará al juez don Pedro Martín de Olañeta los intríngulis de la conspiración. Relumbrón explica su plan y también plantea sus justos motivos para organizar el régimen del robo, pues al fin y al cabo en su país todos son unos ladrones ("La mitad de todos los habitantes del mundo, ha nacido para robar a la otra mitad, y esa mitad robada, cuando abre los ojos y reflexiona, se dedica a robar a la mitad que la robó y le quita no sólo lo robado, sino lo que poseía legalmente", Payno 2000: II, 333):

> Estamos hablando sin máscara, y la máscara de la honradez es la que usan de preferencia los que más roban. ¿Cree usted que no soy el primero que roba a la nación? Por una hora de asistencia diaria al Palacio, y una guardia cada quince días, trescientos y pico de pesos cada mes. Así son la mayor parte de los militares y empleados. Un oficio mal redactado y que no pasa de una cara de papel, suele costar a la Tesorería sesenta o setenta pesos, porque el escribiente no hace más que eso en un mes, o tal vez nada. Y de los que se llaman banqueros, y de los que el público señala con el apodo de agiotistas, ¿qué me dice usted? ¿Cree usted que esas fortunas de millones se pueden hacer en ninguna parte del mundo con un trabajo diario y honesto como el de usted, que se ha pasado la vida dando golpes con el martillo, y se ha enriquecido, y se le han doblado las espaldas? ¿Qué le ha producido a usted más: las custodias y los cálices que ha hecho para las iglesias, o el rescate de diamantes y de plata robada? (*idem*).

La justificación permite pasar al acto. Cabe anotar que en este párrafo Payno se coloca detrás de la máscara que Relumbrón se quita, lo cual le sirve para explicar la situación general del país en tiempos de la anarquía, aunque también en los tiempos porfirianos en que escribe su novela o, como reitera Carlos Monsiváis (1997), en el país que ahora estamos viviendo. ¿Cómo se urdirá la gran red que paradójicamente carecerá de agujeros? Démosle de nuevo la palabra a Relumbrón, quien expone a su compadre cómo ese tejido permitirá una impunidad total al tiempo que construirá la más aceitada y perfecta maquinaria:

> Se lo explicaré mejor. Usted conoce mi buena posición en la sociedad; las muchas relaciones que tengo con las personas más distinguidas de la ciudad y de los estados; el respeto que inspira mi casa, gracias a la conducta irreprochable de mi mujer; tengo, además, dinero, aunque no siempre lo bastante para mis propensiones al lujo y al brillo y elevación que deseo; pero pase por ahora; con todas estas circunstancias, ¿quién podrá creer en México ni en ninguna parte donde me conozcan, que soy capaz de robarme un alfiler, como nadie creerá que usted, compadre, rescata por un pedazo de pan alhajas robadas de gran valor y estimación, y que usted mismo me ha vendido en lo que se le ha dado la gana? Conque ya ve usted que lo primero y esencial, que es la impunidad, está asegurada, y tampoco vaya usted a figurarse que voy a ensillar mi caballo y a lanzarme al camino real a detener las diligencias, ni a salir por las noches puñal en mano a quitar el reloj a los que salen del teatro y se retiran por los rumbos lejanos y mal alumbrados de la ciudad, nada de eso; el robo se hará en grande, con método, con ciencia, *con un orden perfecto*; si es posible, sin violencias ni atropellos. A los pobres no se les robará, en primer lugar, porque un pobre nada tiene que valga la pena de molestarse, y en segundo, porque eso dará al negocio cierto carácter de *popularidad*, que destruirá las calumnias e injustas persecuciones de los ricos que sean *sabia y regularmente* desplumados. Yo seré, pues, el director; pero un director invisible, misterioso, y manos secundarias, que ni me conocerán ni sabrán quién soy, ni dónde vivo, darán aquí y allá los golpes según se les ordene y las circunstancias se presenten, y así marcharán las cosas en los diversos ramos que abraza este plan (Payno 2000: II, 335).

País de abundantes recursos, de maravillas naturales, de vasto territorio casi sin explorar ni explotar, poblado de gente emprendedora, y sin embargo, país sujeto a exacciones internas e internacionales. ¿Cómo se compagina para Payno esta utopía del robo, organizada y fructífera, con las grandes carencias y las grandes deudas que aquejan al país y que lo van despojando poco a poco de sus caudales? Lo que se busca y se encuentra, y además se roba porque cambia de manos y circula libremente, es tan pródigo como parecía serlo el mismo país que aquí se describe. ¿Cómo justificar entonces las deudas contratadas con otras potencias, las cuales invaden y amenazan con constancia inigualable al país durante el periodo en que se gesta la novela y se organiza el robo? Vuelvo a nombrarlas, la Guerra de los Pasteles, la más ridícula de nuestras guerras, la más folletinesca, la causada por una deuda por daños a ciertas pastelerías instaladas en el país por los franceses; deuda que sirve de pretexto a su gobierno para amenazar con sus barcos las costas de Veracruz, y le regala a Santa Anna la oportunidad de convertirse en héroe, en una guerra donde a cambio de unos pasteles se entrega como saldo una pierna. Y luego las inmensas deudas millonarias que Payno ayudó a disminuir, las cuales ocasionarían la tripartita invasión de México por las potencias aliadas: Francia, España, Inglaterra; guerra parcialmente resuelta: por breve tiempo la República se convirtió en Imperio.

Debajo de todo el tramado, muy escondidos, mucho más enmascarados aún que Relumbrón y sus secuaces, están los agiotistas, los financieros, los banqueros que piden los empréstitos o que los proporcionan para acumular las deudas, tanto la interna como la externa (*cf.* Tenenbaum 1985):

> Pensaba —de nuevo Relumbrón, antes de construir su utopía y quizá inspirado por ellos— en ese puñado de ricos que el público llama agiotistas, y le daba una rabiosa envidia la facilidad con que ganaban su dinero y el rango que ocupaban en la sociedad, formando una autocracia desdeñosa y egoísta, incapaz de hacer un servicio a nadie, ni aun de dar medio real a un ciego o a un anciano. En un contrato de balas huecas, de tiendas de campaña, de empedrados, de fusiles de nueva invención, de cualquier cosa, y antes de que esos proyectiles se hubiesen entregado y antes de que las calles se hubiesen empedrado o los mercados construido, ya las cajas de fierro de los agiotistas, por este o por el otro artificio, estaban llenas de los sacos de a mil pesos salidos de la Tesorería (Payno 2000: II, 311).

Termino aquí este texto, pues corre el peligro de parecerse a un libelo, a un pasquín, o a la realidad que reviste la forma del folletín y en cuyos excesos uno cae también, sin casi darse cuenta.

BIBLIOGRAFÍA

ALTAMIRANO, Ignacio Manuel. 1949. *La literatura nacional. Revistas, ensayos, biografías y prólogos*, t. 1, ed. y pról. José Luis Martínez. Porrúa, México.

——. 1986. "Contra Manuel Payno", en *Obras completas I. Discursos y brindis*, ed. y notas Catalina Sierra Casasús y Jesús Sotelo Inclán, discurso intr. Jesús Reyes Heroles. Secretaría de Educación Pública, México, pp. 61-68.

AZUELA, Mariano. 1947. *Cien años de novela mexicana*. Ediciones Botas, México.

Brading, David. 1988. "México bandido", en *Mito y profecía en la historia de México*, tr. Tomás Segovia. Vuelta (*La Reflexión*), México, pp. 159-166.

Castro, Tomás de, y Antonio Alvarado. 1987. *Los verdaderos bandidos de Río Frío*. Hispánicas, México.

Castro Leal, Antonio. 1965. "Prólogo" a Manuel Payno, *Los bandidos de Río Frío*, 2ª ed. Porrúa, México.

Duclas, Robert. 1979. *Manuel Payno et "Los bandidos de Río Frío"*. Institut Français d'Amerique Latine (*Littérature*), México.

Gamboa, Federico. 1914. *La novela mexicana*. Eusebio Gómez de la Puente, Ed., México.

Giron, Nicole. 1997. "Payno o las incertidumbres del liberalismo", en *Del fistol a la linterna. Homenaje a José Tomás de Cuéllar y Manuel Payno en el centenario de su muerte, 1994*, coord. Margo Glantz. Universidad Nacional Autónoma de México (*Al Siglo XIX. Ida y Regreso*), México, pp. 135-152.

Glantz, Margo. 1997. "Huérfanos y bandidos: *Los bandidos de Río Frío*", en *Del fistol a la linterna*, ed. cit., pp. 221-239.

González Peña, Carlos. 1977. *Historia de la literatura mexicana. Desde los orígenes hasta nuestros días* (1928), apéndice Centro de Estudios Literarios de la Universidad Nacional Autónoma de México. Porrúa (*"Sepan Cuantos..."*, 44), México.

Lira, Andrés. 1997. "Propiedad e interpretación histórica en la obra de Manuel Payno", en *Del fistol a la linterna*, ed. cit., pp. 123-133.

Monsiváis, Carlos. 1997. "Manuel Payno: México, novela de folletín", en *Del fistol a la linterna*, ed. cit., pp. 241-252.

Pacheco, José Emilio. 1985. "Inventario. Bandidos de ayer y hoy", *Proceso*, 15 de abril, núm. 441, pp. 52-53.

Payno, Manuel. 2000. *Los bandidos de Río Frío*, en *Obras completas* IX-X, ed. Manuel Sol, pról. Margo Glantz. Conaculta, México.

Riva Palacio, Vicente. 1996. "Manuel Payno", en *Obras escogidas I. Los ceros. Galería de contemporáneos*, coord. José Ortiz Monasterio. Instituto Mora-UNAM-Conaculta-Instituto Mexiquense de Cultura, México, pp. 51-58.

Schneider, Luis Mario. 1975. *Ruptura y continuidad. La literatura mexicana en polémica*. Fondo de Cultura Económica (*Popular*, 136), México.

Sol, Manuel. 2009. "La tradición impresa de *Los bandidos de Río Frío*", en *Crítica textual. Un enfoque multidisciplinario para la edición de textos*, ed. Belem Clark de Lara *et al*. El Colegio de México-UNAM-UAM (*Ediciones Especiales*), México, pp. 93-104.

Tenenbaum, Barbara A. 1985. *México en la época de los agiotistas, 1821-1857*, tr. Mercedes Pizarro. Fondo de Cultura Económica (*Obras de Historia*), México.

"YO NUNCA ESCRIBO UNA NOVELA SIN QUE ME LA PIDAN": JOSÉ TOMÁS DE CUÉLLAR, ESCRITOR DE NOVELAS POR ENTREGAS

Ana Laura Zavala Díaz

Instituto de Investigaciones Filológicas, UNAM

Como muchos de los escritores de su generación, José Tomás de Cuéllar (1830-1894), mejor conocido con el seudónimo de Facundo, incursionó en el género novelístico tras el triunfo de las huestes juaristas sobre las fuerzas del Imperio de Maximiliano. Según el autor, la relativa paz que sobrevino con la restauración de la República en 1867 propició "el renacimiento de las letras" e inauguró "una nueva era de verdadero progreso [de genuina agitación] intelectual" que muy pronto dio notables frutos (Cuéllar 1989: 20). En su caso, la victoria definitiva del bando liberal implicó, sin embargo, experiencias agridulces. Por un lado, su reaparición en la escena de la cultura nacional con importantes proyectos, como la fundación del Liceo Mexicano, dedicado al mejoramiento del teatro en el país, o el impulso a las Veladas Literarias, reuniones ejemplares que aglutinaron a las más destacadas plumas de la época. Por el otro, las inevitables consecuencias de su franca oposición a la figura del presidente Benito Juárez —a quien llamó dictador en las columnas del periódico antigobiernista *El Correo de México* (1867)—, así como supuestos aprietos económicos, que lo llevaron a un exilio obligado en la ciudad de San Luis Potosí durante casi año y medio.[1]

---

[1] En una de las tantas "Gacetillas" de ese diario firmadas por Cuéllar, apareció la siguiente reflexión: "Algunos periódicos ministeriales u oficiosos que están más abajo que los ministeriales han dicho que Díaz, en la presidencia, establecería el *cesarismo*, porque al fin es militar, mientras que Juárez, por ser paisano, de ninguna manera inspira esos temores. Entendamos. Cesarismo viene de César; es el gobierno que inició Julio César y que estableció y perfeccionó su sobrino Augusto, fundándolo en una *apelación al pueblo*, que ayudada de la sorpresa y de la fuerza, dio este feliz resultado: el cuerpo legislativo quedó nulificado bajo el *veto*; las magistraturas que antes nombraba el pueblo y el Senado, fueron dadas al César que humilló a los magistrados hasta el papel de empleados, el Imperio Romano quedó bajo las facultades extraordinarias. Díaz aspira a ser presidente de una república constitucional; el presidente Juárez gobierna dictatorialmente; procura la continuación de ese sistema: no sabemos si Díaz pensará alguna vez en el cesarismo, pero sí existe el juarismo" (Cuéllar 1867: 2). Sobre las circunstancias que provocaron la salida de Facundo a tierras potosinas *vid.* el "Estudio preliminar" de Clark de Lara (*apud* Cuéllar 1989: 74-80) y Zavala (1997).

Aunque en 1851 publicó en *La Ilustración Mexicana* su novelita de claros tintes románticos *El carnaval*, fue en el páramo potosino donde Cuéllar halló las condiciones, y tal vez los incentivos, para abismarse en el terreno narrativo que, a partir de los adoctrinamientos de Ignacio Manuel Altamirano, adquirió mayor relevancia durante ese periodo de transición sociopolítica. En sus programáticas "Revistas literarias de México (1821-1867)", el Maestro inventarió y validó el tratamiento de unos cuantos temas que formarían las tan anheladas letras patrias: el paisaje, las costumbres y la historia nacionales, primariamente, fueron las vetas definitorias de aquel movimiento ilustrado, reconstruccionista, que hizo del género novelístico uno de sus principales medios de difusión. Gracias a éste, "los hombres pensadores de nuestra época", apuntó Altamirano, "han logrado hacer descender a las masas doctrinas y opiniones que de otro modo habría sido difícil hacer que aceptasen" (Altamirano 1988: 39). Poderosa arma de adiestramiento ideológico, concluyó, la novela moderna "[se colocaba] al lado del periodismo, del teatro, del adelanto fabril e industrial, de los caminos de hierro, del telégrafo y del vapor [ya que] ella [contribuía] con todos esos inventos del genio a la mejora de la humanidad y a la nivelación de las clases por la educación y las costumbres" (48).

Copartícipe de esa utopía letrada, Facundo descubrió en tan productiva y flexible modalidad textual "el vehículo [...] más idóneo para representar y debatir la tensión propuesta por el deseo de lo Nacional", por el anhelo de la definición de lo "mexicano" (Benítez-Rojo 1993: 189).[2] Alejado terminantemente de la milicia después de la Intervención estadounidense de 1847 y de la lucha política tras la reelección de Juárez en 1867, Cuéllar se refugió en la República de las Letras e hizo de la novela el instrumento ideal para cumplir la misión que se impusiera como escritor: a saber, colaborar de forma activa en la enunciación clara y sencilla de nuevos códigos seculares de comportamiento que uniformaran, republicanizaran, las relaciones entre los diversos actores sociales. De ese modo, al igual que buena parte de sus contemporáneos, se valió de la escritura para satisfacer su vocación creativa y sus necesidades monetarias, pero, sobre todo, con el fin de participar en la construcción de esa todavía amorfa sociedad mexicana que al fin, y gracias a su esfuerzo, devendría una Nación. Para ello, sin embargo, sería necesario el tutelaje férreo de unos cuantos, las élites ilustradas, sobre la gran mayoría, a la cual guiarían y modelarían en todos los sentidos: "desde la elección del vestuario para las fiestas, desde la predilección por un platillo, [hasta] el sermoneo dedicado a las señoritas en edad de merecer" (Monsiváis 1987: 756).

---

[2] Más tarde, en los albores de la década de los ochenta, el autor encontró en el artículo periodístico una veta más rica para "representar y debatir" aquellos "deseos", ahora en el escenario de una nación inmersa en un amplio y aparente proceso de modernización (al respecto *vid.* Clark de Lara 2007: 145-165).

En otros términos, como apunta este crítico, esos círculos letrados, a los que por herencia y convicción perteneció Cuéllar, se adjudicaron la omniabarcadora misión de reconfigurar la patria con la fuerza imaginativa de la pluma, consagrándose, así, a "elaborar leyes, forjar [una] economía sana, dictaminar sitios en la sociedad, producir literatura, estipular las reglas de la moral republicana [y, fundamentalmente,] hacerse de la psicología social relevante" (Monsiváis 1997: 13).

En esta tónica, en el ensayo "La literatura nacional" (1869), Facundo decretó públicamente su compromiso ético-estético con aquella comunidad, a la cual convirtió desde entonces en su objeto reiterado, casi obsesivo, de estudio y recreación. En esas líneas, el novelista en ciernes declaró que la literatura era tanto "el termómetro de la civilización" de los pueblos, como el "reflejo de la historia de" éstos (Cuéllar 1989: 5); un espejo fiel, en suma, donde la humanidad podía admirarse en toda su miseria o esplendor a lo largo del tiempo. Artífice de tal narrativización de la realidad, el escritor tenía, por ende, la obligación de mantenerse siempre atento a las transformaciones y los requerimientos del entorno en su calidad de sacerdote laico, de inquisidor del presente y custodio del pasado de sus conciudadanos.

Ese mismo año, el autor puso en práctica ese ideario nacionalista al concebir sus dos primeras obras de largo aliento:[3] *El pecado del siglo. Novela histórica [Época de Revillagigedo-1789]* y *Ensalada de pollos. Novela de estos tiempos que corren, tomada del "carnet" de Facundo.* La primera es una larga y compleja narración situada en las postrimerías de la época colonial, cuando, según el narrador, el fanatismo religioso y la ignorancia eran las causas fundamentales del deterioro de la sociedad. La segunda es una inconexa novela de actualidad, más bien reunión de "fisiologías" de jóvenes viciosos y arribistas que terminan por perderse, por degradarse, en las calles de una Ciudad de México premoderna, anárquica, todavía con remanentes del influjo imperialista-francés. Una se imprimió con el sello editorial de la Tipografía del Colegio Polimático;[4] la otra apareció originalmente, entre 1869 y 1870, en *La Ilus-*

---

[3] Según Altamirano, Facundo publicó antes sus "Cuentos del vivac" —"pequeñas historias militares en que se narran varios hechos gloriosos de la guerra pasada, con un estilo sencillo, popular, pero impregnado de ese entusiasmo patriótico que tanto conmueve el corazón del soldado y del hombre del pueblo" (Altamirano 1988: 106)—; sin embargo, hasta la fecha no se han localizado dichos materiales en ningún acervo hemerobibliográfico. De igual forma, en las páginas de la revista *La Ilustración Potosina* dio a conocer dos breves narraciones tituladas "Novela por vapor" y "Rosa y Federico. Novela ilustrada contemporánea" (1869), esta última hecha al alimón con el dibujante y caricaturista José María Villasana (*vid.* Cardoso Vargas 2002: 240-252).

[4] Como asegura Clark de Lara, Cuéllar tuvo la intención de incluir dicha pieza en la segunda época de *La Linterna Mágica* (1889-1892); incluso, los editores españoles anunciaron "que la primera parte [de ésta] estaba en prensa y conformaría el tomo XXV" de la colección; empero, por razones desconocidas, el proyecto no llegó a buen puerto; tal vez

tración Potosina, semanario fundado por Cuéllar y José María Flores Verdad en aquellas tierras. Ambas se publicaron por entregas,[5] aunque su proceso de escritura fue muy diverso: mientras que *El pecado*... ya casi estaba terminada cuando el autor la parceló en fascículos para su distribución, *Ensalada*... se redactó "sobre la marcha", bajo presión y con las características y deficiencias propias de tal modo de producción literario, al que se abocó de manera casi exclusiva a partir de ese momento.[6]

Al ser este último un componente definitorio de su oficio como novelista, cabe preguntarse, entonces, ¿qué significó tener que ceñirse a tal modo de producción creativa?, o más aún, ¿cómo y con qué fin adaptó y explotó las particularidades enunciativas y estructurales de dicho subgénero en el medio literario nacional de la segunda mitad del siglo XIX? Como intentaré mostrar a lo largo del presente ensayo, para Facundo la escritura por entregas constituyó no sólo un reto, una vía de aprendizaje de las posibilidades expresivas e ideológicas de la novela, sino también el recurso más efectivo para cumplir su mencionada encomienda de sacerdote laico, de reformador social, de intelectual comprometido con un proyecto cultural de nación. En otras palabras, para él, como para la mayoría de sus pares, la entrega semanal supuso la única ruta real, sin tardanza, dadas las difíciles condiciones de la industria editorial mexicana, para intentar unir lo útil con lo bello: "una forma ágil y amena, [de infundir en los ciudadanos] el sentimiento de unidad [nacional, de pertenencia] lejos de banderías políticas y de creencias religiosas" (Clark de Lara *apud* Cuéllar 1989: 20).

la falta de recursos económicos o la precaria salud del autor contribuyeron a ello (Clark de Lara *apud* Cuéllar 2007a: xv).

[5] Si bien los términos "folletín" y "novelas por entregas" aluden a dos "sistemas de publicación" —uno, en las páginas de los periódicos; el otro, en fascículos que los suscriptores recibían semanalmente en sus domicilios—, en general ambas modalidades comparten tanto contenidos y temas, como técnicas narrativas; por ello, con un sentido práctico, a lo largo del presente trabajo los utilizaré de manera indistinta para referirme al tipo de escritura que José T. de Cuéllar frecuentó durante buena parte de su carrera novelística (*cf.* Aparici y Gimeno 1996: xi).

[6] Al parecer existe una excepción: la novela *Los mariditos. Relato de actualidad y de muchos alcances* (1890), cuarto volumen de la antes citada segunda época de *La Linterna*. A pesar de que hasta ahora no se han encontrado indicios de una publicación hemerográfica previa, como sí sucede en los demás casos, elementos intra y extratextuales me inducen a suponer que existió una redacción anterior a la de los noventa. Por una parte, como afirma Ralph E. Warner, estilística y estructuralmente la historia de ese imberbe y enamoradizo tipo social, que, presa de sus pasiones e ignorancia, lleva al cabo nupcias prematuras e infaustas, guarda manifiestas semejanzas con las de su primer ciclo narrativo, al cual me referiré a continuación (*cf.* Warner 1953: 65). Por la otra, como ya referí, las difíciles condiciones existenciales del escritor, para esas fechas enfermo y parcialmente ciego, lo incapacitaban, supongo, para escribir una pieza más (*cf.* "José T. de Cuéllar" 1888: 159). Para un análisis de dicha obra, casi ignorada por la crítica actual, *vid.* Pappe (2007: 117-143).

Conviene recordar que los textos creados bajo las reglas de dicho sistema de producción estaban condicionados, en tanto objetos de mercadotecnia, por criterios más económicos que artísticos, como formula Olea Franco a propósito de *La Calandria* de Rafael Delgado (1997: 238 y ss.). Sujeto a las leyes de la oferta y la demanda, el "entreguista" debía desplegar una serie de estrategias para ajustarse a los requerimientos e intereses tanto de los editores como de los posibles suscriptores. Condicionamientos extratextuales determinarían las especificidades de esta técnica narrativa, en la que se entrelazarían, no siempre de manera armónica, dos estéticas: la del cuento, pues la finalidad "de cada avance es colmar las expectativas de su lector [...], quien exige tener entre sus manos un relato completo (en su estructura y en su significado)", y la de la novela, "que opera con un ritmo [...] que pese a elaborar situaciones climáticas diversas, está lleno de altibajos que más bien tienden hacia la construcción de un efecto de conjunto" (Olea 2002: 455). Para navegar entre esas dos aguas, el novelista abusaría, primariamente, de recursos como la "anticipación de acontecimientos para mantener la intriga" de los hechos; la redundancia "con el fin de que el lector no [...] olvide [los episodios anteriores] y pueda seguir asombrándose con nuevas situaciones" (Aparici y Gimeno 1996: xlv, l); también recurriría a la indispensable "táctica del corte", para arrastrar la tensión y crear eficazmente el suspenso folletinesco, gracias al cual el público se involucraría más en el proceso de elaboración de lo narrado (*cf.* Iser 1987: 108). A ello aunaría tanto la utilización de un lenguaje y estilo llanos, como de un limitado inventario de temas con los cuales se pudieran identificar con facilidad los sectores a los cuales preferentemente estaba dirigida la pieza; en general, un lectorado obrero, femenino o pequeñoburgués (Ferreras 1987: 61).

Esta práctica editorial fue aceptada con amplitud en México por lo menos desde la década de los años cincuenta. Cuéllar se sumaría en definitiva a sus filas tras su regreso al "edén capitalino" a principios de 1871. El aislamiento potosino, la evidente dificultad de crear y difundir sus producciones desde la periferia, coadyuvaron de manera importante a reforzar sus lealtades con el nacionalismo, y a concretar el tipo de literatura, actual, inmediata, que anhelaba escribir. No es causal, en ese sentido, que muy pronto abandonara el exigente campo de la novela histórica, en el que ya brillaban los escritores Vicente Riva Palacio y Juan A. Mateos, para entregarse de lleno a la pintura de las costumbres, de las fobias y compulsiones, de aquella comunidad en plena re-modelación imaginativa y social.[7]

---

[7] Después de la publicación de *El pecado del siglo*, Cuéllar compuso sólo una novela más de tema histórico: *El comerciante en perlas. Novela americana*, publicada en el diario *El Federalista*, entre el 2 de enero y el 30 de septiembre de 1871; en ella narró las aventuras del comerciante Eduardo Mercier durante la fiebre del oro y la edificación de la ciudad de San Francisco, California, en ese entonces, una región anárquica, asolada constantemente

En mayo de aquel año, el diario *La Iberia* anunció que en breve saldría a la venta "una colección de pequeñas novelas escritas por *Facundo*", con el título genérico de *La Linterna Mágica*; cada entrega semanal constaría de 36 páginas y una ilustración, cuyo costo ascendería a "*un real* en México y *real y medio* en los estados" ("Crónica de México" 1871a: 3). El editor sería el reconocido Ignacio Cumplido, con quien el autor había colaborado desde la década de los cincuenta. El primer fascículo, correspondiente a la segunda edición profusamente corregida de *Ensalada de pollos*, apareció en el mercado el 1 de junio;[8] el último, final de la novela *Gabriel el cerrajero o las hijas de mi papá*, se difundió alrededor del 27 de septiembre de 1872 (*cf.* "Crónica de México" 1871b: 3). En total unas sesenta entregas, de las cuales se tiraron entre 2 000 y 2 500 ejemplares, y que produjeron la nada despreciable cantidad de "veinticinco mil pesos". Facundo, por su parte, sólo recibió doscientos pesos por la redacción de las seis novelas que conformaron aquella primera época de la serie, donde se incluyeron, además de los dos títulos citados: *Historia de Chucho el Ninfo. Con datos auténticos, dichos e indiscreciones familiares (de las que el autor se huelga), Isolina la ex-figurante (apuntes de un apuntador), Las jamonas. Secretos íntimos del tocador y del confidente* y *Las gentes que "son así" (perfiles de hoy)* (Cuéllar 1989: 137-138).[9] Ante tales circunstancias, no sorprende que, aun cuando había prometido dos piezas más —*La pelea pasada (exhumaciones sociales)* y *Don Timoteo el imperialista (Memorias de la época de bendición)*—, optara por incursionar, hacia 1872, en las mejor remuneradas tareas diplomáticas como primer secretario de la Legación Mexicana en Washington, cargo que lo mantuvo casi una década fuera del país (*cf.* Clark de Lara 1999: 41).

---

por el bandolerismo y los embaucadores profesionales. A decir de Luis Mario Schneider, las sesenta entregas de que constó la obra "no [tuvieron] una periodicidad semanal exacta, tanto en días como en fechas, pues podían aparecer bien los lunes como los miércoles, los jueves o los sábados. El lector podía disfrutar de un día para el otro o esperarse a veces casi una semana. Mucho me temo que esta infrecuencia podía probar que su autor la iba redactando a medida de las necesidades" (Schneider *apud* Cuéllar 1997: 7). Al respecto, puede verse también Clark de Lara (2000: 79-112).

[8] La novela constó de 252 cuartillas (274, para ser exactos, contando los índices, las portadas y el prólogo); fue casi cuatro veces más extensa que la primera versión de 1869-1870. Para un estudio pormenorizado de las diferencias entre las tres ediciones de *Ensalada...* véase mi "Introducción" a Cuéllar 2007b: xlv-xcvii.

[9] El gusto del público por la narrativa facundiana debió de crecer con rapidez, puesto que en el primer prospecto sólo se divulgaron los títulos de los tres primeros volúmenes; los restantes se anunciaron unos meses después (*cf.* "Crónica de México" 1871c: 4). En el ínterin, Facundo emprendió, asimismo, la redacción de dos textos: "Las Posadas", publicado tanto en el volumen colectivo *Álbum de Navidad. Páginas dedicadas al bello sexo* (Imprenta de Ignacio Escalante y Cía, 1871) como, unos meses después, en el periódico *La Democracia* (1872), y "El hombre-mujer" —que dejaría inconcluso—, en *La Linterna Mágica. Periódico de la Bohemia Literaria* (1872).

Facundo regresó a tierras nacionales en 1882. Casi un lustro después, en 1888, el conocido periodista Ángel Pola cuestionó su "lucrativo" ingreso a aquel fructífero sistema editorial en 1871. De acuerdo con Cuéllar, el impulsor de la aventura fue el escritor, hoy casi olvidado, Manuel Peredo, quien lo acicateara a emprender una obra de mayor envergadura:

"Vamos a hacer que escriba" [propuso Peredo]. Le pedí un título [afirma Cuéllar] y me lo dio: La Linterna Mágica [...] Viendo que el aviso de una novela costaba, anunció de una vez cuatro. Un día me lo avisó delante de Epigmenio, sin tener yo una sola escrita. ¡Quién dijo miedo! Yo soy audaz. Dicté [...] ¡No tenía ni los títulos! El señor Cumplido me decía: "Es preciso que las traiga usted para tener original a mano". —No —le contestaba— no, porque las estoy corrigiendo. ¡Cómo le iba yo a confesar que no las tenía escritas! No me creería capaz y se echaba a perder todo. Llegó el día de dar material y treinta y seis páginas se comieron diez cuartillas de letra mía, menuda y metida. Material y más material me pedían, y yo escribía y escribía; andaba moviendo mis personajes en mi imaginación, en las calles, y en todas partes. Material, y más material; y me ponía a escribir hasta las dos de la mañana. A las tres o cuatro entregas ya se me facilitó. Yo nunca escribo una novela sin que me la pidan, ni menos para leerme a mí mismo (Cuéllar 1989: 137-138).

Si bien se enfrentó a la incertidumbre de la escritura por entregas —al destino incierto, azaroso, que tendrían semanalmente sus personajes e historias—, el novato "entreguista" estableció desde el inicio, seguramente presionado por el editor, dos mínimas coordenadas para acometer semejante empresa escrituraria. Primero, la promesa de ofrecer a los lectores una serie de narraciones engarzadas por una misma óptica, la de La Linterna Mágica, que aluzaría con "rayos luminosos" las entretelas, públicas y privadas, de "la realidad mexicana" (cf. Conway 2010). Tal duplicidad debió representar un desafío más para Cuéllar, pues ahora no sólo tenía que hilar de manera eficiente las entregas de cada novela, sino además tender puentes entre ellas, lo cual marcaría en diferente medida la composición final de la mayoría de los tomos de la colección. Deduzco que, en términos mercadotécnicos, esa estrategia resultó muy conveniente al incrementar las probabilidades de que el público renovara su suscripción con los editores, principales benef'ciarios de las ventas literarias.

La segunda coordenada fue la significativa inserción de un sucinto "Prólogo", de un umbral de manifiesto espíritu balzaciano, donde el autor asentó los principios rectores de aquel alumbramiento: lo nacional, lo local, como horizonte cultural a recrear; y el tono moralista, siempre jocoserio, como herramienta para develar las zonas oscuras, perfectibles, de esa colectividad en proceso de construcción. Algunos críticos han aludido al indiscutible influjo del escritor de *La comedia humana* en la improvisada proyección del primer ciclo narrativo facundiano (*vid.* Glantz 1997: 69-74); pocos, a mi parecer, se han detenido en las deliberadas coincidencias entre las palabras inaugurales de *La Linterna* y las de la vasta obra del escritor galo. Allí, Balzac confesaría su intención de ser un cronista de la sociedad francesa, una especie de escriba privilegiado capaz de filtrar, de tipificar, la esencia de ese pueblo, por medio del retrato de las costumbres (de los "vicios" y las "virtudes" ciudadanos) de sus personajes representativos: "La sociedad francesa sería el historiador y yo no tendría que ser sino su secretario. Al hacer el inventario de vicios y virtudes, al reunir los principales hechos de las presiones, pintar los caracteres, elegir los principales acaecimientos de la sociedad, componer tipos mediante la fusión de los rasgos de varios caracteres homogéneos, quizá podría yo llegar a escribir esa historia olvidada por los historiadores, la de las costumbres" (Balzac 1970: 5-6).

Como Balzac, en su prólogo Cuéllar (2007b: 3-5) se empeñó en transcribir de manera "puntual", "objetiva", la todavía inestable realidad mexicana de principios de los años setenta, cuyo "movimiento continuo" lo obligaría a travestirse de novelista en "tipógrafo" profesional, y armarse "de un *carnet* y de una pluma [...] mojada en tinta simpática", para capturar sus rostros distintivos, aquellos que mejor "representaban" lo nacional en ese momento de transición. Su "linterna mágica", advertiría en términos más pintorescos que su modelo francés, "no [traería, entonces,] costumbres de ultramar, ni brevete de invención; todo [sería] mexicano, todo [sería] nuestro [...] y dejando a las princesas rusas, a los *dandys* y a los reyes en Europa, [el lector se entendería] con la *china*, con el *lépero*, con la *polla*, con la *cómica*, con el *indio*, con el *chinaco*, con el *tendero* y con todo lo de acá" (4-5).

Lejos del pretendido equilibrio cientificista balzaciano, Cuéllar utilizó la misma estrategia de "tipificación sociológica" —ostensible en la mayor parte de los títulos de la colección—, pero con el objeto de erigirse en un descriptor activo, capaz de corregir el sociotexto mediante la confección de tramas sencillas y amenas en las que se reconociera el posible lector-ciudadano; con dejo mesiánico, Facundo expuso a los suscriptores el fin último, aleccionador, de sus futuros ensayos narrativos:

Yo he copiado a mis personajes a la luz de mi Linterna, no en drama fantástico y descomunal, sino en plena comedia humana, en la vida real, sorprendiéndoles en el hogar, en la familia, en el taller, en el campo, en la cárcel, en todas partes; a unos con la risa en los labios, y a otros con el llanto en los ojos; pero he tenido especial cuidado de la corrección en los perfiles del vicio y la virtud: de manera que cuando el lector, a la luz de mi Linterna, ría conmigo, y encuentre el ridículo en los vicios, y en las malas costumbres, o goce con los modelos de la virtud, habré conquistado un nuevo prosélito de la moral, de la justicia y de *la verdad* (4; las cursivas son mías).[10]

En otro sentido, estas palabras liminares corroboraron, igualmente, su expreso deseo de participar en la cimentación de un canon novelístico mexicano que, como asentara Altamirano años atrás, sin cerrarse al influjo extranjero, estableciera pautas originales —un lenguaje propio, específico—, para describir y refundar los espacios de la patria. De ahí, el reiterado aviso de que en sus lumínicas páginas no se hallaría ningún ingrediente exógeno —"todo sería mexicano", insistiría en diferentes términos—, pero también la alusión a un distanciamiento de los modelos folletinescos de corte romántico, en particular franceses, cuyos relatos de "lances terribles", "crímenes horrendos" y "hechos sobrenaturales" habían marcado (deformado, según Facundo) el gusto literario del público, especialmente el de "las jóvenes impresionables" (4-5).[11]

Las referencias (casi todas ellas paródicas) a ese arquetipo novelesco, especialmente a la obra de Alexandre Dumas, en esas líneas introductorias y en el cuerpo mismo de *La Linterna*, evidencian que, como buen hombre de su época, Cuéllar estaba familiarizado con los procedimientos y temas de ese género de escritura, al cual recurriría para apoyar la concreción de una literatura privativa de lo mexicano. No obstante sus empeños creativos, en las dos primeras narraciones de la serie el autor exhibió, como insinúa en la entrevista arriba transcrita, su gran inexperiencia en el ramo: su visible incapacidad para manejar todos los hilos narrativos y para producir el suspenso necesario en que se funda la eficacia de la ficción por entregas. Concientes de ello, los narradores facundianos apelan, reiteradamente, a la paciencia del "lector, el benévolo lector, que hasta este capítulo habrá tenido la capacidad de seguir nuestro relato" (209). Aprendiz de folletinista, en esos volúmenes inaugurales Cuéllar dejó copiosas huellas de sus primeros aciertos y tropie-

---

[10] Significativamente, en la edición de 1890 Facundo suprimió el último componente de la tríada, es decir, el relacionado con el campo semántico del positivismo (la verdad), al que se adhirió, como buena parte de los escritores, a partir de su introducción en México en la década de los sesenta. Leopoldo Zea sostiene que para las clases letradas de la época: "La filosofía positiva [era] la única que podía hacer posible el orden, porque los supuestos en que se apoyaba no podían provocar el desorden, ya que estaban al alcance de cualquier hombre que deseara comprobar la verdad, al alcance de todos los mexicanos; era la única que estaba capacitada para ofrecer a éstos un fondo común de verdades por medio del cual fuese posible el orden social y el bienestar de todos los mexicanos" (Zea 1943: 138).

[11] Un fenómeno similar se produjo en España, donde "[...] durante los cincuenta primeros años de siglo, por lo menos, los españoles leen o consumen más novelas traducidas que novelas nacionales o «novelas originales españolas», como se subtitularon las obras de los ingenios españoles precisamente para diferenciarse de las traducciones, que eran legión" (Ferreras 1970: 345-346).

zos novelísticos; en una de las obras representativas de este primer ciclo, *Ensalada de pollos*, por ejemplo, quien enuncia el discurso confiesa en tono compungido: "la índole del género de literatura que ensayamos nos obliga a no ser difusos, a escribir libros pequeños, según lo hemos ofrecido, y desde luego falta a nuestra pobre pluma el espacio necesario para retocar y acabar sus originales" (220). Sin recursos y presionado por el medio de producción, por la urgencia de cerrar de manera coherente el primer tomo de la serie y continuar la relación de las siguientes historias, Facundo traza con pluma inexperta los "destinos" de esa cohorte amorfa, prostituida, de pollos, e introduce el apresurado final con una somera justificación: "*Al llegar el autor al cumplimiento de esta prescripción, revolvió en efecto la ensalada, pero como esta operación es larga y puede cansar a los lectores, y, además, en esta revolución las cosas se irían poniendo de mal en peor hasta el grado de presentar fases horripilantes, hemos preferido dejar el platillo en paz y ofrecerlo al lector, no sin dejarlo satisfecho en cuanto a la suerte de los personajes por quienes haya podido interesarse*" (219-220).

Hasta la tercera pieza de la colección, *Isolina la ex-figurante*, hoy prácticamente desconocida y olvidada, el escritor demostró un mayor dominio de la técnica, al mismo tiempo que el aprovechamiento y "mexicanización", como pedía el Maestro, de tópicos paradigmáticos de esa modalidad textual. La imposibilidad del amor, la pobreza, la orfandad, la lucha entre el bien y el mal, entre el vicio y la virtud, la defensa de la honra, se abordan a propósito de las peripecias existenciales de Isolina: una virginal huérfana a quien las guerras juaristas dejan a merced de bandidos, caciques, actores y hombres de sociedad que por todos los medios —violentos y económicos— intentan prostituirla tanto física como espiritualmente. La constante duda de si alguno de esos personajes conseguirá aquel fin produce el efecto deseado: el lector se pregunta, vacila, especula al término de cada entrega sobre el destino último de la protagonista, quien logrará preservar su virtud por medio de la enfermedad y la muerte. Además de la eficiente intercalación de los episodios, el escritor despliega una economía de recursos al dar paso a un narrador mucho más crítico, a una voz que delimita a cada momento aquellos hechos ligados de forma intrínseca "con el hilo principal de la historia que" le importa referir (Cuéllar 1891: I, 61): "temerosos de que nuestra insuficiencia en el grave y difícil estudio moral de las costumbres, nos haga incurrir en la monotonía e induzca al benévolo lector a bostezar ante nuestros pobres libros, no insistimos en seguir paso a paso las huellas de nuestros personajes, sino que una vez conocidos moralmente, los exhibimos sólo cuando los encontramos en determinados predicamentos que pongan de relieve sus rasgos característicos" (1891: II, 99-100).

Si bien Facundo bregaría hasta el volumen postrero de *La Linterna* con el complejo andamiaje de la novela por entregas, aventuro que la heterogeneidad de ésta le posibilitó, por un lado, la reutilización y perfeccionamiento de las habilidades adquiridas a lo largo de casi dos décadas de ejercicio escritural; por el otro, la articulación del omnipresente discurso moralizante, pedagógico, por medio del cual se forjarían los componentes axiales "que [servirían] de base para la existencia" y proyección de la nación (González Stephan 1994: 110); esa palabra formativa que, hipotéticamente, produciría un cambio en los lectores, a quienes se debía dotar de una eticidad ciudadana, es decir, "de un cuerpo y una lengua ajustados por normas, patrones y leyes fijados por la escritura" (González Stephan 1996: 6). Para organizar esa discursividad de "lo nacional", a lo largo de la serie, el novelista se valdría concretamente de tres recursos folletinescos: el diálogo, el paréntesis didáctico y la escena de costumbres, cuya naturaleza "dúctil" permitiría, a su vez, "alargar un capítulo hasta completar una entrega o [mantener] el suspense [al intercalarlos] en la acción" (Aparici y Gimeno 1996: xlix).

En cuanto al primer elemento, quizá por la falta de materiales, la crítica no ha atendido a la estela teatral que subyace en la narrativa facundiana. Para Julio Jiménez Rueda, por ejemplo, aquel influjo se reduce únicamente a un obvio "interés por los diálogos" (1944: 109).[12] Antes de su incursión en el terreno prosístico, cabe recordar, Cuéllar dedicó casi diez años de su labor creativa a la redacción de dramas y comedias que, al parecer, gustaron al público (*cf.* Clark de Lara 1999: 23-29). Aun cuando no se cuenta con suficiente información sobre el contenido de dichas piezas, los títulos y algunas referencias indirectas permiten vislumbrar en ellas una cierta tendencia tanto hacia ese humor moralizante, correctivo de los vicios comunitarios, tan característico de sus posteriores producciones, como hacia la pintura detallada, concienzuda y amena de éstos. Las condiciones de la representación teatral, la cercanía con el espectador, presumo, obligaron a Facundo a diseñar contextos lingüísticos y situacionales con los cuales se compenetraran (y corrigieran) los diferentes sectores de la sociedad mexicana que asistían a tan concurrida diversión pública.

De la pericia lograda en ello son muestra los magníficos e ingeniosos diálogos que proliferan a lo largo de la primera época de la colección; en éstos, sin embargo, más allá del cometido didáctico-humorístico y de su

---

[12] En este sentido, Antonio Saborit ha destacado la teatralidad de los escenarios diseñados por Facundo "para exponer las imágenes de la sociedad mexicana que deseaba proyectar sobre los miembros ilustrados de esa misma sociedad". En ocasiones, afirma, incluso esas falsas escenografías "se transformaron en verdaderos salones de pose fotográficos con la debida utilería, mobiliario y fondos" (1997: 53). En términos generales concuerdo con las apreciaciones del crítico; no obstante, considero que sus juicios son válidos, en particular, para las novelas de la primera etapa; en ésta, el autor manifestó no sólo habilidad escritural, sino su incuestionable adhesión a los principios paisajistas del nacionalismo cultural.

utilidad para avanzar la acción narrativa, se observa una voluntad de traducir y fijar, de legitimar, el "lenguaje propio" de aquellos tipos que "definían" lo nacional. Una de las muestras más representativas de esa deliberada operación la encontramos, de nuevo, en la novela inaugural de *La Linterna*. Interesado en alumbrar los bajos fondos donde se mueven los pollos capitalinos, el narrador "transcribe" algunas expresiones inherentes a la raza plumífera, al tiempo que ensaya una escritura parentética para explicar (y delimitar) el significado de éstas. En el capítulo XVIII, por ejemplo, preocupado por la sentencia judicial que le espera por dar muerte en un duelo a Arturo —el amante de la cada vez más degradada protagonista de la pieza—, el rico y desvergonzado Pío Blanco sostiene una larga conversación con otro joven espécimen "pollil", que se introduce con una siguiente advertencia:

La muerte tiene irremisiblemente su lenguaje, su expresión políglota; hasta los pollos la comprenden.

Y nos proporcionan la honra de llamar a un pollo reo de muerte, *un pollo frito*, valiéndonos de una de las frases que hemos oído (y no es cuento), en boca de los mismos pollos, "estoy quemado, estoy tostado, estoy frito".

Pío Blanco, según él mismo decía, estaba frito.

[...]

—¿Qué tienes, Pío?, te veo triste —le dijo el pollo recién venido, que era en efecto otro barbilindo como Pío Blanco.

[...]

—Anda el *rum rum* de que me sentencian a muerte.

El barbilindo entonó una carcajada en octava alta.

La carcajada del pollo tiene algo de la escala cromática.

Por otra parte, es muy difícil que un pollo se ría solo.

Pío Blanco rió también.

¡Qué hermosa es la edad de la risa!, la risa es el pío de los pollos, y todos los pollos pían al mismo tiempo.

—¡No seas estúpido! —continuó.

(El *carnet* de donde está tomada esta historia conserva el tipo original del lenguaje expresivo de los pollos, que no es para libros. Nota del autor.)

—¿No consideras —continuó el barbilindo de la escala cromática— que la horca es para los *mecos*?

(En el caló del pollo, *meco* es *pobre*. Ésta es otra nota del autor.)

—Sí —replicó Pío Blanco—, pero dicen que el juez es muy malo.

—Por malo que sea ¿crees que siendo yo sobrino del gobernador?... ¡bah! ¡bah! ¡pues no faltaba más! Yo te garantizo que no te hacen nada. La levita, chico, es una garantía social; ¿a cuántas *personas decentes* has visto ahorcar?

—Eso no impide que pudiera yo ser la primera (Cuéllar 2007b: 165-166).

Aunque el "autor" establece una clara distancia respecto del lenguaje de los pollos y de otros tipos a los que pinta, simultáneamente se erige en intérprete, en intermediario, entre éstos y los demás miembros de la comunidad lectora; gracias a tal operación, el escritor confiere a esa palabra cotidiana, que "no es para libros", un inédito valor: el literario. A decir de Rosalba Campra, después de la Independencia, las emergentes naciones americanas fueron escenario de un vehemente debate "sobre la necesidad de una palabra propia, concebida como manifestación palpable de una existencia autónoma [...] A esta búsqueda se sumó naturalmente, sobre todo en la segunda mitad del siglo, la voluntad de registrar esa palabra, de difundirla, de hacerla reconocer en su peculiaridad, colocándola en un proceso que mostrara su significación y su valor" (1990: 23). Como buena parte de los autores liberales, Facundo apoyó ese movimiento de "nacionalizar" el español heredado, de buscar una voz particular que develara la "verdadera alma", la "especificidad", de nuestro pueblo. En tal dinámica, justamente, se originan esos diálogos donde el lector descubre no sólo la expresión coloquial, el refrán, el doble sentido o el mexicanismo caracterizador de los grupos sociales retratados, sino, más aún, las abismales diferencias, los encuentros y desencuentros lingüístico-culturales entre ellos;[13] en esa medida, me parece atinado el juicio de Manuel de Ezcurdia, cuando asegura que, "con magnífico y fidelísimo oído", Cuéllar escuchó e hizo hablar, como casi ningún otro escritor decimonónico, al México de su tiempo (1997: 62).

En relación con los otros dos recursos, es decir, las digresiones didácticas y la pintura de las costumbres, ellos son, sin duda, los dos distintivos de la novela facundiana en los que se han detenido con mayor profusión los comentaristas de su obra. Particularmente, han censurado (a mi entender, sin analizar a profundidad su función ni hacer distingos entre sus composiciones) la presencia de narradores adoctrinantes, prestos a interrumpir a cada paso la acción narrativa para intercalar largas y moralizantes consideraciones acerca de tópicos diversos, pero siempre referentes al estado de las instituciones sostenedoras del entramado social. Escritos a modo de sermones laicos, estos "soliloquios" autorales invaden el discurso para, con dedo flamígero, señalar las llagas sociales; asimismo, para articular "una preceptiva, contenida en una serie de reflexiones, encadenadas a manera de silogismos y traducibles como un conjunto de mandatos, casi como un decálogo" (Glantz 1997: 72) ciudadano, como un manual de buenas costumbres.

---

[13] Unas líneas después del pasaje carcelario antes referido, Pío Blanco experimenta este enfrentamiento con códigos lingüísticos y sociales opuestos a los suyos: "Apenas salió Pío Blanco de su habitación y fue percibido por los presos del patio, se levantó un murmullo sordo y llegaron distintas a los oídos del pollo algunas frases por este estilo: / —Oye, tú, ¿qué *levita-ba*? / —Pues será lo *roto*. / —¿*Pos qué* también? / —¡No digo!, ¡*cuantimás*! / Pío Blanco se puso encendido como el botón de clavel de su gran *bouquet* porque comprendió la intención de aquel *caló* insultante" (Cuéllar 2007b: 169).

No obstante, desde una perspectiva estética, esas "prédicas" resultan poco eficientes y hasta farragosas para un lector actual. En la trama del folletín, como se mencionó, cumplían la función de alargar todo lo necesario una entrega o de alimentar la curiosidad del público al "suspender" el curso de las aventuras de los personajes. Sin embargo, en otro plano, el ideológico, adquieren mayor relevancia al sintetizar de manera intensa y sugestiva las inquietudes del creador ante las tensiones de su momento histórico. ¿Qué preocupaciones atraviesan aquellas aventuras enfocadas por la linterna mágica?, ¿qué líneas de fuerzas se distinguen a lo largo de sus cuantiosas páginas? Época de transición, los todavía convulsos primeros años de la década de los setenta estuvieron marcados, según apunté, por la idea obsesiva de por fin cimentar sobre bases sólidas la República. Para escritores y pensadores liberales como Cuéllar, aquello era viable sólo por medio de la educación, esa "dorada panacea que resolvería el cúmulo de conflictos pendientes en todos los ámbitos" (Bermúdez de Brauns 1985: 9); exclusivamente por medio de ésta, afirmaban, se lograría la independencia intelectual de un pueblo atrapado entre la pobreza y la ignorancia, entre añejos hábitos aún de raigambre colonial e imperfectas prácticas ciudadanas laicas (Zavala 2005: 330). En esa línea, no es casual que uno de los primeros actos del restaurado gobierno juarista fuera la reforma integral de la enseñanza pública (ley del 2 de diciembre de 1867), y con ella la fundación de la Escuela Nacional Preparatoria, donde se difundirían ampliamente las "reformadoras" ideas positivistas. En los años siguientes a estos hechos, la discusión sobre el tema seguía dominando el ambiente; a la exigencia de instruir a la juventud mexicana, se sumó el apremio de incluir en la magna empresa pedagógica a grupos fundamentales de la población, como el de los niños y las mujeres. Al respecto, las palabras de Ignacio Ramírez sintetizan el sentir de buena parte de aquella generación: "*La instrucción pública, científica, positiva, no será general y perfecta sino cuando comience en la familia*; la Naturaleza no ha querido que las mujeres sean madres sino para que sean preceptoras" (*apud* Bermúdez de Brauns 1985: 39; las cursivas son mías).

En consonancia con el Nigromante, Facundo sostendría como una recurrente tesis central de sus novelas tempranas la vital importancia de las primeras enseñanzas familiares, preponderantemente maternas, en la adquisición de una serie de habilidades personales y sociales; gracias a ello, más tarde el sujeto podría perfeccionarse, "ciudadanizarse", ya fuera en las aulas de las escuelas oficiales, ya incluso en el espacio abierto de la urbe —teatros, paseos, calles, etcétera— al entrar en contacto con otros miembros de la comunidad. Convencido de su misión educativa, el autor no dudó en aderezar su prosa con extensas disertaciones, como la siguiente, por medio de las cuales participó de manera activa, aunque oblicua, en esa larga (e inconclusa) polémica nacional:

La educación del niño será una lucha más o menos difícil y penosa, a medida que esté en más o menos contraposición de las primeras impresiones.

Viene la juventud, y si ésta no se apoya en las bases de una moral sólida, el hombre viene a ser solidario de las tendencias solapadas de la niñez y del descuido de la juventud, y el hombre entonces tiene que modificarse por medio de un esfuerzo supremo, o soporta las consecuencias en grande escala de todos los pequeños descuidos de la infancia.

Cuando la educación tiene necesidad de empezar por corregir, en vez de ceñirse a guiar, hace lo que el jardinero que comienza a cultivar una planta silvestre viciada en su primera edad.

Todo esto nos induce a prescribir la educación desde la cuna, para que la de la segunda edad tenga una base y la de la juventud un resultado seguro (Cuéllar 2007b: 62).

Así, en esta media docena de novelas, la ausencia o deficiencia de la rudimentaria instrucción doméstica es la génesis, la raíz y explicación, de los futuros descalabros físicos o morales de los personajes. "La felicidad del hogar sólo se [encuentra]", sanciona el narrador de *Isolina*, "en esas familias en las que a primera vista puede decirse: éste es el padre, ésta es la madre y éstos son los hijos" (Cuéllar 1891: II, 191-192). Empero, en el México de los años setenta, expone Facundo, la posibilidad de existencia de esos "núcleos idílicos", formativos, parecía casi imposible; en aquel contexto de franca inestabilidad, únicamente podían primar la desorganización, la orfandad y las uniones ilegítimas, circunstanciales, como un reflejo del estado mismo del "ámbito colectivo nacional" (Ianes 1999: 155). Las denominadas *hojas sueltas* eran los eslabones humanos que mejor simbolizaban el caos imperante en el simbólico espacio novelesco de la familia-nación; seres sin oficio ni beneficio, éstas, según el novelista, minaban las entrañas de todas las instituciones que daban vida a la nación:

> Son los oposicionistas sistemáticos de todo gobierno y de toda autoridad; no son ni contribuyentes, ni productores; fomentan el descontento y el desprestigio, censuran todo lo que no está a su alcance, se vengan de su mala suerte hiriendo al que está bien, y se nutren con la reputación ajena; ni leen, ni se instruyen, no respetan ninguna superioridad, discuten magistralmente, y le echan la culpa al país de lo que les sucede personalmente; para ellos nunca está bien nada, siempre hay mucha miseria y todo está malo, todo está abatido, y es porque un resto de conciencia los obliga a culpar al gobierno, al país, a los ricos y a todos menos a sí mismos; buscan la causa de sus males, que son sólo el resultado de su inutilidad y de su pereza, en los acontecimientos públicos y en los que gobiernan; porque todavía no ha habido para ellos un gobierno tan paternal que los haga ricos para siempre (Cuéllar 1891: II, 207-208).

"No se espera menos de un escritor de costumbres", observa Monsiváis, "que registre las formas más notorias de vida y amoneste, y al amonestar contribuya al código del comportamiento admisible en una sociedad ya un tanto laica" (1997: 17). En un juego de espejos, como insinúa el crítico, los analizados "excursos didácticos" cobran sentido en exclusiva en el marco de la descripción de los hábitos públicos y privados de los personajes; en otras palabras, gracias a la representación de estos últimos, a su traza pintoresca y detallada, el autor organizará e instaurará discursivamente una lógica de la civilización, un ideal de sociabilidad, cuyos principios tienen la misma naturaleza autoritaria, impositiva y obligatoria "de la tabla de mandamientos" (González Sthepan 1994: 114). Ciertamente, el señalamiento de este componente costumbrista-moralista en su obra ha sido uno de los lugares comunes de la escasa crítica facundiana; desde las primeras lecturas de Altamirano (1988: 243) y Guillermo Prieto (*apud* Cuéllar 1889: v-xii) hasta las investigaciones más recientes, se ha convenido en filiar sus novelas en esa corriente literaria de corte romántico, caracterizada por un espíritu nostálgico, atemporal e inmovilizador de la realidad.

Para Ignacio Ferreras, "el costumbrismo *informa* de la realidad, pero no la significa; la mayor parte de las veces ni siquiera la explica. Pero lo peor [...] o más característico [de él], su esencia misma, reside en una visión idealizada de [ésta] que determina toda la obra" (1987: 42). ¿Era ésa la intención de Cuéllar al plasmar el México de la segunda mitad del XIX?, ¿existe algún dejo melancólico o "estatista" en las extensas escenas de costumbres que intercaló en las entregas semanales de la serie?, ¿los volúmenes de la primera época de *La Linterna Mágica* son "cuadros ampliados más que verdaderas novelas" (Henríquez Ureña 1969: 151), como sostuvieron algunos estudiosos en el pasado? Una somera revisión del corpus crítico aludido muestra que, hasta antes de mediados de la década de 1940, autores como Federico Gamboa, Carlos González Peña o Salvador Novo, entre otros, destacaron el trazo dinámico, la "pincelada feliz y rápida", el "lapizazo que, en ocasiones, rasga la piel", con los cuales el escritor dio vida a esos lienzos donde se desenmascara el "modo de ser más íntimo y recóndito" del mexicano de su momento (*cf.* Gamboa 1988: 30-40; González Peña 1990: 246; Novo 1938: 120);[14] en ellos, en suma, percibieron movimiento constante, huellas del presente, vida que "crepita, como un horno, antes de amasar destino" (Magdaleno 1941: vii). En oposición a los anteriores, hacia mediados de siglo, voces como las de Antonio Castro Leal (1946: vii-xiv) y José Luis Martínez (1955) difundieron una visión reduccionista, generalizadora, de las creaciones de Facundo, a las que

[14] Un poco más tarde, Mariano Azuela reconoció también que: "Aun dentro de lo caricaturesco sus figuras son coherentes y actúan con propiedad en el medio y en el momento en que las coloca. Con variados matices las diferencias, *dejando que la verdad se imponga y la vida quede representada tal cual es*" en sus novelas (Azuela 1947: 101; las cursivas son mías).

encasillaron en la línea más tradicional del costumbrismo nacional e ibérico (Joaquín Fernández de Lizardi, Mesonero Romano y Estébanez Calderón, respectivamente). Galería de "cuadros de costumbres", escenografías casi teatrales, según Martínez, integraban aquella *Linterna Mágica*, cuyas "historias" se definían por introducir siempre "una acción esquemática en la inmovilidad acostumbrada en los [aludidos] «cuadros»" (Martínez 1984: 284).

Si bien el influjo de esta última lectura pervive aún en ciertos trabajos, desde hace unas décadas un puñado de especialistas se ha interesado en repensar no sólo las especificidades formales y temáticas de nuestro costumbrismo, sino de igual modo el papel que éstas desempeñaron en la definición de aquella literatura propia, nacionalista, decimonónica. En el caso de Cuéllar, insisto, es evidente que no hay "interés alguno en conservar, proteger o perpetuar «costumbres» consideradas como distintivas, únicas, pintorescas y por tanto loables [...] que se presienten amenazadas por el creciente y, en cierto modo, amenazante progreso [...] Él no idealiza el pasado" (Ezcurdia 2002: 253); por el contrario, va a su encuentro con el fin de criticarlo, de explicarse el ahora para enmendarlo y construir el futuro. En sus textos tempranos más bien se descubre una voluntad de copiar "lo local y circunstancial mediante la observación minuciosa de rasgos y detalles de ambiente y de comportamiento colectivo diferenciadores de una fisonomía social particularizada y en analogía con la verdad histórica" (Escobar 1988: 262). Se advierte, pues, una deliberada búsqueda de actualidad, motivada tanto por un modo de producción creativo, el de las entregas, como por un interés genuino en la consecución de un proyecto liberal de nación. No sería aventurado decir que tanto en ésta como en su siguiente serie narrativa, a la que me referiré enseguida, la escritura folletinesca obligó a Facundo a ajustar su pluma a la índole del medio de transmisión, pero también le permitió documentar y ser factor de cambio en un momento de crisis, de transición, cuando se hicieron más visibles "los altibajos de la moral en uso; la dispersión de muchas virtudes seculares; el movimiento interior de [un] pueblo" todavía en vías de cimentación (Pérez Martínez 1934: 14-15).

Ahora bien, como sostengo, una era de mudanzas encuadró, igualmente, la aparición de su segunda y mejor lograda fase novelística. Tras diez años fuera, el escritor regresó al país en 1882. Entonces observó una capital de la República en pleno anhelo "modernizador", y bajo la dirección de antiguos caudillos antijuaristas, ahora convertidos en paladines de "la paz, el orden y el progreso" nacionales. A pesar de la distancia temporal, según Margo Glantz, ya en sus narraciones anteriores había dado cuenta, de forma incipiente y visionaria, de cómo en "el seno mismo de la República Restaurada" se agazapaba "una nueva sociedad", la del Porfiriato, "en camino definitivo de transformación, [...] que moviliza[ría] y descoyunta[ría] varias estructuras tanto sociales como raciales y de género, y desplaza[ría] a quienes antes creían estar en sitios inmutables" (1998: 17-18); una sociedad que con el tiempo, hay que decirlo, imaginaría y crearía también sus zonas de resistencia ideológica, política y social. En el naciente proceso de delimitación de estas últimas, Cuéllar se reincorporó a la vida cultural, y después de un largo receso literario, volvió a sus antiguas prácticas narrativas. Durante los siguientes cuatro años, difundió por entregas una tercera versión de *Las Posadas* (1882), *La Noche Buena. Negativas tomadas del 24 al 25 de diciembre de 1882* (1883), *Los fuereños* (1883) y la extensa e inconclusa novela, antes desconocida, *El divorcio* (1883-1884), en las columnas de *El Diario del Hogar*; también publicó, en las páginas del suplemento *La Época Ilustrada. Semanario de Literatura, Humorístico y con Caricaturas* (1885), la que para algunos sería su obra cumbre: *Baile y cochino...*, cuya segunda edición, en formato de libro, apareció en la Tipografía Literaria del controvertido Filomeno Mata en 1886.

A diferencia de la colección de 1871-1872, estas composiciones no se concibieron como una serie ni se distribuyeron en fascículos para su venta semanal e independiente; por el contrario, se insertaron en la geografía diversa de las citadas publicaciones periódicas; este significativo cambio en las condiciones de producción, me atrevo a afirmar, modificó la dinámica e intencionalidad de la escritura. Antes la preocupación axial era llenar 10 cuartillas con "letra menuda y metida" para formar una entrega de 36 páginas (en promedio), la cual debería atrapar a los lectores y asegurar así la compra del siguiente episodio. En este momento, con igual fin, por un lado Facundo debió utilizar de forma eficiente el breve espacio que de seguro le confirieron el redactor en jefe o el cajista del diario, y, por el otro, entablar un diálogo, implícito o explícito, con los contenidos —directos, cotidianos, incluso sensacionalistas— del abigarrado corpus periodístico.

De periodicidad y extensión variables, las entregas aparecieron rodeadas de noticias sobre los adelantos científicos y tecnológicos, médicos e ingenieriles, que poblaron las fantasías de los lectores de las últimas décadas decimonónicas. Consecuente con su declaración de principios de 1869, Facundo dejó que todo ese asombro ante los cambios materiales y espirituales de una época se filtrara en sus narraciones; sin embargo, en ellas, el alumbrado público, el telégrafo, el teléfono, los ferrocarriles, sirvieron únicamente de escenografía para la descripción, irónica y obsesiva, de un país dividido entre un "moderno" y amoral centro, la viciosa Ciudad de los Palacios, y un interior tradicional, ignaro, "patriarcal", a merced de la malicia y los "progresos" capitalinos. En contraste con el México de los setenta, cuando todo estaba por construir, por organizar, en el de los ochenta la sociedad mexicana pareciera ya establecida alrededor de esos dos espacios claramente diferenciados, donde imperan códigos de comportamiento dispares, casi antagónicos. Mientras que en la "idílica" provincia reinaba la sencillez, el atraso, de la vida campirana, en los centros urbanos los contactos se regulaban de acuerdo con las leyes del dinero y el comercio; allí, según Cuéllar, la utopía desarrollista había generado un nuevo orden, pero también falsos espejismos, imágenes tan engañosas como las de las hermanas Machuca de *Baile y cochino*..., quienes, "debido a lo *truchimán y buscón* que [era] su hermano, capaz [...] de sacar dinero hasta de las piedras", lograrían revestirse, al igual que muchos personajes facundianos, de una condición social muy diversa a la de su origen:

> Las Machucas tenían todas las apariencias, especialmente la apariencia del lujo, que era su pasión dominante; tenían la apariencia de la raza caucásica siempre que llevaban guantes; porque cuando se los quitaban, aparecían las manos de la Malinche en el busto de Ninón de Lenclós; tenían la apariencia de la distinción cuando hablaban, porque la sin hueso, haciéndoles la más negra de las traiciones, hacía recordar al curioso observador la palabra *descalcitas* de que se valía Saldaña; y tenían por último la apariencia de la hermosura, de noche o en la calle, porque en la mañana y dentro de casa, no pasaban las Machucas de ser unas trigueñitas un poco despercudidas y nada más (Cuéllar 1889: 52-53).

En ese contexto de simulación, los extensos diálogos, antes utilizados para extender las entregas y definir un "lenguaje propio", ahora también funcionan como marcadores de clase o, más bien, de las relaciones de poder entre los diferentes estratos, representadas por medio de los personajes ficcionales. En *La Noche Buena*, por ejemplo, la celebración de dicha fiesta en la casa de la amante de un falso general es el escenario ideal para "escuchar" las voces del heterogéneo cuerpo social. Confinados al espacio informal de la cocina, los miembros de la servidumbre transmiten las entretelas de esa comunidad supuestamente laica y respetuosa del *statu quo*:

> —Entonces —dijo en voz baja la de la copla a Anselmo— usted le cuenta a la cocinera... [de la esposa del general]
> —Son buscas legales, amita, *caduno* se ingenia y *caduno* tiene sus contestas, y los *probes* vivimos de los señores particulares, y por eso *mesmo* se me aprecia, y saben las personas quién es Anselmo, porque, con perdón de usted, doña Trinita, yo no me tomo la mano en decirlo, porque...
> —Y luego que *caduno*...
> —Pos *usté* verá.
> —Y en eso cada cual...
> —*Caduno* con su *concencia*, como dice el padrecito.
> —¿Qué padrecito?
> —El que me confesó en San Pablo.
> —¡Conque se confiesa!
> —*Pos* no... con el menudo *defuera*, pos cuando no, doña Trinita (Cuéllar en prensa).

Semejantes a las de los volúmenes de *La Linterna*, estas presencias descubren en el espacio festivo o urbano la oportunidad de ejercitar y poner a prueba las costumbres recién adquiridas al fragor de los supuestos vientos modernizadores. En la prosa de Facundo, la metrópoli con vestigios imperialistas se actualiza, se dinamiza, para exponer, ahora, a una ciudadanía "dada a la ostentación y al lujo, a la importación de valores de la moda parisina, a la instauración de costumbres diversas que modifican de raíz la apariencia exterior" (Glantz 1994: 25). Mirar y dejarse ver por sus avenidas, por el imprescindible Zócalo o el animado Plateros, se convierten en las principales diversiones públicas, en un espectáculo incomprensible para quienes no participan de sus códigos. Moralista convencido, en estas novelas Cuéllar no evita la nota crítica ni el señalamiento y la pintura fresca, prerrealista, de los vicios colectivos, mas aminora las digresiones didácticas en favor del desarrollo de la acción narrativa, de la puesta en escena de situaciones tragicómicas por medio de las cuales el lector deducirá una moraleja final.

El autor plantea, de tal manera, un acercamiento diverso a la realidad y la escritura, el cual propicia su magnífica novela *Los fuereños*, apenas mencionada por la crítica. En sus páginas, el viaje a la capital de una "inocente" pero pretenciosa familia del interior, sirve de pretexto para exhibir las entrañas materiales y humanas de un centro neurálgico de la República carcomido por el ocio, el materialismo y la prostitución. Incapaces de leer correctamente el sociotexto de la ciudad, los forasteros incurren una y otra vez en errores que los ponen a merced de *lagartijos* arribistas y *pollos* finos sin escrúpulos. Gumesindo, el charrito de la familia, se enfrenta a la ruina económica y existencial tras dejarse iniciar, candorosamente, en los placeres del alcohol, el juego y la carne; engañado por las apariencias sufre, sobre todo, las consecuencias de confundir a una meretriz con una mujer decente. Por su parte, su hermana Clara va a la ciudad en busca del amor deseado, novelesco, y sólo halla la perdición en los brazos de un joven adinerado y cínico. Antes de escribir este texto, Facundo había pasado casi una década en el corazón de uno de los países más desarrollados de la época, Estados Unidos; quizá esa experiencia lo concienció sobre los riesgos de imponer en una nación como México, inacabada, todavía en construcción, un sistema capitalista basado únicamente en los valores de cambio, en el progreso material. A esa luz, me parece, cobran mayor sentido las aleccionadoras palabras finales del apesadumbrado don Trinidad, patriarca de los infortunados fuereños:

—No había podido apreciar hasta hoy la tranquilidad que se disfruta en medio de las costumbres sencillas, como tampoco había podido figurarme hasta dónde pueden llegar los peligros del lujo y la prostitución de las grandes ciudades. Ya usted lo ve, señor Gutiérrez, Gumesindo era bueno, sencillo, sobrio y honrado. Me lo llevo enfermo, de una enfermedad que acaso no alcanzará a curarle ya ni el campo ni el trabajo. Mis hijas eran modestas y vivían conformes en su pueblo; me las llevo enfermas de ambición, de lujo y de placeres. Clara llora sin cesar, y me espanta su destrucción y su cambio de tres días a esta parte. Nada la consuela, nada la alegra, porque ha dado en que es muy desgraciada. Mi mujer vino contenta, y se vuelve triste y abatida, porque ve a sus hijos desgraciados. Adiós, señor Gutiérrez, adiós (Cuéllar en prensa).

Aunque menos extenso que el anterior, el ciclo narrativo de la década de los ochenta revela a un escritor atento no sólo a los procesos de cambio experimentados por la sociedad mexicana frente al "moderno" escenario porfirista, sino también al establecimiento de un nuevo pacto cultural que cuestionaba la hegemonía de los principios estéticos del nacionalismo literario. En un entorno donde surgían plumas como la de Manuel Gutiérrez Nájera, Cuéllar sofrenaría un tanto su vena catequizante y descriptiva en pro de la creación de una literatura mucho más ágil, eficaz, directa, atractiva para el público de ese momento. Unas cuantas líneas de su espléndida novela *Baile y cochino...*, especie de paródica crónica de sociales, muestran esta voluntad del autor de estilizar, de "modernizar", su prosa:

La Avenida Juárez se había hundido ya en la sombra, y pavimento y edificios presentaban una gran masa negra, de donde se destacaban en hileras luces amarillas, como las lentejuelas de oro en un manto de terciopelo negro. Eran los faroles del gas que iban a perderse entre los árboles de la calzada de la Reforma; y hormigueando como las partículas luminosas que corren en la ceniza de un papel quemado, pero corriendo de dos en dos, unas lucecitas rojizas que se movían hermanadas, en una procesión interminable. Eran las linternas de los carruajes que volvían del paseo; lucecitas movedizas e inquietas, apareadas y como temblorosas, que hubieran podido tomarse como los ojos de fuego de una manada de lobos monstruosos, que corrían en busca de las sombras (Cuéllar 1889: 105).

La actualidad temática y estilística de esta narración explica, tal vez, por qué Facundo decidió iniciar con ella la edición española de la segunda época de su *Linterna*. Luego vinieron veintitrés tomos más en los que el escritor aglutinó la mayor parte de sus pasadas creaciones novelísticas, poéticas y periodísticas. La nueva empresa editorial —que duró alrededor de cuatro años— comenzó en 1889, bajo el amparo de Altamirano, quien desde el consulado de México en Barcelona se ocupó de algunos detalles técnicos y financieros de la edición de la futura serie, así como de la revisión de las pruebas de imprenta de los tres primeros volúmenes.[15] Resulta difícil elucidar tanto

---

[15] Altamirano arribó a tierras ibéricas en el segundo semestre de 1889. A partir de

los motivos de Cuéllar para emprender tan costosa y ardua labor, como las razones del Maestro para involucrarse en dicho proyecto; posiblemente, en el primer caso esto se entienda por sus ansias de ver reunida entre dos tapas sus composiciones y de obtener con ellas la sanción de un público tan importante como el español; en el segundo, la respuesta, acaso, sea mucho más pedestre: a pesar de su deplorable estado de salud, Facundo seguía estrechamente vinculado con la Secretaría de Relaciones Exteriores, instancia de la cual ahora dependía el destino laboral de Altamirano.

Más allá de especulaciones, lo cierto es que la reedición de sus novelas produjo un significativo fenómeno de recepción, derivado sobre todo del cambio de medio y modo de distribución. Con variaciones mínimas, el rígido molde sin fisuras del libro adoptó aquellas historias, concebidas en su mayoría según el sistema inmediato, variable, de las entregas, cuyas estrategias textuales resultaban provechosas para la venta semanal, pero inoperantes, y hasta molestas, para un público con un itinerario de lectura distinto del propuesto originalmente por el escritor o el editor.

Sin duda, la ignorancia u olvido de esta particularidad de su escritura ha contribuido en buena medida a la enunciación de juicios críticos parciales y descontextualizados sobre su obra, desde los umbrales de siglo xx hasta nuestros días. Si bien resulta imposible restituir las condiciones primigenias de producción de su narrativa, identificarlas posibilita, a mi parecer, un acercamiento más veraz, comprensivo y deleitoso a una figura que creyó, a pesar de todo, en el poder regenerador de la literatura. Sus libros, como confesó Salvador Novo en 1938, todavía producen "el extraordinario fenómeno de evocar [...] tipos y situaciones que no [conocimos], pero cuya continuidad, evolución y permanencia en nuestra vida nacional [nos hace] advertir su lectura. [Por ello, concluye,] puedo asegurar a quien emprenda [la aventura de adentrarse en sus páginas] un goce auténtico" (1938: 120), una irremediable fascinación por esos tiempos idos que aún resuenan en el México de hoy.

---

noviembre de ese año, encontramos en su diario algunas referencias a la futura edición de *La Linterna*; por ejemplo, el 21 de noviembre de 1889 anotó escuetamente: "Mi amigo el señor Mobellán va a pedir a la casa Montaner presupuesto para las obras de Pepe Cuéllar". Días después anunció: "Fui en compañía de Mobellán a ver a los Faros editores, Arco del Centro 21 y 23, para la edición de las obras de Pepe Cuéllar. Pidieron dos días para hacer presupuesto", y, por último, el 1° de febrero de 1890 apuntó: "El señor Román Romano me dijo que estaba dispuesto a pagar las sumas que importara la impresión de las obras de Cuéllar" (Altamirano 1992a: 195, 199, 215). Tras su salida de España hacia el consulado de México en París en 1890, dejó de participar en el proceso editorial de los siguientes volúmenes de la serie, que desde ese momento quedó a cargo de los editores españoles (*cf.* Altamirano 1992b: 197).

BIBLIOHEMEROGRAFÍA

ALTAMIRANO, Ignacio Manuel. 1988. *Obras completas XII. Escritos de literatura y arte, 1,* selec. y notas José Luis Martínez. Secretaría de Educación Pública, México.

———. 1992a. *Obras completas XX. Diarios,* pról. y notas Catalina Sierra. Consejo Nacional para la Cultura y las Artes, México.

———. 1992b. *Obras completas XXII. Epistolario (1889-1893),* 2ª., ed., pról. y notas Gloria Sánchez Azcona. Consejo Nacional para la Cultura y las Artes, México.

APARICI, Pilar e Isabel GIMENO (eds.). 1996. *Literatura menor del siglo XIX. Una antología de la novela de folletín (1840-1870) I. Ideas literarias. Temas recurrentes.* Anthropos-Siglo del Hombre Editores (*Biblioteca Autores Clásicos,* 19), Barcelona.

AZUELA, Mariano. 1947. *Cien años de novela mexicana.* Ediciones Botas, México.

BALZAC, Honoré de. 1970. *Obras completas I. La comedia humana,* tr., pról. y notas Rafael Cansinos Assens. Aguilar, Madrid.

BENÍTEZ-ROJO, Antonio. 1993. "Nacionalismo y nacionalización en la novela hispanoamericana del siglo XIX", *Revista de Crítica Literaria Latinoamericana,* vol. 38, pp. 185-193.

BERMÚDEZ DE BRAUNS, María Teresa. 1985. *Bosquejos de educación para el pueblo: Ignacio Ramírez e Ignacio Manuel Altamirano,* selec., intr. y notas... Secretaría de Educación Pública-Ediciones El Caballito (*Biblioteca Pedagógica*), México.

CAMPRA, Rosalba. 1990. "La búsqueda de categorías críticas en el siglo XIX: *Escritores y poetas sud-americanos* de Francisco Sosa", *Literatura Mexicana,* núm. 1, pp. 23-40.

CARDOSO VARGAS, Hugo Arturo. 2002. "La primera novela ilustrada mexicana. *Rosa y Federico. Novela ilustrada contemporánea* (1869)", *Revista Latinoamericana de Estudios sobre la Historieta,* vol. II, núm. 8, pp. 240-252.

CASTRO LEAL, Antonio. 1946. "Prólogo" a José T. de Cuéllar, *Ensalada de pollos y Baile y cochino...,* ed. y pról. ... Porrúa (*Colección de Escritores Mexicanos,* 39), México, pp. vii-xiv.

CLARK DE LARA, Belem. 1999. "José Tomás de Cuéllar. Escritor", en *José Tomás de Cuéllar,* selec. y pról. ... Cal y Arena (*Los Imprescindibles*), México, pp. 13-58.

———. 2000. "*El comerciante en perlas* (1871), de José Tomás de Cuéllar. ¿Una novela histórica?", *Literatura Mexicana,* núm. 1, pp. 79-112.

———. 2007. "La palabra periodística a la luz de la modernidad", en *José Tomás de Cuéllar. Entre el nacionalismo y la modernidad,* eds. Belem Clark de Lara y Ana Laura Zavala Díaz. Universidad Nacional Autónoma de México (*Ediciones Especiales,* 45), México, pp. 145-165.

CONWAY, Christopher. 2010. "El enigma del pollo: apuntes para una prehistoria de la homosexualidad mexicana", en *Entre hombres: masculinidades del siglo XIX en América Latina,* eds. Ana Peluffo e Ignacio Sánchez Prado. Iberoamericana-Vervuert, Madrid-Frankfurt am Main, pp. 193-208.

"CRÓNICA de México". 1871a. "Crónica de México. La Linterna Mágica", *La Iberia,* 17 de mayo, p. 3.

———. 1871b. "Crónica de México. La Linterna Mágica", La Iberia, 2 de junio, p. 3.

———. 1871c. "Crónica de México. La Linterna Mágica", *La Iberia,* 12 de diciembre, p. 4.

CUÉLLAR, José Tomás de [Facundo]. 1889. *Baile y cochino... Novela de costumbres mexicanas,* 3ª ed. ilustrada con magníficos grabados y cromos, dibujados por Villasana.

Tipo-Litografía de Espasa y Compañía (*La Linterna Mágica. Segunda Época*, I), Barcelona.

——. 1867. "Gacetilla. Cesarismo", *El Correo de México*, 28 de septiembre, p. 2.

——. 1891. *Isolina la ex–figurante (Apuntes de un apuntador) (1871). I-II*, 2ª ed. Blanchard y Cía. (*La Linterna Mágica. Segunda Época*, XI-XII), Santander.

——. 1989. "La literatura nacional", en *La Ilustración Potosina. Semanario de Literatura, Poesía, Novelas, Noticias, Descubrimientos, Variedades, Modas y Avisos* (1869), José Tomás de Cuéllar y José María Flores Verdad, eds. Ed. facsimilar Ana Elena Díaz Alejo, estudio prel., notas, índices y cuadros Belem Clark de Lara. Universidad Nacional Autónoma de México (*Fuentes de la Literatura Mexicana*, 2), México, pp. 5-6, 9-12, 19-21.

——. 1997. *El comerciante en perlas*, recuperación y estudio prel. Luis Mario Schneider, transcripción Clotilde Coello. Universidad Nacional Autónoma de México (*Al Siglo XIX. Ida y Regreso*), México.

——. 2007a. *Obras I. Narrativa I. El pecado del siglo. Novela histórica [Época de Revillagigedo-1789] (1869)*, ed. crítica, adv. ed., estudio prel., notas e índices Belem Clark de Lara, apoyo técnico Luz América Viveros Anaya. Universidad Nacional Autónoma de México (*Nueva Biblioteca Mexicana*, 165), México.

——. 2007b. *Obras II. Narrativa II. Ensalada de pollos. Novela de estos tiempos que corren tomada del* carnet *de Facundo (1869-1870, 1871, 1890)*, ed. crítica, pról., notas e índices Ana Laura Zavala Díaz, apoyo técnico Virginia Mote García. Universidad Nacional Autónoma de México (*Nueva Biblioteca Mexicana*, 166), México.

——. En prensa. *Obras IV. Narrativa IV. Novelas cortas.* Edición crítica, intr., notas e índices de Ana Laura Zavala Díaz, apoyo técnico Coral Velázquez Alvarado y Pamela Vicenteño Bravo. Universidad Nacional Autónoma de México, México.

ESCOBAR, José. 1988. "La mímesis costumbrista", *Romance Quarterly*, vol. 35, núm. 3, pp. 261-270.

EZCURDIA, Manuel de. 1997. "Modernidad de Cuéllar", en *Del fistol a la linterna. Homenaje a José Tomás de Cuéllar y Manuel Payno en el centenario de su muerte, 1994*, coord. Margo Glantz. Universidad Nacional Autónoma de México (*Al Siglo XIX. Ida y Regreso*), México, pp. 59-68.

——. 2002. "José Tomás de Cuéllar o de la irreverencia", en *Escritores en la diplomacia*. Secretaría de Relaciones Exteriores, México, t. III, pp. 229-257.

FERRERAS, Juan I. 1987. *La novela española en el siglo XIX (hasta 1868)*. Taurus (*Historia Crítica de la Literatura Hispánica*, 16), Madrid.

——. 1970. "Novela y costumbrismo", *Cuadernos Hispanoamericanos*, núm. 242, pp. 345-367.

GAMBOA, Federico. 1988. *La novela mexicana* (1914). Universidad Nacional Autónoma de México-Universidad de Colima, México.

GLANTZ, Margo. 1994. "De pie sobre la literatura mexicana", en *Esguince de cintura*. Consejo Nacional para la Cultural y las Artes (*Lecturas Mexicanas. Tercera Serie*, 88), México, pp. 11-34.

——. 1997. "Ensalada o la contaminación del discurso", en *Del fistol a la linterna. Homenaje a José Tomás de Cuéllar y Manuel Payno en el centenario de su muerte, 1994*, ed. cit., pp. 69-74.

———. 1998. "Prólogo" a José Tomás de Cuéllar, *Las jamonas*. Consejo Nacional para la Cultura y las Artes (*Lecturas Mexicanas. Cuarta Serie*), México, pp. 9-18.

GONZÁLEZ PEÑA, Carlos. 1990. *Historia de la literatura mexicana. Desde los orígenes hasta nuestros días* (1928). Porrúa (*Sepan Cuantos...*, 44), México.

GONZÁLEZ STEPHAN, Beatriz. 1994. "Escritura y modernización: la domesticación de la barbarie", *Revista Iberoamericana*, vol. LX, núm. 166-167, pp. 109-124.

———. 1996. "De fobias y compulsiones: la regulación de la «barbarie»", *Hispamérica*, núm. 74, pp. 3-20.

HENRÍQUEZ UREÑA, Pedro. 1969. *Las corrientes literarias en la América Hispana* (1954), tr. Joaquín Díez-Canedo. Fondo de Cultura Económica (*Biblioteca Americana. Serie Literatura Moderna*), México.

IANES, Raúl. 1999. "Arquetipo narrativo, costumbrismo histórico y discurso nacionalizador en *La novia del hereje*", *Hispanic Review*, vol. 67, núm. 2, pp. 153-173.

ISER, Wolfgang. 1987. "La estructura apelativa de los textos", en *En busca del texto. Teoría de la recepción literaria*, comp. Dietrich Rall, tr. Sandra Franco *et al*. Universidad Nacional Autónoma de México (*Pensamiento Social*), México, pp. 99-119.

JIMÉNEZ RUEDA, Julio. 1944. *Letras mexicanas en el siglo XIX*. Fondo de Cultura Económica (*Tierra Firme*, 3), México.

"José T. de Cuéllar". 1888. "José T. de Cuéllar", *La Juventud Literaria*, 13 de mayo, p. 59.

MAGDALENO, Mauricio. 1941. "Prólogo" a José Tomás de Cuéllar, *La Linterna Mágica*, selec. y pról. ... Ediciones de la Universidad Nacional Autónoma (*Biblioteca del Estudiante Universitario*, 27), México, pp. vii-xxv.

MARTÍNEZ, José Luis. 1984. *La expresión nacional* (1955). Eds. Oasis, México.

MONSIVÁIS, Carlos. 1987. "De la santa doctrina al espíritu público (sobre las funciones de la crónica en México)", *Nueva Revista de Filología Hispánica*, vol. 35, pp. 753-771.

———. 1997. "Las costumbres avanzan entre regaños", en *Del fistol a la linterna. Homenaje a José Tomás de Cuéllar y Manuel Payno en el centenario de su muerte, 1994*, ed. cit., 1997, pp. 13-22.

NOVO, Salvador. 1938. *En defensa de lo usado y otros ensayos*. Polis, México.

OLEA FRANCO, Rafael. 1997. "*La Calandria*: de sentimientos y tradiciones literarias", en *Varia lingüística y literaria. III. Literatura: siglos XIX y XX*, ed. Yvette Jiménez de Báez. El Colegio de México, México, pp. 225-248.

———. 2002. "*La sombra del Caudillo*: la definición de una novela trágica", en Martín Luis Guzmán, *La sombra del Caudillo*, ed. crítica coordinada por... ALLCA XX (*Archivos*, 54), París, pp. 451-478.

PAPPE, Silvia. 2007. "José Tomás de Cuéllar. La modernidad porfirista invade el costumbrismo", en *José Tomás de Cuéllar. Entre el nacionalismo y la moder idad*, eds. Belem Clark de Lara y Ana Laura Zavala Díaz. Universidad Nacional Autónoma de México (*Ediciones Especiales*, 45), México, pp. 117-143.

PÉREZ MARTÍNEZ, Héctor. 1934. *Facundo en su laberinto. Notas para un ensayo sobre "La Linterna Mágica"*. Universidad Nacional Autónoma de México, México.

SABORIT, Antonio. 1997. "El deslumbramiento de *La linterna mágica*", en *Del fistol a la linterna. Homenaje a José Tomás de Cuéllar y Manuel Payno en el centenario de su muerte, 1994*, ed. cit., pp. 51-57.

180   ANA LAURA ZAVALA DÍAZ

WARNER, Ralph E. 1953. *Historia de la novela mexicana en el siglo XIX*. Antigua Librería Robredo (*Clásicos y Modernos. Creación y Crítica Literaria*, 9), México.

ZAVALA DÍAZ, Ana Laura. 1997. *El escritor de la República Restaurada: la presencia de José Tomás de Cuéllar en "El Correo de México"*. Tesis de licenciatura, Universidad Nacional Autónoma de México, Facultad de Filosofía y Letras, México.

——. 2005. "Los motivos de Facundo: un acercamiento a la figura de José T. de Cuéllar", en *La República de las Letras. Asomos a la cultura escrita del México decimonónico. III. Galería de escritores*, eds. Belem Clark de Lara y Elisa Speckman Guerra. Universidad Nacional Autónoma de México (*Al Siglo XIX. Ida y Regreso*), México, pp. 319-332.

ZEA, Leopoldo. 1943. *El positivismo en México*. Fondo de Cultura Económica-El Colegio de México, México.

"HERMANO DE TODOS LOS PROSCRITOS, HERMANO DE TODOS LOS MINEROS": PEDRO CASTERA, CUENTISTA Y NOVELISTA

Blanca Estela Treviño García
Facultad de Filosofía y Letras, UNAM

UNA VIDA TESTIMONIO DE LAS SOMBRAS

Una galería de personajes excéntricos, un elenco raro y maravilloso que gustaba de pasear por las calles de Plateros, según relata Antonio Saborit, formaba parte de la ilustre República de las Letras en el México del siglo XIX: Ignacio Cumplido, José María Ramírez, Jesús Valenzuela, Manuel Puga y Acal, Manuel Francisco Olaguíbel, Francisco Cosmes, Alfredo Bablot, Manuel José Othón son algunos de ellos.[1] Esa cualidad de bizarría la debieron a sus extravagantes manías, a su indumentaria atildada, y también a su comportamiento subversivo, que de seguro asombró a las autoritarias conciencias de los políticos y a la timorata opinión pública de aquellos días. De entre ellos no podía faltar Pedro Castera (1846-1906) quien debido a sus afectos y furores, a su descomunal estatura y afición a la comida, mereció de la prensa del momento alusiones sarcásticas y festivas que contribuyen a trazar el esbozo de un retrato:

> es majestuoso como el *Centenario* de Balzac. Su enorme masa cerebral adquiere lentamente la solidez del cuarzo, a fuerza de aplicar su imaginación a la mineralogía, analizando el *polisulfuro*. Es un hombre cuyo peso bruto supera al de Comelli. Sus miembros de acero causarían envidia al Hércules jónico, y sus formas atléticas desconsuelan a los hermanos Leotard. En una zambra que hubo en las tandas, le vimos arrojar al escenario, cual si fuese ligera paja, una banca del patio [...] Esa fuerza le viene de una alimentación vigorosa y pantagruélica: sería capaz de comerse un buey con la encantadora sencillez de Milón de Crotona ("Miniaturas literarias" 1882: 2).

[1] *Cf.* Saborit 1999. Debemos a Antonio Saborit un conjunto de trabajos valiosos para reconstruir la vida, la ideología y personalidad literaria de Pedro Castera. Gracias a su interés por este autor, sus investigaciones han mostrado la importancia de la participación de Castera en los círculos espiritistas de la Ciudad de México durante la República Restaurada, y han abierto nuevos caminos para estudiar la obra de este escritor minero. Al final de este texto se proporcionan las referencias bibliográficas correspondientes.

[181]

A juzgar por los comentarios que se encuentran en los periódicos y por las semblanzas que sus contemporáneos le dedicaron, podríamos completar este retrato recogiendo algunos otros rasgos de su personalidad. Pedro Castera era un hombre audaz y de talento, arrogante y corpulento; vestía al uso de su tiempo, con un gran sombrero plano y una capa azul clara; solía beber ajenjo rebajado con "catalán" a mediodía y por la noche cognac con "rhoom"; su esófago, se decía, "es de acero y su cabeza de hierro". Era buscador de tesoros y creador de inventos notables; su vasta curiosidad lo llevó a destinar buena parte de su tiempo al estudio de las matemáticas, la química, la mineralogía, la astronomía y la música. A pesar de su malogrado amorío con Margarita del Collado, tenía fama de apuesto y afortunado caballero, y se comentaba que era fino y desdeñoso con las mujeres, lo cual le aseguraba su suerte en esos asuntos. Lo cierto es que Pedro Castera se dedicó con ahínco a escribir poesía, cuento y novela, y mantuvo durante varios años una fecunda práctica periodística, donde dejó constancia de sus conocimientos científicos y expresó las convicciones de su credo espiritista.

En su tiempo, Castera fue un escritor admirado como poeta y narrador; recibió los elogios de José Martí, Manuel Gutiérrez Nájera, Ignacio M. Altamirano, Agustín F. Cuenca, Vicente Riva Palacio y Francisco Sosa. Sin embargo, el éxito de su novela *Carmen* (1882), que le valió inmensa fama y abundantes ganancias, no sólo logró sepultar al escritor, sino también mantener en el abandono el resto de su producción literaria, así como el conocimiento más elemental de los datos de su biografía. Durante más de medio siglo, Castera fue injustamente olvidado; será en las últimas décadas de la centuria pasada cuando, gracias a los acuciosos trabajos de investigadores y críticos, así como al rescate y divulgación de su literatura, tengamos su retorno y la restitución de su obra, a la cual se le proporciona el lugar que le corresponde en la historia de la literatura mexicana. Así, las diferentes semblanzas de sus biógrafos lo revelan como un personaje de variados intereses y facetas diversas, como un autor extraño y único en las letras nacionales.[2] A las indagaciones de sus estudiosos, quienes lo han rescatado de las sombras y sus difusos contornos, se debe el siguiente apunte biográfico.

Pedro Castera nació en la Ciudad de México el 23 de octubre de 1846. Fue hijo de José María Castera, secretario del Tribunal de Minas y tesorero la Escuela de Minas, y de Soledad Cortés. Quedó huérfano de padre a los cuatro años y la madre debió trabajar mientras el hijo "vagabundeaba por plazas y

---

[2] Me refiero a los siguientes trabajos: Luis Mario Schneider en el prólogo a *Impresiones y recuerdos*, donde además se recogen, con excepción de *Carmen*, todos los textos de ficción de Castera; Antonio Saborit y su prólogo a *Pedro Castera*; Gonzalo Peña y Troncoso en "Pedro Castera. Autor de la novela *Carmen*", para la *Revista de Oriente*; Carlos González Peña en el prólogo a *Carmen*; y Clementina Díaz y de Ovando, "Pedro Castera, novelista y minero", en *Estudios Mexicanos*.

calles". Hizo sus primeros estudios en la escuela del ex Convento de San Francisco, bajo la tutela de Felipe Sánchez Solís. En 1855, con la inestabilidad que provocó la caída de Santa Anna, suspendió sus estudios en el colegio del profesor Pedro Delcour. Seis años después, desplazado por la Guerra de Reforma, se tiene noticia de que trabajaba como obrero en una fábrica de pólvora en Michoacán, al mismo tiempo que estudiaba matemáticas en el Colegio de San Nicolás de Hidalgo. Una vez terminada la Guerra de los Tres Años y bajo la protección de su tío Ignacio Castera, comenzó la carrera de ingeniero minero en el Colegio de Minas, la cual abandonó porque se alistó como soldado para luchar valientemente contra la Intervención francesa. Estuvo en el sitio de Querétaro bajo las órdenes del general Manuel Loera, quien le confirió el grado de comandante. Tiempo después fungió como regidor de policía de la ciudad de Querétaro y estuvo a punto de ocupar una curul en la Cámara de Representantes del mismo estado, pero su juventud —contaba con apenas 21 años— se lo impidió. En 1867, al ser derrocado Maximiliano, entró a la capital del país en las filas de las fuerzas libertadoras, luego de lo cual inició sus estudios formales de química y mineralogía. Una vez terminada su instrucción en este ámbito, solicitó y obtuvo del gobierno un privilegio para extraer nitro artificial y fabricar alcohol por medio de un sistema de su propia invención.

En 1869, un acontecimiento funesto habría de cambiar la vida de Castera, pues su noviazgo con Margarita del Collado y Gorgollo devino en ruptura; debido a este desengaño, el inventor decidió arrancar a la tierra la fortuna con la que hubiera podido satisfacer los anhelos de riqueza y las veleidades de su amada. De esta pasión y de los delirios amorosos del poeta dan cuenta algunos de los poemas del libro *Ensueños y armonías* de 1882. A causa de este suceso, Castera abandonó la capital y pasó más de dos años buscando tesoros y trabajando como minero en San Luis Potosí, Zacatecas, Durango, Guerrero, Michoacán y Guanajuato. La estancia en estos territorios contribuyó a desarrollar su faceta de inventor, pues los descubrimientos que realizó se consideraron innovadores para la tecnología minera en México. Asimismo, todas estas experiencias por el mundo subterráneo de las minas modelaron definitivamente su literatura, tanto la prosa de ficción como sus ensayos científicos y aun la poesía.

En 1872, Pedro Castera regresó a la Ciudad de México y empezó a colaborar en la prensa periódica, donde dio a conocer comunicaciones espiritistas, así como artículos científicos y escritos literarios que le fueron concediendo, paulatinamente, un lugar en el ámbito de las letras. Para Castera, la década de los setenta fue de trabajo fecundo en las páginas del periodismo nacional: primero en *El Domingo* de Gostkowski, y más adelante en *El Artista* y *El Eco de Ambos Mundos*. En noviembre de 1873 comenzó a publicar en *El Federalista* de Alfredo Bablot, donde permaneció hasta 1877 y difundió más de cuarenta textos entre poemas, cuentos y artículos científicos. Antes, en 1875, vio impreso su primer libro de poemas, *Ensueños*. Completaron esta década sus colaboraciones en la *Revista Mensual Mexicana* (1877), donde publicó "El Tildío". Asimismo participó con entusiasmo en la fundación del Círculo Gustavo Adolfo Bécquer —junto con Agustín F. Cuenca, Manuel Gutiérrez Nájera y Anselmo de la Portilla hijo— y escribió algunos artículos en *Las Páginas Literarias*, medio de difusión de las actividades de la Asociación.

A partir de 1880, Castera formó parte del cuerpo de redactores de *La República*, donde sustituyó como director a su amigo y protector Ignacio M. Altamirano, de enero a junio de 1882. En los años de esta década, Castera vio salir de la imprenta casi toda su producción literaria y periodística resultado de diez años de trabajo: *Ensueños y armonías*, *Impresiones y recuerdos*, *Las minas y los mineros*, *Los maduros* y *Carmen*, obras todas ellas resultado en parte de sus experiencias de vida y de sus convicciones religiosas como militante del espiritismo.

Después de un convulso año de 1882, saturado de actividad literaria y periodística, Castera dejó la dirección de *La República* para atender un problema de propiedad de tierras en Michoacán. Esta circunstancia, que le fue adversa, la febril diligencia de trabajo que pudo provocarle un estado de agotamiento extremo, así como su participación en la revuelta del níquel durante la administración de Manuel González, son algunas de las hipótesis que se han planteado como los posibles motivos de una crisis mental que lo condujo a recluirse en el Hospital de San Hipólito en 1883.

El episodio de locura de Pedro Castera seguirá siendo uno de los enigmas de su vida. Su ingreso en el hospital de dementes causó conmoción entre sus amigos, quienes demandaron a la Cámara de Diputados el estipendio mensual que correspondía al enfermo; la petición fue desfavorable y nunca se entregaron a la madre de Castera, Soledad Cortés, los 250 pesos del salario mensual de su hijo, dinero de donde saldría el pago de los gastos del hospital. Se desconoce la fecha precisa en la que Castera abandonó San Hipólito, aunque Schneider plantea que fue en 1889 (Schneider *apud* Castera 1987a: 17); al año de ser internado, algunos periodistas pidieron su salida, pero se lo impidieron, a decir de los médicos, la forma de su locura —"lipemanía y delirio de persecución"— así como una de las monomanías del escritor: "el aborrecimiento a la respetable autora de sus días". Lo cierto es que entre 1885 y 1899, algunas publicaciones periódicas registran colaboraciones suyas. En 1890 comenzó a publicar en *El Universal* la novela *Querens*, a manera de folletín, y más tarde *Dramas en un corazón*. Poco a poco se apartó de las letras y en diciembre de 1906, "soltero, impenitente, hosco escéptico y enfermo del corazón", Castera murió en el olvido en su casa de Tacubaya.

En relación con el espiritismo que él profesó, visión del mundo decisiva en su pensamiento y práctica literaria, merece la pena detenerse, aunque sea de manera concisa, en esta doctrina. Además de su efusión por la vida de los mineros, Castera fue un vehemente espiritista. La presencia de esta filosofía en su obra constituye un motivo de gran interés para comprender su producción artística y de paso para estar al tanto de uno de los capítulos más apasionantes de la historia cultural de nuestro país. Gracias a las investigaciones sobre el espiritismo en México que han emprendido Antonio Saborit, José Mariano Leyva Pérez Gay y José Ricardo Chaves,[3] han surgido nuevas vías de interpretación en torno a la obra de Castera y de algunos otros de sus contemporáneos pertenecientes al movimiento modernista.

El espiritismo fue una corriente de pensamiento que surgió en Francia y se diseminó con rapidez y aceptación entre los países de Occidente. Nació en una época de crisis y reforma religiosa como consecuencia de un proceso de secularización de las ideas y de la visión del mundo, que supuso una cierta debilidad de las instituciones religiosas dominantes. Se consideraba "una filosofía que interpretaba la vida desde un punto de vista que combinaba ciencia y humanismo. Su interpretación buscaba el consuelo piadoso, a pesar de repudiar la trampa de las iglesias; inquiría en el progreso a pesar de no estar de acuerdo con los científicos dogmáticos" (Leyva 2006: 1). El espiritismo tuvo entre sus partidarios a gente letrada y educada, de clase alta y media que poseía inclinaciones librescas y utilizaba la literatura como vehículo para la propagación de la doctrina. Mostraba en sus cimientos una pretensión científica que denotaba un paradigma sincrético, es decir, la unión de la ciencia y la religión, de la sensibilidad y la racionalidad. Debido a ello, el espiritismo buscó la comprobación científica de una vida *post mortem*, y pretendió establecer la comunicación con los difuntos. Obtuvo su prestigio doctrinal con tono filosófico gracias al francés Allan Kardec, quien añadió a los planteamientos de esta disciplina la teoría de la reencarnación y de los muchos mundos y reforzó el perfil ético del espiritismo al subrayar la ayuda al prójimo. De allí que se desarrollaran dos vertientes de la doctrina, la empírica y la kardeciana, la cual tuvo más seguidores en México (Chaves 2005: 51-60). Allan Kardec es el sobrenombre de Hippolyte Léon Denizard Rivail, quien escribió dos obras importantes sobre su propuesta filosófica, las cuales tuvieron gran aceptación y demanda y fueron difundidas por sus seguidores: *El libro de los espíritus* y *El libro de los médiums*.

---

[3] Los trabajos de estos autores son recientes y tratan aspectos muy diversos del espiritismo. Saborit se centra en la presencia de este credo en el liberalismo mexicano, en la divulgación que tuvo esta corriente en el país por medio de sus periódicos y asociaciones, y en su importancia en la obra de Pedro Castera; Leyva Pérez Gay hace un estudio de esta filosofía desde sus orígenes, y su relación con otras doctrinas; asimismo habla de sus manifestaciones, de cómo llegó a México y quiénes la profesaron. Por su parte, Chaves elabora un planteamiento general del espiritismo y otras expresiones religiosas y se detiene en la relación espiritismo y literatura en las letras mexicanas de los siglos XIX y XX.

El espiritismo llegó a México por la provincia. Las primeras asociaciones espiritistas se concentraron en Guadalajara, donde se hicieron algunas traducciones de los libros de Kardec y donde en 1869 Benigno Sánchez editó el bisemanario *La Ilustración Espírita*, cuya segunda época tuvo como sede Guanajuato en 1870. Poco tiempo después, los grupos espiritistas se disolvieron por ser vistos como conspiradores, por lo que la tercera época de la revista vio la luz en la capital en 1872, año en el que además se fundó la Sociedad Espírita Central, suceso que daría orden y auge a la doctrina. Así, en el país el espiritismo era sinónimo de una publicación y un nombre: *La Ilustración Espírita* y Refugio I. González; la revista fue el órgano de difusión de esta doctrina durante muchos años y González, general del ejército liberal, uno de sus pensadores más incansables, pues su lucha a favor del espiritismo abrió la contienda contra el positivismo. La "ciencia materialista", como la llamaban, no podía satisfacer ni consuelos morales ni ópticas científicas osadas. Durante abril de 1875, la influencia del espiritismo dejó sentir su dominio en las artes, las ciencias y la literatura; en el ámbito de la literatura, fue motivo de largos argumentos razonados en el salón de sesiones del Liceo Hidalgo. Asistieron a estas reuniones personajes como Francisco Pimentel, Gustavo Baz, José Martí, Santiago Sierra, Justo Sierra, Gabino Barreda, entre muchos otros. Las disputas versaban en torno a la defensa del espiritismo o su imposibilidad, la idea de la ciencia y la idea del espiritismo como ciencia filosófica, así como el papel de la religión y de la moral en esta doctrina. La sociedad espiritista constituyó una de las nuevas asociaciones intelectuales del México moderno: "Era un espacio no sólo con profundas raíces liberales sino además con un discurso unitarista que bien pudo permear el discurso político del liberalismo doctrinario durante el Porfiriato, es decir, el vocabulario restauracionista y la obsesión asimismo unitaria en torno del legendario Partido Liberal, así como permeó el vocablo que expresaba todas sus fobias: la tiranía, del signo que fuese" (Saborit 2004: 24).

Fue durante el establecimiento del espiritismo en la Ciudad de México, en 1872, cuando Pedro Castera se incorporó al periodismo, más como médium que como escritor, pues en mayo de ese año publicó en *La Ilustración Espírita* los testimonios de sus comunicaciones con el más allá. Adoptó el espiritismo, esa vida a media luz y de movimiento de mesas, por influencia directa de su tío Ignacio Castera, ferviente espiritista y vocal del consejo directivo de la Sociedad Espiritista Central, quien moriría en 1873, después de un año de intensa comunicación con los espíritus en el círculo Allan Kardec, cuyo fundador fue el mismo Pedro Castera. Las primeras participaciones de éste se publicaron con títulos como "Un suicida" o "El Infierno", firmadas como "Un espíritu" o "Un espíritu que sufre". En esta misma línea, pueden considerarse sus relatos en diversos periódicos: "Nubes" y "Un viaje celeste" de 1872, y "Ultratumba" de 1874 que narra el trance espírita más común y que podría juzgarse como la experiencia iniciática de Castera.

Plenamente convencido del espiritismo, difundió su "Profesión de fe", donde, de manera breve y clara, declaró que creía en Dios y en la "pluralidad de los mundos habitados", en la inmortalidad del alma y la pluralidad de sus existencias en que "el alma al desprenderse del cuerpo puede quedar habitando temporalmente nuestra atmósfera [...] creo que estas almas pueden entrar en comunicación durante su permanencia en el espacio, con las almas encarnadas o seres humanos que habitan la tierra" (Castera 1872: 178). "Creo en el espiritismo", escribió Castera, como religión y como ciencia; y explicaba así los dos caminos de la doctrina:

> Como religión porque su base es el Cristianismo puro, el Evangelio predicado por el mártir del Gólgota, limpio de todas esas manchas que los papas y el fanatismo han arrojado sobre él. Como religión porque enseña los principios absolutos del bien, de la moral y de la caridad universal.
>
> Como ciencia porque encierra las reglas más precisas y las demostraciones más lógicas, para probar al hombre la inmortalidad del alma y la existencia de la Divinidad. Como ciencia porque ella nos da los medios para entrar en comunicación con las almas del mundo invisible, probando así, que la palabra muerte debe borrarse de la página inmortal de la Creación (*idem*).[4]

Así, en el espiritismo Castera vislumbró una doctrina que, lejos de contravenir sus convicciones liberales, permitía la convivencia de éstas con sus principios religiosos. Ambas creencias habitaron en sus textos con la honestidad de quien las ejerció con vehemencia también en su vida. Por su obra y su temple, Pedro Castera fue un "excéntrico", un escritor que bien podría figurar en la galería virtual de "los raros" de la literatura mexicana y formar parte de un libro semejante a ese volumen espléndido de Rubén Darío, porque como advirtió el poeta nicaragüense, convertirse en uno de los "raros" equivalía a ganar el derecho a ser leído.

"HE AQUÍ POR LO QUE AHORA ESCRIBO": EL CUENTISTA

Pedro Castera publicó en vida dos libros de cuentos: *Impresiones y recuerdos* y *Las minas y los mineros*, los cuales testimonian su trabajo en el género breve. La mayoría de las narraciones que integran estos volúmenes fueron dadas

---

[4] Este artículo apareció el 15 de diciembre de 1872 en *La Ilustración Espírita*, donde pueden encontrarse sus colaboraciones como médium; ahí declaraba: "Como médium que soy, las comunicaciones que obtenga y que publique irán firmadas, siendo yo el único responsable de las ideas que en ellas viertan los Espíritus" (Castera 1872: 178).

a conocer en las publicaciones periódicas donde colaboraba el autor y, posteriormente, merecieron dos ediciones; la segunda podría considerarse la versión definitiva, pues fue la que decidió el autor.

La primera edición de *Impresiones y recuerdos* apareció en 1882, año en el que se publicaron también la segunda edición de *Las minas y los mineros* y la novela *Carmen*, la obra más famosa del autor y por mucho tiempo la más leída y comentada. Debido tal vez al éxito inmediato que obtuvo esta novela y al recibimiento entusiasta que consiguió *Las minas y los mineros*, la recepción de *Impresiones y recuerdos* fue escasa y el libro pasó prácticamente desapercibido. Sólo conocemos el prólogo de Adolfo Duclós Salinas, en el que destaca el talento del autor, pues considera que algunos de los cuentos "son verdaderas joyas de arte y sentimiento", donde además sobresalen "el brillo, la profundidad y belleza de algunos pensamientos" (Duclós *apud* Castera 1882: 209).

Más de medio siglo habría de transcurrir para que la segunda edición de *Impresiones y recuerdos*, la de 1887, mereciera, en 1957, la atención crítica de Donald Gray Shambling, quien en su acuciosa investigación sobre la vida y la obra de Pedro Castera nos ofrece un documento valioso. Las narraciones de *Impresiones y recuerdos* nos remiten, como ostenta su título, a un género sin definición precisa. El término "impresiones" se relaciona con la crónica porque cuenta hechos del pasado, y también con las memorias y la autobiografía. Posee un carácter episódico donde se relatan sucesos relacionados con la vida del autor, como ocurre en las memorias, y se asemeja a la autobiografía por el carácter testimonial y la escritura en primera persona. Luis Mario Schneider considera que las impresiones son: "una forma que flota entre una narrativa con argumentación y un desahogo lírico excesivamente sentimental. Más exactamente las impresiones se podrían determinar como un extenso poema en prosa intimista aunque no exento de sofisticación y de hipersensibilidad [...] podría decirse que las impresiones son también crónicas de estados de alma, lo que permitiría insertarlas dentro de la obra poética de Castera" (Schneider *apud* Castera 1987a: 24).

En efecto, al transitar por las páginas de *Impresiones y recuerdos*, advertimos el carácter marcadamente autobiográfico y sentimental de estas narraciones. En varias de las historias ("Los ojos garzos", "Un amor artístico" y "Ángela"), hay una identificación entre el narrador y el protagonista, pues es este último quien cuenta varios episodios de su juventud, pero lo hace desde la edad adulta. La voz narrativa es la de un hombre mayor y enfermo que recuerda con cierta ironía y decepción de sí mismo los años juveniles; las experiencias amorosas, las relaciones con los amigos y el dinero son los males que lo agobian; los relata con un tono moralizante y con plena conciencia de que hay un lector, a quien, con mucha frecuencia, se refiere para solicitarle que sea paciente y continúe leyendo. Los primeros siete cuentos tienen claros tópicos románticos: mujeres frágiles, anhelantes, amores desgraciados y rebeldía contra la burguesía. A partir del texto "Un viaje celeste", la temática cambia, pues éste y los siguientes relatos se centran tanto en las ciencias, como la astrología y astronomía, como en reflexiones de carácter filosófico. En esta obra su autor vincula los cuentos por medio de personajes, temas y escenarios, lo que proporciona a la serie una dinámica interna específica; luego, en la lectura, es el lector el encargado de observar dichas constantes.

Al estudiar *Impresiones y recuerdos*, Shambling clasificó los doce relatos de este libro tanto por el contenido como por el tema. Por el contenido: "los que recuerdan con sátira el pasado del autor; los que presentan amores en la vida del autor; los que idealizan a la mujer o al amor; los que se dedican a exaltar a Dios y moralizar con tono místico". Por el tema, reunió los cuentos en tres grupos: el primero, denominado "el fatalismo de Castera", incluye: "Un amor artístico", "Los ojos garzos", "Ángela", "Sin nombre" y "Sobre el mar"; el segundo, los cuentos de tono "místico y moralizante": "El mundo invisible", "Ultratumba", "Nubes" y "Un viaje celeste"; y en el tercero y último grupo, llamado "los relatos pasionales", considera a "La mujer ideal", "Relámpagos de pasión" y "Cosas que fueron" (Shambling 1957: 31-37).

En el aspecto formal, el crítico destaca los aciertos y yerros de Castera; asevera que el estilo del autor en los relatos amorosos, los oníricos y los poemas en prosa es rebuscado, las ideas son vagas y profusas, con una adjetivación inadecuada. Aprecia los relatos íntimos, les concede valor literario, pues son sinceros, sencillos y naturales. A mi juicio, la valoración de Shambling es acertada. Sin embargo, no incluyó en su análisis la presencia del espiritismo, que se aprecia en "Nubes", "Ultratumba" y "El mundo invisible", narraciones en las cuales se contemplan la comunicación con los espíritus y la posibilidad de la vida después de la muerte, y donde también se patentizan algunos de los postulados de Kardec, como la apreciación de los espíritus mediante los sentidos y la idea del alma como un espíritu encarnado cuyo cuerpo no es más que una envoltura. "Nubes", por otra parte, sintetiza la orientación de Castera a la vez que puede servir de suma de toda su literatura. La narración, que concluye con una cita de Victor Hugo, presenta, como bien observó Schneider, "enfoques ideológicos que se decantarán, pero no se modificarán substancialmente a lo largo de toda la producción de Castera: una dualidad por navegar entre las aguas idealizantes del romanticismo y las del realismo cientificista" (Schneider *apud* Castera 1987a: 19).

Recientemente, Dulce María Adame dedicó un documentado y acucioso estudio a *Impresiones y recuerdos*, donde emprende un exhaustivo análisis de las estructuras, los temas, los tipos de narrador, los personajes y los espacios en que transcurren las narraciones. En su trabajo, ofrece una novedosa lectura de este poco frecuentado libro, tanto en sus aspectos formales como ideológicos. Llega a una consideración importante que nos lleva a pensar en la obra de Castera desde una nueva perspectiva: pese a encontrar diferencias evidentes entre *Impresiones y recuerdos* y *Las minas y los mineros*, Adame González considera que "la elaboración artística del autor mantiene un mismo trasfondo: la doctrina espiritista. Si dicho pensamiento se concibe como uno de los numerosos intentos por recuperar o restablecer un soporte que contrarreste la «ausencia de Dios», dentro del proceso de secularización que se vive en el siglo XIX, podría plantearse la posibilidad de ver a Pedro Castera como un autor moderno, que no modernista" (Adame 2008: 175); es decir, el autor sería un ecléctico que empleó recursos de diversas corrientes literarias en su narrativa, donde prevalecen, no obstante, elementos estéticos del romanticismo y del realismo.

Vayamos a la colección *Las minas y los mineros*, la cual tuvo una entusiasta recepción en el siglo XIX debido, entre otros factores, a la singularidad de su tema —la vida minera— y al prólogo que Ignacio Manuel Altamirano le escribió; ya en el siglo XX, la obra fue restituida a la historiografía literaria gracias a los empeños de Luis Mario Schneider quien, además de estudiar los dos volúmenes de cuentos del autor, se propuso divulgarlos. En 1956, Luis Leal apuntó que los cuentos de Pedro Castera incluidos en *Las minas y los mineros* (1882) eran de un ambiente y tonalidad "romántico sentimental". Sin entrar en mayores detalles —porque el carácter global de la obra, una historia del cuento, se lo impedía—, ubica a Castera en lo que cronológicamente conocemos como el nacionalismo (1867-1883) y, en particular, en lo que llama "el cuento sentimental o romántico retardado". Según el mismo Leal, este tipo de cuento lo cultivaron Ignacio Manuel Altamirano, Pedro Castera y Justo Sierra; en él predominan "los sentimientos, expresados de una manera muy moderada y hasta sobria algunas veces. En los temas, nada descabellados, predomina el nacionalismo. Este cuento sentimental es el precursor del cuento modernista de Nájera" (Leal 1990: 48). En el *Diccionario de escritores mexicanos*, María del Carmen Millán considera que *Las minas y los mineros* y *Los maduros*, novela corta, tienen "la novedad de pintar la vida minera y los trabajos y abandono, desde el punto de vista social, de una de las clases trabajadoras de México". Ve en el autor a "un novelista de transición entre el romanticismo y el realismo y [...] un precursor de la actitud de rebeldía y protesta que es característica del periodo realista" (Millán 1967: 71). Por su parte, Emmanuel Carballo, en su *Historia de las letras mexicanas en el siglo XIX*, en el apartado dedicado al cuento, incluye a nuestro autor en una segunda generación romántica y señala, a propósito de *Las minas y los mineros*, que en esta obra Castera "agrega elementos realistas a su visión del mundo romántica" (Carballo 1991: 93).

En términos generales, las opiniones sobre la obra de Castera son dignas de tomarse en cuenta, porque destacan, a grandes rasgos, sus principales características. Ya Ignacio Manuel Altamirano, en su prólogo a *Las minas y los mineros*, observaba el carácter completamente innovador, para esa época en México, de un escritor cuyo tema era "esa vida llena de constantes peligros, de terribles sorpresas y de pavorosas emociones" (*apud* Castera 1987b: 38). En cada uno de los textos que integran el volumen, encontró valores que para él eran esenciales e incluso estableció paralelismos entre el sistema de trabajo de Castera y Julio Verne o, por otro lado, declaró que algún personaje de los cuentos no podría ser desdeñado por Victor Hugo. En efecto, Altamirano pondera las características que en *Las minas y los mineros* respondían a la búsqueda de una expresión nacional en el contenido y pone de relieve "las *tradiciones y leyendas* tan importantes en la historia minera, las *creencias y supersticiones* siempre abundantes entre los que viven en las sombras, *tecnicismo industrial, leyes y costumbres*, todos los elementos que se prestan a la literatura romanesca y original [que] son absolutamente especiales" (41; las cursivas son mías). Es decir, aquello que por su origen exclusivamente mexicano y, en particular, por su procedencia, proporciona la imagen de un aspecto propio y por lo tanto nacional. En *Las minas y los mineros*, Castera logró darle cierto carácter nativo a las letras por medio de las referencias al trabajo en las minas, la descripción de los paisajes y las constantes alusiones a la vida de los mineros: sus conversaciones y creencias, la jerga en que se comunicaban, o bien mediante la designación técnica del mundo inmediato que los rodeaba, sus leyes y costumbres.

En su prólogo, Altamirano no sólo exaltó los lugares y los personajes que protagonizaban las historias de Castera, sino también advertía algunas peculiaridades netamente literarias, si se quiere dispersas; este libro, afirmó: "reúne a la belleza del estilo y a la exactitud de la descripción, una cualidad rara y que, poco ha, sentimos no encontrar siempre en producciones literarias de México, a saber, la originalidad" (37). Y, también, cada una de las narraciones cuenta con una "unidad de la emoción minera", por lo que el tema no siempre es amoroso, y el autor ha seguido "las leyes de la unidad [...] para interesar fuertemente el espíritu, y para conmover" (42). Quizá sin saberlo a ciencia cierta, Altamirano se encontraba ponderando en estas líneas los elementos imprescindibles en la creación cuentística moderna y, sobre todo, los ubicaba en la obra de Castera.

En efecto, considero que antes de quedarse sólo como un testimonio de transición entre "el romanticismo tardío y el realismo", los cuentos de Castera ofrecen un cúmulo de experiencias intensas y bien narradas, a partir del predominio de las descripciones necesarias y, principalmente, de la noción de unidad. Quizá en la naturaleza del cuento moderno sean incompatibles ambas características, porque, siguiendo a Edgar Allan Poe, el teórico del género como lo entendemos en su forma moderna, la brevedad es proporcional a la intensidad. Sin embargo, no es posible negar que en algunos momentos pueden conciliarse la brevedad que resulte en intensidad y la descripción, sobre todo porque la última favorece la creación de una atmósfera, de un espacio tridimensional donde ya no sólo apreciamos el drama de los personajes sino también los resultados de una síntesis peculiar en un ámbito determinado, que asimismo remite a las sensaciones. Tal vez es en la descripción, a la que Castera recurre con frecuencia, donde el romanticismo aflore con mayor evidencia, pero junto a él están los sucesos, las acciones que tienen como eje una anécdota que, sin mayor problema, concluyen en cuento casi moderno.

Las minas y los mineros está integrado por nueve narraciones, cuyas acciones suceden en las minas o en algún espacio relacionado con ellas; las descripciones a que da lugar cada relato mantienen como constante la cruda existencia de la vida minera. El narrador es aquí diferente al de *Impresiones y recuerdos*: es el ingeniero de minas que conoce a cabalidad el tema y que, pasado algún tiempo, puede describir sus experiencias. A veces personaje y testigo presencial, otras sólo refiere algo que le ha sido contado, pero en todos los cuentos puede apreciarse la apuesta literaria del autor: volver convincente lo real. Así, en el cuento "En la montaña", el narrador evocará el derrumbe de un *terrero* sobre la humilde casa de un joven matrimonio. "Una noche entre los lobos" será el testimonio que se ha dado al narrador de una expedición sitiada por lobos. "En plena sombra" recordará la experiencia del narrador y un acompañante en una cueva minera. En "La guapa", una mujer que trabajaba en las minas contará una anécdota de asesinatos e intento de violación. En "El pegador", un hombre encargado de encender cargas explosivas sobrevive a ellas sin amedrentarse, mostrando siempre entereza y arrojo. "En medio del abismo" evocará lo que ocurrió entre un administrador de minas y un cajonero que no simpatizaban por motivos de una mujer. En "¡Sin novedad!", un hombre salva la vida de algunos mineros atrapados sin mostrarse vencido en ningún momento. "El Tildío", con un personaje infantil heroico, narrará la búsqueda desesperada de un túnel que lleve a la salida cuando un grupo de mineros ha quedado atrapado. Por último, "Flor de llama", en una clara familiarización con las leyendas becquerianas, contará el suicidio de una bella joven provocado por una decepción amorosa.

Desde una perspectiva amplia, los cuentos de Castera recuperan recursos habituales en los narradores del siglo XIX: remiten a una realidad concreta, pues cada relato tiene, de una u otra manera, un carácter testimonial; existe un afán de indicar los lugares precisos a partir de descripciones detalladas, e incluso aparecen fechas y nombres. Pero en el momento de aventurar una clasificación por grado de intensidad, resulta innegable que cada uno de los cuentos fue elaborado siguiendo lo que Altamirano muy vagamente apreciaba y cuya síntesis proporcionan los cuentos mineros.

De acuerdo con una tradición que va de Poe a James Joyce, en el género breve "existen dos tipos básicos de cuentos: los que se concentran en la anécdota y en su sorpresivo desenlace, y aquellos que logran establecer un clima, una atmósfera, un tono que, en los relatos logrados, contiene la paradoja inherente a todo buen relato" (Lara 1992: 550). Evidentemente, Castera está lejos de los estremecimientos morales o interiores de los personajes de James Joyce o Antón Chéjov: la Guapa no tiene un conflicto interior porque ha asesinado a su hermano en una equivocación; Evely, en cambio, en el texto homónimo de Joyce, debe decidirse entre abandonar a su padre anciano y fugarse con un marinero. Conocemos la resolución de ambos relatos; por lo que sería más apropiado acercar a Castera al primer tipo de cuentos, es decir, los que se concentran en la anécdota mediante una narración ágil y entretenida, donde el autor crea la suficiente tensión para mantener atentos a los lectores. Asimismo, conviene no perder de vista las amplias y profundas descripciones, porque su presencia no absorbe nunca las acciones de los personajes que, en constante movimiento, se enfrentan a los más diversos avatares. A su vez, esas descripciones permiten a su autor exponer ciertas consideraciones de orden panteísta, donde Dios o la idea de armonía y equilibrio aparecen constantemente, dejando ver también sus ideas religiosas de corte espiritista.

Con excepción de "En la montaña" y "Flor de llama", los cuentos de Castera se centran en una anécdota que tiene como finalidad la exaltación del trabajo minero y, particularmente, del valor que esos hombres demuestran en el momento de enfrentarse con algún peligro. Tal vez por ello, al describir a sus personajes como "titanes de la noche" o "legión de Prometeos que avanzaba entre las tinieblas de aquel intestino colosal", Castera no sólo está vindicando el extraordinario trabajo subterráneo mediante referentes míticos para legitimar la valentía de aquellos hombres mexicanos, sino que además vindica al obrero mundial, con lo cual universaliza el tema. Así, los personajes desfilan por corredores subterráneos, algunas veces se enfrentan entre ellos, otras veces deben combatir contra incendios o derrumbes o deben rescatar a sus compañeros, pero lo esencial es ser siempre valiente, conservar un carácter que los ennoblezca antes que envilecerlos, como sucede en "El pegador". En este relato, Luciano Cerbera ha quedado atrapado en la mina cuando abrían un tiro a fuerza de dinamita y, por tanto, corre el peligro de morir en una explosión. A cada una de las detonaciones, Cerbera grita "¡Sin novedad!", mientras sus compañeros rezan el alabado hasta que, progresivamente, los inunda el júbilo. Esta narración resulta ejemplar para mostrar cómo se van articulando los puntos de intensidad en que se adentra el cuento. La intensidad se produce en la presentación sucesiva de acciones: ante cada explosión, los personajes experimentan un cambio de ánimo, desde el suspenso hasta la euforia final, cuando Cerbera logra escapar. Después de todo, lo que cada minero hace en su trabajo es desafiar a la muerte, y será frecuente que el narrador conjure el miedo o lo niegue en sus personajes.

He sostenido que las descripciones se ligan al carácter peculiar del cuento de Castera porque proporcionan la creación de un ambiente, es decir, de un espacio bien definido, pero también de un punto en que convergen las fuerzas de los personajes o las situaciones en que se encuentran. Dos ejemplos que me parecen excelentes son la descripción de la noche que se plaga de aullidos en "Una noche entre los lobos", y las imágenes de las bóvedas acosadas por las llamas en "El Tildío".

Quizá al momento de analizar estructuralmente los cuentos de Castera encontremos algunas deficiencias sólo apreciadas ahora. Si es cierto que todos ellos poseen el esquema inicio, nudo y desenlace, y que el nudo es, en efecto, un punto de clímax narrativo y, además, la intensidad de la narración se incrementa poco a poco, no podemos omitir la dilatación que desgasta a "El Tildío" en cuanto a efecto dramático porque, después de todo, el final es predecible.

Las minas y los mineros ha ido mereciendo, paulatinamente, análisis exhaustivos y luminosos, porque si Altamirano fue capaz de reconocer que "allí el peligro se envuelve en la sombra y la poesía se atranca, como el oro en medio de los escalofríos del terror y la fiebre", los lectores contemporáneos han descubierto en los cuentos de Castera valores que van más allá de la denuncia social o de la transición entre una corriente literaria y otra, como lo muestran investigaciones recientes.[5]

Como químico, ingeniero y escritor, Castera conoció las piedras porque formaba parte de ellas; su esencia de minero, hecha de polvo del mundo, no olvidaba su origen, y todo lo que era inanimado lo hacía hablar mediante sus personajes secretamente relacionados, como agentes e intérpretes de lo subterráneo. Al escribir sus cuentos mineros, sabía que la vida de los hombres estaba allí, agitándose entre los socavones. Por ello, siempre se sintió orgulloso de haber sido minero y de pasar en las minas momentos de angustia y agonía. Así lo confesó cuando el 5 de diciembre de 1875 publicó, en la edición literaria de *El Federalista*, "En medio del abismo", su primer cuento de este tipo, acompañado de un preámbulo esclarecedor, donde ofrecía una especie de autodefinición que permite entenderlo como artista y como minero; esta relación no implicaba un desapego de sus preocupaciones estéticas, porque para él ella se fincaba en la búsqueda de lo infinito, de la idea, de la verdad, y su arte es una manera del conocimiento:

Algunos poetas me honran llamándome su hermano; como desterrado en la Tierra yo soy hermano de todos los proscritos, pero por lo mismo lo soy de los

---

[5] Me refiero a las investigaciones de Dulce María Adame González (2008) y Leonora Calzada Macías (2007), cuyos análisis de *Las minas y los mineros*, dedicados tanto a la temática y a los personajes, como al espacio y a los recursos estéticos, iluminan muchos aspectos de la construcción artística de esta obra.

mineros; es en nombre de estos últimos por lo que ahora tomo la pluma para probar que también el minero es soñador, pero soñador en el peligro, en las tempestades, en lo terrible; los primeros sienten y cantan, los segundos luchan y sollozan; los unos en la plenitud del corazón y del sentimiento, los otros en medio del peligro y del trabajo; diversa forma, pero fondo idéntico; el sentimiento encierra la lucha, el canto oculta el sollozo en el poeta y en el minero, las dos almas sienten la misma enfermedad, enfermedad sublime, la nostalgia del infinito, la nostalgia del cielo; unos quieren poseerlo, los otros aspiran a mirarlo; ambos sueñan y sufren, ambos son mis hermanos; por los dos siento, y el llegar a distinguirme entre ellos, llena mi aspiración.

He aquí por lo que ahora escribo, y mis lectores perdonarán el estilo de las siguientes líneas: estamos en confianza; es así; como en familia (Castera *apud* Saborit 2004: 239).

CIUDADANO DEL CIELO Y DE LA TIERRA: EL NOVELISTA

Pedro Castera le debe a *Carmen* (1882) su lugar como novelista en las letras mexicanas, quizá la faceta más conocida del escritor hasta hace varias décadas. Sin embargo, además de *Carmen*, novela considerada la más alta expresión de la narrativa sentimental en la literatura nacional del siglo XIX, él también es autor de *Los maduros* (1882) y de *Dramas en un corazón* (1890), ambas obras de tema minero, así como de *Querens* (1890), una narración extraña que lo sitúa como pionero de la ciencia ficción en nuestro país. *Carmen* fue una de las novelas más populares en el siglo XIX; apareció publicada en el folletín de *La República* en 1882 y vio su segunda edición —en volumen impreso por Eusebio Abadiano— en 1887, con prólogo de Vicente Riva Palacio. Aunque la recepción de la obra entre sus contemporáneos fue afortunada, los comentarios malintencionados, debido a la pugna entre espiritistas y positivistas, no se hicieron esperar. En *La Libertad*, se dijo que *Carmen* era una novela de las que "pueden llamarse de peso, por lo voluminoso al menos", pero las declaraciones en defensa de Castera no demoraron y en el debate que propició se publicaron versos a favor y en contra de la obra del escritor minero.

Durante el siglo XX, el consenso general de la crítica considera *Carmen* como la novela sentimental más importante del siglo XIX mexicano; tal es el juicio de Carlos González Peña, Ralph Warner, Luis Mario Schneider y Emmanuel Carballo. Asimismo, se ha comentado, invariablemente, que en muchos aspectos *Carmen* sigue a *María* de Jorge Isaacs; sin embargo, González Peña se encargó de poner las cosas en su sitio y, sin dejar de reconocer las afinidades biográficas entre los dos autores y los vasos comunicantes que mantienen sus novelas, demostró los rasgos distintivos de *Carmen*. A su juicio, esta obra presenta diferencias con *María* en el desarrollo del tema, en el carácter de los personajes y en la singularidad del idilio amoroso.

Fue seguramente la peculiaridad de este idilio —la de un amor desdichado y en apariencia imposible— uno de los motivos que propició la gran aceptación de *Carmen* entre los lectores de su época. La trama de la novela es sencilla. Narra la historia de un hombre de treinta y cinco años, galante y calavera, que al regresar a casa luego de una de sus habituales parrandas, encuentra a una niña abandonada. La recoge, la lleva a vivir con su madre, y entre ambos se hacen cargo de su esmerada educación y le dan el trato de hija. Debido a asuntos de carácter familiar, el protagonista —de quien nunca sabemos el nombre— se marcha durante dos años. Mientras tanto, Carmen se convierte en adolescente, se entera de su orfandad, y empieza albergar una pasión por el hombre que creía su padre. Él regresa, y todos los sentimientos y deseos que durante su ausencia albergó por Carmen culminan en un ardiente enamoramiento. Como ambos saben que no existe obstáculo para amarse, cultivan ese sentimiento y lo mantienen en secreto. Todo transcurre sin contratiempos, hasta que Carmen sufre la primera crisis de una enfermedad mortal llamada hipertrofia. Por recomendación del médico familiar, se trasladan de Tacubaya a Cuernavaca, donde Carmen mejora, por lo que ellos deciden formalizar su relación. El protagonista comunica a su madre su propósito de contraer matrimonio con la huérfana, pero ella le confiesa que existe un grave impedimento, porque Carmen es su hija y el amor de ambos sería incestuoso. Carmen es fruto de su relación con un antiguo amorío, circunstancia que la madre conoció al leer la carta que acompañaba a la expósita. Tras un obligado destierro y un padecimiento que lo postra, el protagonista, luego de recuperarse, se entera de que no es el padre de Carmen. Regresa a su lado, pero la enfermedad ha causado estragos en ella, por lo que está próxima a la muerte. Pasan juntos los últimos días de la enferma; al final, Carmen muere entre los brazos de su amado.

Sin duda, el prólogo de Vicente Riva Palacio que acompañó la tercera edición de *Carmen* en 1887 inclinó la balanza para juzgar la novela, preponderantemente, como una narración sentimental, según argumentó. Riva Palacio sostenía que frente a la imperante visión materialista de la ciencia que "derriba al corazón del trono del sentimiento, localiza los pensamientos en las circunvoluciones del cerebro", la novela de Castera había nacido al "vivificante calor de ese noble deseo de alentar al hombre que lucha, a la mujer que siente, a la familia que sufre" (Riva Palacio *apud* Castera 1995: 21). Advertía asimismo que existían dos posibles tipos de lectores para esta obra: los hombres de ciencia y los pensadores; haciéndole así una serie de reproches al materialismo y postulando un tipo de lector que el narrador espera: un creyente en Dios que sea capaz de comprender las tribulaciones de los protagonistas (19-22).

Es verdad que en *Carmen* hay visos de novela sentimental, pues la historia conmueve y hasta llegamos a sentir piedad por los protagonistas; sin embargo la considero también una novela romántica, a juzgar por los aspectos que el texto ostenta: el tono confidencial en primera persona que se arroga sólo un punto de vista, la exaltación desmesurada de los sentimientos de los personajes, la idealización del "otro" debida a la imposibilidad amorosa motivada por una serie de obstáculos, el empleo de la falacia patética romántica donde los estados de ánimo y los sucesos están en consonancia estrecha con la naturaleza, la presencia del personaje expósito propia del folletín y el desenlace trágico.

En cuanto a sus virtudes y debilidades narrativas, gracias a que en *Carmen* el idilio se trueca en un drama no exento de tintes melodramáticos, la novela —como bien apreció González Peña— escapa de caer en los excesos de melosidad que prefiguran los primeros capítulos y no se vuelve insoportable. Al transitar por las páginas de la obra, es posible afirmar que Castera apeló a su conciencia de hábil narrador y urdió un relato bien construido mediante la factura de capítulos breves y concentrados. Las descripciones de escenarios y atmósferas se subordinan a un propósito: delinear con trazo firme el carácter de los personajes y concentrar la acción en los nexos entre ellos. Así, la novela gana en intensidad y atrapa la atención del lector. No obstante, la narración incurre en un desliz aparente, porque en el capítulo XXVII hay un cambio de narrador distinto al que venía llevando la voz; esa irrupción es la de un narrador externo que luego desaparece por completo. Respecto al tiempo narrativo, la novela es poco ambiciosa, pues los hechos se sitúan en un pasado, pero desconocemos qué tan lejos del presente de la enunciación. *Carmen* no posee, a mi juicio, grandes artificios literarios; su mérito se halla en la riqueza de asuntos que convoca: el tema del incesto, el discurso de los protagonistas, la configuración de sus temperamentos y la visión del mundo fincada en el espiritismo. Pero bien sabemos que el valor estético de una obra no incumbe solamente a la acertada elección de los temas, sino a la forma literaria como éstos sean tratados, y en este sentido hay en la novela momentos de altura y también desfallecimientos literarios.

Sin embargo, en las incursiones y exégesis que han surgido en los últimos años sobre *Carmen*, los estudiosos ofrecen nuevas lecturas desde perspectivas diversas que resultan de interés en este siglo XXI. Uno de los trabajos más sugerentes es el que emprende Ana Chouciño Fernández (1999: 547-562), quien —con un afán de vindicación del género— hace una revisión de la narrativa sentimental en Hispanoamérica, la cual adopta los modelos europeos del último tercio del siglo XVIII centrados en la espontaneidad, la emoción y la pasión trágica. Obras como *María* de Isaacs, *Carmen* de Castera, *Esther* de Miguel Cané o *Soledad* de Bartolomé Mitre "recurren a las convenciones del género que heredan de Europa" y todas ellas "poseen el denominador común de un narrador con inclinaciones artísticas, que es el verdadero protagonista de la historia, aun cuando los títulos apuntan al protagonismo femenino" (549). Si repasamos la novela de Castera, son varios los momentos en que el narrador pondera el arte en sus diversas manifestaciones e incluso llega a asumirse como artista que da forma a Carmen como si de una estatua se tratase: "Aquella criatura era el cuadro tocado diariamente, era la estatua cincelada instante por instante, era el ensueño cobrando forma [...]" (Castera 1995: 29), "Yo la amaba con la sed insaciable del corazón que ama por la primera vez, y también como se ama la obra de arte a la cual hemos consagrado nuestra vida" (64).

Carmen —afirma Chouciño Fernández— combina el discurso fisiognómico con el científico, modalidad de la novela sentimental para entender el mundo "por el corazón" frente al racionalismo y al empirismo imperantes, o bien para reconciliar dichas posturas. Aunque la investigadora tiene razón, pues la novela posee sobrados ejemplos al respecto, además de que sus argumentos avalarían las consideraciones de Riva Palacio, también juzgo que en la obra hay algunos planteamientos del espiritismo en debate con el racionalismo y el cientificismo, aspectos eludidos por la ensayista, tal vez porque su propósito era otro. No obstante, para Chouciño Fernández hay dos elementos que nos hacen releer y revalorar Carmen desde la perspectiva sentimental: el narrador se transforma en un hombre sensible gracias a la relación amorosa con la protagonista, circunstancia que lo convierte en un "antecedente a todas luces del artista hiperestético, protagonista de la narrativa de fin de siglo" (550). El segundo elemento, ligado al anterior, consiste en que la novela de Castera "ofrece la posibilidad de dos lecturas simultáneas: la primera entraña la observación de las convenciones de la narración sentimental y, la segunda, pone de relieve las problemáticas del artista, por un lado, y de la recepción de la obra de arte, por otro" (idem).[6]

[6] Para exponer el primero, Chouciño Fernández recurre a la presencia en la novela del mito de Pigmalión —quien al transformar una materia, al crearla, descubre el ideal—, aspecto que ya había mencionado Saborit y que la investigadora explora más detalladamente: "la historia es en realidad un pretexto del narrador para llegar a un autoconocimiento personal que lo confirme como un hombre sensible, y en último término, como un artista cuya creación más sublime es la propia Carmen, en quien él se mira y por quien se transforma" (551). Respecto al segundo, la obra promueve dos lecturas: la de los personajes que leen los cambios emocionales en el semblante de los otros (la de la madre y la del médico, quienes interpretan la relación entre el narrador y Carmen de manera distinta); y la que propone que "las novelas sentimentales y en concreto Carmen, deben ser vistas como una apuesta por el arte y una propuesta de una manera más conciliadora y abierta de enfrentarse al texto, al género, y en definitiva, al mundo" (561). En un artículo posterior, "Lectores y lecturas de Carmen de Pedro Castera", Ana Chouciño Fernández y Leticia Algaba desarrollan las propuestas sugeridas en el trabajo inicial de Chouciño; dedican especial atención a la configuración del artista que se produce en el protagonista y al prólogo de Riva Palacio, quien, como se observa, fue el primero en hablar de los posibles lectores de Carmen.

Desde otra perspectiva, Adriana Sandoval presenta un artículo original y novedoso donde analiza el tema del incesto y la conducta del personaje femenino, que la aproxima, con las reservas del caso, a una "ninfeta mexicana" (Sandoval 2005: 11-25).[7] Mediante un examen acucioso del comportamiento y discurso de los personajes, la autora demuestra cómo el tema del incesto es una infracción que "recorre todo el texto en diversas formas"; así, con base en las relaciones que mantienen Carmen, el protagonista y su madre, advierte que "todo es una gran confusión en lo que se refiere a los papeles familiares de este nuevo grupo: cada uno de ellos funciona en más de un plano y con más de un papel" (13). Entre los aspectos afines al incesto que Sandoval examina, se encuentran: el triángulo que se instituye entre Carmen, la madre y el protagonista; la hipertrofia cardiaca que padecen Carmen y el padre del narrador, la que hace pensar en un lazo hereditario y establece una hipotética relación biológica entre Carmen y el protagonista; el vínculo del hijo con la madre viuda, al tomar él "en alguna medida el sitio de jefe, de cabeza de la familia" (11), situación que se ve reforzada cuando Carmen llama papá y mamá a esos dos personajes. Al estudiar el papel de la madre, que representa la mujer ideal del siglo XIX mexicano (abnegada, recta, fuerte y sensata) en estos lazos familiares, Sandoval apunta que existe entre ellos "un sentimiento de índole edípica" (16), aspecto que refuerza su planteamiento sobre la presencia del incesto en la novela.

En cuanto al segundo aspecto del artículo de Sandoval, "el carácter de ninfeta de la protagonista, que la convierte —toda proporción guardada— en una especie de protololita mexicana" (20), vale la pena destacar lo novedoso del asunto porque, con excepción de Carballo y Schneider, la mayoría de los críticos de la novela habían soslayado el tema. Con el propósito de corroborar su aseveración, la investigadora analiza el comportamiento y los sentimientos de Carmen, quien —a pesar de ser presentada en la novela desde el símbolo de la pureza— "muestra más matices que la acercan a una mujer sensual, aunque sin llegar nunca a ser una *femme fatale*, tal vez por su edad y por su corta vida, así como por los cánones literarios morales de la época" (*idem*). Como lo demuestra la investigadora y se observa de manera reiterada en la novela, la conducta de Carmen oscila entre la inocencia y el sensualismo, entre la imagen de la virgen pura y la de la Eva pecadora que incita al protagonista a albergar sentimientos muy ambiguos: "Era la Eva... blanca, pura,

---

[7] Además de estos aspectos, Adriana Sandoval considera que *Carmen* es una novela romántica más que sentimental. Para sustentar su juicio, ofrece una disertación sobre los elementos del romanticismo presentes en el texto: título, tono confesional y narración en primera persona, exposición repetitiva y excesiva de los sentimientos, amor interrumpido (lo que obliga a su idealización), la orfandad de la protagonista, la concordancia de la naturaleza con el estado de ánimo de los personajes y el final trágico que se anuncia mediante las premoniciones.

inmaculada, pero la Eva; sencilla e infantil, pero tentadora y terrible. Su belleza resplandecía, y yo, enloquecido y ebrio de amor, aspiraba su alma, su entusiasmo y su fuego" (Castera 1995: 127-128). Y es precisamente la ambigüedad en la oscilación de los sentimientos de los personajes lo que, a juicio de Sandoval, puede resultar de interés en la novela para los lectores del siglo XXI.

Sin duda, uno de los trabajos notables en torno a *Carmen*, acorde con la ideología espiritista que Castera profesó, es la reciente investigación de Mariana Flores Monroy. La autora parte de un juicio de Saborit acerca de esta obra, según el cual la clave de la lectura de la novela estaba y podía encontrarse en el culto espírita. Con base en esta idea, desarrolla en extenso su propia interpretación, donde demuestra que la convicción espiritista de Castera fue una práctica intelectual que moldeó su conducta y su literatura; y en el caso de *Carmen*, una doctrina que "constituye, en el plano simbólico, una posible explicación del destino y de las acciones de sus personajes" (Flores 2008: 42). Para avalar su interpretación, la autora hace una lectura diligente y atenta de la novela; expone, auxiliándose en fuentes bibliográficas de primera mano, los vínculos del espiritismo y la literatura; pormenorizadamente, postula los principios del pensamiento espiritista de Allan Kardec y muestra la importancia de la doctrina en el contexto mexicano, donde Castera la asumió y propagó.

Mariana Flores Monroy centra su análisis de Carmen en el comportamiento de los protagonistas, en el discurso del narrador y en la evolución de la trama, que modifica la conducta de los personajes. Comparte con Riva Palacio y Chouciño Fernández la idea de que a lo largo de la novela, el narrador delinea el tipo de lectores que espera, alguien "que conserve la fe en Dios y que por ello sea capaz de comprender las tribulaciones de los protagonistas" (48). Para corroborar esta aseveración, nos remite a las palabras del narrador: "No me dirijo a los ateos, tampoco a los seres que no hayan amado; para mí, ambos son igualmente ciegos y no les desprecio [...] pero les compadezco" (Castera 1995: 258). La autora apunta que estas consideraciones son importantes, pues desde el inicio la historia se ubica en el plano simbólico, por ejemplo, comienza un miércoles de ceniza "donde las costumbres se trastocan y el orden social se subvierte, da paso a la cuaresma, al recogimiento" (Flores 2008: 48). En esta escena nocturna, se alternan la luz y la sombra, lo que anuncia la transformación gradual del protagonista, que va de los placeres sensuales (sombra) al gozo espiritual (luz). Así, al principio de la historia, el narrador, según los postulados del espiritismo, como bien explica Flores Monroy, pertenece al tercer orden de espíritus, los "imperfectos"; aquellos que "se caracterizan por el predominio de la materia sobre el espíritu, propensión al mal, ignorancia, orgullo, egoísmo y todas las malas pasiones que de él se derivan" (Kardec *apud* Flores 2008: 49). Sin embargo, la irrupción de la joven determina un cambio fundamental en la vida y el proceder del narrador, cuestión también abordada en el trabajo de Ana Chouciño Fernández.

Grosso modo, destaco los aspectos sobresalientes del análisis de Flores Monroy, con la advertencia de que cada uno va acompañado con las citas y pasajes pertinentes de la novela de Castera y, en su caso, con los principios del espiritismo.

En relación con los personajes, si bien en *Carmen* se presenta un interesante contraste en el que alternan el plano sensual o material y el plano espiritual, al final parece imponerse "la aspiración al ideal" (50). Para alcanzar a Dios o el ideal, el protagonista debe enfrentarse al enemigo, a las pasiones simbolizadas por las sombras; para conseguirlo, los personajes recurren al arma de combate: el amor, representado por la luz, lo que facilitará al narrador subir en la escala de los espíritus. En cuanto a la joven, hay un "cambio sensible en su caracterización" (54), pues al principio aparece descrita con gran sensualidad desde su lado material y animal, desde el cuerpo, mientras que, conforme se aproxima el desenlace de la novela, la belleza física es opacada por su rostro, es decir, por su espiritualización al vivir "la enfermedad y el dolor como medios de redención" (55), ya que para Carmen la enfermedad representa la prueba que es menester superar para acceder al orden más elevado, el de los "espíritus puros".

En la novela también apreciamos otros aspectos del espiritismo, como la inmortalidad del alma y la comunicación de los espíritus, creencias que abierta o soslayadamente expresan los personajes, según puede advertirse en las repetidas afirmaciones del protagonista, cuando asevera que Carmen y él se amaban desde antes de revestir su envoltura carnal, "desde que éramos habitantes de los cielos"; o bien cuando proporciona al lector una síntesis de sus convicciones mediante un ostensible lenguaje científico, o en el pasaje en que el protagonista no sólo ve a Carmen después de muerta, sino que incluso puede hablar con ella (*vid.* Castera 1995: 225-227). Otro vínculo de la novela con esta doctrina es la presencia de la analogía ligada a las correspondencias, que en *Carmen* se manifiesta por lo menos en dos formas; una, cuando en la historia se considera a la Naturaleza como un poema eterno e inefable, en el que los seres entonan la misma melodía orquestada por Dios y se advierten semejanzas entre los seres y los objetos (pasaje en que Carmen expira); otra se halla en las constantes descripciones del paisaje, cuando se funden aromas, sonidos y colores. Así, la lectura de Flores Monroy muestra que, sin dejar de ser una novela sentimental, *Carmen* puede leerse desde una perspectiva simbólica cuya clave es el espiritismo.

Me referiré ahora sucintamente a *Querens* por el interés que ha despertado en fechas recientes. En el momento de su publicación en 1890, la novela no mereció la atención crítica de sus contemporáneos y permaneció en el olvido hasta que en 1987, luego de exhumarla en una biblioteca de Texas, Luis Mario Schneider la reeditó, con lo cual se inició su divulgación e incipiente recensión. Él mismo fue uno de los primeros en valorarla con un juicio honesto y contundente:

> *Querens* es la más extraña de todas las novelas de Castera. Extraña la historia, rara la combinación entre idealismo y materialismo, entre el misterio hipnótico y la ciencia reveladora. Novela nocturna cargada de electricidad que oscila entre el poder de las fuerzas ocultas y una ética tradicional que se resiste a la fascinación que provocan. Un aire demasiado repetitivo de lo lúgubre. Novela demorada, excesivamente descriptiva y llena de defectos de composición, pero que se salva por la novedad temática [...] *Querens*, que yo sepa, es la primera novela latinoamericana en la que el hipnotismo, la energía esotérica, dan motivo y fundamento a la creación artística (Schneider *apud* Castera 1987a: 25).

En efecto, esta novela es de lectura complicada porque está llena de digresiones. Aunque en ella sigue presente el interés del autor por la ciencia, la argumentación romántica, el estudio de la mente y las pasiones humanas, Castera no logró amalgamar suficientemente una trama eficaz que le permitiera exponer con éxito sus conocimientos científicos. No obstante, *Querens* representa un esfuerzo por incorporar a la literatura temas ligados al espiritismo, como el magnetismo, la hipnosis y el sonambulismo. La novela tiene un ritmo pausado. Al principio, la narración está a cargo de un hombre que relata su estancia en Tlalpan y refiere sus conversaciones con los habitantes más distinguidos del lugar, a saber un juez, un cura y un boticario; este último toma la voz narrativa, que le delega el primer narrador, para relatar sus encuentros y discusiones con un científico que dedica sus conocimientos a tratar de dotar de pensamiento, por medio del magnetismo, a una joven bella pero "idiota". Gran parte del desarrollo de la novela está dedicado a la explicación de los temas del magnetismo, fenómeno que conocemos por medio de los diálogos y debates que sostienen el boticario y el científico; a través de ellos podemos deducir dos posturas contrarias: la materialista y la espiritualista. Al final, vemos la derrota de los personajes, pues no logran devolverle a la mujer la razón.

No obstante los defectos en la composición de la novela, ya apuntados por Schneider —a los que agrego la confusión de la voz narrativa, lo cual impide al lector saber quién está hablando—, por su tema *Querens* ha sido considerada por Chaves como una obra que contribuyó a la propaganda del espiritismo y a Castera como un autor próximo a Hoffman, Balzac, Poe, Victor Hugo, Darío y Lugones, con quienes comparte el tema del magnetismo. Asimismo, merece especial atención el ensayo de Flores Monroy, quien estudia *Querens* desde la perspectiva de la utopía doble: la de la ciencia y la del arte, así como su consiguiente y doloroso fracaso. Además de analizar con rigor el planteamiento de su lectura, Flores Monroy llega a una consideración que enaltece a Castera: "su actitud ecléctica y sumamente moderna no sólo lo llevó a probar diversos géneros y corrientes literarios, sino que [esa actitud] también se mostró en su empeño por conciliar expresiones disímiles y aun contradictorias" (Flores 2008: 79).

A la luz de la lectura de la polifacética obra de Pedro Castera, es posible afirmar su condición de ciudadano del cielo y de la tierra. Sus experiencias terrenas y sus convicciones religiosas y políticas así lo demuestran. Como buen utopista, quiso traer el cielo a la tierra, enseñar los principios del bien, de la moral y de la caridad universal. Los libros que nos legó permanecen como una manifestación de sus afanes estéticos y vitales.

BIBLIOGRAFÍA GENERAL

ADAME GONZÁLEZ, Dulce María. 2008. *Pedro Castera: cuentista. Análisis de las colecciones "Impresiones y recuerdos" y "Las minas y los mineros".* Tesis de Licenciatura, Universidad Nacional Autónoma de México, México.

CALZADA MACÍAS, Leonora. 2007. *Espacio e ideología en cinco cuentos de "Las minas y los mineros" de Pedro Castera.* Tesis de Licenciatura, Universidad Autónoma Metropolitana, México.

CARBALLO, Emmanuel. 1991. *Historia de las letras mexicanas en el siglo XIX.* Universidad de Guadalajara-Xalli, México.

CASTERA, Pedro. 1995. *Carmen. Memorias de un corazón,* pról. original de la 3ª ed. Vicente Riva Palacio, ed. y pról. Carlos González Peña. Porrúa (*Escritores Mexicanos,* 62), México.

——. 1987a. *Impresiones y recuerdos. Las minas y los mineros. Los maduros. Dramas en un corazón. Querens,* ed. y pról. Luis Mario Schneider. Patria, México.

——. 1987b. *Las minas y los mineros. Querens,* ed. Luis Mario Schneider, pról. Ignacio Manuel Altamirano. Universidad Nacional Autónoma de México (*Biblioteca del Estudiante Universitario,* 104), México.

——. 1882. *Impresiones y recuerdos,* pról. Adolfo Duclós Salinas. Imprenta del Socialista de S. López, México.

——. 1872. "Profesión de fe", *La Ilustración Espírita,* 18 de diciembre, p. 178.

CHAVES, José Ricardo. 2005. "Espiritismo y literatura en México", *Literatura Mexicana,* vol. XVI, núm. 2, pp. 51-60.

CHOUCIÑO FERNÁNDEZ, Ana. 1999. "Apuntes a una revisión de la narrativa sentimental hispanoamericana: *Carmen* de Pedro Castera", *Anales de Literatura Hispanoamericana,* núm. 28, pp. 547-562.

—— y Leticia ALGABA. 2003. "Lectores y lecturas de *Carmen* de Pedro Castera", *Literatura Mexicana,* vol. XIV, núm. 1, pp. 87-111.

DÍAZ Y DE OVANDO, Clementina. 1991. "Pedro Castera, novelista y minero", *Mexican Studies / Estudios Mexicanos,* vol. 7, núm. 2, pp. 203-223.

FLORES MONROY, Mariana. 2008. *Pedro Castera: tres propuestas literarias*. Tesis de Maestría, Universidad Nacional Autónoma de México, México.

LARA ZAVALA, Hernán. 1992. "Para una geometría del cuento", en *Del cuento y sus alrededores*, comps. Carlos Pacheco y Luis Barrera. Monte Ávila, Venezuela.

LEAL, Luis. 1990. *Breve historia del cuento mexicano*, adv. Alfredo Pavón, pról. John Bruce–Novoa. Universidad Autónoma de Tlaxcala, México.

LEYVA, José Mariano. 2006. "La ciencia de los muertos. Espiritismo en México en el siglo XIX", *Correo del maestro*, noviembre, núm. 126. Consultado el 15 de enero de 2008 en: http://www.correodelmaestro.com/anteriores/2006/noviembre/indice126.htm.

——. 2005. *El ocaso de los espíritus. El espiritismo en México en el siglo XIX*. Cal y Arena, México.

"Miniaturas literarias. Perico Castera (Colaboración)". 1882. *El Lunes*, 9 de enero, pp. 2-3.

MILLÁN, María del Carmen. 1967. *Diccionario de escritores mexicanos*. Universidad Nacional Autónoma de México, México.

PALACIOS S., R. Amada. 1996. "*Carmen*: salvación del alma humana o la locura consciente de Castera", *La Palabra y el Hombre. Revista de la Universidad Veracruzana*, núm. 99, pp. 191-207.

PEÑA Y TRONCOSO, Gonzalo. 1934. "Pedro Castera. Autor de la novela *Carmen*", *Revista de Oriente*, abril, núm. 11, pp. 5-31.

SABORIT, Antonio (selec. y pról.). 2004. *Pedro Castera*. Cal y Arena (*Los Imprescindibles*), México.

——. 1999. "El movimiento de las mesas", en *Recepción y transformación del liberalismo en México. Homenaje al profesor Charles A. Hale*, coord. Josefina Zoraida Vázquez. El Colegio de México, México, pp. 53-65.

SANDOVAL, Adriana. 2005. "La *Carmen* de Pedro Castera", *Literatura Mexicana*, vol. XVI, núm. 1, pp. 7-26.

SHAMBLING, Donald Gray. 1957. *Pedro Castera: romántico-realista*. Tesis de Maestría, Universidad Nacional Autónoma de México, México.

VERTIENTES NARRATIVAS DE RAFAEL DELGADO

Adriana Sandoval

Instituto de Investigaciones Filológicas, UNAM

En la veracruzana Córdoba nació Rafael Delgado el 20 de agosto de 1853, cuando Antonio López de Santa Anna se preparaba para hacerse cargo, por última vez, del país, después del Plan del Hospicio. Murió en Orizaba, en 1914, el año en que se inició la Gran Guerra y comenzó de hecho el siglo XX. No son pocos los sucesos relevantes del México decimonónico que ocurrieron durante la vida del veracruzano. Cuando el niño Rafael tenía diez años, Juárez se vio obligado a establecer un gobierno móvil, ante el asedio de los franceses, el cual desembocó en el Segundo Imperio. La Intervención francesa duró poco (1863-1867), pero dejó una profunda huella en el país. El ya no tan adolescente Rafael tenía diecinueve años cuando Juárez prestó juramento como presidente de la República por última vez. A los veintitrés, Delgado probablemente haya tenido noticia del Plan de Tuxtepec, proclamado por Porfirio Díaz, y el adulto de treinta y ocho sabrá que la Constitución ha sido modificada para permitir la reelección. Un ya maduro Delgado de cincuenta y cuatro años se enterará de una sangrienta represión a los obreros textiles en huelga en Río Blanco, a unos kilómetros de Orizaba. Tres años después, a fines del caluroso mes de mayo de 1911, es probable que don Porfirio haya pasado rápidamente por Orizaba, camino al exilio. Los últimos años del veracruzano coinciden con la inestabilidad y el caos del movimiento armado de la Revolución Mexicana. Delgado llegará a saber del asesinato de Madero, del golpe de Estado de Huerta, y morirá poco después del triunfo de Carranza.

Don Rafael residió en el estado de Veracruz, salvo una breve temporada de menos de un año de su niñez que pasó en la Ciudad de México (1865-1866), cuatro años en esta misma ciudad (1894-1898) y otro breve periodo, cerca del final de su vida, en que vivió en Xalapa (1901) y luego en Guadalajara (1913), donde ocupó el puesto de Secretario de Educación, al llamado de su amigo y entonces gobernador, el también escritor José López Portillo y Rojas. Delgado habría de abandonar ese cargo por motivos de salud, para regresar a Orizaba, donde murió el 20 de mayo de 1914. Es decir, vivió casi toda su vida en la provincia mexicana, lejos de la capital metropolitana; de hecho pasó la mayor parte de su existencia en una ciudad veracruzana que no era la capital del estado, y que en esos años finales del siglo XIX se sentía sin duda aún más lejos que hoy del centro del gobierno estatal, para no hablar del de la República. Este entorno provinciano, tanto geográfico como social, habría de dejar una huella fundamental en las novelas de Delgado.

* * *

El niño Rafael Delgado Sainz recibió la instrucción primaria en el Colegio de Nuestra Señora de Guadalupe de Orizaba. La familia paterna provenía del estado de Puebla, pero tenía años de vivir en Córdoba, donde su abuelo, dice Francisco Sosa,[1] había ocupado la alcaldía. Sin embargo, cuando Rafael nació, los Delgado ya residían en Orizaba. Don Pedro (el padre de Rafael) había sido enviado a la ciudad de Orizaba como secretario de la Jefatura Política, pero pasó algunos meses en Córdoba, donde, por casualidad, nació su único hijo. Cuando el recién nacido tenía apenas dos meses, la familia volvió a Orizaba. Del lado materno, el abuelo era oriundo de Ramales, en las montañas santan-derinas ibéricas.

Desde pequeño, Rafael estuvo expuesto a los libros, pues en la casa fami-liar se mantuvo siempre la costumbre de llevar a cabo lecturas en voz alta después de la cena, en particular de escritores costumbristas. A uno de los tíos carnales de Rafael, el doctor José María Sainz Herosa[2] —quien siguió una carrera importante en la Iglesia—, se le atribuye la dirección literaria del sobrino, heredero de su biblioteca.

En 1865, el jovencito fue enviado a la Ciudad de México, donde fue inter-nado en el Colegio de Infantes de la Colegiata de Guadalupe. Hijo único, Rafael no parece haber sido muy feliz durante el año que duró su estancia; regresó a Orizaba en 1866, en parte debido a los problemas políticos y bélicos notables en la capital, en parte debido a las dificultades económicas de la familia. En 1868, ingresó al Colegio Nacional Preparatorio de Orizaba, enton-ces bajo la dirección de don Silvestre Moreno Cora. Junto a la literatura, una de las clases favoritas del joven estudiante era la de botánica: este interés persistió y es visible en casi todos sus textos, donde hay copiosas descripcio-nes de plantas y flores[3] —abundantes en el verde estado veracruzano—. Siete

---

[1] Para estas notas biográficas me baso en el prólogo de Francisco Sosa a *Cuentos y notas* (*apud* Delgado 1953: vii-xxxiv) y en la tesis doctoral de James Bickley. El prólogo de Felipe Garrido a la edición de Promexa se apoya en Sosa, así como en la actualización de Pedro Caffarel Peralta sobre los siguientes quince años de vida de Delgado, no abordados por el campechano (*cf.* Delgado 1953: xxxv-xl).

[2] Delgado le dedica un par de páginas biográficas, recogidas en el volumen II de las *Obras*, editadas por Cajica en Puebla.

[3] Entre sus discursos, pronunció uno dirigido íntegramente al tema: "El amor a las flores" (Delgado 1956: II, 673-689).

años después (1875), Delgado emprendió la carrera magisterial en el mismo colegio. Empezó enseñando historia y geografía y luego abarcó también la literatura. Con algunas interrupciones, la enseñanza fue el ámbito al que más tiempo dedicó este autor.

Como muchos escritores noveles, el inicio de Rafael en las letras se dio en la poesía. Asimismo, cultivó el cuento, un poco el drama,[4] hizo alguna traducción ocasional[5] y, sobre todo, incursionó en la novela. También tiene en su haber un libro de preceptiva literaria (*Lecciones de literatura*): aunque hay que decir que, en gran medida, se trata de la traducción de un manual francés, adaptado a México, principalmente en los ejemplos incluidos, provenientes de la literatura española y mexicana.[6] Ciertos estudios literarios suyos se difundieron en el *Boletín de la Sociedad Sánchez Oropesa*, así como en otras publicaciones periódicas, de modo que su nombre empezó a ser conocido, no sólo en el ámbito orizabeño y veracruzano, sino nacional.[7] Así, cuando la *Revista Nacional de Letras y Ciencias* fue fundada en la Ciudad de México en 1889, el escritor participó con algunos poemas y cuentos por invitación de Francisco Sosa, Justo Sierra y Manuel Gutiérrez Nájera. En particular, Sosa lo alentó a que diera forma más seria a unas notas que Delgado tenía para una novela. El resultado fue *La Calandria* (1890), bien acogida por la crítica contemporánea y celebrada muchos años después por Mariano Azuela como "la novela más popular de Delgado" (Azuela 1947: 134), y al igual que *Los parientes ricos*, como uno de los éxitos "más legítimo en este género literario hasta nuestros días" (143). Al año siguiente de su publicación por entregas, salió como libro bajo la firma de Pablo Franch, con algunos cambios y revisiones, registrados por Manuel Sol en su edición crítica de la novela (1995).

En 1894, Delgado probó fortuna en la Ciudad de México. Obligado a trabajar para vivir, se mantuvo de un empleo en una compañía minera, gracias a la recomendación de un familiar acomodado. Procuró, al mismo tiempo, publicar textos en los periódicos de la capital. Ya para entonces tenía en su haber dos novelas impresas, *La Calandria* y *Angelina* (1893). Varios de sus poemas fueron incluidos en *La Revista Azul* y en la *Revista Moderna*, pero es

[4] Sosa menciona dos títulos: *La caja de dulces* y *Una taza de té*, ambos de 1878 (*apud* Delgado 1953: xiii).

[5] Tradujo algunas poesías de François Coppée, Byron, Carducci y Victor Hugo. También escribió versiones de las obras dramáticas de Octavio Feuillet, *El caso de conciencia* y *Antes de la boda*.

[6] Delgado no lo oculta. En el prólogo a *Lecciones de literatura*, escribe: "pensamos en traducir un texto extranjero, y en refundirle de la mejor manera que nos fuese dable, conforme al Programa y a las exigencias del Colegio" (Delgado 1956: II, 331).

[7] En la sección "Conversaciones y estudios literarios" del segundo volumen de las *Obras* de Delgado, se recogen textos y conferencias, como "El amor a los libros", "Gustavo A. Bécquer", "Gaspar Núñez de Arce" y otros. Este apartado cierra con el "Discurso pronunciado al celebrar el tercer aniversario secular de la publicación del Quijote".

muy posible que haya percibido un cierto desdén de los muy sofisticados, afrancesados y decadentes colaboradores de la segunda publicación. Asistía regularmente a las sesiones de la Academia Mexicana de la Lengua, de la que fue miembro, primero "correspondiente" y luego de número (en 1896).

Decepcionado de la vida en la capital, volvió a Orizaba a mediados de 1898. En ese año ocupó el mismo puesto que antes había asumido su padre en la Jefatura Política del Cantón de Orizaba. La probadita de carrera política no parece haber sido muy satisfactoria, pues dos años después retomó su trabajo en las aulas. A fines de 1900, ya de lleno en la carrera docente, fue nombrado profesor de literatura del Colegio Preparatorio de Xalapa, donde estuvo hasta 1909. Ahí escribió su tercera novela, *Los parientes ricos*, que apareció primero por entregas —como las dos previas— en el *Semanario Literario Ilustrado* (previamente conocido como *El Tiempo Literario Ilustrado*), entre 1901 y 1902, antes de publicarse en forma de libro. (La novela está fechada en noviembre de 1902.)

Ese mismo año reunió muchos de sus cuentos, difundidos primero en diversas publicaciones periódicas, con el título *Cuentos y notas*, con un prólogo de su protector y colega, el campechano Francisco Sosa. Su última incursión en el género novelístico fue *Historia vulgar* (1904), también por entregas en el periódico *El País*, en la serie conocida como "Biblioteca de El País". En su estudio preliminar a *La Calandria*, Manuel Sol (Delgado 1995: 21) menciona un texto inédito de Delgado, al parecer nunca terminado, *La apostasía del padre Arteaga*; también se refiere otro de igual naturaleza, *La huelga*.

A principios de mayo de 1909, Delgado volvió a Orizaba para ocupar la rectoría del Colegio Preparatorio de Orizaba. Ya para entonces tenía 56 años y seguía siendo soltero. Había sostenido un largo noviazgo que nunca desembocó en boda. Bickley cuenta que en esta etapa intentó contraer matrimonio, pero fue rechazado —al parecer porque un jesuita que conocía a Delgado disuadió a la dama—. Se comenta que comenzó a beber con cierta asiduidad. Nunca se casó, aunque se rumoraba que había tenido dos hijos "naturales" —como se decía entonces—: una hija en Orizaba y un hijo en Xalapa. Se sabe que era un excelente cocinero y que con frecuencia invitaba a cenar a algunos de sus discípulos predilectos.

Cuando en 1912 el veracruzano ocupó, a invitación del entonces gobernador de Jalisco, José López Portillo y Rojas, la Dirección General de Educación del estado de Jalisco, además de sus actividades administrativas daba una clase de gramática y literatura. La carga laboral parece haber sido demasiada, de modo que al poco tiempo renunció, pues ya para agosto de 1913 estaba de nuevo en el Colegio Preparatorio de Orizaba.

La salud del hombre maduro se vio mermada por el reumatismo, la gota y la artritis. En abril de 1914, don Rafael se encontraba en Xalapa cuando los *marines* estadounidenses invadieron y tomaron el puerto de Veracruz, lo cual ocasionó la interrupción del transporte ferroviario en el estado. Para volver a Orizaba, Delgado tuvo que cruzar las montañas a caballo, junto con un grupo de viajantes; en el trayecto sufrieron las inclemencias propias del tiempo y llegaron empapados a Tehuacán, donde pernoctaron, y el escritor empezó a mostrar síntomas de un resfriado. Llegó a Orizaba más enfermo, por lo que debió guardar cama. El resfriado se complicó en neumonía y acabó con él en tres semanas. Ante la inminencia de la muerte, llamó a un notario e hizo su testamento; luego pidió un cura que escuchara su confesión. Murió el 20 de mayo de 1914, rodeado de algunos de sus discípulos más cercanos, entre ellos Miguel Hernández Jáuregui, su heredero.

* * *

Rafael Delgado publicó cuatro novelas; la más comentada y reeditada es la primera, *La Calandria* (1890). Cronológicamente le sigue *Angelina* (1893) —aunque es muy posible que haya sido escrita antes que la primera—; luego vinieron *Los parientes ricos* (1901-1902), publicada como libro en 1903. En 1902 salió el tomo *Cuentos y notas*, una selección hecha por el autor de algunos de sus cuentos ya publicados, y en 1904 *Historia vulgar*, la menos leída y apreciada del cuarteto. En sus tres primeras novelas hay una historia de amor entre personas de clases sociales distintas, pues las mujeres son de condición inferior a la de los hombres; en todas —incluida la cuarta— el rumor, el chisme, es parte de las prácticas provincianas usuales. En las primeras tres, además, los personajes femeninos son huérfanos; dos de los tres personajes femeninos resultan, de alguna manera, heroicos, o tal vez sea más preciso decir, abnegados, porque toman la iniciativa de renunciar al amor para convertirlo en romántico, en el sentido de frustrado, e incluso, imposible.

En los cuatro casos, la intención de sentido del texto es la misma: "cada oveja con su pareja" (*La Calandria*), "Cada cual en su fila... [...] y *pax Christi*" (*Los parientes ricos*). En *Angelina*, Rodolfo no puede aspirar a Gabriela por ser pobre; Angelina no puede casarse con Rodolfo, entre otras cosas, porque es hija "natural": es más pobre que él y es huérfana. En *La Calandria*, Carmen[8] —hija natural de un "capitalista" y una lavandera— ama a Gabriel, un honesto ebanista, pero cede ante los requiebros de un catrín, impulsada por la perspectiva de una vida más cómoda, por la certeza de que merece el ascenso

---

[8] Alguna fijación tenía Delgado con el nombre de Carmen: en sus tres primeras novelas uno de los personajes femeninos se llama así. Repite no sólo éste, sino otros: Rodolfo se llama el protagonista de *Angelina* y del cuento "La chachalaca"; hay un Andrés en la misma novela y en el cuento "¿Adónde vas?"; de nuevo en *Angelina*, hay una Matilde, igual que en el cuento "Epílogo". Gabriela es la enamorada de Rodolfo en *Angelina*, mientras que en *La Calandria* Gabriel lo está de Carmen.

social por vía paterna, y deslumbrada por el lujo. Margarita, en *Los parientes ricos*, se enamora de su primo Alfonso y es correspondida, pero decide renunciar a ese amor cuando se entera de que su hermana Elena está embarazada de Juan —también su primo (hermano de Alfonso)—, y de que el seductor no enfrentará su responsabilidad. Ninguna de las dos familias, además, aprueba el noviazgo. Angelina, por su parte, opta por ingresar al convento cuando se percata de que Rodolfo nunca se casará con ella. La situación es más leve en *Historia vulgar*: se da una relación entre una mujer que ya no se cuece de un hervor (Leonor), y un joven más rústico y de menor edad que ella (Luis). Ella está más "pulidita", pero él tiene una situación más acomodada. Casi al final de la novelita, Leonor se entera de que su enamorado tiene hijos con una mulata.[9] Con sensatez y sentido común, primero verifica que el rumor sea cierto, luego cuestiona al pretendiente, quien no lo niega. Finalmente, le dice que aceptará casarse con él, pero que debe terminar con esas relaciones. Como la madre no es capaz de educar "convenientemente" a los niños, Leonor solicita a Luis que los lleve a vivir con ellos.

En el "Prólogo del autor" a *Angelina*, Delgado pone a la consideración del lector, con modestia retórica —pide disculpas adelantadas por lo imperfecto de su obra (la *excusatio*)—, estas "páginas desaliñadas e incoloras, escritas de prisa, sin que ni primores de lenguaje ni gramaticales escrúpulos hayan detenido la pluma del autor" (Delgado 1993a: 3). Estas líneas, insisto, son en gran medida retóricas, pues es claro que él sí aspiraba a una pureza y elegancia en el estilo.

En el mismo prefacio, el autor afirma que "una novela es una obra artística; el objeto principal del arte es la belleza, y... ¡con eso le basta!" (4). Se sitúa así en la corriente del arte por el arte, siguiendo, entre otros, a Théophile Gautier, quien declaraba que la belleza era la finalidad artística. Delgado termina con esta opinión: "tengo en aborrecimiento las novelas «tendenciosas», y que con esta novelita, si tal nombre merecen estas páginas, sólo aspiro a divertir tus fastidios y alegrar tus murrias. Y no me pidas otra cosa, y queda con Dios" (*idem*). Agrega, así, el elemento del entretenimiento y la diversión como objetivos a su novela. De acuerdo con esta idea, la definición que en las *Lecciones de literatura* ofrece Delgado del género es la siguiente: "Novela es el relato ameno y entretenido de singulares acontecimientos y de particulares andanzas, hecho por manera artística, con noble designio y alto propósito y con fin estético, para dar al espíritu plácido solaz y grato esparcimiento" (Delgado 1956: II, 525).

El título de *Angelina* es acorde con la moda romántica de bautizar con nombre de mujer las novelas; sin embargo, contrariamente a lo que parece-

---

[9] En *La Calandria* también aparece una mulata, Magdalena, quien no lleva una vida muy convencional, lo cual contribuye a la perdición de Carmen.

ría a simple vista, el personaje central de la obra es Rodolfo (de diecisiete años), narrador en primera persona que relata sus amores juveniles y quien asume la voz predominante. Hay otra voz en la novela, representada por el mismo narrador, pero veinte años después, es decir, alrededor de sus cuarenta años, que puede identificarse con el autor implícito y autor del último capítulo, quien no puede evitar comentar los escritos del narrador joven, su *alter ego*. Se trata de un mismo narrador en distintos momentos, con voces que están claramente diferenciadas. Una tercera voz en la novela sería la del tradicional narrador omnisciente, expresada mediante una clásica tercera persona, responsable de completar la información del autor, como sucede, por ejemplo, en el capítulo VI.

Pese a las declaraciones explícitas de Delgado en su prólogo, puede considerarse a *Angelina* fundamentalmente como una escritura confesional de exorcismo, en un intento de aclarar, deshebrar y desactivar los fuertes sentimientos amorosos que durante su juventud animaron al narrador. Tal vez haya algún eco del *Adolfo* de Benjamin Constant.

El hecho de que, muchas veces, en el siglo XIX sea posible establecer una identificación entre el autor implícito y el autor real, queda comprobado en esta novela. En el prólogo, Delgado escribe que se trata de una "historia sencilla, vulgar, más vivida que imaginada, que acaso resulte interesante y simpática para cuantos están a punto de cumplir los cuarenta" (Delgado 1993a: 3). Al final, en el capítulo LXV, el narrador repite lo que el autor escribió en el prólogo, en primera persona, tal vez olvidándose inadvertidamente de la supuesta separación entre uno y otro: "Aquí concluye esta novela sencilla y vulgar. He *vivido* otras muchas (que no merecen ser escritas) muy dramáticas e interesantes, pero ninguna como ésta tan sincera y tan casta, triste flor de mi dolorida juventud" (427).

En *Angelina* hay por lo menos tres planos temporales. La novela se plantea, en su círculo más externo, desde el presente del hombre cuarentón: el primer plano temporal, a partir del cual, en última instancia, está escrito el texto. De ahí se salta al pasado de hace veinte años —el segundo plano temporal—, en donde transcurre la mayor parte de la novela. En este primer retroceso en el tiempo, el presente del autor implícito coincide con el del narrador. El segundo salto temporal es ocasional, hacia la niñez del narrador (que abarca desde la infancia propiamente dicha hasta sus quince años), donde aparece otra figura femenina más, Matilde, su primer amor. Es necesario aclarar que el punto más "externo" de esta "niñez" está separado del presente del narrador Rodolfo (de diecisiete años), sólo por dos años. Los espacios que existen en los saltos que se dan de un plano temporal a otro están ocupados por la nostalgia. Hay, por así decirlo, una doble nostalgia: la primera es la del hombre cuarentón que ve hacia atrás, hacia sus veinte años (*grosso modo*), y la segunda es la del joven de casi veinte años, que vuelve la vista tanto a su feliz infancia, cuando sus padres vivían y la familia estaba en una mejor situación económica, como a la emoción del primer amor.

Con un enfoque plenamente romántico, ninguno de los tres amores esbozados llega a realizarse, por lo que son recordados y recreados en la tranquilidad —parafraseando a William Wordsworth—, con sentimientos de nostálgica evocación.

Uno de los temas de *Angelina*, también visible en *La Calandria*, es la imposible movilidad social: la necesidad, para el buen funcionamiento de la sociedad, de que cada uno de sus integrantes reconozca y acepte su lugar en ella y, sobre todo, que no se intenten violentar las fronteras existentes entre un grupo social y otro. Una suerte de determinismo, aunque atemperado, permea la novela. Puede afirmarse que existen bases claras, dentro del carácter de Carmen, que se enlazan con un posible destino. El narrador es lo suficientemente hábil para enfatizar una y otra vez las debilidades de su carácter y las ambiciones que la llevan a creer en las promesas del lechugino y hacer caso omiso del amor del carpintero. Tacho, un amigo de Gabriel, le hace ver algo que tal vez el carpintero no había advertido. Gabriel está disgustado porque Carmen ha aceptado comer en casa de Malena y aún no ha regresado, por lo que él presiente, de forma acertada, que el catrín la estará cortejando. Hasta ese momento, Gabriel ha exculpado a Carmen y responsabilizado a los demás de su tardanza, pero Tacho le abre los ojos, pues dice que el catrín "está en su derecho" de cortejar a Carmen, aunque divide la responsabilidad entre las dos partes de la relación: "Una cosa es que él le diga... y otra que ella le haga caso" (Delgado 1995: 121). Este comentario remite a la capacidad de Carmen para asumir su propia decisión frente a una disyuntiva, es decir, para ejercer su libre albedrío. Carmen podría rechazar al catrín. Sin embargo, sus defectos —la ambición y su inconformidad social ante su situación—, aunados a otras circunstancias, le impiden tomar una resolución totalmente libre y terminan por doblegar su resistencia. La novela puede verse también, según lo expuesto aquí, como una historia de amor interrumpido.

La Calandria, como muchas novelas mexicanas del siglo XIX, plantea para las mujeres un comportamiento ideal que, de no ser observado, tendrá su castigo. Las conductas no aprobadas, sancionadas al final, son un claro ejemplo de lo que hay que hacer, pero sobre todo de lo que *no* hay que hacer. Las novelas, recordemos las opiniones de Ignacio Manuel Altamirano, eran un excelente instrumento didáctico que había que aprovechar, en especial teniendo en mente a las mujeres lectoras, responsables de educar a los hijos y de formar buenos ciudadanos mexicanos. Delgado concuerda: "La novela enseña, pero no debe enseñar por sistema, porque esto debilita su carácter esencial; sino indirectamente" (Delgado 1956: II, 532).

Los personajes de *La Calandria* son redondos, en el sentido que expone E.M. Forster. Carmen tiene muchas cualidades, pero también defectos; es el mismo caso del ebanista Gabriel, su enamorado. La conjunción de una serie de circunstancias provoca el desenlace fatal. Carmen es vanidosa; envidia la vida acomodada, de buena ropa, de su media hermana. Gabriel, por su lado, pese a amar a la joven, es orgulloso. Malenita, cuya vida se ha desarrollado fuera de las convenciones sociales y religiosas, no ejerce la mejor de las influencias sobre Carmen. Se producen, además, situaciones propias de las novelas de folletín, que ocasionan malos entendidos, en un proceso creciente de complicación irreversible. El más importante de éstos ocurre cuando Carmen, depositada por su padre en la casa cural de San Andrés Xochiapan, con la finalidad de alejarla de las intenciones conquistadoras del catrín Alberto Rosas, está a punto de rechazar de forma tajante los requiebros de éste, a través de la reja; Gabriel, quien ronda la casa dispuesto tal vez a reconciliarse con la joven, no escucha la conversación entre Rosas y Carmen, sino que simplemente colige que las palabras intercambiadas deben ser amorosas, por lo que se aleja, resuelto, ahora sí, a terminar cualquier relación con ella. El segundo momento se produce cerca del final, cuando el sacerdote González ha logrado convencer al padre de la Calandria para que la haga parte de su familia y se la lleve a vivir a su casa. Antes de que los hombres salgan de Pluviosilla hacia San Andrés Xochiapan para cumplir con este propósito, llega un mensaje que avisa al cura de la huida de Carmen. Unas horas antes, el desenlace hubiera sido distinto.

Pese a que *Los parientes ricos* pertenece ya a principios del siglo XX, técnica y anímicamente está más cerca de la segunda mitad del XIX. El título alude de inmediato a la otra parte de la ecuación: los parientes pobres. Esta dicotomía se explotó particularmente durante la época del romanticismo social, cuando los ricos eran considerados un grupo de personas sin moral, sin valores, ociosos, vanidosos, poco o nada religiosos, mientras que los pobres representaban lo opuesto (ideas, por cierto, en gran medida heredadas de la Ilustración dieciochesca). En Francia, entre 1830 y 1848, varios autores llevaron a la práctica los planteamientos de Charles Nodier para producir novelas llamadas "sociales" por Ignacio Manuel Altamirano, las cuales expresaban la esperanza de poner fin a las injusticias sociales. Ahí, atacaban a los burgueses ricos, por avaros, inmorales y opresores, en contraste con los representantes de las clases menos favorecidas, que eran invariablemente virtuosos y honestos —como sucede en la novela de Delgado—. En Francia, las soluciones tenían un tinte socializante y se insertaban en un medio más laico, mientras que sus equivalentes mexicanos estuvieron inmersos en un entorno plenamente religioso, moral y cristiano.

Mencionemos tres casos anteriores a *Los parientes ricos*, en los que se emplea la misma oposición: el francés Émile Souvestre publicó en 1836 su novela *Riche et pauvre*. Wenceslao Ayguals de Izco difundió en España, entre 1849 y 1850, una novela del mismo nombre *Pobres y ricos. La bruja de Madrid*.

José Rivera y Río hizo lo propio con *Pobres y ricos de México* en 1884.[10] Estas dicotomías, originarias de la bipolaridad moral del melodrama, son características de los géneros populares como el cine; por ejemplo, poco menos de un siglo después, se filmaron en México las conocidísimas películas *Nosotros los pobres* (1947) y *Ustedes los ricos* (1948), con Pedro Infante y Blanca Estela Pavón.[11] En cada caso, las obras se ubican en el bando políticamente correcto y numerosamente innegable: los pobres.

Así, de un lado está la familia entera de doña Lola, con la excepción de la vacilante Elena. Ahí se incluye también a la fiel y abnegada sirvienta Filomena, quien al final de la novela se ofrece para limpiar la honra de los Collantes, pues propone que el pecado de la ciega se le atribuya a ella. (Detrás de su generosa propuesta está la convicción servil de que la honra de "los señores" es más importante que la de los humildes.) Al inicio de la novela, esta rama de los Collantes vive tranquila en Pluviosilla: son observantes de la religión, de las costumbres de la gente decente, de la moral cristiana; aunque con ciertas apreturas económicas, pues su fortuna ha venido a menos —por lo que se ven obligados a aceptar el apoyo económico de la otra rama familiar—. Pongamos un ejemplo de la diferencia en las actitudes: al visitar a los Collantes pobres, don Juan recomienda a su cuñada deshacerse de sus muebles, que doña Lola defiende por ser de madera fina. Para don Juan importa más seguir la moda, efímera por definición, que confiar en la solidez de los buenos materiales, por no ser recientes. Así vemos lo sólido frente a lo vano y superficial.

Del otro lado, la familia de don Juan es rica, afrancesada, frívola, no tiene empacho en apartarse de lo que dictan las buenas costumbres y la religión con tal de no perturbar su vida social; lo que primero aparece como generosidad hacia los parientes pobres, pronto se convierte en algo similar a una minitiranía: el que paga, manda. Los Collantes ricos aspiran a ser nobles y se han inventado unos blasones, estamos frente a uno de los temas típicos de las novelas del siglo XIX: querer ser lo que no se es. Elena, de la rama empobrecida, critica estas pretensiones: "—¡Qué blasones ni qué nobleza! [...] No hay más nobleza que la de la inteligencia y la del corazón" (Delgado

---

[10] En este autor y en los otros novelistas sociales, las categorías morales coinciden con las sociales. Otras de sus novelas incluyen polaridades explícitas: *Mártires y verdugos* (1861), *Fatalidad y providencia* (1856) y *El hambre y el oro* (1869). Asentado en una literatura de la consolación —según los términos de Umberto Eco—, Rivera afirma, una y otra vez, que es mil veces mejor ser pobre y honrado que rico y ladrón (*cf.* Sandoval 2008: 22 y ss.). En sus palabras: "El tesoro de los pobres consiste en la virtud" (Rivera 1861: 23). Las jóvenes pobres y buenas, es claro, sólo poseen su virtud sexual y moral; los jóvenes ricos y calaveras hacen todo lo posible por arrebatársela.

[11] De hecho, el personaje de Pepe el Toro, interpretado por Pedro Infante, podría tener su antecedente en el personaje Gabriel de *La Calandria*, cuya profesión es la de ebanista.

1993b: 242), en una curiosa mezcla de una idea de la Ilustración con otra del romanticismo. Concha Mijares será otra víctima de este querer ser, de este deslumbramiento por el lujo, por la ropa. Igual que la Rumba y la Calandria, en las novelas homónimas, terminará mal, seducida por un Juan, por un don Juan. A su vuelta a Pluviosilla, después de una visita a la capital, sólo piensa en la opulencia que ha presenciado; en su caso, como en el de la Calandria, el sentido es el mismo: hay que quedarse en la clase social y económica en la que se nació y no aspirar a ascender, sobre todo de maneras ilícitas e inmorales. En un cuadro costumbrista incluido en *Cuentos y notas*, llamado "La gata", el narrador reitera esta idea: "Aquel galán desenfadado y barbilindo, dueño de aquel corazoncito lleno de aspiraciones y temores, es el bello ideal de la «gata» en los años felices en que apenas pretende sacar la planta fuera de su clase, para entrar, *por buen o mal camino*, en otra más elevada y más brillante" (Delgado 1953: 68; las cursivas son mías). Leemos aquí, en apretada síntesis, el argumento de *La Calandria*: "Si [la gata] anda por camino recto, puede alcanzar la dicha de ser esposa de un honrado artesano; pero si da en preciarse de vestir bien, suele parar en perdición, bajando, por su desgracia, de peldaño en peldaño, todos los tramos de la escala social" (72).

En ambas narraciones, los integrantes de la clase alta a la que las jóvenes aspiran son inmorales, frívolos, superficiales, vanos. Los juicios que sobre Concha emiten tanto Arturo Sánchez como su madre son lapidarios. Para él, es claro el desenlace de la "novelita" en la que participan Juan Collantes y Concha: "Comprendo la exposición... adivino la trama... me doy cuenta de los resortes dramáticos... presiento el nudo... y miro claramente el desenlace... o, mejor dicho, la catástrofe" (Delgado 1993b: 394). Por su parte, la madre sentencia: "Concha no es mala... Se resiente de mala educación... Tiene más talento que todos los de su casa... Se impone a todos con su viveza y con su charla, y... de allí procede todo" (*idem*). Delgado expone las ideas propias del siglo XIX con respecto al papel y función de las mujeres en la sociedad mexicana.

No deja de llamar la atención que tanto Carmen (en *La Calandria*) como Concha (en *Los parientes ricos*) aspiren a entrar a una clase económica y social formada por seres más bien despreciables (ociosos, sin valores, aprovechados, superficiales, vanos) y para ese fin tomen los caminos equivocados. Estas mujeres apuestan por lo que quieren creer, pese a tener casi la certeza de que perderán, por lo cual arriesgan (y pierden) todo.

La decisión de cobijar a los parientes pobres en la novela homónima se trastrueca pronto en mezquindad, cuando, al recibir don Juan una herencia de su difunta hermana Eugenia destinada para los Collantes pobres, se cobra unilateralmente una deuda del difunto hermano Ramón, así como el apoyo económico que antes parecía desinteresado: de este modo, además de haber hablado de dientes para afuera, ahora aprovechan su posición de poder para ajustar una deuda incierta. La puntilla es la decisión de no obligar al joven Juan a responsabilizarse del hijo que ha engendrado con su prima. Don Juan decide aportar una pensión vitalicia a Elena, es decir, intenta lavar la deshonra con dinero. De nuevo, como en el caso de la rama de doña Lola, está la excepción: Alfonso, quien responde como el narrador piensa que debe hacerse, pero que al final permanece impotente ante el peso de la decisión paterna, apoyada por su frívola madre. Las dos familias se han distanciado durante años por diversas razones: en algún momento se dice que fue por diferencias de posiciones políticas, en otro por cuestiones monetarias, y en otro más por actitudes divergentes frente al matrimonio de la hermana con un oficial francés. Asimismo, se menciona que Ramón era liberal, mientras que Juan era conservador; sin embargo, a juzgar por las posturas de ambas familias, los Collantes pobres son más conservadores, en el buen sentido para Delgado, en contraste con los Collantes ricos, que serán más abiertos y modernos, aunque con un signo negativo.

El contacto entre ambas familias resulta al final desastroso, sobre todo para los pobres. Los Collantes pobres han abandonado con renuencia su terruño;[12] doña Lola ha tenido que ceder a las decisiones más frívolas de su cuñado y se ve obligada, por ejemplo, a dejar ir a sus hijas a la ópera, pese a que están de duelo; a la señora, además, se le ha privado de la herencia de la cuñada; la ciega Elena está embarazada y con el corazón roto; Margarita renuncia a la relación amorosa con Alfonso, que le parece imposible después de la deshonra familiar; Filomena se propone como madre del huérfano. Los Collantes ricos continuarán con su vida social, de lujos y apariencias; Juan seguirá haciendo honor a su nombre: de hecho, al final de la novela ya ha deshonrado también a Concha Mijares; Alfonso será el único realmente afectado en esta rama de la familia. Es decir, los "buenos" sufren, los "malos" quedan impunes e indiferentes ante el dolor ajeno. Hay que mencionar, también, que Pablo Collantes, del lado pobre, después de haber cedido temporalmente a las tentaciones de la capital en compañía de su primo, ha logrado resistir los embates y volver al "buen camino".

Juan hijo tiene un agravante a su inmoralidad, o amoralidad, a su falta de valores religiosos y tradicionales —siempre en el buen sentido, para Delgado—: al recibir una carta muy sentida de Elena, el narrador comenta que cuando "no acertaba a condolerse del dolor y de la desgracia de otros, y rebelde al menor pesar, irritado contra la menor dolencia, sabía buscar en la morfina, en el éter, en el cloroformo o en el alcohol, alivio para una enfermedad, consuelo para cualesquiera penas por insignificantes que fuesen, y olvido

---

[12] La apelación al lector es clara: dice el narrador omnisciente: "México tan frívolo y tan vanidoso. ¡Con razón le ha llamado alguno «perpetua feria de vanidades»!" (Delgado 1993b: 78). Recordemos la mala experiencia del propio Delgado durante su estancia en la capital.

para un desengaño" (Delgado 1993b: 361). Anotemos, sin embargo, que aunque este personaje está plenamente del lado negativo, hay un leve matiz en su personalidad. Cuando recibe la carta mencionada, se despierta en él, así sea de modo fugaz, algo cercano a un sentimiento de paternidad, por efímero que sea. En ese momento, asimismo, surge un recuerdo perturbador, que intenta dar cuenta de la dureza imperante en su corazón. En su adolescencia ha sufrido una decepción sentimental que lo ha marcado: durante su estancia en Suiza, "Quiso noblemente a un compañero, a un colombiano, dulce y sincero al parecer. El muchacho se portó mal. Al cariño de Juan correspondió el mejor día con una vileza, que hirió al mozo en lo más vivo, y le decidió a cerrar su corazón a todo afecto y a todo sentimiento generoso" (361). Asombra esta leve insinuación de sentimientos homosexuales en el personaje, de los que no volverá a hacerse mención.

En esta novela aparece otra dicotomía que complementa la ya mencionada. Se trata de la oposición entre la provincia y la gran ciudad, representada por Pluviosilla y la Ciudad de México. Ya José Tomás de Cuéllar se había ocupado del choque entre los valores citadinos y los provincianos en su novela *Los fuereños*, publicada siete años antes que *La Calandria*. Si bien ambos novelistas parten de supuestos similares, el tratamiento es distinto. Delgado siempre fue mucho más conservador que Cuéllar, tanto en su estilo como en su actitud. Si bien ellos son contemporáneos, podríamos ubicar al veracruzano varias décadas antes, con su crítica social de apelación eminentemente sentimental y moral, mientras que Cuéllar está más cerca de nosotros, por su tono, humor y distancia crítica.

Cuéllar, en la mencionada novela, ciertamente advierte los peligros a los que se enfrentará un provinciano en la gran ciudad, y fustiga con su pluma satírica a los citadinos sin valores, pero es casi igualmente inclemente con la cursilería, la ignorancia e ingenuidad de los provincianos recién llegados, y los retrata bajo una luz nada favorecedora, cercana al ridículo. Pese a todo, y como elección entre el menor de dos males, la balanza moral de Cuéllar se inclina de su lado. Delgado, por su parte, está más convencido de la superioridad moral, ética, de la fuerza e importancia de la tradición, de la religión, de las costumbres decentes. Filomena, la empleada doméstica, es uno de los ejemplos de esta visión idílica de la provincia, aunque algo simple. La ciudad en *Los parientes ricos* (Rousseau *dixit*) es un lugar de vanidad, de frivolidad, de desperdicio, de apariencias, de enfermedades, de peligros, de perdición, de tentaciones. Ante los vertiginosos cambios sociales y morales, Cuéllar es más escéptico y pesimista; Delgado, en cambio, se aferra esperanzadoramente a los valores tradicionales, como también lo señalan Garrido (*apud* Delgado 1979: xvii) y Castro Leal (*apud* Delgado 1993b: 6).

Ni en Cuéllar ni en Delgado hay un castigo para los infractores de las buenas costumbres, para quienes se alejan de los valores cristianos y decentes. En ese sentido, ambos se apartan ya del desenlace típico del melodrama decimonónico, donde el equilibrio moral y ético se restablece necesariamente al final, y se ubican más dentro de la corriente realista —así como por el hecho de que sus personajes viven en la época contemporánea al autor—. Delgado es más conservador, menos pesimista, en la medida en que, aunque el seductor Juan seguirá impune, hay una cierta victoria moral de los vencidos —propia del romanticismo—,[13] según la cual los Collantes pobres se elevan al asumir su responsabilidad, al aceptar, con la dignidad que les es posible, la deshonra a la que toda la familia debe enfrentarse, al seguir su vida como "pobres pero decentes", en comparación con la familia de don Juan: incapaces y renuentes a aceptar su responsabilidad frente a la deshonra que Juan hijo ha infligido a Elena —la joven ciega, literal y metafóricamente, pues nunca puede o quiere advertir la verdadera personalidad de su primo calavera, evidente para todos los demás, incluido Alfonso, el mejor de los Collantes ricos—. Carmen, la madre del seductor, afirma incluso que el desliz fue un plan urdido por la rama pobre de la familia para cazar a su hijo rico: la culpa siempre la tienen los demás.

En *Los parientes ricos*, el señalamiento de la falta de moral, de valores de los ricos, carga el añadido de la oposición entre nacionalismo y afrancesamiento. Los protagonistas de la novela son dos familias emparentadas entre sí. La familia de doña Lola, viuda de don Ramón Collantes, y la familia de don Juan Collantes, hermano de aquél. El texto comienza cuando la segunda familia está por llegar a Pluviosilla, después de varios años de haber residido en Europa, en particular en Francia. Desde el principio se establece un claro contraste entre las dos ramas familiares. Siguiendo las convenciones novelísticas del XIX, doña Dolores encierra en su nombre su destino, al igual que su sobrino calavera, Juan.

La primera vez que se presenta una notable y opuesta actitud entre ellas se relaciona con la enfermedad y muerte en Francia de Eugenia (aunque al principio la nombran Angustias: a juzgar por su comportamiento, es más adecuado el otro nombre, que significa bien nacida). Eugenia es hermana del difunto Ramón y de Juan Collantes. Don Juan se entera de la muerte de su hermana, pero decide ocultar la noticia —apoyado por su confesor— porque se rehúsa a cancelar un banquete en su casa, planeado desde hace tiempo.

Don Juan, nos enteramos cuando se habla de su hermana Eugenia, se ha enriquecido en parte gracias a las buenas relaciones de su cuñado, un militar francés avecindado en México durante la Intervención francesa. El padre de Juan y Ramón, por su parte, se enriqueció "durante la invasión norteameri-

---

[13] Cuando Juan le da a leer su novela a Margarita, ella cree que es demasiado romántica y le propone, expresando tal vez las ideas del propio Delgado: "Primo: ni novelas lamartinianas, ni novelas de Zola... La vida no es perfectamente buena ni perfectamente mala..." (Delgado 1993b: 239).

cana, gracias, según fundadísimas sospechas, a no sé qué negocios con el yanqui, después del bombardeo de Veracruz y de la batalla de Cerro Gordo" (Delgado 1993b: 84). Algo del desdén propio de la Ilustración hay de parte de Delgado hacia algunos capitalistas: no basta ser rico, importa la manera en que se ha hecho la fortuna.[14] No es lo mismo ser rico por el esfuerzo del trabajo propio, que por el oportunismo de negociar con los enemigos. De la misma manera, el "capitalista" padre de Carmen, en *La Calandria*, se ha enriquecido por medios no muy aceptados ni aprobados moralmente para el narrador, en alguna asociación con los franceses.

Así como hay Collantes sin valores y Collantes con valores, hay sacerdotes que avalan las conductas de uno y otro lado. El asesor espiritual de don Juan, aunque más bien socio comercial, es el padre Grossi; del otro lado está el jesuita Anticelli. Sus nombres, de nuevo, son significativos: uno sugiere gordura, el otro los cielos. Los Collantes pobres siguen los preceptos religiosos y, por tanto, no son supersticiosos; los ricos, en cambio, alejados del catolicismo —tanto en sus fundamentos morales como en la práctica—, prefieren no sentar a trece personas a la mesa. Los consejos del padre Anticelli antes de que la familia de doña Lola parta para la capital, le advierten de los peligros de la gran ciudad, y en particular de la "impetuosidad siciliana" (157) que dice percibir en Elena y que puede ponerla en peligro. Vale mencionar que, pese a que estamos ya en los albores del siglo XX, en Delgado las voces autorizadas, de la razón, de la cordura, de la sensatez, provienen de los clérigos y no de los médicos, como en varias novelas europeas de la segunda mitad del XIX; desde luego, de curas como el padre González de *La Calandria* o como el padre Anticelli de *Los parientes ricos*, no de Grossi del mismo texto.

Delgado repite varios nombres y personajes a través de sus novelas, tal vez en un intento de emular a Balzac con la *Comedia humana*.[15] Aunque nunca la menciona, me parece posible establecer algunos puntos de contacto con *Eugenie Grandet* (1833), uno de los textos balzacianos más leídos. La situación económica se invierte en relación con *Los parientes ricos*, pues Eugenie, la hija de un austero, incluso avaro, financiero y prestamista de provincia, queda totalmente deslumbrada con la llegada de su elegante, fino y atractivo primo parisiense, igual que Elena en la novela mexicana. El segundo punto de contacto se da con respecto a los vínculos familiares. Cuando M. Grandet recibe a su sobrino, se entera, por una carta que éste porta, del suicidio inminente de su hermano, a fin de evadir la vergüenza de la quiebra.

---

[14] Los predecesores de Delgado, los llamados "novelistas sociales", también advertían el origen de las fortunas de sus personajes. En *Las tres aventureras*, José Rivera y Río censura a una supuesta condesa mexicana, en parte por haber hecho su riqueza vendiendo pulque.

[15] Juan Jurado aparece en *La Calandria* y en *Historia vulgar*. Es el tipo de tinterillo corrupto, pretencioso, aprovechado, intrigante.

La actitud de Grandet al conocer la noticia es similar a la de los Collantes ricos: en lugar del dolor natural, de la pena por perder a un familiar, se imponen consideraciones monetarias, materiales o sociales.

Rafael Delgado era un provinciano, conservador y católico, de clase media acomodada venida a menos. Para fines del siglo XIX, los valores liberales, como la exaltación y defensa de la familia, del trabajo —frente al ocio— y de la educación, tal vez ya habían permeado gran parte de la sociedad mexicana. Así, las dos jóvenes que "caen", Elena Collantes y Concha Mijares, han carecido de la guía paterna. Elena, por ser literalmente huérfana, y Concha por serlo en la práctica —tanto el narrador como ella culpan al padre—. Carmen, en *La Calandria*, está más cerca de Concha en esta ausencia de una figura paterna. No todos los personajes femeninos que carecen de padre "caen", desde luego: basta recordar a la huérfana Angelina, de la novela homónima, buena y virtuosa como su nombre, o a Margarita, la prudente, sensata e incluso abnegada hermana de Elena. En cambio, "la Calandria" y Elena comparten una cierta rebeldía, característica nada loable según el canon de las virtudes femeninas de la época y del propio Delgado.

Desde el inicio, la descripción de Elena apunta a una mayor belleza y sensualidad que la de su hermana. Para empezar, ella es morena, tiene ojos negros, rasgos siempre asociados a una mayor capacidad erótica. Margarita, en cambio, es rubia de ojos claros, atributo más vinculado con la pureza, la virginidad, la bondad, así como una cierta asexualidad. En su sensualidad, Elena es sensible a los aromas masculinos, igual que Carmen en *La Calandria*. Carmen está dispuesta a terminar con el catrín Alberto, pero al recibir una carta suya, no puede evitar percibir el perfume del galán. Elena es incluso más sensible al sentido del olfato, debido a su ceguera, y está expuesta, diríamos hoy, a las feromonas masculinas de Juan. Pero hay que mencionar, en contraste, que el narrador es superlativamente pudoroso al aludir, tanto al momento mismo de la seducción, como al embarazo de Elena.[16]

Como en sus demás novelas, Delgado gusta de describir prolijamente la naturaleza, los paisajes cercanos a Pluviosilla, las plantas y flores de la verde ciudad veracruzana. En particular es sensible a los cambios de luz, como los pintores impresionistas contemporáneos, y tal vez con una paleta que ya podemos caracterizar como modernista: "Inmensa oleada de luz inundó el recinto: centelleó la argentería; subió el mantel en nitidez; brillaron con transparencia incomparable vasos y garrafas; duplicaron los boles su glauco tinte, y aviváronse granates y rubíes en los póculos de burdeos y de chablí

---

[16] La seducción se produce en un coche, tal vez en alguna tímida emulación del célebre pasaje de *Madame Bovary*, que tanto escándalo provocó, cuando el coche da vueltas por la pequeña ciudad, con las cortinas bajadas. En la novela de Delgado, Juan y Elena dan un paseo en coche; hay luego un salto temporal, cuando nos enteramos de que el coche recorre ya la calzada de la Condesa (Delgado 1993b: 294).

reservados por don Cosme y el clérigo" (Delgado 1993b: 302). Su léxico es rico y variado, con un particular gusto por los diminutivos de distintas terminaciones, de sonoridades castizas. Hay también, como en las novelas anteriores, así como en algunos cuentos, cuadros que podríamos caracterizar como costumbristas, por ejemplo la descripción de la ceremonia fúnebre en la iglesia, en honor de la hermana muerta de los Collantes.

Ya en pleno ejercicio de la libertad otorgada a la literatura por el romanticismo, Delgado mezcla formas: transcribe cartas completas, hay pasajes con mucho diálogo, los cuales se asemejan a escenas teatrales —género en el que incursionó, como se mencionó al principio—; también incluye poemas, además de los típicos fragmentos líricos, de prosa poética, al pintar los paisajes veracruzanos. Asimismo se presentan, como en el resto del realismo, múltiples referencias a la realidad: a publicaciones periódicas, sitios geográficos, etcétera.

Los *Cuentos y notas* fueron elegidos por el autor mismo de entre varios que publicó. Los primeros cuatro son en realidad relatos, esbozos. A partir del quinto ya se pueden considerar cuentos. Se ofrecen también apuntes propios de algún cuadro costumbrista ("El caballerango", "La gata"). Como en ellos predomina la primera persona, se ha afirmado que en gran medida son autobiográficos, lo cual es altamente probable. Dos evocan sentimientos asociados con sitios específicos: "Bajo los sauces" y "Crepúsculo". En varios más hay muestras de sentido del humor: "En el anfiteatro", "La noche triste", "Rigel", "Para toros del Jaral...", "Pancho el tuerto". Otros son de corte sentimental, como "Voto infantil", "La chachalaca", "Mi única mentira" o "Amor de niño".

"La misa de madrugada", uno de los que considero más interesantes, coincide en tiempo y lugar con la breve estancia del niño Rafael en la Colegiata de Guadalupe de la Ciudad de México. Hay un contraste afortunado entre la nostalgia del niño alejado de su hogar, de sus padres, y el paso fugaz de los emperadores, camino a Veracruz. Carlota partirá al viejo continente a buscar apoyo, ante el abandono militar de Napoleón III, y es acompañada en su trayecto mexicano por Maximiliano. En el internado despiertan a los niños para que asistan a una misa extraordinaria a las cuatro de la mañana. Los soñolientos infantes observan desde lejos las dos figuras. Uno de ellos, sin embargo, se niega a levantarse con el argumento de que la emperatriz está loca por asistir a una misa a esas horas, sentencia que repite cuando todos vuelven a sus camas. No deja de ser un ligero toque de humor con visos de profecía en ese momento, cuando no se sabía aún que Carlota terminaría privada de la razón. Otro cuento que me parece sugestivo es "El desertor", donde una viuda impide que su hijo asesine a un trabajador, poco después de que éste confiesa que él ha matado a su marido. Tanto en este cuento como en "¿A dónde vas?", las madres evitan que sus hijos se vuelvan homicidas, adoptando así un papel más activo del simplemente abnegado que se suele otorgar a las mujeres en las novelas del xix.

Historia vulgar es, como ya se mencionó, la menos conocida y reeditada de las novelas de Delgado. Inicialmente parece que se desarrollarán dos historias, una sobre las hermanas Miramontes, dedicadas a la enseñanza, otra sobre las Quintanilla, en particular Leonor. Ambas familias son de clase media, por lo que todos sus miembros deben colaborar con los ingresos del hogar. Con grandes penurias, Genoveva y Luisa Miramontes han logrado llegar a ser maestras de escuela. No han podido ingresar al sistema educativo oficial, por ser consideradas mochas y beatas. Tampoco han tenido éxito en su escuela Santa Isabel de Hungría, ni siquiera con la ayuda del párroco: las familias no "querían pagar ni un centavo por la enseñanza de sus hijas. ¿Para qué han de saber mis muchachas, decían algunos padres, geografía, historia, gramática, francés, gimnasia, y tantas y tantas cosas? No se han de casar ni con sabios ni con ricos... Que aprendan a coser, a guisar, a remendar los trapos... —repetían otros" (Delgado 1944: 24).

En este párrafo y en otros similares, la crítica literaria de corte feminista encontrará material para abundar en el papel secundario que tradicionalmente se adjudicó a la preparación intelectual de las mujeres decimonónicas en nuestro país. Así, en *Historia vulgar* las mujeres con más estudios no son siempre las más inteligentes, sino las más pobres, puesto que se han visto obligadas, por su mala condición económica, a prepararse para sostenerse.

Las Miramontes no han podido decidirse por "los *métodos modernos*, o por la *fe antigua*" (24). Una actitud pragmática las inclina hacia los "métodos modernos", en boga entonces en el Porfiriato, sistema político decidido a llevar al país al progreso. Las hermanas adquieren lo más reciente en literatura pedagógica, y Luisa es quien hace suya la nueva terminología, con la que logra, primero, el asombro y la admiración del H. Ayuntamiento, y en consecuencia, la dirección de la "Escuela Municipal Número 7 para Niñas". Antes de asumir ese puesto, Luisa debe pronunciar un discurso —escrito por uno de los miembros del Ayuntamiento, don Juan Jurado—, el cual le vale la crítica de las personas devotas del pueblo, sin importar que lo hayan oído o no.

Para convencer a Luisa de que acepte pronunciar el discurso, Jurado y su colega del Ayuntamiento le hacen ver el honor de dirigirse a la "juventud progresista" y aducen los siguientes argumentos, que adquieren un tinte irónico de parte del autor, por provenir de un personaje por el que no siente simpatía alguna: "que se dejara de santurronerías y de cosas de la pelea pasada; que los tiempos eran otros; que a todos los cultos restos del Estado teocrático, debía suceder el culto de la ciencia; que no había más verdades que las experimentales; que la Reforma había exaltado a la mujer más que el Cristianismo, al presente vetusto" (28). Hay aquí una crítica burlona de Delgado contra este entusiasmo superficial y de moda que favorece las nuevas tendencias filosóficas y los "métodos modernos", así como la retórica laica del positivismo, adoptada sin inteligencia ni reflexión crítica. Ni las Miramontes ni los miembros del Ayuntamiento parecen saber bien a bien en qué consisten. Basta con utilizar algunos términos en boga para tener la apariencia de modernidad. El Cabildo donde se reúne el Ayuntamiento es, además, un sitio decrépito y sucio, en plena decadencia. Sus miembros son ignorantes pero presuntuosos; en una de las sesiones, Delgado los muestra bajo una nítida luz irónica y burlona, no exenta de humor.

Desafortunadamente, esta subtrama se pierde y queda trunca, cuando habría dado para mucho más. El narrador se limita a desarrollar la historia de amor entre Leonor y Luis, que transcurre de una manera cronológica y con un solo contratiempo, el cual se subsana con mucha celeridad, en los dos últimos capítulos. Como en las tres novelas anteriores, el chisme, el rumor, la maledicencia, son parte integral de la vida de las ciudades provincianas, donde la comunicación horizontal es practicada por ambos sexos, aunque tal vez con mayor intensidad en las tertulias femeninas.

El estilo es mucho más directo y menos elaborado que en las demás novelas, así como más cercano al de sus cuentos. Hay un agradable tono de conversación que salpica de cuando en cuando la narración: "Pero todo fue puro ruido y música celeste, y no hubo nada: unas cuantas gotas, y pare usted de contar" (15); "Las niñas Quintanillas –muy señoras mías y de todo mi respeto" (17); "Y una locuela... que ¡Dios me asista!" (22).

La historia está contada desde una tradicional tercera persona, que ocasionalmente se convierte en primera, para dar la apariencia de una charla informal, como se mencionó. Este tono, aunque esporádico, se produce en conjunción con uno de los temas centrales de la novela —a saber, la crítica a la difusión de información (real o inventada) sobre las vidas ajenas, es decir, el chisme, tan practicado, según Delgado, en las ciudades en las que se ubican todas sus novelas. Un detalle irónico aparece en el segundo capítulo, especialmente a la luz del conjunto de la novela. Si, como se dijo, la crítica al chisme es uno de los temas de *Historia vulgar*, el propio narrador cae, a sabiendas, en lo que critica. Así, al comenzar a describir a las Quintanilla, dice sobre una de ellas: "Rosita se quedó muy campante, al saber la fatal noticia, se compadeció de los infortunios del muchacho, y cortó por lo sano" (22). Pero luego este narrador omnisciente se incluye entre los habitantes de Villatriste y habla como uno más de ellos, es decir, también resulta propenso al rumor: "Cuentan que Paquito Redondo no la ve con malos ojos" (*idem*). Para reforzar la presencia de los chismes, frecuentemente la historia se narra en el presente, el tiempo propio del rumor.

En contraste con esta identificación del narrador con los habitantes de la ciudad, en el capítulo II se lee, con respecto a las Quintanilla: "¿Edades? No es de *correctos* el tema cronológico; pero a fuer de historiadores imparciales y de cronistas verídicos, debemos tratarle con el honrado propósito de cimentar esta novela" (19), lo cual implica un intento típico para imprimir credibilidad a su relato. La misma intención existe en el capítulo VIII, donde el narrador escribe: "Digamos la verdad" (53).

* * *

Rafael Delgado es un novelista cuidadoso, amante de las descripciones de plantas, flores y paisajes, correcto constructor de tramas y de personajes; hace gala de un buen uso del lenguaje, con un léxico castizo, variado y elaborado. Se separa así de las novelas previas, escritas más a vuelapluma y, con frecuencia, al servicio del planteamiento de alguna idea programática, como sucede con los "novelistas sociales" (véase Sandoval 2008). Su principal argumento en contra de estas novelas, que también llama "tendenciosas", es su carácter efímero, una vez que el tema pierde interés; si acaso alguna de ellas perdura, opina en su preceptiva, "será por la belleza del estilo y pureza del lenguaje" (Delgado 1956: II, 528).

En sus textos es posible percibir varias corrientes literarias en juego: los cuadros costumbristas ocasionales están presentes; hay descripciones, tramas, personajes y desenlaces realistas; se puede identificar una sensibilidad romántica, con resabios de sentimentalismo —sobre todo en algunos cuentos—, además de la libertad en la inserción de trozos provenientes de géneros distintos; son detectables, incluso, algunas pinceladas modernistas. Quizá no pueda afirmarse, siguiendo a Azuela, que es el mejor novelista mexicano del siglo XIX, pero sin duda es uno de los que han perdurado.

BIBLIOGRAFÍA

AZUELA, Mariano. 1947. *Cien años de novela mexicana*. Ediciones Botas, México. [Reimpreso en *Obras completas III*, bibliografía Alí Chumacero. Fondo de Cultura Económica (*Letras Mexicanas*), México, 1960, pp. 569-668.]

BALZAC, Honoré de. 1993. *Eugenie Grandet*. Booking International, París.

BICKLEY, James Graham, 1935. *The Life and Times of Rafael Delgado*. Tesis de Doctorado, Universidad de California.

CUÉLLAR, José T. de. 1985. *Los fuereños* (1883). Offset, México.

DELGADO, Rafael. 1890. *La Calandria, Revista Nacional de Letras y Ciencias*, t. III, 15 de enero a 15 junio, núms. 2-12.

——. 1891. *La Calandria*. Pablo Franch, Orizaba.

——. 1944. *Historia vulgar. Novela corta*, págs. prel. Raimundo Mancisidor. Secretaría de Educación Pública (*Biblioteca Enciclopédica Popular*, 19), México.

——. 1953. "Prólogo del autor" a *Cuentos y notas*, pról. Francisco Sosa, notas Pedro Caffarel Peralta. Porrúa (*Escritores Mexicanos*, 69), México, pp. xli-xliii.

——. 1956. *Obras*, 2 vols, est. crítico Carlos Aguilar Muñoz y Miguel Marín. José M. Cajica, Jr., Puebla.

——. 1979. *Los parientes ricos*, pról. Felipe Garrido. Promexa Editores (*Clásicos de la Literatura Mexicana*), México.

——. 1986-1993. *Obras*, 2 vols., pról., ed. y notas María Guadalupe García Barragán. Universidad Nacional Autónoma de México (*Biblioteca del Estudiante Universitario*, 105), México.

——. 1993a. *Angelina*, ed. y pról. Antonio Castro Leal. Porrúa (*Escritores Mexicanos*, 49), México.

——. 1993b. *Los parientes ricos*, ed. y pról. Antonio Castro Leal. Porrúa (*Escritores Mexicanos*, 6), México.

——. 1995. *La Calandria*, ed., intr. y notas Manuel Sol. Universidad Veracruzana (*Clásicos Mexicanos*, 5), Xalapa.

——. s.f. *Cuentos y novelas breves*. Talleres Gráficos de la Cía. Editora y Librera ARS (*Autores Clásicos Mexicanos*), México.

RIVERA Y RÍO, José. 1861. *Mártires y verdugos*. Tip. de Nabor Chávez, México.

RODRÍGUEZ, Ismael (dir.). 1947. *Nosotros los pobres*, guión Ismael Rodríguez y Pedro de Urdimalas. Producciones Rodríguez Hermanos, México.

—— (dir.). 1948. *Ustedes los ricos*, guión Rogelio A. González, Ismael Rodríguez, Carlos González Dueñas y Pedro de Urdimalas. Producciones Rodríguez Hermanos, México.

SANDOVAL, Adriana. 1999. *A cien años de "La Calandria"*. Universidad Veracruzana (*Biblioteca*), México. [Incluye una amplia bibliografía general sobre Delgado y sobre esta novela].

——. 2007. "Prólogo" a Rafael Delgado, *Los parientes ricos*. Universidad Veracruzana (*Biblioteca del Universitario*), Xalapa, pp. 13-28.

——. 2008. *Los novelistas sociales. Narrativa mexicana del siglo XIX, 1851-1884*. Universidad Nacional Autónoma de México (*Letras del Siglo XIX*), México.

ÁNGEL DE CAMPO:
MODALIDADES DE LA ESCRITURA

Yliana Rodríguez González
El Colegio de México

Cuando Mauricio Magdaleno publicó, en 1939, *Pueblo y canto* —volumen que recogía una pequeña parte de la obra de Ángel de Campo dispersa en *El Imparcial* (1905-1907) y en tres de los libros que entregó a la imprenta: *Ocios y apuntes* (1890), *Cosas vistas* (1894) y *Cartones* (1897)—, habían pasado apenas treinta y un años desde la muerte de nuestro escritor y veintitrés desde la publicación de la primera antología póstuma de su obra (reunida por Julio Torri y publicada en 1916 por Editorial Cvltvra). Cualquiera supondría, pues, que un escritor que durante más de veinte años (es decir, de 1885 a 1908) se constituyó en una de las plumas más leídas en la prensa nacional, con tres volúmenes publicados —es verdad que con tirajes de no más de 500 ejemplares cada uno, y con cerca de cuarenta y nueve años de vida en el caso del primero de ellos, pero libros al fin, lo cual en el siglo XIX era empresa heroica—, dos antologías, víctima incluso de una polémica más o menos sonada en su momento, debería tener, para entonces, resonancia en la memoria de los lectores. No fue así. De Campo era, en 1939, un escritor prácticamente desconocido. ¿Cuál fue la razón de este olvido? Se puede argumentar que De Campo, el cronista de la ciudad porfiriana, el crítico de la modernidad cosmética, tenía poco que decir a esta nueva generación de lectores posrevolucionarios (nadie quería recordar el Porfiriato), o, quizás, que el trabajo literario impreso en la prensa escrita estaba destinado, por naturaleza, al olvido; que era desechable. Fuera una u otra la razón, se puede decir que el redescubrimiento de nuestro autor en el siglo XX llegó, ciertamente, de la mano de *Pueblo y canto*.

Setenta años después, es decir, justo en 2009, pasado más de un siglo desde la muerte de De Campo, Héctor de Mauleón publicó *Ángel de Campo*, una antología de la obra del autor. Esta vez se trata, sin duda, de la más extensa que se haya hecho hasta ahora —cuenta con 834 páginas y cerca de 140 textos, de los cuales aproximadamente treinta no habían sido publicados de nuevo desde su aparición en *El Imparcial*—; además, según el antólogo, este libro "presenta por primera vez una lectura integral del escritor que fue Ángel de Campo" (Mauleón 2009: 15). De Mauleón dice más: hasta ahora, el esfuerzo por redescubrir la obra dispersa de De Campo, llevado a cabo por diversos

—no muchos, agrego yo— historiadores e investigadores literarios, ha sido desaprovechado.[1] Si bien estamos a la espera de las obras completas de De Campo —en edición crítica, anunciadas ya por la Universidad Nacional Autónoma de México, con motivo del centenario de la muerte del escritor—, es verdad que, gracias a los esfuerzos citados por De Mauleón, ya no puede decirse que sea un total desconocido para los lectores de este siglo; pero conviene preguntarse si sigue siendo el autor peor leído del siglo XIX, como han repetido numerosos críticos tras la lapidaria afirmación al respecto de parte de Fernando Tola de Habich, opinión originada, justamente, en el hecho de que, a cien años de distancia, y tras importantes esfuerzos editoriales, la mayor parte de su obra sigue sepultada, todavía, en los periódicos de su época.

Son muchas las razones que podemos aducir para explicar la mala fortuna literaria de De Campo (redescubierto, sí, pero muy parcialmente; mal leído; encasillado; reducido a estilo, un género, una escuela, un tono), pero lo cierto es que casi todas se refieren a un mismo asunto: la necesidad de una lectura integral de su obra. La propuesta es sumamente ambiciosa, pues requeriría de una labor exhaustiva que está lejos de cumplirse en un simple trabajo monográfico como el que aquí ofrezco; sin embargo, intentaré, en la medida de las posibilidades de este ejercicio de lectura, abonar en esta deseada tarea integradora.

Conviene detenernos un poco, antes de adentrarnos en la obra de nuestro autor, en su vida, para establecer el contexto en que desarrolló su trabajo literario y explicar el modo en el que ha sido leído. Ángel Efrén de Campo y Valle (o mejor conocido por sus seudónimos como *Micrós*, *Tick Tack*, y con Federico Gamboa, *Bouvard et Pécuchet*) nació en la Ciudad de México el 9 de julio de 1868 y murió, a causa del tifo, el 8 de febrero de 1908; es decir, alcanzó apenas los treinta y nueve años. Fue periodista, catedrático en la Escuela Nacional Preparatoria y empleado público en el Ministerio de Hacienda. La vida de Ángel de Campo casi siempre se ha narrado en tonos dramáticos (Carlos González Peña llegó a decir que su vida era "una vida sin historia"). La idea de una biografía con matices melancólicos viene de la pintura que de él hicieron Luis G. Urbina y Antonio Fernández del Castillo, quienes lo muestran con un acento sombrío; Rubén M. Campos, en cambio, habló de él en conceptos más vivos:[2] lo calificó de inteligente y gracioso, muy cercano al De

[1] Vale la pena hacer notar que el tiraje de esta obra es de 2 000 ejemplares; sin duda sólo sobrepasado por las ediciones que Porrúa ha hecho de *Ocios y apuntes* y *La Rumba*, y *Cosas vistas* y *Cartones*, de 3 000 ejemplares cada uno, y que va ya, por lo menos hasta 2007, por la decimoctava edición, en el primer caso.

[2] Al describir una de las sesiones del Liceo Altamirano, dijo: "Ángel de Campo (Micrós), el pequeño gnomo que conocía y pintaba la vida mexicana mejor que nadie, con los ojos radiantes de inteligencia tras de sus espejuelos de cristal y oro, leía capítulos de su novela inédita *La sombra de Medrano*, que hacía desternillar de risa al cónclave mientras

Campo humorista que muchos hemos leído ya.[3] A este retrato hay que añadir los ingredientes que abonan a favor de la desventura: huérfano de padre
desde muy pequeño, De Campo vivió gracias a la generosidad de un tío político, Francisco Fernández del Castillo y López. En 1890, tras un año de estudios en la Escuela de Medicina, murió su madre; abandonó entonces la carrera de medicina (por la que en realidad no tenía una gran inclinación) y
comenzó la de empleado público y profesor (su labor periodística tenía ya
cinco años de antigüedad); a sus veintidós años debía hacerse cargo de sus
tres hermanos. Se casó, sí, en 1904, y de ese matrimonio hubo un hijo que
murió al nacer. Todavía más, para rematar el cuadro de una vida más que
desafortunada, se aduce la muerte prematura del autor. El relato de su vida
no tendría mayor importancia si no fuera porque trascendió la mera anécdota y se convirtió en una especie de etiqueta que también definió su obra. Así,
cuando se hablaba de ella, se usaban los adjetivos con los que se solía calificar su vida: sentimental, compasiva, taciturna, triste, sufriente, piadosa, etcétera. El De Campo alegre, crítico, irónico —el cronista redescubierto apenas
hace algunos años— simplemente no figuraba.

Una circunstancia fundamental en su vida lo signará también literaria-
mente, pero, sobre todo, lo determinará, para bien y para mal, en su futuro
como escritor: el haber sido alumno de Ignacio Manuel Altamirano y, probablemente, según testimonios, discípulo predilecto —se dice que fue el propio
Altamirano quien lo bautizó como Micrós—.[4] De Campo formó parte del
Liceo Mexicano Científico y Literario (que a la muerte del maestro decidieron llamar Liceo Altamirano). Colaboró hasta unos días antes de su deceso
en diversas publicaciones periódicas (*El Liceo Mexicano*, *El Partido Liberal*, *El
Mundo Ilustrado*, *Revista de México*, *Revista Azul*, *El Imparcial*, *El Nacional* y *El
Universal*, entre otros) y fue ciertamente conocido y leído en su momento, a
pesar de que, en vida, sólo vio publicados los tres libros de los que hablé
antes, todos ellos resultado de recopilaciones de relatos difundidos antes en
revistas y periódicos (ofrezco las referencias completas en la bibliografía
final). María del Carmen Millán señala un hecho sorprendente, que merece
subrayarse, con respecto a la popularidad que De Campo disfrutó pese a su

digería plácidamente jugosas viandas al calor de ricos vinos y entre el humo aromoso de
los vegueros" (Campos 1996: 182).

[3] Miguel Ángel Castro hace una minuciosa revisión de lo dicho por los contemporáneos y estudiosos de la obra de De Campo relacionada, sobre todo, con la idea de una
supuesta doble personalidad del autor desplegada en cada uno de sus seudónimos: *Micrós*
para el escritor tierno, piadoso y sentimental (el De Campo más joven), y *Tick Tack* para el
humorista (el De Campo maduro): véase Campo 1991: 23-30.

[4] "Con Luis González Obregón y Ezequiel A. Chávez, forma la «trinidad predilecta»
del maestro Ignacio Manuel Altamirano" (Ruiz Castañeda 1968: ii). Efectivamente, a decir
de Carlos González Peña, Altamirano "acuñó el seudónimo que habría de hacer célebre al
discípulo: *Micrós*: pequeñito" (González Peña *apud* Ruiz Castañeda 1968: ii).

230 YLIANA RODRÍGUEZ GONZÁLEZ

exigua obra, reunida en libro: "es uno de los pocos escritores de su tiempo conocido exclusivamente como cuentista. Su obra editada es pequeña: tres libros que contienen unos setenta cuentos. Este hecho advierte que no fueron razones de cantidad las que contribuyeron a que el cuentista se impusiera, antes bien lo poco que publicó le bastó para consagrarse y para ayudar a establecer la autonomía del género" (Millán *apud* Campo 1997: ix).

Esta afirmación no considera el temprano olvido de la obra de De Campo, y alude, en cambio, al hecho de que durante la mayor parte del siglo XX, nuestro autor fue conocido exclusivamente por sus tres obras editadas en el XIX y reeditadas por Porrúa a mediados del siglo XX. No está de más decir que algunos textos que formaron parte de estos últimos volúmenes se convirtieron en selección obligada para cualquier antología del relato mexicano publicada después de este redescubrimiento.[5]

Fernando Tola de Habich, conocedor profundo de la literatura mexicana del siglo XIX, insiste en el hecho de que la mayor parte de la obra de De Campo permanece inédita, y que poco o nada se puede decir de un escritor al que apenas conocemos. Esto es verdad para casi todos los escritores decimonónicos: su obra está todavía dispersa en los periódicos, revistas, folletos, hojas sueltas, y el paso de ellos a los libros no puede ser automático (ahí están, como prueba, los proyectos de edición de las obras completas de José Joaquín Fernández de Lizardi o las de Manuel Gutiérrez Nájera, que ya reúnen en su labor una buena cantidad de años y de volúmenes). Hasta ahora sabemos que escribió tres novelas (o, mejor dicho, lo que sus estudiosos consideran como novelas), y que dos de ellas las publicó por entregas: *La Rumba*, para *El Nacional*, y *Los claveles dobles*, para la revista *Cómico*.[6] Esta última es noticia nueva. Según el coordinador del proyecto de edición de las obras completas de Ángel de Campo, Miguel Ángel Castro, esta novela aparecerá publicada muy pronto, acompañada de un expediente hemerográfico.[7] *Los claveles dobles*, de acuerdo con Castro, ofrece una crónica del "suicidio de una mujer de nombre Sofía Ahumada, quien se arrojó desde una de las torres de la Catedral Metropolitana" (*apud* Paul 2008: 25). Estas son las dos novelas de De Campo que vieron la luz en su totalidad en publicaciones periódicas. La tercera, titulada *La sombra de Medrano*, apareció en un único

[5] María del Carmen Millán señala: "De las veinticinco narraciones que componen el libro, dos han corrido con tan buena fortuna que figuran en todas las antologías de cuentos mexicanos: «¡Pobre viejo!» y «El Pinto»" (*apud* Campo 2007: xiii-xiv).

[6] Héctor de Mauleón cita por *El Cómico* (2009: 69); por su parte, Ciro B. Ceballos, quien se refiere a esta publicación con el nombre de *Cómico*, explica que surgió de las páginas de *El Imparcial* y que estaba dedicada a la caricatura (Ceballos 2006: 345).

[7] Esta noticia se dio en el marco de la conmemoración del centenario de la muerte del escritor, para la que se organizó un Congreso que tuvo lugar los días 11, 12 y 13 de marzo de 2008 en el Instituto de Investigaciones Bibliográficas de la UNAM.

capítulo en *El Imparcial*, el 7 de octubre de 1906, y de ella sólo se conserva ese fragmento ("Juanito Lavalle se examina, cínicamente, de Primer Curso de Matemáticas"), que Magdaleno recogió en su recopilación microsiana (Campo 1939: 99-109). De esa novela dieron cuenta Federico Gamboa y Victoriano Salado Álvarez; este último apuntó al respecto:

> *La sombra de Medrano* no es nada por el argumento. Se trata de un chico vástago de la portera de casa rica y noble que se cree hijo de uno de los señores Medranos, de la famosa estirpe de ese nombre. Se descubre al fin la identidad del sujeto, y llega a averiguarse que el muchacho es producto de los amores de una madre liviana con su cochero de buen ver. El interesado se aflige, y su aflicción da motivo a una serie de chistosas aventuras, que Micrós cuenta con muy buena sombra, y a la discusión de una multitud de tipos regocijadísimos.
>
> Casasús pretendió hacer la edición, pero *Campo nunca estuvo conforme con su libro y pretendía siempre perfeccionarlo*. Yo lo tuve en mi poder mucho tiempo, dizque para limar el estilo, y cada día me admiraba más. En la tarea del pulimento lo sorprendió la muerte (Salado Álvarez 1946: 84; las cursivas son mías).

El recuento nos lleva a una conclusión evidente: en 1951, De Campo era conocido, exclusivamente, como cuentista y novelista. Es decir, hasta ahora cumplía, en apariencia, con el retrato canónico de escritor sensible, compasivo, que aunque de estilo descuidado, gozaba de una gran capacidad de expresión pintoresca, de ahí que lo calificaran como costumbrista y lo hermanaran con José Tomás de Cuéllar.

Con respecto a su trabajo como cronista, su obra comenzó a reunirse, de modo exclusivo,[8] en algunos tomos hace apenas cuarenta y dos años, gracias a los afanes de no más de cuatro o cinco estudiosos. El trabajo lo inició Sylvia Garduño, quien recuperó algunas piezas de todo género aparecidas en *El Nacional*, la *Revista Azul*, *El Partido Liberal*, *El Mundo Ilustrado*, *México* y el *Liceo Mexicano*. Si bien Josefina Estrada (Campo 1984) y Fernando Tola de Habich (Campo 1985) reunieron textos diversos, me parece que éstos se encuentran más cercanos a los rasgos característicos del relato que a los de la crónica; de modo que de Garduño acudo directamente a Miguel Ángel Castro y Blanca Estela Treviño, quienes recuperaron, uno de *El Imparcial* y la otra de *El Universal*, una buena selección del trabajo puramente cronístico de De Campo: "La Semana Alegre" (1899-1908) y "Kinetoscopio" (1896). No es sino hasta 2009 que Héctor de Mauleón suma al rescate cerca de treinta textos cronísticos, resultado de lo que él calificó como su inmersión en *El Imparcial*. Si asumimos con Tola de Habich que, en 1985, 70% de la obra microsiana

---

[8] Recordemos que Magdaleno ya había iniciado esa labor en 1939, pero el acento de su antología, sin duda, está en los relatos microsianos.

permanecía oculta en las hojas de la prensa periódica decimonónica, hay que conceder que el trabajo en hemerotecas llevado a cabo por los especialistas a partir de 1939 ha dado frutos, si no de naturaleza exhaustiva, sí suficientes para permitirnos esbozar una imagen más justa de las posibilidades que ofrece a sus lectores la poética decampiana.

La lectura de estos textos autoriza a ubicar a De Campo en un sitio muy diferente al que ocupó hasta hace bien poco en las historias literarias. Los rasgos de modernidad de su escritura y, al mismo tiempo, su afán de "resistencia literaria que contrarrestaba el cosmopolitismo najeriano" (Mauleón 2009: 454), enriquecen su estilo. El rostro de un escritor que merece, sin duda, una lectura desde otros ángulos, se modifica sustancialmente. Atrás queda, pues —sin desaparecer, desde luego, sino sumando, en el mejor de los casos, o bien modificando—, el De Campo compasivo y taciturno, que da voz a los desposeídos, el secretamente subversivo; y toma su lugar un Micrós más crítico, dueño de un humor ácido, casi maligno.[9] De Campo es, por definición, topógrafo, como bien lo califica Treviño, pues sabe que la crónica de la vida pública es, al final, el dibujo "visible de los cumplimientos civilizadores" (Treviño *apud* Campo 2004: 92), y qué objetivo literario más natural se puede encontrar para un "realista trasnochado", alumno adicto de Altamirano y fiel a sus postulados.

De Mauleón establece una conexión interesantísima entre Gutiérrez Nájera y De Campo que ilumina la lectura de las crónicas microsianas y les devuelve el carácter sofisticado que tuvieron siempre: el estilo de De Campo se alimenta, sin que muchos de sus lectores lo hayan notado, de lo mejor de la crónica modernista, y consigue complementar la visión najeriana: ambos representan dos polos encontrados "la ciudad luminosa, la ciudad oscura" (*cf.* Mauleón 2009: 33 y ss.; todavía más, el estudioso hace notar una paradoja increíble: De Campo fue el escritor más asiduo de la Revista Azul, "sólo lo superan en frecuencia de publicación Carlos Díaz Dufoo y Gutiérrez Nájera", 57). Unidos ambos cronistas en una lectura paralela, la pintura del México porfiriano se despliega espléndida en detalles y sugerencias.

Ahora bien, tanto La Rumba como sus cuentos debieron tener numerosos comentaristas. Lamentablemente, pocos, si no ninguno, los tomaron en cuenta de manera extensa. La mayor parte de los análisis se encuentra en prólogos o presentaciones, y mucho de lo que ahí se dice repite lo expresado por sus contemporáneos. Entre ellos (y los estudiosos posteriores) se citan las palabras que Gamboa le dedicó en su conferencia "La novela mexicana":

[9] No es de extrañar, entonces, la agresiva pintura que Ciro B. Ceballos hace de él cuando lo califica de "malicioso hasta lo maligno, [pero que] se apocaba pacato frente a los más fuertes cuando los encontraba agresivos" (Ceballos 2006: 428). Aceptemos la antipatía gratuita y arbitraria que Ceballos sentía hacia De Campo, pero también que era posible encontrar algo de esta malicia en los textos de nuestro escritor.

El abolengo literario de *Micrós* es indudable, desciende derechamente de Carlos Dickens y Alfonso Daudet; posee los defectos y excelencias que singularizan al novelista de Landport y al novelista de Nimes, su minuciosidad y conmiseración hacia los desgraciados, y hacia los animales [...] puede reprochársele que su estilo no llegue a clásico, que a las veces sea vulgar aunque ampliamente compensado por lo exacto y pintoresco de la expresión; y como al autor de "Sapho", una sensibilidad indiscreta de cuando en cuando, estilo inquieto y febril, falto de equilibrio y plenitud, hasta de regularidad gramatical [...] *Micrós* no sabe ver colectividades ni multitudes, su campo de observación es reducido, individual [...] la verdadera causa del eclipse de *Micrós* [...] está en la despiadada campaña que el grupo "modernista" inició contra Ángel de Campo y algunos más. Ellos, los "modernistas", dentro de sus preciosismos y truculencias, salvo la poda sanitaria consumada para desterrar los vulgarismos ya naturalizados en nuestra habla, nada dejaron, digo, sí, nos dejaron sin las muchas más joyas con las que holgadamente habría enriquecido *Micrós* la novelística nacional (Gamboa 1914: 24-25).

Los juicios de Luis G. Urbina fueron, sin duda, también muy socorridos:

Ángel de Campo es el primer escritor festivo de nuestros tiempos. La espontaneidad de su verba intencionada, las fórmulas originales de que se valió para reproducir la vida, la potencia plástica de sus descripciones, que eran evocadoras y sugestivas como la fascinación de un mago, son únicas en nuestra literatura [...] un aspecto peculiar de *Micrós* [...] el de la ternura, el de la piedad, el de la misericordia (Urbina 1946: 58-59).

Costumbrista también para Urbina, De Campo tiene "cualidades de miniaturista" (60). Afirma, además: "Día llegará, en un futuro no remoto, en que se consulte a Micrós para saber cómo se existía en esta buena México y hasta dónde habíamos llegado en hábitos, en pensamiento y en léxico" (*idem*). Este juicio sobrevive a sus crónicas. Es más, en otro texto que Urbina dedica a *Ocios y apuntes*, señala que en Micrós hay "serenidad plácida", ternura de "adolescente enamorado", pero añade, hay "derramados en todo el libro sarcasmos finalmente punzantes, ironías que hacen sonreír, observaciones delicadas" (Urbina *apud* Tola de Habich 1987: 142-143), y no podemos dejar de pensar que en estos comentarios algo se anuncia de Tick-Tack. Para Urbina, De Campo es pariente cercano del Duque Job, aunque, a su parecer, le falta conocer "las minuciosidades, los últimos detalles de nuestra hermosa lengua" (144). Para Salado Álvarez no existe parentesco entre Cuéllar y De Campo, porque simplemente este último lo sobrepasa. Frente a un Cuéllar risueño y poco profundo, hay un Campo estudioso y sabio que "sólo daba la pincelada cuando conocía el efecto que iba a causar" (Salado Álvarez 1946: 80).

Otros críticos destacan su carácter de "escritor festivo [...] observador de lo pequeño", y lo consideran el mejor amigo que tuvieron los pobres (Fernández del Castillo *apud* Campo 1946: 49).[10] Mauricio Magdaleno apunta que sus novelas (inéditas en ese entonces) serían una "porción más del alma de la ciudad, cuya poesía hizo chasquear [...] «Micrós»" (Magdaleno 1933: 407). Sobresalen en De Campo, según su juicio, ternura, piedad y comprensión; su trabajo, más allá del de "topógrafo del mundo capitalino", es de trascendencia social. "El mundo que saca a la luz está enfermo" (408), y el estilo burlesco y espontáneo esconde un carácter subversivo. Asimismo, Magdaleno adelanta un rasgo que muchos de los lectores de Micrós, y me incluyo entre ellos, han explotado erróneamente, lo subversivo de su literatura: "Dentro de un estricto orden ético —social ya no tanto—, con idéntica potencia combustible que «La sucesión presidencial en 1910» o el Plan de San Luis Potosí" (*idem*).[11]

Entre los historiadores literarios, destacaré los juicios de algunos. Manuel Pedro González habla exclusivamente de su obra cuentística y como escritor lo considera, prácticamente, como pieza de museo: "«Micrós» es más un valor histórico que actual, y lo mismo puede decirse de todos sus colegas del siglo anterior. Nada nos dicen a nuestra sensibilidad y a nuestras preocupaciones. Para gozarlos hay que leerlos con sentido histórico y de época" (González 1951: 79). No se equivoca del todo en esto último. Sin embargo, colocar los escritos en su contexto nos permite, como lectores, una interpretación más justa, como argumento adelante.[12] Para González, De Campo "Escribía con la despreocupación y el apresuramiento del periodista. Pero observaba con sagacidad y era fiel en la pintura" (78). Me parece que, en cierto sentido, aquí acierta también: los textos diarísticos merecen una lectura particular, pues su objetivo, su estilo, sus lectores, su propia concepción los hace más complejos

---

[10] No olvidemos que Antonio Fernández del Castillo es el primero que ofrece datos biográficos originales de Micrós y publica una buena cantidad de poemas no recogidos antes.

[11] Para él, por supuesto, es "intérprete del prólogo del drama revolucionario" (Magdaleno 1933: 409), y afirma incluso que "El día que haya que buscar a los auténticos promotores del sentimiento popular de cuyos jugos nació el convulso estallido de la revolución de 1910, el primero de todos que saldrá de lo hondo del pretérito será Ángel de Campo, entrañable voz de redención humana" (Campo 1939: xvii).

[12] En contra de lo que afirma Gamboa, declara: "No ha menester la modestísima labor de «Micrós» de tales linajes para merecer un lugar distinguido en la historia de las letras mexicanas. En él se continúa la tradición costumbrista autóctona que se inicia con Lizardi y ni remotamente sugiere su obra la posibilidad de un cotejo con la de Dickens o Daudet. Más se aproxima a los costumbristas nativos, en particular a Guillermo Prieto y a «Facundo» que a ninguna figura europea [...] Sería interesante dilucidar la posible influencia de «El Duque Job» sobre Ángel de Campo. Sin haberla investigado, a mí se me antoja muy probable y mucho más eficaz" (González 1951: 78-79).

y más susceptibles de sufrir una mala lectura. Insisto, de esto hablo más adelante.

En 1953 Ralph Warner todavía no conoce *La Rumba*, según se aprecia en nota a pie de página: "Se habla de una novela suya, *La sombra de Medrano*, que posiblemente no pasó de proyecto. Por la fineza de mi amigo Paul C. McRill, sé que una parte de su novela, *La Rumba*, obra un tanto sensacional, apareció en *El Nacional* desde el 23 de octubre de 1890 hasta el primero de enero del año siguiente. No he tenido oportunidad de examinarla" (Warner 1953: 111). Azuela, por su parte, juzga que Micrós "supera la claudicante escuela naturalista de cansadas enumeraciones estadísticas y de catálogo, manteniéndose en un realismo superiormente entendido" (Azuela 1960: 742). Con respecto al estilo, le parece que la literatura de Micrós es "sana, sencilla, ingenua, tal como la necesita un pueblo que se está formando, que apenas comienza a tener conciencia de sí" (744). "Buceador de almas" le llama, y este calificativo, en lo que toca a sus dotes como cuentista, me parece que le queda a la medida. El México que Micrós describe está "en plena posesión de sí [...] se conoce y se da gráfica y plásticamente con fidelidad" (748), y se constituye, innegablemente, en el personaje principal, protagónico, insustituible de la prosa de De Campo.[13]

En 1958, María del Carmen Millán edita *La Rumba* para Porrúa, la cual publica con un prólogo valioso. Con esto quiero decir que si bien en este recorrido por la crítica de la obra microsiana no concuerdo con algunos juicios, es de justicia admitir que mucho de lo que se opinó es rescatable e iluminador. Las características que encuentra en la novela repiten las del cuentista: "la fidelidad fotográfica del realismo, el cuidadoso análisis naturalista y el subjetivismo dramático del romanticismo" (Millán *apud* Campo 2007: xix). Mezcla *sui generis* que, sin embargo, comparte con el resto de sus contemporáneos, porque ella determina la apropiación mexicana del realismo. Con otros críticos acepta su cercanía con Lizardi y Cuéllar; pero añade la de Rafael Delgado y Federico Gamboa. Afirma que hay crítica social expresa o implícita en su obra y una "interpretación científica de las actitudes de sus personajes" (*idem*). El rasgo de determinismo puro que encuentra en De Campo viene heredado del naturalismo de modo directo.[14] Joaquina Navarro, por su parte,

[13] John S. Brushwood estima que Ángel de Campo observó y estudió la Ciudad de México de tal forma que "México llegó a ser un personaje literario completamente identificado con el autor" (Brushwood 1959: 47).

[14] Ese mismo año Millán reedita *Cosas vistas* y *Cartones*, y en el prólogo señala las notas que a su juicio distinguen a un De Campo plenamente costumbrista de otros nacionales: "El lenguaje acorde con el tema, la emoción vívida y tierna, el tono mesurado y discretamente irónico, la rebeldía punzante, el pesimismo inveterado y el calor de piedad humana" (Millán *apud* Campo 1997: xvii). En fin, aquí se repiten las ideas ya expresadas por otros críticos que, sin duda, perfilan —y reducen, otra vez, hay que decirlo— más al De Campo cuentista que a ningún otro.

incluye un análisis de la obra de Micrós en el capítulo que dedica a Delgado; lo considera, pues, seguidor suyo. El modo de elaboración que Navarro deduce de los textos es exacto: hay una combinación entre realismo y tristeza "intencionadamente social"; las cosas —y por cosas se refiere a lugares y objetos— tienen vida propia: "Su sistema es personalizarlos y de dicha personalización llevar a la descripción el rasgo que de una manera más impresionista acuse la vida que cada objeto tiene" (Navarro 1992: 141); y destaca dos principios: "La luz y el sonido son los elementos que Á. de Campo recoge con más acierto en sus páginas descriptivas" (142). Es de notar que Navarro observa una característica de estilo básica en De Campo que nadie había hecho evidente: los rasgos de carácter sobrepasan en interés a los físicos cuando realiza un estudio de personaje; el caso de Remedios es casi único en su literatura. Navarro despliega un examen detenido de la obra de De Campo y observa, acerca de la crítica social en *La Rumba*, que "De la pobreza también salen los grandes rebeldes, los caracteres anárquicos y violentos (*La Rumba*)" (148).

Brushwood disiente de Navarro en algún sentido (sin hacerlo de manera directa, claro está, porque su obra es muy anterior a la de Navarro). Para él, los cuentos microsianos (no alude a *La Rumba*) "no contienen ideas revolucionarias alarmantes; lo que hay en ellos es un deseo suavemente expresado, pero constante e impaciente, de mejor educación y de mejores condiciones económicas para los habitantes de la capital" (Brushwood 1958: 382). En este punto me parece que la lectura paralela con las crónicas ayudaría a entender lo que aquí Brushwood explica bien.[15]

De Campo empezó a aparecer en las historias de la literatura mexicana, aunque sólo mereciera muy breves comentarios. He aquí algunos: Francisco Monterde, por ejemplo, apunta: "Parte, en esta única novela, de un rincón de arrabal metropolitano, para recoger otros aspectos del México de fines del siglo XIX. Las minuciosas descripciones del medio y los personajes están logradas con imágenes justas, y el conjunto se equilibra en ágiles diálogos que reproducen, con los giros cotidianos, el modo de hablar del pueblo" (Monterde 1984: 597). Iguíniz lo considera cuentista, aunque da razón de su novela echando mano de las palabras de Gamboa (Iguíniz 1970: 54). En cambio, Zum Felde se arriesga más, pues lee a De Campo en comparación con la pintura mural mexicana:

---

[15] Dice más con respecto a las corrientes literarias que se mezclan en nuestro realismo y de cómo se verifica esto en *La Rumba*: "imperan las cualidades particulares del autor y [...] la novela, aun siendo realista, evita la objetividad convencional del realismo sin caer por esto víctima del sentimentalismo romántico" (Brushwood 1958: 382). El contenido de la novela —afirma— es mucho más que la historia del sacrificio del honor de una muchacha ambiciosa; es "un cuadro del barrio en que vive la joven, y está pintado en tal forma que reproduce un realismo no externo sino que el autor se proyecta en la trama" (*idem*). Lo considera, como lo han hecho casi todos sus lectores, un costumbrista.

une la fuerte pintura costumbrista, de rasgos generalmente crudos, violentos, y que es su elemento intuitivo, específicamente artístico, y la aguda crítica socio-lógica, su elemento intelectual, más o menos íntimamente entretejido con el otro, según los casos, en gama que va de extremo a extremo, vale decir, de lo predominantemente ideológico (sociología novelada) hasta aquello cuyo fuerte trasunto pictórico está apenas movido por un vientecillo tendencioso. De todos modos pertenecen, en general, a un tipo de neorrealismo tan crudamente traza-do como el viejo realismo zoliano, pero de procedimientos formales más sintéti-cos y estilizados, cuyo ideal estético —al que la literatura aún no ha llegado— es la propia gran pintura mexicana contemporánea de Rivera, Orozco, ya famosos creadores de una escuela pictórica mural, de originalidad autóctona (Zum Felde 1959: 212).

Luis Leal opina de Micrós que

es el mejor cuentista de su generación. Confluyen en él las corrientes modernistas de Gutiérrez Nájera y los escritores franceses, por una parte, y las tendencias nacionalistas de Altamirano y Cuéllar por otra [...] participa de las características de los costumbristas, los modernistas y los realistas [...] El principal mérito [...] reside en haber sabido crear un mundo —o más bien un microcosmos— en el cual los seres (y aun los animales) viven, aman, y, sobre todo, sufren (Leal 1966: 108).

Dejando de lado el manido asunto del dolor y el sufrimiento, las ideas de Leal consiguen equilibrar la pintura de nuestro autor, y ensayan una suerte de poética decampiana más integradora. Carlos González Peña estima su ascendencia con Lizardi, "Fidel", "Facundo" y, sin embargo, señala:

hay que descartar en *Micrós*, como directa, toda influencia literaria extraña, pues fue él, antes que todo, un producto espontáneo del medio; así también su ascen-dencia o parentesco con nuestros anteriores costumbristas no le veda tener una personalidad aparte, genuina, distinta, y aun, en algunos aspectos, opuesta a la de aquéllos. A diferencia de Fernández de Lizardi, es artista; contrariamente a Prieto, tiene gusto ponderado y fino; al revés de Cuéllar, el humorismo jamás le hace tocar los límites de lo caricaturesco.

    Juntamente con el humorista había [...] un poeta; su ternura se manifiesta en favor de los humildes y de los que sufren [...] En sus pequeños cuadros de la vida nacional revélase *Micrós* tanto como psicólogo que, burla burlando, escudri-ña almas, pintor acucioso que sabe "ver" y transmitir su visión del espectáculo circunstante [...] Conocía a fondo al pueblo bajo; aunque sus preferencias de costumbrista estaban por la clase media mexicana. De uno y otra nos dejó tipos y escenas de maravilloso verismo. Y si su estilo dista de ser correcto y puro, en cambio, aparece vivo y pintoresco, preciso y sobrio en la descripción, fidelísimo en la reproducción del habla común, intencionado en la ironía (González Peña 1969: 223-224).

Enrique Anderson Imbert no añade mucho a lo ya dicho: lo describe como naturalista, lo acusa por su falta de objetividad, destaca su ironía, pero la compensa con un marcado sentimentalismo que también le reconoce, señala su inclinación por la crítica moral y repite los asuntos de siempre: ternura, pobreza, desamparo, enfermedad, etcétera (Anderson Imbert 1974: 371). Según Fernando Alegría, Micrós es precursor del realismo moderno mexicano, y apunta en él recursos literarios muy modernos: las cosas, dice, son la médula del mundo microsiano, "antes de hacer vivir a sus personajes Micrós hace vivir a La Rumba, la plazoleta miserable y tenebrosa [...] Para dar vida a sus personajes [...] le bastan los rasgos agudos, a veces brutales de la caricatura" (Alegría 1986: 60).[16]

En el centenario del nacimiento de Micrós, María del Carmen Ruiz Castañeda publicó un trabajo dedicado a la obra del autor. Se trata, a mi juicio, de uno de los ejercicios de interpretación más lúcidos que ha tenido la obra decampiana, pues toma en cuenta todos sus registros. Ella encuentra algún contagio estilístico y temático con los modernistas, gracias a que "sus dotes de miniaturista y su sentido del color se afinan considerablemente. Pero Micrós es ante todo un narrador, por lo cual se deja arrastrar por la anécdota y recae en el cuento" (Ruiz Castañeda 1968: v). Según ella, Micrós continúa la línea satírica de Guillermo Prieto y José Tomás de Cuéllar, "sus maestros indudables. Él es consciente de su procedencia y la proclama; pero su antecedente inmediato no está sino en Enrique Chávarri, quien calzó con el seudónimo de *Juvenal*" (vi). El hallazgo de esta herencia es notable y original y enriquece la lectura de la obra microsiana.

Carlos Monsiváis, por su lado, opina que uno de los grandes méritos de Micrós es que logró *mexicanizar* al lector, pues la novela del siglo XIX mexicano, a partir de las ideas de Altamirano, debía hacer consciente al lector de "las posibilidades literarias de los paisajes, las vidas y las costumbres que lo rodean y definen" (Monsiváis *apud* Campo 1979: viii). No encuentra en Micrós las fábulas encantadoras ni al escritor festivo y le parece prácticamente inexistente cualquier semejanza con Daudet y Dickens. Incidentalmente costumbrista —afirma Monsiváis—, Micrós es realista, pero con un estilo peculiar abonado por la crónica. Afirma que el tono dominante es la "poderosa *sinceridad literaria*: él no escribe casi nunca por el placer de generar textos hermosos sino al servicio dual de la literatura y la visión crítica (no la

---

[16] Siguiendo a Urbina, encuentra en Micrós ironía y fuertes cargas de ternura, esta última, por encima de la otra, "salva a Micrós y le consagra entre los buenos narradores mexicanos del siglo XIX" (Alegría 1986: 61).

denuncia social)" (xv). Dice más: "fenómeno insólito en el porfirismo, [Micrós es] un escritor del *establishment* dedicado al enfrentamiento (tai-mado) con la moral dominante y que intenta la reivindicación —la compren-sión— entonces imposible: la de la plebe" (xvi). Felipe Garrido, a su vez, considera, al igual que Brushwood, que *La Rumba* tiene un "protagonista colectivo": "Para De Campo la vida diaria de un grupo de personas en sí mis-mas insignificantes estaba cargada de sentido, porque constituía una fuerza que podía llegar a ser explosiva", y alude a la naturaleza supuestamente sub-versiva del texto de un modo conciliador: "Aunque [...] no hay ninguna alu-sión a la posibilidad de una rebelión armada como la Revolución, la novela muestra cómo y dónde se cultiva el descontento de una sociedad" (Garrido *apud* Campo 1981: 8).

Fernando Tola de Habich lamenta la ausencia de textos dedicados al estudio serio y profundo de la obra de Micrós y sostiene lo que ya hemos dicho: que el ensayo de Urbina inaugura, y sobre él se ha construido, casi todo lo dicho sobre Micrós. Niega (y en este punto entra en polémica con Monsiváis) el carácter subversivo que muchos autores han querido ver en Micrós: "Estos intentos [...] no se sostienen por sí mismos, ni aun ampa-rándose en los textos conocidos de su obra" (Tola de Habich *apud* Campo 1985: 22-23). Emmanuel Carballo considera a Micrós continuador de Lizar-di y Cuéllar, aunque: "Comparado con ellos, se distingue por ser más sin-tético, más poeta y menos pedagogo" (Carballo 1991: 85); encuentra en él rasgos de costumbrista —una vez más—, sobre todo en sus inicios; impre-sionista "que mezcla, con fortuna, la temática realista y aun naturalista [...] con un estilo que hace suyas las aportaciones de Rafael Delgado y Gutiérrez Nájera" (*idem*). Para María Guadalupe García Barragán, Micrós es naturalista, pero de un naturalismo "mexicanísimo" y original que guar-da cierta semejanza con el de Alphonse Daudet (García Barragán 1993: 57).[17] Celina Márquez, al contrario de Brushwood, sostiene que en *La Rumba* no existe un personaje colectivo, y que hay personajes muy defini-dos como Remedios, Napoleón, Mauricio y el padre Milicua. El realismo microsiano, apunta, es impresionista con influencias del naturalismo, opuesto al romanticismo.[18]

_____

[17] Es *La Rumba* la "primera valiosa novela con que cuenta el naturalismo nacional" (García Barragán 1993: 58) y halla en ella, de haber ampliado el enfoque del cuadro popu-lar decimonónico, una posible rivalidad con *L'assommoir* de Zola.

[18] Como vemos, esta discusión —cuyos argumentos no pueden verificarse en el texto de modo inobjetable— varía de lector en lector, y de registro en registro: en la crónica se acusan más rasgos modernistas, en el cuento, más románticos, y en la novela, más natura-listas. Pero esto cambia en cada texto de un mismo género y de un mismo autor. El porcen-taje de cada uno de ellos —aun logrando establecerlo, cosa que es imposible— en cada género es, por tanto, discusión que no tiene fin, y tampoco mucho sentido.

Algunos trabajos de tesis se han dedicado al autor de manera extensa, aunque sorprendentemente no muchos. Destaco cuatro: el de Sylvia Garduño Pérez (1967), el de Miguel Ángel Castro Medina (1986), el de Blanca Estela Treviño (*apud* Campo 2004) y el de Marcela Valdés Gómez (2000). Garduño (ya lo he dicho) recopila relativamente temprano el trabajo del autor disperso en periódicos de la época. Castro dedica un capítulo a la crítica sobre Micrós y ofrece un estudio biobibliográfico que cubre con éxito casi todo lo que se ha dicho sobre el autor; ambos están de acuerdo en que, salvo honrosas excepciones, la mayoría de los críticos suelen repetir los juicios sobre el escritor emitidos por sus contemporáneos, los cuales tenían más de anecdótico y sentimental que de crítico y análisis serio y detenido. Otro mérito es que rescata la crítica hemerográfica contemporánea de De Campo y establece un catálogo descriptivo útil. Por lo que toca al trabajo de Treviño (aludido ya varias veces), se trata de la reunión y análisis de textos no antologados antes; su valor estriba en ese hecho y en que trata la relación entre los medios visuales que acompañan a la modernidad y la literatura moderna: la fotografía, el kinetoscopio, el cinematógrafo y la crónica. Por último, Valdés estudia *La Rumba* desde aspectos poco o nada explorados: el carácter del narrador, recursos como el paralelismo, la prosopopeya, y algunas estrategias del discurso.

De este breve recorrido por la crítica, podemos resaltar algunos rasgos repetidos: realista, romántico, costumbrista por juicio mayoritario, naturalista, impresionista y modernista; en suma, Ángel de Campo no es autor de corriente pura. Cultivó la novela porque en él había algo que la anunciaba siempre; un deseo, quizás, de trabajar más detenidamente un carácter en apariencia insignificante, de mostrar la riqueza que adivinaba en sus diferentes ángulos. Los críticos están de acuerdo en enfatizar un tono irónico, una nota de humor invariable en Micrós, y esto no ha sido suficientemente subrayado. Aun antes de reconocer a Tick-Tack, el tono irónico del estilo de De Campo ya era evidente para sus lectores. También se destaca, por mayoría, la ternura y la compasión. Ironía y ternura, coctel fecundo, sin duda, pero en esencia complejo, casi imposible. De Campo poseía un manejo del lenguaje hábil, al contrario de lo que algunos opinaron en su época, cercano, sí, al estilo periodístico, pero no descuidado; al contrario: rico, fluido y, sobre todo, original. No es, después de esta revisión (y sobre todo de la lectura de su obra), un mérito descubrir que el variado estilo de Micrós, por la diversidad de temas y géneros que cultivó, produjo textos arduos, en su aparente sencillez, fértiles, sugerentes. De Campo, como escritor, podía asumir la forma que requerían el medio en el que escribía y el género que desarrollaba (pocos escritores fueron tan conscientes de la naturaleza diversa de sus lectores). Su capacidad casi mimética lo hace un autor único que, en su caso, necesita ser leído de modo integral para obtener la clave de su poética.

DEL PELIGROSO SALTO DEL PERIÓDICO AL LIBRO

Si bien es cierto que todos los libros microsianos con que contamos los lectores hoy en día se deben a la recuperación de material publicado originalmente en revistas y periódicos, convengamos en que sólo tres de estos volúmenes fueron aprobados por el autor. Los tres están dedicados a reunir textos calificados como "cuentos" y nada más. Esto quiere decir que, o bien es verdad que el "asesinato" de De Campo como escritor, perpetrado por la nueva generación de modernistas, impidió que se resolviera a reunir sus crónicas dispersas y sus novelas, o bien que su afán perfeccionista y una muy diversa concepción de la literatura lo convencieron de que hacerlo sería un error.

Vayamos a *La Rumba*, el único caso que tenemos, en vida del autor, de traslado de una novela microsiana del periódico al libro, el cual me interesa particularmente porque, estoy convencida, ejemplifica un aspecto clave de la poética de Campo y contribuye a una mejor lectura de su obra. Cuando Ángel de Campo entregó el primero de los diecisiete capítulos[19] de su relato a los lectores de *El Nacional*, subtituló su colaboración con la palabra *fragmentos*.[20] Sin duda, tenía en mente cohesionar en el futuro esos trozos —esos ensayos literarios, como les llama Luis González Obregón—, así como redondear algunos personajes, afinar la estructura y el estilo antes de verla en forma de libro —del mismo modo que sabemos que quiso hacer con *La sombra de Medrano*—; sin embargo, para su desgracia, el texto llegó a nosotros directamente del periódico. No podemos ignorar que el tema y la estructura

[19] En su versión diarística. Explico esto más adelante.

[20] Rafael Olea Franco opina, con respecto al calificativo "cuento" utilizado para los textos reunidos en libro de nuestro autor, que: "Antes de hablar aquí del autor como cuentista, resulta imprescindible una aclaración: cuando los textos narrativos de Micrós (y de algunos de sus contemporáneos) reciben el calificativo de «cuentos», este término no remite necesariamente a su acepción moderna más exitosa, es decir, la fijada en la tradición occidental a partir de Edgar Allan Poe. Como sabemos, el escritor estadunidense entendía el cuento como una estructura narrativa corta y sistemática cuyo desenlace se prepara desde la primera frase; por el contrario, en general las narraciones de Micrós —evocativas, dubitantes— suelen parecerse a una divagación, a una especie de improvisación musical que no se sabe a dónde llevará, pero que igualmente puede ser atractiva; asimismo, el escritor se preocupa más por dibujar en detalle el carácter o la fisonomía de un personaje que por construir una trama unitaria. Por todo ello, respecto de su prosa algunos críticos han decidido, con cauta actitud, usar el término de «relatos» y no el de «cuentos»" (Olea 2005: 30-31). María del Carmen Millán explica el fenómeno: "El cuento no acaba de independizarse de la novela sino hasta los últimos años del siglo XIX, con los escritores llamados realistas [...] No existe un criterio para establecer los límites de este género narrativo. Se confunden el cuento largo y la novela corta; y lo mismo sucede con la técnica: un cuento amplificado es una novela; una novela comprimida, es un cuento; y cuento es también cualquier relato o las impresiones o reflexiones personales acerca de un hecho cualquiera" (Millán *apud* Campo 1997: ix).

respondían al medio en que se estaban reproduciendo, y que los recursos de los que De Campo echó mano también hablaban de esa circunstancia. El "rescate"[21] del relato y su traslado del periódico al libro es, desde luego, loable, pero en este caso algo se perdió en el proceso.

La Rumba apareció en un periódico de origen católico-liberal de larga historia, es decir El Nacional, entre octubre de 1890 y enero de 1891, y no vio la luz en forma de libro sino hasta 1951, es decir, sesenta años después. El periódico la ofreció a sus lectores durante tres meses, aproximadamente.[22] Cada entrega tuvo una amplitud similar, pues la estructura es regular: está dividida en diecisiete capítulos (los cuales no iban titulados) que se ofrecieron todos los jueves y domingos (salvo el jueves 11 de diciembre). Apareció siempre en la página 2, y sólo en la primera y la segunda el domingo 28 de diciembre, una fecha antes de la entrega del último capítulo. Ocupaba regularmente de una y media a dos columnas del periódico, y casi siempre ofrecía un capítulo por entrega. Tuvo sus excepciones y sus erratas: el capítulo 2 se dividió en dos entregas; el 6 se numeró como 5; 10 y 11 fueron una sola entrega; el 12 ocupó tres, una de ellas sin número. Todas iban firmadas siempre por Micrós. En forma de libro, la novela cuenta (en su edición de 2007) con diecinueve capítulos (son los mismos del periódico, corregidas las omisiones y errores en la numeración), de entre seis y once páginas cada uno, con una extensión total de 150 páginas. María del Consuelo Ceballos Escartin (1984: 30) sostiene la hipótesis, apoyada por Federico Gamboa (1914: 25), de que hubo una impresión de La Rumba en vida de De Campo, en 1890 (ella ofrece una copia fotostática de la portada, pero yo no he conseguido dar con dicho ejemplar). Sin embargo, lo cierto es que la primera edición en forma de libro que conocemos hasta ahora (o en su defecto, reedición o reimpresión, no lo sabemos), se le debe a Elizabeth Helen Miller, estudiosa estadounidense que, como parte de sus trabajos en la Escuela de Verano de la UNAM, en 1951 emprendió la tarea de copiar la novela directamente del periódico para hacer una edición limitada a cincuenta ejemplares, acompañada por un comentario crítico. Esta edición fue corregida años más tarde, en 1958, por María del Carmen Millán,

[21] Como se suele llamar a esta labor de recuperación textual, lo cual nos hace pensar que el texto ha permanecido secuestrado en las páginas de alguna publicación periódica (secuestrado sólo en el sentido del olvido, espero).

[22] Wolfgang Iser, al referirse a la necesaria indeterminación del texto literario, afirma que la novela por entregas hace un uso muy especial de este recurso porque ofrece al lector pequeñas dosis del texto; en este tipo de novelas se "trabaja con una técnica de corte [...] Cortar o arrastrar la tensión, forma la condición fundamental para este corte. Pero tal efecto de suspenso provoca que tratemos de imaginarnos la información, de la que carecemos en ese momento, sobre el desarrollo del acontecimiento. ¿Cómo continuará? Al realizar esta pregunta y otras similares, aumentamos nuestra participación en la ejecución del suceso. Dickens ya sabía de esta relación de cosas; sus lectores se convirtieron en «co-autores»" (Iser 1987: 108).

para Porrúa, y apareció con un prólogo de su autoría (es, además, la versión a la que los estudiosos siguen acudiendo hoy en día). Millán asienta allí que a la novela le "hace falta el retoque final, que hay desequilibrio en los elementos novelescos y que algunas de sus partes son como un esbozo que no llegó a su cabal desarrollo" (Millán *apud* Campo 2007: xv-xvi), aunque también señala: "Se ve claramente que Ángel de Campo consideraba el hecho de publicar una novela como una responsabilidad para la que había que prepararse" (xv). Esto dicho, repito, por una de las editoras fundamentales de Micrós.

En un trabajo anterior redacté una breve historia del afán perfeccionista de Micrós con respecto a la novela, referida por boca de sus contemporáneos (véase Rodríguez González 2001: 295, n. 1). La idea de este recorrido era demostrar que este anhelo y el respeto con que De Campo enfrentó la novela como género le impidieron editarla; a estas razones se suman las horas entregadas al periodismo voraz y, en palabras del propio escritor, la falta de público lector y demanda de libros, de papel barato, de editores progresistas, de estímulo, de compañerismo y de prensa culta. Pero hay, asimismo, un elemento más, de peso, a tomar en cuenta cuando hablamos de la difícil relación entre novela, hechura de un libro, ensayos literarios diarísticos y Ángel de Campo como escritor; me refiero a la polémica con un grupo de escritores "progresistas" como causa de la renuncia de Micrós a cultivar la novela,[23] polémica aducida por Gamboa en los siguientes términos:

> Así me enteró él mismo cierta vez, de su resolución inflexible de truncar para siempre su producción literaria... ¿Causas? La terca y sistemática tarea de deturparlo en que dieron unos cuantos jovenzuelos petulantes y todavía sin enjundia, y aun dos o tres talluditos, por supuesto "plumitivos" todos ellos, que, como escritores, no le llegaban a la suela de sus zapatos [...] *Sólo continuaría en el periódico, porque el periódico paga al contado y él, Micrós, no podía renunciar a esos ingresos* (Gamboa 1995: 149; las cursivas son mías).

Como cité páginas atrás, Gamboa dice más, pues señala que el "eclipse" de Micrós se debe a la despiadada campaña emprendida en su contra por los

---

[23] Para una crónica extensa de esta polémica, consúltese Mauleón (2009: 66-70). Señalaré, solamente, que el ataque contra De Campo proviene de Ciro B. Ceballos, quien lo acusa de ser mediano, maniático de "acumular detalles impertinentes, sin gra ia alguna"; lo califica, además, de "titiritero literario", con mal gusto para elegir sus temas, y termina aconsejándole: "Emancípese de la dictadura literaria de Ignacio Altamirano, prescinda definitivamente de esa automacia relegando al olvido el decálogo poco conceptuoso de ese gran hombre, de ese ilustre optimista" (Ceballos *apud* Mauleón 2009: 67-68). A ello suma Mauleón el anuncio de la futura serie "Cuentos mexicanos" por parte de *El Nacional*, en la que De Campo no es incluido. El golpe, dice, es doble: "No sólo abandona la arena: deja su obra derramada en diarios y revistas, para que ahí la cubran el polvo y el olvido" (70).

modernistas. Salvo de modo indirecto en un texto suyo titulado "Apuntes lite-rarios", no hay en Micrós alusión a esta polémica. En ese artículo, recogido en su columna "Kinetoscopio", De Campo opina: "Años ha hubo menos nota-bilidades pero más literatos de corazón [...] años ha, casi apuntaron los albo-res de una literatura nacional y el afán por producir un volumen fue siempre sincero; pero de la noche a la mañana, como inesperada epidemia, se desper-tó la sed voraz de las literaturas exóticas, vinieron por tierra los proyectos patrióticos, y más de uno de los fieles a las teorías estéticas de antaño, fue tenido por poco menos que un imbécil" (Campo 2004: 177).[24]

El asunto se empieza a aclarar: ¿por qué, entonces, ninguna de sus nove-las, al contrario de lo que sucedió con sus relatos, vio la luz como libro con la anuencia del propio Micrós? ¿Se trató sólo de un asunto de cuidado de la edición, de perfeccionismo, de inseguridad, de desencanto, de una necesidad de trabajar el relato para conseguir una verdadera unidad narrativa y darle coherencia textual a las entregas? Me temo que se trata de algo más comple-jo, es decir, una suerte de suma de todo lo dicho. Para empezar, De Campo calificó su texto de *fragmentos*, no de novela, y si su intención se relaciona con el medio en el que sus textos aparecieron, entonces el objetivo de ellos se pierde cuando ese medio desaparece. De acuerdo con Federico Gamboa, y esto se ha citado repetidas veces, *La Rumba* "alcanzó a dar tales toques de verismo, que [...] miles de lectores creyeron que el «jurado» que en ella des-críbese [...] había sido real y no imaginado" (Gamboa 1914: 25). Este fenóme-no, fundamental en la recepción del texto microsiano, se relaciona con el hecho de que la novela fue leída en una publicación periódica donde convi-vía con la gacetilla, y esto implica una vinculación con la naturaleza del medio, con las características específicas de sus discursos y con el tipo de lectores que reclamaba. Recordemos que en el texto, en algún momento, se reproducen los recursos gráficos y tipográficos de la nota roja: no sólo se ofrece un croquis del lugar del crimen, sino que se copia la nota completa del *reporter* Lucas G. Rebolledo en la que viene inserto, y el recurso se repite durante el juicio completo (Campo 2007: 275-278). Esto sólo resulta patente si se acude al periódico para leer el texto.

Mucho de lo que se dice en la novela se relaciona, justamente, con una crítica a una figura nueva en el periodismo, latente amenaza para la literatu-ra en la prensa periódica, es decir, el *reporter* (desarrollo esta idea en Rodrí-guez González 2007: 621-634). En algunos fragmentos de este relato se reco-noce la parodia, la denuncia velada a los usos de la justicia y a la nueva prensa. El propio cambio de tono en la narración, su parentesco directo con la crónica en ciertos puntos, hace evidente la intención de De Campo por

---

[24] Para abundar en el tema del rechazo al decadentismo por parte de nuestro autor, consúltese Campo (2004: 76-90).

reproducir un discurso que sólo puede ser entendido inserto en el medio para el que nació: el periódico, espacio destinado a textos como la crónica, los fragmentos, los ensayos literarios inacabados, el trabajo en proceso (en todo caso, también, hay que decirlo, el periódico constituía la única oportunidad de publicar).[25] El resultado se puede poner en duda, pero como objetivo es indiscutible. El ataque de De Campo a la prensa amarillista era también un modo de revelar su conciencia, como autor, del advenimiento de la modernidad y sus consecuencias (sabía, incluso, lo que resultaba atractivo para estos nuevos lectores: la nota roja, que probablemente le repugnaba, pero de la que echa mano en sus dos novelas publicadas). De Campo parece estar muy consciente de lo efímero del texto literario en la prensa y de que no todo lo publicado en ella estaba destinado a la posteridad. Éste era un modo, pues, de obtener la redención de su figura como escritor, y alejarse así de su labor como periodista asiduo; sin embargo, trasladar este texto del periódico al libro y otorgarle el mote de "novela" provoca, paradójicamente, que este afán se difumine. ¿Quiero decir con esto que los textos dispersos en la prensa periódica deben quedar ahí para su mejor lectura? No, desde luego que no. Pero me parece que una lectura atenta de este texto y de este autor en específico debe tomar necesariamente en cuenta el medio en el que se publicó por primera vez, porque ello le da sentido a sus recursos y a su estructura y nos permite vislumbrar su naturaleza. Vale la pena atender a nuestro autor y escuchar lo que repitió una y otra vez con respecto a su trabajo como escritor-periodista para entender este prurito:

A medida que el periodismo se ensancha, la producción del libro disminuye en esta capital, donde la gente de pluma, más bien, la carne, de prensa no forma ni media compañía y se refugia por razones pecuniarias en las redacciones; en esa labor constante, polimorfa, siempre urgida, de continuo improvisada, incompleta, hecha, salvo en momentos de inspiración política o ardimiento polemista, con desgano, por necesidad, como faena a destajo. Depende todo ello de que el periódico no puede en razón de sus suscripciones, pagar muchos redactores con un sueldo que medio satisfaga las necesidades del literato y que quien se recoge

[25] A este respecto, vale la pena citar en extenso lo que De Campo dijo de Enrique Chávarri (Juvenal, cronista y humorista admirado por él), y de su trabajo literario en los periódicos: "no era su popularidad la popularidad académica; ni la popularidad literaria que se denuncia por los juicios críticos o los ataques de los contemporáneos; no era la popularidad «Quo vadis» expurgada para uso de la juventud, era la envidiable y amplia popularidad de quienes son leídos por millares de personas de buena voluntad. / Y, sin embargo, no pertenecen a escuela literaria militante o a cónclave artístico determinado. / [Juvenal] tomaba la palabra un buen rato, sin exquisiteces literarias [...] / Era la alegría literaria del domingo [...] / Su labor literaria es de aquellas que hoy no tienen el valor estimativo que alcanzarán con el transcurso de los años; los sociólogos o historiadores, los novelistas reconstructores [...] / Nunca presumió de literato" (Campo 1991: 204-205).

para formar un libro, comete una heroica pero improductiva empresa (Campo 2004: 177).

Cautela y contexto son probablemente las palabras que pueden guiar la lectura de las obras de De Campo no reunidas por él en libro. Hacer otra cosa, me parece, nos orillaría a traicionar a De Campo y a *La Rumba* y, lo que es peor, esperar de ella algo que no puede ofrecer (es simplemente un relato que se lee como fragmentos por entregas[26]). ¿La podemos calificar como novela? No me atrevo a entrar en una discusión con respecto a los géneros literarios, que todavía estamos lejos de resolver definitivamente, pero es posible que sí, si recordamos lo que Altamirano, su mentor, pensaba con respecto a la novela: que era el género destinado a educar a las masas[27] (*La Rumba* es, sin duda, un texto admonitorio). Y es probable que De Campo la pensara como un ensayo de novela —lo mismo que debió pensar de su trabajo como cronista, y de modo similar a lo que opinaban casi todos los escritores dedicados a las faenas literarias diarísticas con respecto a sus propias obras—: es decir, que eran un instrumento más para ejercer el oficio, soltar la mano, publicar, ser leídos, educar (si esto era su intención) y vivir más o menos decorosamente. Si bien se consideraba al periódico "el primer peldaño" de la escala literaria (Altamirano *apud* Campo 2007: xii), la Literatura con mayúsculas, digamos, la que se relacionaba directamente con la figura del libro como objetivo último, era inalcanzable, impensable en esos momentos, por las razones que De Campo alude en el fragmento que cité: quiero decir, la Literatura, esa emanada de un proyecto de grupo, hecha para la posteridad, esa que apenas una generación antes todavía tenía sentido, desaparecía con la modernidad, por lo que el primer peldaño de la escala literaria se convertía en el único. La reticencia a llevar al libro ciertos textos suyos demuestra en De Campo una conciencia clara del advenimiento de la modernidad y, con ella, de otra idea de la literatura, de otros lectores: su proyecto estaba, definitivamente, clausurado. La Literatura con mayúsculas, en fin, estuvo siempre, por lo menos a los ojos de nuestro autor, en otra parte; lejos, me temo, del periódico y, lamentablemente, también, de *La Rumba*.

[26] Conviene distinguir entre novela por entregas y folletín. El éxito de este sistema editorial "llevará a publicar por entregas a novelistas prestigiosos [...] que no por ello son novelistas de «folletín», por mucha influencia que tengan de este tipo de novela" (Aparici y Gimeno 1996: xi). Es probable que para De Campo esta distinción fuera clara: ataca del mismo modo a los folletines como a los *reporters*.

[27] Recordemos, en todo caso, lo que opinaba Altamirano de la novela como género: siempre se refirió a ella como la lectura del pueblo "La novela es el libro de las masas ... Quizás la novela está llamada a abrir el camino a las clases pobres para que lleguen a la altura de este círculo privilegiado y se confundan con él" (Altamirano 2002: 39).

BIBLIOGRAFÍA

ALEGRÍA, Fernando. 1986. *Nueva historia de la novela hispanoamericana*. Ediciones del Norte, Hanover.

ALTAMIRANO, Ignacio Manuel. 2002. *La literatura nacional. Revistas, ensayos, biografías y prólogos*, t. I, ed. y pról. José Luis Martínez. Porrúa, México.

ANDERSON IMBERT, Enrique. 1974. *Historia de la literatura hispanoamericana I. La colonia. Cien años de república*. Fondo de Cultura Económica (*Breviarios*, 89), México.

APARICI, Pilar e Isabel GIMENO (eds.). 1996. *Literatura menor del siglo XIX. Una antología de la novela de folletín (1840-1870) I. Ideas literarias. Temas recurrentes*. Anthropos-Siglo del Hombre Editores (*Biblioteca Autores Clásicos*, 19), Barcelona.

AZUELA, Mariano. 1960. "Micrós", en "Divagaciones literarias", *Obras completas*, bibliografía Alí Chumacero. Fondo de Cultura Económica (*Letras Mexicanas*), México, t. III, pp. 740-751.

BRUSHWOOD, John S. 1958. "La novela mexicana frente al porfirismo", *Historia Mexicana*, vol. 7, núm. 27, pp. 368-405.

——. 1959. "Breve historia de la novela mexicana", primera parte del libro *La novela mexicana desde sus orígenes hasta fines del siglo XIX*. Ediciones de Andrea (*Manuales Studium*, 9), México, pp. 5-67.

CAMPOS, Rubén M. 1996. *El bar. La vida literaria de México en 1900*, pról. Serge I. Zaïtzeff. Universidad Nacional Autónoma de México (*Al Siglo XIX. Ida y Regreso*), México.

DE CAMPO, Ángel. 1890. *Ocios y apuntes*, pról. Luis González Obregón. Imprenta de Ignacio Escalante, México.

——. 1894. *Cosas vistas*. Tip. de "El Nacional", México [*Cosas vistas por "Micrós"*, 2ª ed. Impr. y Enc. "Garibaldi", Morelia, Michoacán, 1905].

——. 1897. *Cartones*, ilus. Julio Ruelas. Imp. de la Librería Madrileña, México.

——. 1916. *Micrós o Tick Tack*, pról. Luis G. Urbina. Imprenta Victoria, México.

——. 1939. *Pueblo y canto*, pról. y selec. Mauricio Magdaleno. Ediciones de la Universidad Nacional Autónoma (*Biblioteca del Estudiante Universitario*, 9), México.

——. 1944. *Cuentos y crónicas*, intr. y selec. Alí Chumacero. Secretaría de Educación Pública (*Biblioteca Enciclopédica Popular*, 9), México.

——. 1946. *"Micrós", Ángel de Campo. El drama de su vida. Poesías y prosa selecta*, ensayo biográfico, revisión y selec. Antonio Fernández del Castillo. Nueva Cvltvra, México.

——. 1951. *La Rumba*, ed. Elizabeth Helen Miller. México.

——. 1969. *Crónicas y relatos inéditos*, intr. y recop. Sylvia Garduño de Rivera. Ediciones Ateneo (*Obras Inmortales*), México.

——. 1979. *Ocios y Apuntes. La Rumba*, pról. Carlos Monsiváis. Promexa, México.

——. 1981. *La Rumba*, pref. Felipe Garrido. SEP-Promexa, México.

——. 1984. *Apuntes sobre Perico Vera y otros cartones de azul*, selec. Josefina Estrada. INBA-Premia Editora (*La Matraca. Segunda Serie*, 15), México.

——. 1985. *Las Rulfo y otros chismes del barrio*, selec. y presentación Fernando Tola de Habich. Universidad Autónoma Metropolitana (*Cultura Universitaria. Serie Narrativa*), México.

——. 1991. *"La Semana Alegre". Tick-Tack*, intr. y recop. Miguel Ángel Castro. Universidad Nacional Autónoma de México, México.

——. 1997. *Cosas vistas y Cartones*, ed. y pról. María del Carmen Millán. Porrúa (*Escritores Mexicanos*, 77), México.

——. 2004. *Kinetoscopio. Las crónicas de Ángel de Campo, Micrós, en El Universal (1896)*, est. prel., comp. y notas Blanca Estela Treviño. Universidad Nacional Autónoma de México (*Al Siglo XIX. Ida y Regreso*), México.

——. 2007. *Ocios y apuntes. La Rumba*, ed. y pról. María del Carmen Millán. Porrúa (*Escritores Mexicanos*, 76), México.

CARBALLO, Emmanuel. 1991. *Historia de las letras mexicanas en el siglo XIX*. Universidad de Guadalajara-Xalli, Guadalajara.

CASTRO MEDINA, Miguel Ángel. 1986. *La prosa de Ángel de Campo (Micrós): ensayo de una clasificación genética y estudio bibliográfico*. Tesis de Licenciatura, Universidad Nacional Autónoma de México, México.

CEBALLOS, Ciro B. 2006. *Panorama mexicano 1890-1910. (Memorias)*, estudio introductorio y ed. crítica Luz América Viveros Anaya. Universidad Nacional Autónoma de México (*Al Siglo XIX. Ida y Regreso*), México.

CEBALLOS ESCARTÍN, María del Consuelo. 1984. *"Las semanas alegres" de Micrós. Reflejo del México de principios del siglo XX*. Tesis de Licenciatura, Universidad Nacional Autónoma de México, México.

GAMBOA, Federico. 1914. *La novela mexicana*. Eusebio Gómez de la Puente, Ed., México.

——. 1995. *Mi diario IV (1905-1908). Mucho de mi vida y algo de la de otros*. Consejo Nacional para la Cultura y las Artes (*Memorias Mexicanas*), México.

GARCÍA BARRAGÁN, María Guadalupe. 1993. *El naturalismo literario en México. Reseña y notas biobibliográficas*. Universidad Nacional Autónoma de México, México.

GARDUÑO PÉREZ, Sylvia Teresa. 1967. *Páginas inéditas de Ángel de Campo (Micrós)*. Tesis de Maestría, Universidad Nacional Autónoma de México, México.

GONZÁLEZ, Manuel Pedro. 1951. *Trayectoria de la novela en México*. Ediciones Botas, México.

GONZÁLEZ PEÑA, Carlos. 1969. *Historia de la literatura mexicana. Desde los orígenes hasta nuestros días*. Porrúa, México.

IGUÍNIZ, Juan B. 1970. *Bibliografía de novelistas mexicanos. Ensayo biográfico, bibliográfico y crítico*. Burt Franklin, Nueva York.

ISER, Wolfgang. 1987. "La estructura apelativa de los textos" y "El acto de la lectura", en *En busca del texto. Teoría de la recepción literaria*, comp. Dietrich Rall, tr. Sandra Franco *et al*. Universidad Nacional Autónoma de México (*Pensamiento Social*), México, pp. 99-119 y 121-143.

LEAL, Luis. 1966. *El cuento mexicano. De los orígenes al modernismo*. EUDEBA (*Serie del Nuevo Mundo*), Buenos Aires.

MAGDALENO, Mauricio. 1933. "El sentido de lo mexicano en «Micrós»", *El Libro y el Pueblo*, núm. 11, pp. 404-410.

MÁRQUEZ, Celina. 1996. "La estética realista en *La Rumba* de Ángel de Campo, *Micrós*", *La Palabra y el Hombre*, núm. 99, pp. 163-173.

MAULEÓN, Héctor de (selec. y pról.). 2009. *Ángel de Campo*. Cal y Arena (*Los Imprescindibles*), México.

MONTERDE, Francisco. 1984. *Historia de la literatura española [e] historia de la literatura mexicana*. Porrúa, México.

NAVARRO, Joaquina. 1992. *La novela realista mexicana*. Universidad Autónoma de Tlaxcala (*Destino Arbitrario*, 8), Tlaxcala.

OLEA FRANCO, Rafael. 2005. "Sentimentalismo e ironía en Ángel de Campo", *Literatura Mexicana*, vol. XVI, núm. 2, pp. 29-50.

PAUL, Carlos. 2008. "Editarán la obra completa de Ángel de Campo, *Micrós*", *La Jornada*, 14 de abril, p. 25.

RODRÍGUEZ GONZÁLEZ, Yliana. 2001. "*La Rumba* y *Tomóchic*: una lucha entre lo interno y lo externo", en *Literatura mexicana del otro fin de siglo*, ed. Rafael Olea Franco. El Colegio de México (*Serie Literatura Mexicana*, VI), México, pp. 295-307.

———. 2007. "Los *reporters*: una plaga", en *Actas del XV Congreso de la Asociación Internacional de Hispanistas*, t. IV. *Literatura hispanoamericana, siglos XIX, XX y XXI*, eds. Beatriz Mariscal y María Teresa Miaja. FCE-Asociación Internacional de Hispanistas-Tecnológico de Monterrey-El Colegio de México, México, pp. 621-634.

RUIZ CASTAÑEDA, María del Carmen. 1968. "Micrós, 1868/1968", *La Cultura en México*, supl. de *Siempre!*, núm. 356, pp. i-vii.

SALADO ÁLVAREZ, Victoriano. 1946. *Memorias II. Tiempo nuevo*. EDIAPSA, México.

TOLA DE HABICH, Fernando (ed.). 1987. *La crítica de la literatura mexicana en el siglo XIX (1836-1894)*. UNAM-Universidad de Colima (*La Crítica Literaria en México*, 2), México.

URBINA, Luis G. 1946. "Micrós", en *Prosas*, págs. prel. Carlos González Peña. Secretaría de Educación Pública (*Biblioteca Enciclopédica Popular*, 97), México, pp. 51-61.

VALDÉS GÓMEZ, Marcela. 2000. *Los rumbos de "La Rumba" de Ángel de Campo*. Tesis de Licenciatura, Universidad Nacional Autónoma de México, México.

WARNER, Ralph E. 1953. *Historia de la novela mexicana en el siglo XIX*. Antigua Librería Robredo (*Clásicos y Modernos. Creación y Crítica Literaria*, 9), México.

ZUM FELDE, Alberto. 1959. *Índice crítico de la literatura hispanoamericana. La narrativa*. Guarania (*Biblioteca de Pensadores y Ensayistas Americanos*), México.

MANUEL GUTIÉRREZ NÁJERA, NARRADOR ECLÉCTICO

Belem Clark de Lara

Instituto de Investigaciones Filológicas, UNAM

I. Un escritor sin biografía

> Fue preciso llegar al año 2000 para darnos cuenta de que Manuel Gutiérrez Nájera (1859-1895) es el mejor escritor mexicano del siglo XIX. Con nuestra repentina vigesimización, "decimonónico" ya no es un término derogatorio: ahora invoca una antigüedad clásica. En ella, al menos para nuestro país, Gutiérrez Nájera resulta el fundador de lo moderno, que no es lo mismo que lo contemporáneo ni lo actual.
>
> JOSÉ EMILIO PACHECO, "Manuel Gutiérrez Nájera: el sueño de una noche porfiriana"

La vida y obra de Manuel Demetrio Francisco de Paula de la Santísima Trinidad Guadalupe Ignacio Antonio Miguel Joaquín Gutiérrez Nájera (1859-1895) puede cifrarse en un paralelismo: el poeta-periodista o el periodista-poeta, personalidad acorde con su circunstancia: un México que comenzaba a dar los primeros pasos a la modernidad industrial y que, en su proceso de secularización (vid. Gutiérrez Girardot 1988), volvía la mirada al positivismo, caracterizado por el frío racionalismo y la supremacía de la verdad comprobable. A finales del siglo XIX, la visión del mundo estaba, pues, regida por el pragmatismo científico y por el materialismo, que hizo del trabajo su dios.

Ante una realidad que le parecía adversa, Gutiérrez Nájera, moderno y modernista, pasó sus veinte años de vida productiva (1875-1895) en una lucha constante por alcanzar un espacio interior que le permitiera afirmarse en su verdad: la del poeta que pudiera entregarse al ejercicio artístico sin las limitaciones de espacio, tiempo y dinero que tradicionalmente han coartado a los poetas. Las imperantes necesidades de su *modus vivendi* lo condujeron a la profesionalización de su pluma, actividad que lo mantuvo encadenado al agobiante trabajo periodístico que no le permitía disponer de los instantes deseados para la escritura personal. En su artículo "La protección a la literatura" (*El Nacional*, 15 de marzo de 1881), llegó a expresar que los escritos, como todas las mercancías, sufrían la ley de la oferta y la demanda (Gutiérrez Nájera 1995a: 65-67). En aquel entonces, el periodista no estaba especializado: tenía que ser no sólo un *homo duplex*, sino el hombre capaz de "partirse en mil pedazos y quedar entero", porque estaba obligado a conocer todas las ciencias y todas las artes, y con la misma pluma con la que escribía poesía o novelas, hablaba de política, de teatros, de bailes, de bancos, de ferrocarriles, de educación, de moral... De tal forma, el mayor suplicio que el periodista sufría en México era su necesidad de conocer, aunque fuera superficialmente, la escala completa de los conocimientos humanos. Sólo él tenía la presión de ser al mismo tiempo músico y poeta, arquitecto y arqueólogo, pintor y médico: el periodista era uno y diez mil, según reflexionó el autor en "Cartas de Junius [El periodista en México]" (*La Libertad*, 20 de abril de 1883; recogido en Gutiérrez Nájera 2002: 167-169).

De este hacer cotidiano procede la constante propuesta del Duque esparcida a lo largo de su obra: la defensa de la literatura como trabajo productivo (Gutiérrez Nájera 1974a: 111; para una interpretación de esta posición, véase Clark de Lara 1998: 176-186). Inherente a su escritura aparece la búsqueda de la armonía entre el espíritu y la materia, la conciliación entre el alma y el cuerpo: el ideal caminando de la mano con lo práctico, la belleza con lo útil.

Frente al reto spenceriano de la supervivencia del más apto, Gutiérrez Nájera se mantuvo durante dos décadas como uno de los más importantes escritores mexicanos del último cuarto del siglo XIX. En su oficio, manejó veintitrés seudónimos y algunas variantes de éstos; para algunos de ellos perfiló una personalidad y un estilo propios, y en muchas ocasiones los enfrentó en duras polémicas, excelente juego de mercadotecnia que elevaba las ventas de los distintos periódicos en los que mantenía sus diatribas (sobre estos seudónimos, véanse Mapes 1953; Ruiz Castañeda y Márquez Acevedo 2000). Esta práctica mostró no sólo su genio creador de poeta-periodista, sino también su versatilidad, pues como dijo en una de sus cartas a Junius (*La Libertad*, 20 de abril de 1883): "Ayer fue economista, hoy es teólogo, mañana será hebraizante o tahonero [...] la misma pluma con que anoche dibujó la crónica del baile o del teatro, le servirá para trazar hoy un artículo sobre ferrocarriles o sobre bancos. Y todo esto sin que la premura del tiempo le permita abrir un libro o consultar un diccionario" (Gutiérrez Nájera 2002: 168). Tal diversidad de textos ha sido reunida para su rescate en un proyecto de edición crítica en el Instituto de Investigaciones Filológicas de la Universidad Nacional Autónoma de México, el cual está regido por dos criterios fundamentales: el primero temático, el segundo cronológico. Hasta el momento, se ha publicado buena parte de su obra: un volumen de crítica

literaria; la totalidad de sus crónicas y artículos sobre teatro, en seis volúmenes; dos sobre el ensayo político y moral; otros dos reúnen sus relatos; uno
recoge los textos sobre periodismo; el más reciente agrupa sus artículos sobre
ciencia e historia. Y se siguen preparando futuras ediciones. Hasta 1964,
Carlos Gómez del Prado estimaba la cifra de mil quinientas colaboraciones
najerianas; actualmente, hablamos de dos mil veintitrés registros en treinta
y siete publicaciones periódicas, y con este dato me uno a la admiración de
Gómez del Prado: "¡Cómo iba a tener biografía un hombre que dedicaba prácticamente cada momento que pasaba despierto a la tarea del escritor!"
(Gómez del Prado 1964: 18). El mismo Gutiérrez Nájera afirmaba: "Escribo
de seis a ocho horas diarias, cuatro empleo en leer, porque no sé todavía
cómo puede escribirse sin leer nada, aun cuando sólo sea para ver qué idea
o qué frase se roba uno; publico más de treinta artículos al mes; pago diariamente mi contribución de albums [sic]; hago versos cuando nadie me ve y los
leo cuando nadie me oye" (apud Margarita Gutiérrez Nájera 1960: 39).

Como poeta, el Duque Job comprendió que el espacio ideal para el acto
de la creación era el intérieur, un locus amoenus, o, como él mismo decía, su
boudoir japonés o su saloncito Renacimiento, lugar donde en soledad y en
silencio, consigo mismo, y después de haber vivido, es decir, de haber gozado
y sufrido, pudiera dejar en libertad su imaginación para que, en un vuelo
mágico, creara fantasías, y labrando la palabra nos entregara obras muy
bellas. No obstante, la realidad del periodismo no se lo permitió.

Al hablar de su prosa, debemos integrar a la literatura en pureza su
antes desconocida novela Por donde se sube al cielo, y a sus "cuentos" (Gutiérrez Nájera 1958, 2001), que suelen estar encabalgados con la crónica o con
el ensayo, las narraciones donde se centra en los sucesos cotidianos de la
urbe capitalina, que las más de las veces se convierten en el relato reflexivo
de su propia visión del mundo. Con notoria frecuencia, estas piezas oscilan
entre la realidad y la ficción, y él mismo llegó a considerarlas, en "Crónicas
de Marcial (Gonzalo A. Esteva)" (La Libertad, 22 de agosto de 1884), "verdaderas obras de arte" (Gutiérrez Nájera 1995a: 263). Enfatizo este punto porque creo que, para cumplir con la intención que deseo formular en estas
páginas (hablar del Duque Job narrador), conviene considerar su eclecticismo en todos los aspectos de su vida: como hombre, él supo que debía buscar
la verdad en la vida y la vida en la verdad. En ese mundo de grandes tensiones y vertiginosos cambios que le tocó vivir, luchó contra las circunstancias
políticas y económicas que como poeta lo iban anulando; proyectó construir
un mundo mejor y trató de hallar un camino de salvación. La manera como
asumió esta misión fue la de su diaria entrega a la escritura. Ello explica su
esencia dual de poeta-periodista, al que ahora podríamos llamar escritor
integral.

II. LA MODERNIDAD SE IMPONE

> Un axioma de nuestro siglo XIX: el periodismo es el espacio
> por excelencia de la cultura, la gran posibilidad a mano en un
> país con mayoría absoluta de analfabetos, sin hábito de lectura
> de libros [...] Sin periodismo no [habría] lectores, no se [difun-
> dirían] la teoría política, la poesía, el cuento, la crónica.
>
> CARLOS MONSIVÁIS, "Ignacio Manuel Altamirano, cronista"

Con la ayuda de su madre, doña Dolores Nájera, el niño Manuel aprendió las
primeras letras en los periódicos. A los escasos catorce años, la admiración y
la pasión por la mujer y por el arte lo llevaron al camino de la creación literaria. Con el amor inicial nació el poeta: tenía dieciséis años cuando pasó
unas vacaciones en la hacienda de la familia de su madre. Allí, el contacto
con la naturaleza y la cercanía de su prima Lola, hicieron surgir en el precoz
Manuel la emoción romántica. Su primer poema, "Serenata", está fechado el
23 de octubre de 1875. Poco después de los versos a Lola, por ese tiempo
todavía privados, escribió una oda titulada "Al Sagrado Corazón de Jesús",
dedicada "Al señor don Carlos de Borbón y de Este. Homenaje de profundo
respeto", leída en la reunión que, en honor de Pío IX, organizó el 21 de julio
de 1876 la Sociedad Literaria Munguía, de la cual formaba parte su señor
padre. Esta pieza fue la primera colaboración que Gutiérrez Nájera entregó
formalmente a *La Voz de México*, órgano de la Sociedad Católica, diario que,
puede ahora afirmarse, publicó la primicia del escritor más importante del
último tercio del siglo XIX (Margarita Gutiérrez Nájera 1960: 36).

A partir de entonces, y durante veinte años, las páginas najerianas vieron
cotidianamente la luz en teinta y cinco diarios y revistas de la época. Y si bien
se sabe que su primer ejercicio —"Un soneto", del 6 de octubre de 1875, firma-
do con el seudónimo Rafael— fue un plagio (Junco 1941), Gómez del Prado lo
justifica como un pecado de adolescencia porque, dice, fue el arranque de una
de las más brillantes carreras periodísticas del siglo XIX. Su público lector, igno-
rando la procedencia del artículo plagiado, le otorgó significativos elogios.

El periodista y el poeta nacen al mismo tiempo en 1876: el 29 de junio
publicó un breve texto de crítica literaria en defensa de "La poesía sentimental", el cual propició que, entre agosto y septiembre, con su nombre, diera al
periódico *La Iberia* un largo ensayo en seis entregas que tituló "El arte y el
materialismo", hoy considerado el primer manifiesto modernista (incluido en
Clark de Lara y Zavala Díaz 2002: xiii-xx, 3-32). El 11 de junio apareció, en *El
Federalista*, su primer ensayo de reflexiones morales: "La pobreza" (Gutiérrez
Nájera 2007: 3-5). Su primera crónica de teatro, en *El Correo Germánico*, está
fechada el 10 de agosto de 1876 (Gutiérrez Nájera 1974b: 3-8). No olvidemos
que el autor vivió, desde su prematura juventud, "entre bastidores", y que gran

parte de su periodismo estuvo dedicado al ámbito teatral y de espectáculos en general. Él mismo, al recordar las circunstancias en que conoció a Ignacio Manuel Altamirano, dejó testimonio de cómo se inició en esa afición:

> Cuando le conocí, fue en el cuarto de Adelaida Ristori. Contaba yo entonces... —no, no contaba porque a esa edad no se cuenta nada— menos de catorce años. Iba yo al teatro con mi padre; ¡qué bueno es ir de la mano por la vida!, y ya comenzaba a hacer mis primeros versos a hurtadillas. Una noche subimos al foro: daban *María Estuardo*. No sé cómo pude acercarme a aquella reina que solía ser diosa. Aún la conservo intacta en mi memoria [...] Vi a la historia viva, humanizada, sentí en *Fedra* el soplo quemante de la pasión; adiviné la misteriosa armonía al oír brotar el verso de esos labios (1893: 2).

El texto que podemos considerar su primer relato, "Una cena y una escena de Nochebuena", vio la luz el 14 de enero de 1877 en *El Federalista* (Gutiérrez Nájera 2001: 3-5). El inicio del ensayista político lo encontraremos el 11 de noviembre en ese mismo diario y año con la publicación de "Las grandezas de la raza latina" (Gutiérrez Nájera 2000a: 3-7). Como novelista debutó en el periódico *El Noticioso* al publicar por entregas —entre el 11 de junio y el 29 de octubre de 1882— su única novela conocida: *Por donde se sube al cielo* (Gutiérrez Nájera 1994), obra que inaugura el modernismo hispanoamericano.

En resumen, entre finales de 1875 y enero de 1877, Manuel Gutiérrez Nájera ya había comenzado su carrera de escritor integral, luego de haber incursionado en casi todos los géneros literarios. Su gran producción se ubica entre 1876 y 1885. En el panorama general, durante esos casi dos quinquenios, escribió cerca del 50% de sus 235 poemas; 76% de sus 90 relatos (he sumado el relato "Paréntesis" [1882], incluido en su novela) y, por supuesto, su novela; 70% de las primeras versiones de su ensayo político, y 87% de sus crónicas y artículos sobre teatro: 434 piezas en total.

En la segunda parte de su vida productiva, las circunstancias lo habían llevado a diversificarse aún más: en 1886 fue nombrado diputado suplente y en 1888, titular; en este mismo año contrajo nupcias con Cecilia Maillefert. A partir de este momento, no es extraño encontrar republicaciones o adecuaciones de sus textos. Ana Elena Díaz Alejo explica así este constante proceso de reescritura najeriana:

> Gutiérrez Nájera movía sus escritos como piezas de ajedrez, según el tema del día, la obra de moda en la escena, el estado de ánimo personal o los problemas políticos del momento. De su archivo de materiales retiraba las páginas a las que podía dar nueva vida: recortaba párrafos de algún texto escrito meses o años antes, y los aplicaba a otro al que "en el momento oportuno" caían bien. A veces rehacía un texto porque su opinión había variado; otras, reproducía idénticamente

un texto "viejo" con un título nuevo. Con el aderezo fresco de metáforas recientes o el cambio de juegos retóricos más oportunos en nuevos momentos, en sus ensayos adquirirían múltiples vidas los eternos e inevitables temas cíclicos (Gutiérrez Nájera 2001: xx).

No deben olvidarse dos de sus más importantes columnas de actualidad: "Crónicas de Puck" (56 piezas) y "Plato del día" (265), publicadas en el periódico *El Universal*, entre 1893 y 1894. Se observa que si bien el Duque escribe menos colaboraciones originales, su reflexión recae mayormente sobre los asuntos que en verdad le preocupaban: la sociedad y la literatura. Es entonces cuando escribe casi todas sus meditaciones de orden moral y de crítica literaria.

III. LA CRÍTICA AL USO

> Y no creáis, señores [...] que Gutiérrez Nájera era uno de esos soñadores que huyen de la vida, y se refugian, demasiado delicados o egoístas, en la torre de marfil de su arte impersonal, como Alfredo de Vigny, o en el antro fantástico de sus pesadillas, como Carlos Baudelaire. No; lo que hacía la grandeza y lo que ha hecho inmortal el recuerdo del poeta [...] es lo profundamente humano de sus concepciones, es que sentía como nosotros, que luchaba en los mismos combates, que gozaba de los mismos placeres y sufría de los mismos dolores.
>
> MANUEL PUGA Y ACAL, "Alocución"

Justo Sierra fue el primer editor de la obra poética de Gutiérrez Nájera. A pesar de advertir que sería necesario alejarse de la poesía del Duque para poder juzgarla, el Maestro supo apreciar la plenitud de la propuesta moderna de nuestro autor. Adelantándose a las generaciones de críticos por venir, la valoró ampliamente. Al cumplir con lo que una vez ofreciera a su amigo: "bosquejar una sicología de usted", Sierra afirmó en 1896, que la vida del poeta había sido "un idilio trágico del que sólo conocemos la música: los versos del poeta" (Sierra 1978: xxix). El mismo Sierra dice que es en su prosa donde se encuentra el:

> comentario perpetuo de su alma lírica y amorosa, puesto como un bordado de hadas sobre la trama de los acontecimientos mundanos que su deber de cronista le obligaba a narrar [y] donde nuestro Manuel formó su estilo, creó su personalidad literaria y llegó a la plena conciencia de su fuerza y de su arte [y] expresaba con un colorido y una gracia maravillosa, todos los sentimientos, todos los anhelos y hasta los caprichos y las veleidades del alma moderna, en un idioma generalmente puro y sano" (*idem*).

Apenas un año antes, en 1895, al disentir de una opinión acerca del modernismo expresada por Clemente Palma, el panameño Darío Herrera, más conocedor de su momento, concedía ya el rango de iniciadores de este movimiento a Martí y a Gutiérrez Nájera, de quienes afirmaba: "Ambos vinieron a la vida literaria mucho antes que Darío y Casal, y eran modernistas cuando todavía no había escrito Darío su *Azul* ni Casal su *Nieve*" (Herrera *apud* Schulman 1975: 69-70). Al contrario de estas opiniones, buena parte de la crítica literaria de la primera mitad del siglo XX, que apenas había leído la obra poética de Gutiérrez Nájera, por ejemplo el volumen editado por Luis G. Urbina en 1898, y muy poco de las breves antologías de su prosa, como *Hojas sueltas* (prologada por Carlos Díaz Dufoo en 1912), calificó al Duque de romántico tardío o bien como un imitador de los modelos franceses. González Peña, quien encuentra características comunes entre el romanticismo y el modernismo, refiriéndose a la poesía de Gutiérrez Nájera, lo llamó "precursor del modernismo", ya que había absorbido e incorporado a su obra la influencia tardía del romanticismo francés y del parnasianismo de igual procedencia (González Peña 1998: 186). A mediados de siglo, Boyd G. Carter, al hablar de los primeros textos najerianos, también lo calificó de *precursor*, citando a Ermilo Abreu Gómez, quien afirmó que el Duque fue el *prócer* "de una literatura que supo darle sentido estético a la palabra" (Abreu *apud* Carter 1960: 20).

En 1954 comenzaron a abrirse las posibilidades de acercamiento a la obra najeriana. En el clásico estudio *Breve historia del modernismo*, Max Henríquez Ureña, aunque implícitamente, coloca a nuestro escritor en el rubro de iniciador del movimiento renovador de las letras, y ya no sólo lo ve como el poeta de temperamento romántico, sino que plantea distintos aspectos a estudiar en su obra, como la duda religiosa que afectó su espíritu al contacto con la nueva ideología positivista; también destaca cómo sólo después de 1890 alcanzó la serenidad y, con ella, la "expresión más elevada en composiciones como «Pax animae»" (Henríquez Ureña 1978: 77). El nacimiento del "cuento parisién" en las letras españolas, que la crítica ha valorado como uno de los rasgos modernistas introducidos por Darío, fue señalado por Henríquez Ureña como tendencia cuya crisálida ya estaba en el relato "Historia de una corista" (1883) del Duque Job. Hoy podemos afirmar que el poeta mexicano fue el autor del primer relato parisiense al ubicar en París la acción de su novela *Por donde se sube al cielo*, así como de la narración "Paréntesis", ahí incluida. Finalmente, el crítico dominicano revaloró la significación de la prosa najeriana por encima de la de su poesía: "La influencia de la prosa de Martí, decisiva para iniciar la renovación que culminó en el modernismo, se hermana y acopla con la de Gutiérrez Nájera, que enseñó a manejar el idioma con soltura y gracia. No son escasos los prosistas de la época modernista en quienes esas dos influencias —dispares en algunos aspectos— se entremezclan y unifican" (79).

Por los mismos años, Francisco González Guerrero, tanto en su "Prólogo" a la edición de las *Poesías completas* (1953), como en su "Estudio preliminar" a los *Cuentos completos* (1958) de Gutiérrez Nájera, también lo consideró un precursor. Esta perspectiva crítica la había sostenido Arturo Torres Rioseco (1925), quien dio el crédito de primer modernista a Rubén Darío, y ubicó a José Martí, José Asunción Silva, Manuel Gutiérrez Nájera y Julián del Casal, sólo como "precursores". Fue Ivan A. Schulman quien rechazó esta opinión y afirmó que los cuatro escritores "ya habían llegado a expresiones maduras de la tendencia renovadora" (1975: 68). Este crítico sólo conoció la existencia de la novela *Por donde se sube al cielo* recientemente (véase Schulmann 2002), pero mucho antes de ello expresó que la renovación modernista se encuentra por vez primera en la prosa de Martí y de Gutiérrez Nájera:

> quienes, entre 1875 y 1882 cultivaban distintas pero renovadoras maneras expresivas: Nájera, una prosa de patente filiación francesa, reveladora de la presencia del simbolismo, parnasianismo, impresionismo y expresionismo, y Martí, una prosa que incorporó estas mismas influencias dentro de estructuras de raíz hispánica. Por consiguiente, es en la prosa, tan injustamente arrinconada, donde primero se perfila la estética modernista, y son el cubano y el mexicano arriba nombrados los que prepararon el terreno en que se nutre y se madura posteriormente tanto la prosa como el verso del vate nicaragüense y los demás artistas del modernismo (1975: 69).

Larga es la lista de críticos que se han ocupado de revalorar y de encontrar nuevas interpretaciones al primero de los movimientos literarios hispanoamericanos. Para el caso particular de Gutiérrez Nájera, es imprescindible acudir a la propia fuente autoral, que puede consultarse en las ediciones críticas de la Universidad Nacional Autónoma de México.

IV. El narrador ecléctico

> Si revisamos el modernismo para incluir no sólo los textos más leídos —principalmente los de la poesía— sino las crónicas, los ensayos, las cartas, los cuadernos de trabajo, y la novelística, ampliamos la óptica de esta literatura emancipadora; entenderemos mejor que se trata de un proceso de leer el mundo moderno desde la perspectiva individual del sujeto.
>
> Ivan A. Schulman, *El proyecto inconcluso: la vigencia del modernismo*

Hoy, una vez editada la mayor parte de los textos periodísticos de Manuel Gutiérrez Nájera, podemos escuchar la propia voz del autor en sus distintos momentos y circunstancias, lo cual permite romper con los encasillamientos a los que buena parte de la crítica literaria lo había sometido. Ahora es posible revalorarlo como autor integral, el primero del modernismo hispanoamericano, y presentarlo como a un hombre moderno, que desarrolló una expresión artística ecléctica y una actitud estética *cosmopolita*.

Dichas posiciones fueron una constante en cada uno de los ámbitos de su vida: en su quehacer literario fue ecléctico, por una parte, al incluir en sus textos lo que consideró como bello en los movimientos literarios que se dieron simultáneamente en México durante el último tercio del siglo XIX —romanticismo, realismo, naturalismo—; y por la otra, al romper las fronteras entre los distintos géneros literarios para crear nuevas estructuras discursivas. Culturalmente, fue cosmopolita al abrevar en todas las fuentes que tuvo a su alcance: se impregnó de la obra de los místicos y de los escritores contemporáneos españoles; leyó a los franceses y por medio de ellos conoció a los clásicos; se acercó a las expresiones italianas y alemanas, y tuvo contacto con las literaturas exóticas (por cierto que lo que hoy conocemos como cosmopolitismo fue llamado "asimilabilidad" por Justo Sierra [1978: vii, xiv-xv]). Esta manera de comprender el mundo lo condujo a manifestarse a favor del "cruzamiento en literaturas", entendido como un medio para dejar atrás el nacionalismo y para alcanzar la universalidad mediante la consolidación de las letras mexicanas. Al criticar el anquilosamiento de la poesía española por mantener su aversión a todo lo extranjero, por aferrarse a su propia tradición, Gutiérrez Nájera reconoció la mayor calidad literaria de los prosistas hispanos, propiciada por el hecho de que habían tenido "libre cambio" con otras literaturas. En este sentido, él también favoreció el cosmopolitismo, derivado de la necesidad de los escritores por conocer la obra de colegas de distintas nacionalidades, es decir, por establecer comunicación con otro tipo de expresiones. De ahí que haya opinado que mientras más prosa y poesía alemana, francesa, inglesa, italiana, rusa, norte y sudamericana, etcétera, importen las literaturas, más producirán, y más ricos y cuantiosos productos podrán exportar. Una rápida enumeración de los autores que cita ejemplifica, por una parte, su amplio bagaje cultural y, por la otra, sus preferencias: Balzac, Flaubert, Stendhal, George Eliot, Thackeray, Bert Harte, Salvatore Farina, Tolstoi, Zola, Daudet, Bourget, Goncourt, Feuillet, Horacio, Virgilio, Ovidio, Quevedo, fray Luis de León, Victor Hugo, Leconte de Lisle, Gautier, Musset, Sully Prudhomme, Leopardi, Heine, además de Bécquer, Campoamor, Edgar Allan Poe, Ruiz, Aguilera, Zorrilla, Núñez de Arce, Espronceda, todos ellos presentes en la obra najeriana (*cf.* Gutiérrez Nájera, "El cruzamiento en literatura", recogido en Clark de Lara y Zavala Díaz 2002: 91-99).

Ideológicamente, Gutiérrez Nájera fue católico por formación materna y, guardando para sí el gran ideal del amor que profesó Jesucristo, defendió la enseñanza de la filosofía y de la metafísica, al mismo tiempo que comulgó con el planteamiento positivista-evolucionista spenceriano.[1] En política, si bien se confesó liberal por herencia paterna, no tardó mucho en criticar severamente a los radicales jacobinos: a partir de su concepción del hombre en permanente evolución, asumió que los liberales que años atrás habían proclamado la libertad y las reformas, en el hoy najeriano, aferrados a sus principios democráticos, se habían convertido en la facción conservadora. La intención del poeta fue consolidar, dentro de los parámetros positivistas de "Orden y Progreso", un Estado vigoroso que resistiera la anarquía (Gutiérrez Nájera 2000a: 11-12). En lo moral, en ocasiones sorprende por su pragmatismo, como cuando niega a las prostitutas el derecho a la maternidad (Gutiérrez Nájera 2007: 100-101).

Como intelectual no confundió sus inclinaciones: fue cosmopolita al buscar la universalidad cultural, al mismo tiempo que se esmeró por consolidar una literatura mexicana (Schulman 2002: 9-25, 27-42); esto último se aprecia en particular en su ensayo "Literatura propia y literatura nacional" (recogido en Clark de Lara y Zavala Díaz 2002: 81-89). Su eclecticismo, finalmente, lo llevó a comulgar con la dualidad materia-espíritu, en la que se conjuntaba el tiempo real con la eternidad. Alzó su pluma para defender la verdad, la virtud y la belleza, trilogía esencial del espíritu que conducía, a su parecer, a la trascendencia. Así, trazó un camino por el cual, por medio del pensamiento, del amor, del conocimiento y de la educación del propio espíritu en la ciencia, en la justicia, en la abnegación, en la caridad, el hombre ascendería por la "escala de cosas divinas para subir por ella al Cielo".[2]

[1] José Ismael Gutiérrez, sin conocer más que la muestra de ensayos políticos y morales recogidos en la antología *Mañana de otro modo...*, afirmó que si bien Gutiérrez Nájera buscó en lo político una postura conciliadora, se halló entre los adeptos de Díaz, aunque esto no lo llevó a aceptar "todas las consignas ideológicas, como la positivista" (Gutiérrez 1999: 48). Después de la aparición del libro de este crítico, edité en la Universidad Nacional Autónoma de México las *Meditaciones políticas* (2000a) y las *Meditaciones morales* (2007), que seguramente lo harían cambiar de opinión. Por ejemplo, el primero de los volúmenes descubre a un Duque que, con un número considerable de ensayos, apoyó al gobierno de Manuel González; mientras que con su terrible silencio en este tema durante el cuatrienio de 1884 a 1888, a mi parecer, reprochó la deslealtad que Díaz cometió en contra de su compadre, pues propició y alentó, a distancia, la campaña de desprestigio de la que fue objeto al final de su mandato; con esta actitud Porfirio Díaz contribuyó a evitar la alternancia de los poderes. Nuestro autor sabía, por experiencia propia, el dolor que causaba la indiferencia; recordemos el silencio absoluto que los críticos mantuvieron respecto de su novela *Por donde se sube al cielo* en 1882. Por otra parte, en ambos volúmenes podemos reconocer fácilmente su plena inclinación al positivismo (mi posición puede consultarse en las introducciones a estos volúmenes).

[2] En este aspecto puede revisarse M. Gutiérrez Nájera, "La metafísica y la política", en *El Nacional*, año I, núm. 47 (26 de octubre de 1880), p. 1, recogido en Gutiérrez Nájera 2000a: 35-39; *vid.* también Clark de Lara, "*Por donde se sube al cielo* y la poética de Manuel Gutiérrez Nájera" (1997: 189-208).

El camino de Gutiérrez Nájera se afincó en la fe en el mañana, con un futuro promisorio donde la conciencia pudiera rescatar al hombre "de esa madrastra que se llama la ignorancia" (Gutiérrez Nájera 2007: 45). Él se comprometió con el proyecto modernizador; trabajó para vencer el escepticismo y la indiferencia, defectos que consideró naturales en el mexicano; se convirtió, además, en constante animador de la juventud e impulsor del progreso de las ciencias y de las artes, con lo cual buscó alcanzar la plenitud civilizadora (31-33).

V. La novela

> en realidad el modernismo intentaba llevar a cabo algo más importante: un cambio de fondo y no sólo de forma, y presentaba una nueva escala de valores que iba más allá de la poesía.
>
> Lily Litvak, *El sendero del tigre*

Si acaso se puede considerar que hubo un texto de ficción pura de Gutiérrez Nájera, éste sería su novela *Por donde se sube al cielo*, obra que rompió con buena parte de los parámetros narrativos decimonónicos, razón por la cual en su momento la recepción de esta obra fue nula. El exitoso Manuel Gutiérrez Nájera de la prensa nacional sufrió la indiferencia total como novelista. Allí narra la historia de Magda, una comedianta-prostituta. Si bien no es la novela pionera sobre el tema, sí fue la primera que pretendió que la sociedad tomara conciencia de la parte de culpabilidad que le correspondía en la "caída" de las jóvenes desamparadas. Este llamado dejó abierta la posibilidad de redención de las "mujeres de costumbres libres", suceso inimaginable en la sociedad mexicana finisecular.

En su estructura, esta novela encadenó una serie de novedades que los críticos —amigos o enemigos— tampoco supieron aquilatar: 1] la ubicación de la acción en París y en un lugar de veraneo que el narrador denomina Aguas Claras, cronotopo que la convierte en la primera narración parisiense del modernismo,[3] antítesis del modelo nacionalista dictado por Ignacio

---

[3] En el rubro particular de las novelas modernistas, *Por donde se sube al cielo* ha despertado el interés de los estudiosos actuales, quienes han abierto y replanteado posiciones, como sucede en el ensayo "Inclusión y exclusión; criterios de periodización de la novela modernista hispanoamericana", de Pilar Álvarez (consultado el 14 de mayo de 2099 en www.ruc.dk/cuid/publikationer/publikationer/XVI-SRK-Pub/SPLIT/SPLIT01-Alvarez). A partir de cuatro criterios: "1] la fecha de escritura, 2] la disposición del espacio geográfico en el que se desarrollan los acontecimientos, 3] la estructura del contenido narrativo, 4] los comportamientos antagónicos en un mismo personaje y la descripción de

Manuel Altamirano. 2] El juego del tiempo: el narrador regresa al pasado mediante la focalización de un detalle, ya sea del decorado de su habitación o de la "cucharilla de cristal" que la doncella de Magda mueve al prepararle una medicina, recurso que encontraremos formalmente en el ejercicio de la narrativa contemporánea.[4] 3] El final con opciones múltiples: la primera lectura de la novela sorprende con su desenlace; la estructura no concluye, sino que sugiere y deja al lector la posibilidad de elección, y al estudioso, la opción de analizarla como una obra que marca cambios.[5] 4] La *posibilidad de redención social* de una prostituta.

Como todos los textos najerianos, esta novela se publicó, por entregas, en el periódico. Constó de 192 páginas distribuidas en nueve capítulos, difundidos en dieciséis folletines de *El Noticioso*, entre el 11 de junio y el 29 de

---

tipos de relaciones sexuales e intersexuales fuera de las normas sociales de la época", esta autora propone su nómina de novelas modernistas "emblemáticas": *Por donde se sube al cielo* (1882), *Amistad funesta* (1885) de José Martí, *De sobremesa: 1887-1896* (1896) de José Asunción Silva, e *Ídolos rotos* (1901) y *Sangre patricia* (1902) de Manuel Díaz Rodríguez. No estoy de acuerdo con el segundo punto de la argumentación de Álvarez, quien considera que existe un traslado intercontinental en la "estructura del espacio geográfico en la historia y del contenido narrativo" de la novela najeriana, y especifica que los protagonistas de la novela "se trasladan de París a Aguas Claras, cuya descripción sugiere un espacio americano sin especificarlo, y de América, Magda regresa a París"; luego concluye que la playa de Aguas Claras está ubicada en Puerto Rico (7, 5, n. 6). Pero Gutiérrez Nájera explica que Aguas Claras es un lugar conocido únicamente por novelistas y soñadores (*cf.* Gutiérrez Nájera 1994: 23). Yo creo que si el Duque Job hubiera querido dar al espacio veraniego una ubicación geográfica real, lo hubiera hecho en la costa del norte de Normandía, lugar más cercano para que una familia de Rouen pasara sus vacaciones, y no en una zona cuya travesía, en aquella época, le llevaría la mitad del tiempo destinado a descansar.

[4] Un ejemplo al respecto: la primera noche que pasa en París, después de sus vacaciones en Aguas Claras, Magda padece alucinaciones debidas a la alta fiebre causada por la separación de Raúl. Cuando ha terminado el relato del terrible "sueño de Magda", el narrador, por medio de la doncella que revolvía con su pequeña cucharilla de cristal la poción recetada por el médico, nos sitúa otra vez en la realidad. En este caso hay un doble juego de tiempos en el relato: el primero va de la realidad a la pesadilla de Magda, y viceversa. El segundo va al pasado: en la semilucidez posterior a la fiebre. Magda dice: "entonces vi de nuevo los sucesos de la víspera": la despedida de Raúl, la conversación con Provot, el regreso a casa. En este estado de semilucidez pasa Magda la noche.

[5] "*Por donde se sube al cielo* puede incluirse dentro del tipo de obras de corte moderno en las cuales se establece una franca relación entre el autor y el lector, no solamente por la respuesta que cada lector obtenga al aportar su historia, su lenguaje, su libertad, sus experiencias —como sería el caso de cualquier obra—, sino porque el texto najeriano exige también la participación del lector para darle un final. Gutiérrez Nájera rompe con la estructura social tradicional, y, al abrir una nueva «posibilidad» de conducta, pone en tela de juicio la validez de los cánones de su sociedad, y demuestra que éstos son modificables por la circunstancia histórica y social, y, por tanto, plantea una toma de conciencia de la comunidad: para que acepte su parte de responsabilidad y permita la redención de una cortesana. // Para José Luis Martínez, la novela quedó inconclusa y opina que no es

octubre de 1882. Como de costumbre, lejos de ser un evasor de la realidad, el Duque Job solía tomar de su entorno el asunto de sus textos: para la creación de Magda, la protagonista, se basó en la vida de la cantante francesa Paola Marié, quien actuó en México en 1881, lo que la enmarcaría como su musa. Entre ella y Magda hay una gran similitud biográfica, como se deduce de dos pasajes de crónicas najerianas dedicadas a la artista:

> Paola Marié no es vieja todavía. Tiene treinta y dos años [...] comenzó su carrera artística cuando contaba apenas diecisiete primaveras. La primera obra que cantó en los Bufos el año de 67 fue *Magdalena*. No sé si se trataba de la Magdalena pecadora o de la Magdalena arrepentida. Lo que puedo decir es que dos años antes, Paola había salido del colegio. Y adivinad de cuál: ¡del Sacré Coeur! (Gutiérrez Nájera 1984: 388).
>
> Paola tiene tantos brillantes en su cofre como perlas en su garganta [...] estamos ante una parisiense de raza pura, con movimientos de gata y con miradas de pilluelo [...] es la gracia animada y hecha carne (215).

Aquel amor adolescente que sintió por las actrices, poco a poco se transformó en preocupación y dolor. Gutiérrez Nájera reflexionó sobre el asunto desde variadas posiciones: mientras la realidad determinista de sus crónicas y ensayos sentenciaba a las actrices a sufrir un triste final, el novelista, quien siempre tuvo una ferviente esperanza en el porvenir, pudo ofrecerle a Magda la posibilidad de redención (al respecto véase mi "Introducción" a Gutiérrez Nájera 1994: cxxix-cxxxl). En "Cómo mueren" dio testimonio del casi generalizado derrumbamiento trágico de las comediantas: "Las grandes diosas parisienses mueren llenas de polvo [...] Otras agonizan en el hospital, después de haber retorcido con su mano nerviosa la crin dorada de la fortuna [...] ¡Triste suerte la de estas mujeres! ¡Todo las abandona, hasta los muebles!" (Gutiérrez Nájera 1985b: 104-105).

El rescate de esta obra no sólo transformó la tradición de la narrativa mexicana del siglo XIX, sino que, además, modificó la historiografía de la literatura hispanoamericana, pues ahora hay que considerar *Por donde se sube al cielo* como la primera novela del modernismo, ya que antecede tres años a *Amistad funesta* (1885), de José Martí.

una de las obras felices de Gutiérrez Nájera. La fatalidad impone un fin trágico a estos amores con cortesanas arrepentidas. Pero antes, han disfrutado su pasión. La Magda del escritor mexicano apenas entrevé su idilio con Raúl y se deja consumir por la desesperación" (Gutiérrez Nájera 1994: 20). A diferencia de José Luis Martínez, pienso que no es un final inconcluso —ya lo he dicho antes—, y tampoco creo que Magda "se deja consumir por la desesperación"; por el contrario, ella va a luchar precisamente por borrar su pasado, y el final queda en manos del lector (*vid.* Clark de Lara *apud* Gutiérrez Nájera 1994: lxxxix-xc).

VI. Los géneros de la modernidad
(Relato, crónica y ensayo)

> Varias de sus crónicas parecen cuentos y muchos de sus
> cuentos se asemejan a crónicas. Una actividad de esta natu-
> raleza y extensión no dejó tiempo ni espacio para la novela.
> Es lamentable porque el joven que en 1882, a los 22 años
> (nació el 22 de diciembre de 1859), publicó *Por donde se sube
> al cielo* en el folletín de *El Noticioso* pudo haberse convertido
> en nuestro gran novelista.
>
> José Emilio Pacheco, "Manuel Gutiérrez Nájera: el sueño
> de una noche porfiriana"

Como he mencionado, el universo "cuentístico" de Manuel Gutiérrez Nájera asciende a 90 piezas, de las cuales 45 fueron versiones únicas. Una de ellas, "Al amor de la lumbre", llegó a publicarse en siete ocasiones; de otras piezas se han encontrado hasta seis versiones: la suma de posibilidades ha dado como resultado 191 piezas registradas (*cf.* Díaz Alejo *apud* Gutiérrez Nájera 2001: lvi). De este *corpus*, el propio autor reunió quince relatos en un peque-ño librito al que tituló *Cuentos frágiles*, único volumen que llegó a ver entre dos pastas. Otros 22 textos llevaron el título de "cuento", y formaron parte de alguna serie como "Cuentos del domingo", publicada en *El Nacional* entre junio y agosto de 1884 (véase Díaz Alejo *apud* Gutiérrez Nájera 2001: lix-lxi).

En conjunto, los relatos son difíciles de identificar sólo como obra de creación artística. La mayoría de ellos no responden únicamente a una inten-ción estética, pues también revelan la finalidad de transformar a la sociedad. Como bien reconoció el citado Puga y Acal, lejos de encerrarse en una torre de marfil, y alejarse del vulgo que no comprendía su literatura aristocrática —actitud con la que la crítica ha definido a los modernistas, por no ofrecer, dicen, "formulaciones ideológicas o ensayos de exposición orgánica sobre la problemática social"—, el Duque Job se esmeró en defender el trabajo artís-tico de la palabra, al mismo tiempo que, en permanente juego dialéctico, fue un actor entusiasta en la construcción de la sociedad moderna.[6]

El artista de estas modernidades es el agente de la aventura creadora y el histo-riador de su experiencia como individuo y como artista, ante, contra y en la

---

[6] En su ensayo "Más allá de la gracia...", Ivan A. Schulman, desde una perspectiva revisionista, afirma que gracias a la publicación de diversos tipos de volúmenes de las Obras najerianas, que han salido en los últimos años, se ha podido revelar "de manera cada vez más clara el espíritu crítico de El Duque frente a las transformaciones sociales y culturales de su época, y la consiguiente tensión entre dos procesos antagónicos de la modernidad, es decir, el de la *racionalización*, por un lado, y, el de la *subjetivización* por el otro" (2002: 141).

sociedad de su tiempo [...] Poetas de "vallas rotas" y de porvenir incógnito, los escritores modernistas —o sea, los modernos— alaban y critican, respaldan y rechazan los valores culturales y sociales de la época de crisis en que viven y producen su arte [...] Nájera [...] dejó constancia de su percepción de la naturaleza de los conflictos sociales de su época [...] No pensamos argumentar en favor de la presencia de un relato preeminentemente contestatario en los textos de Nájera. Pero, en su discurso se descubre, sin embargo [...] una nota "cristiana, platónica, [y] antiutilitaria" inspirada en "ciertas ideas románticas" [...] complejo ideológico y estilístico que coloca la producción najeriana no sólo entre las obras primigenias del modernismo sino entre las de la modernidad artística (Schulman 2002: 128-129, 132).[7]

Esta posición difiere de la asumida por los estudiosos empeñados en "visionar el modernismo exclusivamente como arte literario", quienes no observan la otra dimensión del modernismo —su imaginario social—, del que procede la consanguinidad de los textos sociales y estéticos de la modernidad (41).

Gutiérrez Nájera fue un representante nato de esa generación que revisó, criticó, propuso y, como todos los grandes modernistas del siglo XIX, atacó "apasionadamente este entorno, tratando de destrozarlo o hacerlo añicos desde dentro" (Berman 1994: 5), pero a la vez fue sensible a sus posibilidades. Al mismo tiempo que el proyecto de modernización —con sus promesas de orden y progreso material, avances científicos y tecnológicos— ejercía su fascinante atracción sobre toda la sociedad, también traía consigo su contrapartida deshumanizadora. En el caso de los escritores, ésta se dejó sentir al cercenársele drásticamente el horizonte de su participación productiva en el orden social. Si antes su estatus de intelectuales les granjeaba puestos públicos, poco a poco, en la "ciudad modernizada", se iban reduciendo sus funciones, y con la creciente especialización, acabaron por ser confinados a una situación subprofesional, totalmente prescindible por parte del aparato del Estado, de la industria y del comercio. Por esta razón, los escritores tuvieron no sólo que buscarse un espacio, sino adecuarse a él, y lo hallaron en el

---

[7] A manera de ejemplo cabe señalar que Manuel Gutiérrez Nájera, desde sus primeros textos y a muy temprana edad, inició la revisión de su momento literario; en su ya citado artículo "El arte y el materialismo", publicado cuando tenía apenas diecisiete años, se mostró enemigo de que se "sujete al poeta a cantar solamente ciertos y determinados asuntos, porque esa sujeción, tiránica y absurda, ahoga su genio y [...] le arrebata ese principio eterno [de la libertad] que es la vida del arte" (Manuel Gutiérrez Nájera, "El arte y el materialismo", recogido en Clark de Lara y Zavala Díaz 2002: 9-10); principio que le permitió expresar sin ninguna traba sus sentimientos sobre la religión, la patria o el amor; se manifestó en contra de la materialización, "del asqueroso y repugnante positivismo" que se estaba introduciendo en la poesía al aceptar sólo la expresión realista; debería evitarse, dice, que el arte pierda todo aquello que lo constituye: "lo verdadero, lo bueno, lo bello".

periódico. Pero aquí había que conciliar sus intereses con los del editor, quien, finalmente, estaba comprometido con el público: de ahí la preferencia por los textos breves, entre ellos el relato, la crónica y el ensayo que, en muchas ocasiones, Gutiérrez Nájera combinaba en distintas piezas para poder conjugar los intereses de los tres sectores: para cumplir la misión de comunicar sus ideas de progreso, de armonía social y de transformación artística, nuestro poeta redescubrió, reformuló y fragmentó los géneros en boga.

La crónica y el ensayo fueron los espacios ideales donde, sin rígidas fronteras, como otrora en el púlpito, el autor habló en parábolas, contó ejemplos, divagó, soñó, criticó y conversó, elevando la voz para conservar el equilibrio entre el idealismo tradicional y el materialismo que el momento le imponía. La crónica y el ensayo de finales del siglo decimonónico se erigieron entonces como los lugares de unión entre lo espiritual y lo material, lo subjetivo y lo objetivo, la ficción y la realidad, y consintieron en que el escritor comunicara su angustiosa ambigüedad de poeta-periodista. Cuando sus textos resultaban largos, los fragmentaba y publicaba en varias entregas. No hay que olvidar que de la misma manera editó su novela.

Algunos estudiosos de la obra najeriana no han reparado en este eclecticismo genérico, por lo que incorporan varios de los relatos en antologías de diversa índole: buena muestra de estos atropellos es "La novela del tranvía", texto poseedor de singularidades técnicas que revelan modificaciones estructurales de suma importancia en cuanto aportación najeriana a la narrativa de su momento.

Sostengo que para descubrir la intención de Gutiérrez Nájera como artista responsable, es necesario conocer a profundidad su obra, la cual no puede fragmentarse con criterios superficiales. Al atender tanto a las ideas expuestas por el escritor como a la manera de instrumentar su discurso, se percibe que sus propósitos no fueron únicamente los de hacer "literatura". Nuestro escritor no fue un diletante, sino un artista consciente de su momento y de las consecuencias de su trabajo artístico. Esta actitud explica la constante revisión de sus textos, con las consiguientes modificaciones estilísticas e ideológicas. De este continuo proceso de revisión y reconsideración textual dan cuenta las ediciones críticas de su obra que, hasta ahora, ha publicado la Universidad Nacional Autónoma de México: por medio del registro de variantes es posible conocer cómo iba puliendo su estilo, sus cambios ideológicos y las transformaciones de sus preferencias literarias, musicales, etcétera.

Crítico literario y ciudadano crítico, el Duque Job, en aras de su objetivo de "alzar la nación", retomó y combinó temas románticos con realistas y naturalistas, de los que "abstrae magistralmente elementos precisos e indispensables que, concatenados, le permiten expresar el universo elegido de antemano", hacia la finalidad primordial de sus relatos: la crítica social (Bustos Trejo *apud* Gutiérrez Nájera 2001: lii).

VII. EL NARRADOR DEL ACONTECER COTIDIANO

> Es una voz que conoce el dolor y el miedo, pero que cree en
> su capacidad de salir adelante [...] Es irónico y contradicto-
> rio, polifónico y dialéctico, denunciar la vida moderna en
> nombre de los valores que la propia modernidad ha creado,
> esperar [...] que las modernidades de mañana y pasado
> mañana curarán las heridas que destrozan a los hombres y
> las mujeres de hoy.
>
> MARSHALL BERMAN, *Todo lo sólido se desvanece en el aire*

Al igual que en sus relatos, Gutiérrez Nájera, con una actitud ilustrada por vocación y por oficio, pretendió influir en la vida colectiva por medio del escrito que se hace público (*cf*. Acosta Montoro en Gutiérrez Nájera 2002: 51-52, 66). En este sentido, podemos encontrar en él el significado moderno de la palabra "intelectual" (acuñada a partir de la famosa epístola "Yo acuso" dirigida por Émile Zola a *monsieur* Félix Faure, presidente de la República Francesa, y publicada por *L'Aurore* el 13 de enero de 1898), pues se trata de un verdadero crítico social que, con profunda conciencia ética, denuncia las desigualdades que observa en su contexto.[8]

Como señala Rotker en sus reflexiones sobre la crónica modernista, es allí donde se localiza el punto de encuentro entre el discurso literario y el periodístico, la exposición de "las contradicciones no resueltas en un momen-to de quiebras epistemológicas, contagios culturales, profesionalización del

---

[8] El término intelectual se ha reservado, en general, a los filósofos, poetas, ensayis-tas, pensadores, científicos sociales y a todos aquellos personajes que han hecho de la palabra hablada y escrita su actividad primordial. Independientemente de su adscripción ideológica, puede decirse que hay algo en común en todos los intelectuales: sus más pro-fundas motivaciones están dadas por los valores ético-culturales. Idealmente, representan la voz de la conciencia nacional, son opinantes en constante exigencia de responsabilidad, baluartes de rectitud, defensores de los principios de carácter ético-político del humanis-mo, y críticos de los abusos del poder, al mismo tiempo que constructores de una nueva e integral concepción del mundo. Para Gramsci, el intelectual es el que participa de una determinada concepción del mundo y, a través de sus singladuras ideológicas, contribuye a sostener o a suscitar nuevos modos —alternativas— de pensar (Gramsci *apud* Rodríguez Prieto y Seco Martínez 2007). Jorge Rojas Otálora, al estudiar a dos de los novelistas del modernismo colombiano, ofrece, tomada de Aníbal González, la definición del intelectual modernista: "«Ser» un «intelectual» es más bien una *estrategia*, mediante la cual ciertos profesionales, artistas o literatos, se colocan dentro de una situación y dentro de un dis-curso que les permite pronunciarse con cierto grado de autoridad sobre asuntos que con-ciernen a su sociedad o a un sector importante de ella. «Ser» un «intelectual» es asumir un *papel*, un modo particular de existir y comportarse en determinadas circunstancias, para cumplir con unos fines específicos; de ahí que la *relación* del intelectual con respecto a la sociedad sea precisamente uno de los tópicos favoritos del discurso del intelectual y de quienes escriben sobre él" (González *apud* Rojas 2008: 216).

escritor" (Rotker 1992: 10). Yo me permito ampliar el radio de este ámbito y extenderlo hasta el ensayo. Así me lo ha demostrado la casi totalidad de los 2 026 textos de la obra najeriana que han recogido nuestros registros.

La escritura najeriana, ciertamente, mantuvo un compromiso con el arte, pero también con la historia y con la política, es decir, con su universo. En la continuidad de estos géneros modernos, nuestro escritor experimentó "formas nuevas del lenguaje" —la tan aludida renovación verbal de los modernistas—, a las que constituyó en el medio que le permitió comunicar una visión del mundo que, ante sus ojos, se fragmentaba; por ello, lejos de evadirse del vulgo, de encerrarse en la tan manida "torre de marfil", se compenetró con su mundo y con su sociedad, criticando pero también proponiendo (para un acercamiento a la crónica y al ensayo del autor, puede consultarse Clark de Lara 1998, así como las introducciones críticas a Gutiérrez Nájera 2000a y 2007).

Para defender su lugar en la prensa, el escritor se desenvolvió ya no en su *intérieur* —lugar de la creación, de la imaginación y de la fantasía—, sino en su exterior, es decir, en la mesa de redacción, que si bien fue su complemento, en absoluto le pertenecía; él no podía dominarla, pues estaba a expensas de la presión y por tanto en oposición constante con el otro, con los otros (director, editor, corrector de pruebas, cajista, "reporteros", público).

Si el poeta debía entrar en contacto con la naturaleza para poder crear, el periodista, en cambio, cada vez se iba alejando más de esa vida idílica y asumiendo la misión cosmopolita que la modernidad le imponía. La ciudad, turbulento mundo que día con día cambiaba y ofrecía panoramas distintos, marcó la estética del Duque Job, quien en "Al pie de la escalera" (*Revista Azul*, 6 de mayo de 1894), expresó: "No hoy como ayer y mañana como hoy... y siempre igual... Hoy, como hoy; mañana de otro modo y siempre de manera diferente" (Gutiérrez Nájera 1995b: 36).

El Duque Job fue uno de los grandes narradores de esa modernidad, pues dejó registro del rápido cambio de la urbe; en sus textos, ya sean relatos, crónicas o ensayos, nos legó el "testimonio de una vida, el documento de una época o un medio de inscribir la historia en el texto", mediante piezas que al mismo tiempo conservaron viva la "fuente de imaginación", de inspiración (Arriguchi 1987: 52). Así, Gutiérrez Nájera se constituye como el relator de ficciones, el cronista de la vida cotidiana, el narrador social, el *chroniqueur* de espectáculos, el ensayista del acontecer político y el permanente observador de la moral citadina. Para el lector del siglo XXI, las crónicas y los ensayos najerianos, además de ser un fiel testimonio de su época, son una muestra de su ideario político, de sus reflexiones sociales, de su angustia existencial, de su crisis religiosa, y de todo aquello que lo conforma como hombre de su tiempo, es decir: la voz del "hombre en su circunstancia", pero siempre por medio de su ejercicio esencial: el manejo artístico del lenguaje.

En la diversidad de asuntos tratados por Gutiérrez Nájera, es necesario comprender al escritor desde una perspectiva histórica, porque a los ojos de la historiografía tradicional de nuestro país, que enaltece a Benito Juárez, al liberalismo y a la Constitución de 1857, suele olvidarse el impulso de modernidad que Manuel González imprimió en el desarrollo del país, integrando su gobierno al Porfiriato, además de que a Díaz se le recuerda solamente como un terrible dictador. Desde este enfoque, las historias oficiales considerarían como antinacionalistas buena parte de los ensayos políticos del Duque Job. Afortunadamente, como señala Jorge Ruedas de la Serna en su estudio sobre la sátira política de José Juan Tablada, "hoy se estudia al escritor con referencia a su época y no a sus ideas", y ésta es mi intención al presentar a un Gutiérrez Nájera comprometido con su historia, con su cultura y con su sociedad; y si bien durante los últimos años de su vida ocupó una curul en la Cámara de Diputados, no por ello debemos considerarlo un autor "alineado" al sistema de gobierno de Porfirio Díaz, quien solía someter a los intelectuales con aquella frase de "ese pollo quiere maiz". Con una visionaria claridad del futuro nacional, que a más de cien años aún impresiona, Gutiérrez Nájera sostuvo los principios de libertad: ideológica, religiosa y artística, pero a la vez cuestionó y censuró acremente a los jacobinos; lanzó críticas feroces contra la Constitución de 1857:

La democracia pura es entre nosotros una planta exótica. Las sociedades no se amoldan nunca a sus constituciones, que son éstas las que debieran amoldarse a las sociedades. Y claro está que entre el estado positivo de México y el que le supone la malhadada Constitución de 57, media enorme, incalculable diferencia.

[...] Reconocimos los derechos del hombre, antes de que la inmensa mayoría de los mexicanos sospechara siquiera que podía recabar esos derechos. [...] ¡Cuántas veces hemos lamentado la ceguera absoluta de los constituyentes! (Gutiérrez Nájera 2000a: 17-18).

Aunque creía en Dios, también fue partidario de la ciencia positivista, así como evolucionista en su visión del proceso histórico:

Se ha menester cambiar radicalmente la educación que hoy se da a los jóvenes, preparándolos a luchar ventajosamente con los *yankees*. La raza americana es una raza esencialmente trabajadora y comerciante. Nosotros, por un heredismo irremediable, tenemos los dos grandes defectos de la raza española y de la raza azteca: la altivez y la indolencia. Creeríamos rebajada la dignidad de nuestros hijos si en vez de cursar leyes en la escuela, estuviesen bajo el mostrador de alguna tienda, despachando géneros o entregados a las labores de la agricultura [...] Por manera que, andando el tiempo, tendremos un número infinito de médicos, de abogados y de literatos; tendremos acaso una legión de sabios; pero estos médicos, estos letrados, estos sabios, dominados por una raza más activa, más trabajadora, menos sabia, no tendrán más recurso que morirse de hambre.

Es un axioma de biología que los seres más fuertes tienen de vivir a costa de los débiles. Precisa, pues, vigorizar con la educación nuestra indolente raza para adecuarla a ese combate, a ese *struggle for life* de que nos habla Darwin. ¿Cómo? Poniendo más trabas a las carreras literarias y extendiendo por cuantos medios sean posibles, los estudios prácticos, la ingeniería, las escuelas regionales; borrando sobre todo ese *ananké* ridículo que pesa sobre la industria y el comercio, con mengua de nuestra prosperidad y nuestro desarrollo (99-100).

Asimismo, expuso la posición "usurera" del empresario mexicano y, en aras de una defensa de la economía nacional, le señaló el peligro de la creciente inversión extranjera del vecino del Norte con su dinámica imperialista (Gutiérrez Nájera 2000: 93-94) y, en 1894, casi al final de su vida, proféticamente —poéticamente—, llamó la atención de sus lectores para advertir que se avecinaban cambios políticos, los cuales debían ser pacíficos (2000: 271-272).

El Duque Job murió el 3 de febrero de 1895. A él le tocó vivir las dos primeras décadas porfirianas, en cuyo transcurso se instituye una "paz" puesta posteriormente en tela de juicio; en ese lapso, como la ideología positivista anhelaba el progreso económico, se tendieron miles de kilómetros de líneas férreas, se establecieron relaciones políticas y comerciales con el exterior, se abrieron las puertas del país a capitales extranjeros, se incentivó el desarrollo de una nación que tres siglos de coloniaje y setenta años de luchas internas habían dejado en el atraso y en la anarquía, y que, finalmente, buscó un lugar digno en la comunidad internacional.

En sus primeros ensayos sobre la cuestión moral, Gutiérrez Nájera enfrentó dos caminos: optó por defender su "libertad individual" o bien se inclinó por una posición ecléctica que más adelante caracterizó sus propuestas estéticas. Confirman mi aserto sus distintas actitudes. Sobre asuntos morales, el Duque Job no se mostró categórico. En el ensayo político, desde 1877 se declaró abiertamente moderno al revelarse como un convencido del programa de "Paz, Orden y Progreso", como se percibe en su ensayo "Las grandezas de la raza latina", escrito con motivo de la Exposición Universal que se inauguraría en el Campo Marte de París el 1º de mayo de 1878 (Gutiérrez Nájera 2000: 3). En sus textos críticos sobre arte y literatura, se trasluce la ambigüedad que hoy explica al escritor modernista, quien, por un lado, se manifestó contra "esa *materialización* del arte", de ese "asqueroso y repugnante positivismo" que trataba de introducirse en la poesía, pero por otro se sumó a la fuerza laboral, productiva del país y se convirtió en la conciencia vigilante de la sociedad.

Primero hay en él una visión católica del mundo, bajo la figura central de Jesucristo (Gutiérrez Nájera 2007: 3-4). Luego, influido por el momento, modificó sus concepciones en aspectos como la relatividad del tiempo —misma correlación que percibió en la belleza (Gutiérrez Nájera 1995a: 55-56)—, o en su esperanza, antes en el porvenir que en la vida después de la muerte. Después, Gutiérrez Nájera deja atrás la postura religiosa y se integra cada vez más a los principios científicos del positivismo. Así, los intereses najerianos se encaminan, con mayor énfasis, a la *more*, a las costumbres, al actuar colectivo del habitante de la urbe, a quien suele observar e intenta comprender, abiertamente, desde la perspectiva taineana, en la que el hombre vive determinado por la raza, por el medio ambiente y por la circunstancia: ese hombre que, al decir de Spencer, se encuentra inmerso en el proceso de lucha por la vida, donde siempre sobrevive el más apto. Sus juicios, por momentos, pueden parecernos totalmente drásticos; sin embargo debemos verlos insertos en la meta de tratar de alcanzar el bien social.[9]

Finalmente, Manuel Gutiérrez Nájera, al incorporarse a la misión de cambiar la esencia nacional, expresó: "va uno a redimir al mundo", y abrazó el "llamado [...] a ser el corrector de la Providencia" (Gutiérrez Nájera 2007: 277-280). A partir de que se declaró positivista, nunca dejó de serlo; creyó con firmeza en la teoría de la evolución, como lo manifestó hasta el final de su existencia en "El culto a los antepasados" (*El Partido Liberal*, 30 de noviembre de 1893): "No hay hechos aislados; no hay hechos infecundos; todos reconocen progenie y llevan germen; todos se eslabonan en el conjunto de la humana evolución; todos persisten o perduran transformándose en continuas, inacabables metamorfosis" (383-385). Sin embargo, cuando en este último lapso de su vida buscó la armonía, encontró que el justo medio ofrecía la objetividad necesaria para alcanzar una opinión equitativa, mediante la cual lograría, con mayor eficacia, que su público compartiera sus perspectivas.

---

[9] Cuando habla de las mujeres galantes, observa que si una prostituta había nacido en un baile, había sido bautizada con *champagne*, había tenido la educación y el pan de una casa que estaba permanentemente vigilada por la policía, y, además, durante su infancia había presenciado "ejemplos malos y todas las pasiones bajas y perversas", por ello, al crecer, no podía menos que ser una mujer de la mala vida. La herencia, el medio ambiente y la circunstancia, habían obrado en consecuencia. Por esta razón, el Duque Job, pidiendo "compasión para esas cabecitas rubias que solemos mirar en las ventanas de ciertas casas y en las portezuelas de ciertos coches", propuso que se impidiera que una hetaira usara del privilegio santo que "Dios y la sociedad han concedido a la mujer para que infunda su alma y transmita su pensamiento al hijo que ha engendrado", y planteó al gobernador del Distrito Federal, don Ramón Fernández, la posibilidad de que a las prostitutas, que según la opinión najeriana no deberían tener el derecho a la maternidad —"divino sacerdocio que consiste en formar un ciudadano varonil para la Patria o una mujer honrada para la familia"—, se les separara de sus hijos, pasando éstos al cuidado del Estado, y que la Patria si bien sería una "madre triste que no tiene boca para besar, que no acaricia, que no abraza, que no llora", tampoco "envilece, ni prostituye, ni avergüenza". De esta forma una "madre serena e impecable" supliría a la otra madre desgraciada y pecadora (Gutiérrez Nájera 2007: 93-103).

Esta actitud le permitió modificar algunas opiniones contundentes que había expresado antaño; así, en su intento por equilibrar sus apreciaciones, acabó por considerar que la justicia era la ley que debía regir el mundo.[10]

BIBLIOGRAFÍA

ARRIGUCHI, Davi. 1987. "Fragmentos sobre crônica", en *Enigma e comentário. Ensaios sobre literatura e experiência*. Companhias das Letras, São Paulo, pp. 51-56.

BENJAMIN, Walter. 1991. *Poesía y capitalismo. Iluminaciones II*, pról. y tr. Jesús Aguirre. Taurus Humanidades (*Teoría y Crítica Literaria*, 315), Madrid.

BERMAN, Marshall. 1994. *Todo lo sólido se desvanece en el aire. La experiencia de la modernidad*, 7ª ed., tr. Andrea Morales Vidal. Siglo XXI Editores, México.

CARTER, Boyd G. 1960. *En torno a Gutiérrez Nájera y las letras mexicanas del siglo XIX*. Ediciones Botas, México.

CLARK DE LARA, Belem. 1997. "*Por donde se sube al cielo* y la poética de Manuel Gutiérrez Nájera", *Literatura Mexicana*, vol. VIII, núm. 1, pp. 189-208.

——. 1998. *Tradición y modernidad en Manuel Gutiérrez Nájera*. Universidad Nacional Autónoma de México, México.

—— y Ana Laura ZAVALA DÍAZ (intr. y rescate). 2002. *La construcción del modernismo (Antología)*. Universidad Nacional Autónoma de México (*Biblioteca del Estudiante Universitario*, 137), México.

[10] Un ejemplo. En 1889 ("Los hombres que matan", *El Partido Liberal*, 26 de mayo, pp. 1-2), Gutiérrez Nájera asumió, unilateralmente, que en casos de adulterio el marido era la víctima: "La justicia eterna la ha condenado de antemano; le ha dicho a él: No merecías ofensa tan inicua; tú eres bueno, ella es mala; tú eres fiel, ella desleal; no es la esposa, es la hembra; extermínala para que no pueda procrear, para que no dé adúlteras al mundo; yo, tribunal, la declaro culpable, tú aplica la pena" (Gutiérrez Nájera 2007: 239). En cambio, en su época de madurez, se colocó en el justo medio y ya no condenó a la mujer que traicionó al esposo sin oírla, ni aceptó incondicionalmente la situación de víctima del cónyuge, sino que meditó sobre las causas que la esposa tuvo para entregarse en brazos de un amante, e interpoló la conducta de ambos. Así, con una postura que hoy nos parecería de avanzada, ya no se preguntó, como años antes, si el marido tenía derecho o no a hacerse justicia matando al amante o a su mujer, sino que sugirió mejor ahorrarse "los gastos de la sacristía, la epístola de san Pablo y los consejos del señor Ocampo" y "ser lógicos [...] suprimiendo el matrimonio"; al reconocer los motivos que pudieron orillar a que la esposa, cansada de tantas vejaciones y miserias, se consiguiera un amante que supiera darle cariño y dinero, otorgó al amante los mismos derechos que el marido, aunque señaló, por supuesto, que tenían desiguales deberes. Tratar el adulterio con un juego silogístico sumamente irónico, parecería mostrar una "sorprendente modernidad" en el escritor; pero si bien aquí el Duque Job fue más objetivo en sus juicios, no llegó realmente a renegar de las instituciones. Convencido de que aprobar el divorcio sería fundar una institución en completo desacuerdo con los principios de la sociedad, cuando no en choque violento con ésta, como hombre de mundo, "como espectador atento de la comedia humana", advirtió que si "matar era lo más cómodo", ¿cómo se dictarían reglas absolutas ante problemáticas particulares?; así, una vez más, desplegó una posición casuística en cuestiones morales.

GÓMEZ DEL PRADO, Carlos. 1964. *Manuel Gutiérrez Nájera: vida y obra*. Eds. de Andrea (*Studium*, 47), México.

GONZÁLEZ PEÑA, Carlos. 1998. *Historia de la literatura mexicana. Desde los orígenes hasta nuestros días* (1928), 17ª ed. UNAM-Porrúa (*"Sepan Cuantos..."*, 44), México.

GUTIÉRREZ, José Ismael. 1999. *Manuel Gutiérrez Nájera y sus cuentos. De la crónica periodística al relato de ficción*. Peter Lang (*Currents in Comparative Romance, Languages and Literatures*, 68), Nueva York.

GUTIÉRREZ GIRARDOT, Rafael. 1988. *Modernismo. Supuestos históricos y culturales*, 2ª ed. corregida. Fondo de Cultura Económica (*Tierra Firme*), México.

GUTIÉRREZ NÁJERA, Manuel. 1893. "Memorias de un curioso, I", *El Partido Liberal*, 11 de junio, p. 1.

——. 1958. *Cuentos completos y otras narraciones*, pról., ed. y notas E. K. Mapes, est. prel. Francisco González Guerrero. Fondo de Cultura Económica (*Biblioteca Americana*), México.

——. 1974a. *Divagaciones y fantasías. Crónicas de Manuel Gutiérrez Nájera*, selec., est. prel. y notas Boyd G. Carter. Secretaría de Educación Pública (*SepSetentas*, 157), México.

——. 1974b. *Obras III. Crónicas y artículos sobre teatro, I (1876-1880)*, ed., intr. y notas Alfonso Rangel Guerra. Universidad Nacional Autónoma de México (*Nueva Biblioteca Mexicana*, 37), México.

——. 1978. *Poesías completas*, t. I, 3ª ed., ed. y pról. Francisco González Guerrero, pról. a la 1ª ed. Justo Sierra. Porrúa (*Escritores Mexicanos*, 66), México.

——. 1984. *Obras IV. Crónicas y artículos sobre teatro, II (1881-1882)*, intr., notas e índices Yolanda Bache Cortés, ed. Yolanda Bache Cortés y Ana Elena Díaz Alejo. Universidad Nacional Autónoma de México (*Nueva Biblioteca Mexicana*, 90), México.

——. 1985a. *Espectáculos. Teatro. Conciertos. Ópera. Opereta y zarzuela. Tandas y títeres. Circo y acrobacia. Deportes y toros. Gente de teatro. El público. La prensa. Organización y locales*, selec., intr. y notas Elvira López Aparicio, ed. e índices Ana Elena Díaz Alejo y Elvira López Aparicio. Universidad Nacional Autónoma de México, México.

——. 1985b. *Obras VI. Crónicas y artículos sobre teatro, IV (1885-1889)*, intr., notas e índices Elvira López Aparicio, ed. Ana Elena Díaz Alejo y Elvira López Aparicio. Universidad Nacional Autónoma de México (*Nueva Biblioteca Mexicana*, 91), México.

——. 1990. *Obras VII. Crónicas y artículos sobre teatro, V (1890-1892)*, intr., notas e índices Elvira López Aparicio, ed. Ana Elena Díaz Alejo y Elvira López Aparicio. Universidad Nacional Autónoma de México (*Nueva Biblioteca Mexicana*, 103), México.

——. 1993. *Cuentos frágiles*, ed., pról. y notas Alicia Bustos Trejo, adv. editorial Ana Elena Díaz Alejo. Universidad Nacional Autónoma de México (*Nuestros Clásicos. Nueva Época*, 67), México.

——. 1994. *Obras XI. Obras XI. Narrativa, I. Por donde se sube al cielo (1882)*, pról., intr. notas e índices Belem Clark de Lara, ed. Ana Elena Díaz Alejo. Universidad Nacional Autónoma de México (*Nueva Biblioteca Mexicana*, 118).

274 BELEM CLARK DE LARA

————. 1995a. *Obras I. Crítica literaria. Ideas y temas literarios. Literatura mexicana* [1959], 2ª ed. aumentada, invest. y recop. Erwin K. Mapes, ed. y notas Ernesto Mejía Sánchez, intr. Porfirio Martínez Peñaloza, índices Yolanda Bache Cortés y Belem Clark de Lara. Universidad Nacional Autónoma de México (*Nueva Biblioteca Mexicana*, 4), México.

————. 1995b. *Manuel Gutiérrez Nájera (1859-1895). Mañana de otro modo*, ed., selec. y notas Yolanda Bache Cortés, Alicia Bustos Trejo, Belem Clark de Lara, Ana Elena Díaz Alejo y Elvira López Aparicio, pról. Ana Elena Díaz Alejo, presentación Fernando Curiel Defossé. Universidad Nacional Autónoma de México, México.

————. 2000a. *Obras XIII. Meditaciones políticas (1877-1894)*, intr., notas e índices Belem Clark de Lara, ed. Yolanda Bache Cortés y Belem Clark de Lara. Universidad Nacional Autónoma de México (*Nueva Biblioteca Mexicana*, 143), México.

————. 2000b. *Poesía*, pról. Justo Sierra, ed. y presentación Ángel Muñoz Fernández. Factoría Ediciones, México.

————. 2001. *Obras XII. Narrativa, II. Relatos (1877-1894)*, ed. crítica e intr. Alicia Bustos Trejo y Ana Elena Díaz Alejo, notas A. B. T., índices A. E. D. A. Universidad Nacional Autónoma de México (*Nueva Biblioteca Mexicana*, 133), México.

————. 2002. *Obras IX. Periodismo y literatura. Artículos y ensayos (1877-1894)*, ed. crítica, intr., notas e índices Ana Elena Díaz Alejo. Universidad Nacional Autónoma de México (*Nueva Biblioteca Mexicana*, 147), México.

————. 2007. *Obras XIV. Meditaciones morales (1876-1894)*, ed. crítica, intr., notas e índices Belem Clark de Lara. Universidad Nacional Autónoma de México (*Nueva Biblioteca Mexicana*, 161), México.

————. 2009. *Obras X. Historia y ciencia. Artículos y ensayos (1879-1894)*, ed. crítica, intr., notas e índices Ana Laura Zavala Díaz. Universidad Nacional Autónoma de México (*Nueva Biblioteca Mexicana*, 167), México.

GUTIÉRREZ NÁJERA, Margarita. 1960. *Reflejo: biografía anecdótica de Manuel Gutiérrez Nájera*. Instituto Nacional de Bellas Artes, México.

HENRÍQUEZ UREÑA, Max. 1978. *Breve historia del modernismo* (1954). Fondo de Cultura Económica (*Tierra Firme*), México.

JUNCO, Alfonso. 1941. "Gutiérrez Nájera, plagiario", *El Universal*, 18 de enero, p. 3.

MAPES, Erwin K., 1953. "Manuel Gutiérrez Nájera: seudónimos y bibliografía periodística", *Revista Hispánica Moderna*, enero-diciembre, núms. 1-4, pp. 132-204.

MONSIVÁIS, Carlos (antol.). 1993. *A ustedes les consta. Antología de la crónica en México*. Ediciones Era, México.

PUGA Y ACAL, Manuel. 1895. "Alocución", en *Piezas literarias leídas en la Velada Fúnebre en honor de Manuel Gutiérrez Nájera* [verificada en el Teatro Principal de Guadalajara, la noche del 23 de febrero de 1895]. Ediciones de El Heraldo, Guadalajara.

RODRÍGUEZ PRIETO, Rafael y José María SECO MARTÍNEZ. 2007. "Hegemonía y democracia en el siglo XXI: ¿Por qué Gramsci?", *Cuadernos Electrónicos de Filosofía del Derecho*, núm. 15, pp. 1-14. Consultado el 9 de abril de 2010 en: www.uv.es/CEFD/15/rodriguez.pdf.

ROJAS OTÁLORA, Jorge. 2008. "La novela modernista producida en el ambiente bogotano. Dos nombres y dos tendencias: Rivas Groot y Vargas Vila", *Literatura: Teoría,*

Historia, Crítica (Revista del Departamento de Literatura. Universidad Nacional de Colombia), octubre, núm. 10, pp. 213-245.

ROTKER, Susana. 1992. *Fundación de una escritura: las crónicas de José Martí*. Casa de las Américas, La Habana.

———. 2005. *La invención de la crónica*. Fondo de Cultura Económica (*Nuevo Periodismo. Manuales*), México.

RUIZ CASTAÑEDA, María del Carmen y Sergio MÁRQUEZ ACEVEDO. 2000. *Diccionario de seudónimos, anagramas, iniciales y otros alias usados por escritores mexicanos y extranjeros que han publicado en México*. Universidad Nacional Autónoma de México, México.

SCHULMAN, Ivan A. 1975. "Reflexiones en torno a la definición del modernismo", en *El modernismo*, ed. Lily Litvak. Taurus, Madrid, pp. 65-95.

———. 2002. *El proyecto inconcluso: la vigencia del modernismo*. UNAM-Siglo XXI Editores, México.

SIERRA, Justo. 1978. "Prólogo" a Gutiérrez Nájera 1978, ed. cit., pp. xxvii-xlvii.

TORRES RIOSECO, Arturo. 1925. *Precursores del modernismo*. Talleres Calpe, Madrid.

ENTRE LA TRUCULENCIA Y LA SENCILLEZ: LA NARRATIVA DE AMADO NERVO

Klaus Meyer-Minnemann
Universidad de Hamburgo

La gran fama de Amado Nervo (1870-1919), que alcanzó su apogeo en el año de su muerte para declinar inexorablemente en las décadas posteriores, no residía en el aprecio de su obra narrativa, sino en la enorme popularidad de su poesía. Desde la publicación de *Perlas negras* y *Místicas*, ambos de 1898, hasta el poemario póstumo *La amada inmóvil* (1920) en el marco de las *Obras completas de Amado Nervo* al cuidado de Alfonso Reyes, este renombre no había cesado de incrementarse.[1] La poesía de Nervo destacaba por una gran musicalidad verbal, además de la fusión, por discreta no menos sugestiva, de lo sensual con lo religioso, de la expresión morbosa del cansancio *"à la fin de la décadence"* (Verlaine) con la excitabilidad de los nervios, y del sentimiento del tedio de la vida con la nostalgia de la muerte. Estas características, basadas en una organización artística del verbo altamente eficaz, pero nunca ampulosa, contribuían a la intensidad y memorización fácil de los poemas nervianos, de los cuales algunos llegaron a un grado extraordinario de compenetración mutua entre contenido y lenguaje.[2] No obstante, del poemario *En voz baja* (1909) en adelante, la orquestación artística de la poesía de Nervo

---

[1] *La amada inmóvil* salió en el volumen XII de las *Obras completas de Amado Nervo*, publicadas en Madrid en veintiocho volúmenes por la editorial Biblioteca Nueva entre 1920 y 1922. Hubo una reimpresión en 1928, aumentada por un volumen suplementario (Martínez 2002: 85, n. 65 y 66). Para el presente estudio, se consultó la edición original, custodiada por la Staats-und Universitätsbibliothek de Hamburgo.

[2] Como prueba de este carácter de la poesía de Nervo no me resisto a citar un ejemplo de *Perlas negras* que demuestra la gran habilidad verbal del arte nerviano: XXV: "Oye, neurótica enlutada, / oye: la orquesta desmayada / preludia un vals en el salón; / de luz la estancia está inundada, / de luz también el corazón. // ¡Ronda fantástica iniciemos! / El vals es vértigo: ¡valsemos! / ¡Que viva el vértigo, mujer! / Es un malstrom: encontraremos / en su vorágine el placer. // Valsar, girar, ¡qué bello es eso! / Valsar, girar, perder el seso, / hacia el abismo resbalar, / en la pendiente darse un beso, / morir después... Valsar, girar // Paolo, tu culpa romancesca / viene a mi espíritu; Francesca, / unida siempre a Paolo vas... / ¡Impúlsanos, funambulesca / ronda!, ¡más vivo!, ¡mucho más...! // Valsar, girar, ¡qué bello es eso! / Valsar, girar, perder el seso, / hacia el abismo resbalar, / en la pendiente darse un beso, / morir después... Valsar, girar..." (Nervo 1962: II, 1302). De aquí en adelante, las citas de Nervo en el presente trabajo proceden, salvo otra indicación, de esta edición.

se simplificó notablemente hasta llegar con *La amada inmóvil* (1920) a una sencillez deliberada, la que por su proclamación enfática de desolación pretendía ser la expresión íntima y sincera del alma del poeta, sin renunciar por eso a una sugestiva melodiosa forma verbal. Al mismo tiempo, la poesía de Nervo, quien a diferencia de algunos de sus coetáneos en el oficio, como el uruguayo Julio Herrera y Reissig, se convertía cada vez más en un "jardinero de las flores del bien" (expresión feliz de Chaves 2006: 15), se almibaró sensiblemente, lo cual, en un principio, contribuyó al crecimiento de su prestigio poético, para tornarse después en una de las razones mayores de su declive (véase Durán 1968: 11 y ss.).

Ya que la prosa de Nervo, aunque muy estimada en su tiempo, nunca había alcanzado los grados de popularidad de su poesía, tampoco pudo caer en un desprestigio tan rotundo, por lo que simplemente se hundió en el olvido. Esto vale, aparte de las crónicas y ensayos que Nervo escribió, también para su obra narrativa, pero no por eso esta última deja de interesar. Dice Carlos Monsiváis en su biografía del autor: "vale la pena examinar algunos de sus relatos (*Pascual Aguilera, El bachiller, El donador de almas* y *La última guerra*), y tomar en cuenta varias de sus estampas costumbristas. Nervo es prolífico pero es en los textos citados donde alcanza su mejor nivel su fantasía y su registro testimonial de la psicopatología que se considera a sí misma purificada" (2002: 83). Los relatos, que en su tentativa de valoración menciona Monsiváis, son (con excepción del último) quizá los mejor conocidos de la narrativa de Nervo. Merecen sin duda un examen ponderado, más allá del aura de la fama del autor y de su desprestigio subsiguiente. Pero antes de analizarlos, cabe preguntar: ¿qué textos constituyen, en verdad, el cuerpo narrativo de la obra de Nervo?, y ¿cuál es su situación bibliográfica?

En la extensa obra de Nervo, las líneas divisorias entre poesía, narrativa, crónica y ensayo son borrosas. Se hallan marcas de narratividad tanto en los poemas como en las crónicas o los ensayos. Un buen ejemplo de ello en la poesía nerviana lo ofrece el poema "Visión", incluido en la primera edición del poemario *El éxodo y las flores del camino* (1902), pero descartado después por Nervo para *En voz baja*, probablemente por su irreverencia religiosa.[3] El poema, que narra un encuentro con Jesucristo, reza así:

> Una tarde, en mi sendero,
> tuve un encuentro imprevisto:
> me encontré con Jesucristo,
> el divino Limosnero.

---

[3] Véase Nervo 2002: 249, nota. El texto del poema se encuentra en la página 251, aunque brilla por su ausencia en las *Obras completas*.

El Limosnero divino,
lleno de melancolía
parecía, y parecía
muy cansado del camino.

—¿A dónde vas, Señor? y:
—A París, me respondió.
—¿A París?... ¿a París? ¡No,
Señor, no vayas ahí!

Mas Cristo desapareció.

Encontrándole después:
—¿Qué hallaste?, dije. Y Él: –¡Les
perdono! Llegado apenas,
hallé muchas Magdalenas
y ungieron todas mis pies.

El núcleo de este poema lo forma una pequeña historia, contada por el yo lírico, la cual termina con una agudeza. Para el carácter narrativo del poema no importa que la historia se cuente en octosílabos con rima consonante llana, respectivamente aguda. Lo que otorga narratividad al poema son, más bien, los dos eventos que se cuentan, es decir, los encuentros del yo lírico en su sendero con Jesucristo (¿en el sendero de la vida de vetusta raigambre?), sin que éstos sirvan de mero soporte para expresar el estado anímico de la voz del poema o de pretexto para una reflexión moral. El poema se centra en la historia narrada, cuya agudeza final invita a ratificar la propensión al pecado (cliché muy difundido al filo del siglo XX) de las mujeres de la capital francesa.

Por otra parte, no es raro encontrar en la obra supuestamente narrativa de Nervo párrafos descriptivos o de reflexión que carecen hasta tal punto de narratividad que relegan el argumento o el evento narrado a un segundo plano. En el cuento "La última molestia" (Nervo 1962: I, 416-417), que forma parte de los "Cuentos misteriosos",[4] un carro fúnebre de tercera clase se mete entre los rieles de un tranvía madrileño impidiendo que éste se le adelante. El acontecimiento, más que insignificante, causa la molestia de algunos pasajeros del tranvía y lleva al narrador a la reflexión de que la muerte reservó una "suprema compensación" al difunto, quien en vida debió haber tenido "raras ocasiones de molestar al prójimo" (417). Aquí, la historia narrada es

---

[4] Para el conjunto de esta colección póstuma de cuentos, distribuidos entre "misteriosos" y "otros", véase Nervo 1920-1922: XX y Nervo 1962: I, 373-426.

mero pretexto para una reflexión que termina con el supuesto, respecto del difunto, de que ante el acontecimiento "¡Su alma debía sonreír con una sonrisa absolutamente espiritual, en el seno de la Cuarta Dimensión!" (*idem*).

Resulta, pues, que las adscripciones genéricas de los textos de Nervo no garantizan su distribución inequívoca entre relato, crónica, ensayo o hasta poema. Al contrario, a veces contradicen su carácter esencial. Un criterio más seguro para zanjar el problema de los géneros en Nervo lo proporciona la distinción entre textos de ficción y textos factuales y/o expositivos. Aunque ella tampoco evita casos de duda,[5] permite agrupar con certeza un número considerable de textos de Nervo bajo la caracterización de "narrativos". De aquí en adelante, este análisis se limitará a algunos de estos textos, es decir, a los que en las *Obras completas* al cuidado de Alfonso Reyes han recibido, por su carácter ficcional y narrativo, la denominación de "novelas" o "cuentos" y que en las *Obras completas* de 1951-1952 figuran en el apartado "Cuento-Novela" (Nervo 1962: I, 85-426). Las versiones de estas últimas, cotejadas con las que ofrecen las *Obras completas de Amado Nervo* (1920-1922), constituyen la base de este ensayo.[6]

Fue Alfonso Méndez Plancarte quien, en un volumen suplementario de las *Obras completas* (1920-1922), rescató una parte de la obra juvenil de Nervo.[7] Pero faltaban todavía los cuentos que el autor publicó entre 1893 y 1894 en *El Correo de la Tarde* de Mazatlán. Estos cuentos, junto con algunas correcciones y rectificaciones necesarias de otros textos narrativos ya publicados, fueron finalmente sacados a luz en la meritoria edición de Yólotl Cruz Mendoza, Gustavo Jiménez Aguirre y Claudia Cabeza de Vaca, titulada *Tres estancias narrativas (1890-1899)*.[8] Esta obra permite apreciar la evolución de Nervo desde sus primeros ejercicios narrativos hacia 1890 hasta el uso pleno del oficio de narrador a finales del último decenio del ochocientos.

[5] ¿Cómo clasificar los textos nervianos que integran "Ellos" (Ollendorff, París, 1909)? Se trata de una colección de textos en prosa, las más de las veces narrativos y de ficción, recogidos en *Obras completas de Amado Nervo* (1920-1922), vol. IX, y en Nervo 1962: II, 593-639, donde los textos figuran con el título global de "Ensayos", género expositivo por excelencia.

[6] Como la narratividad de los textos nervianos en general, la adscripción genérica de los relatos del autor entre "cuento" y "novela" plantea a veces un problema (por lo demás, de poca monta para el presente estudio), véase Grass 1979: 320 y Cruz 2004: 54, n. 3.

[7] El volumen, que no he tenido a la vista, se titula *Mañana del poeta* y fue publicado en 1938 en México, con el sello de la editorial Botas. Sus textos comprendían once "cuentos y prosas líricas", amén de una autobiografía juvenil y veinticuatro poemas. Con algunas añadiduras fueron recogidos en diferentes secciones de las *Obras completas* 1920-1922.

[8] Gustavo Jiménez, quien rescató los cuentos de Nervo del *Correo de la Tarde* de Mazatlán, también se encargó de la edición de Amado Nervo, *Lunes de Mazatlán (crónicas: 1892-1894)*.

La narrativa nerviana de los años 1890 a 1894, pasados en Zamora, su Tepic natal y Mazatlán antes de trasladarse a la Ciudad de México,[9] está caracterizada por el empleo profuso de tópicos románticos largamente popularizados. El autor no vaciló en ir al encuentro de las preferencias literarias de su público (mayormente femenino), cuyas expectativas buscó cumplir. Cruz Mendoza (2006: 45 y ss.) señala la impronta del imaginario de Gustavo Adolfo Bécquer en los primeros cuentos de Nervo, y Chaves advierte oportunamente la pululación del tópico de la amada ausente (2006: 21 y ss.). Con todo, conviene notar que en la tercera estancia narrativa de Nervo, la de la Ciudad de México, entre 1894 y 1899, los temas de los cuentos se diversifican. Al mismo tiempo, estos temas —la amada ausente, la mujer infiel, el acontecimiento insólito— pasan por un proceso, se diría, de purificación. El dramatismo folletinesco de algunos de los primeros cuentos, como "De los sueños" o "La bofetada" (Nervo 2006a: 96-105, 136-139), cede su lugar a la narración de argumentos menos truculentos, más atentos a la creación de los detalles del mundo de ficción y más finos en la caracterización psicológica de los personajes.

Uno de estos cuentos es "Nuestra última cena" (1899), que se publicó en el semanario ilustrado *El Mundo*, casi a finales de la primera etapa mexicana del autor (295-298).[10] En él se narra la escena de despedida de dos amantes que han decidido separarse el día último de diciembre, en virtud de que su amor se ha muerto de anemia: "nos pareció delicado y significativo despedirnos para siempre después de una cena, íntima y fraternal como los viejos ágapes cristianos, a los postres de la cual, tras un sorbo de champaña, entraríamos en pleno Año Nuevo, llevando cada uno un fardo diverso de quimeras que deshojar" (295). Casi no pasa nada entre los dos personajes. Sólo se refiere su diálogo, deliciosamente irónico, el cual, más que cualquier comentario burdo por parte del narrador protagonista acerca del estado anímico de ambos, sugiere la melancolía apacible de un amor muerto que, tal vez, nunca ha sido otra cosa que un bonito capricho entre dos jóvenes ociosos. Es notable el uso sutil de los preceptos de la poética modernista de la sugestión, que en aquel entonces daba la pauta en la literatura de pretensiones artísticas y que Nervo había podido aprender en la prosa de Gutiérrez Nájera, Rubén

---

[9] La edición mencionada de *Tres estancias narrativas* ofrece una "Cronología de Amado Nervo (1870-1919)" (Nervo 2006a: 303-319) fácilmente asequible que nos exime de la obligación de detenernos demasiado en los pormenores, por lo demás poco llamativos, de la vida del autor, los cuales se examinan detalladamente en Durán 1968.

[10] En abril de 1900, Nervo deja la Ciudad de México para trasladarse a París, adonde lo envía el diario *El Imparcial* con la misión de informar a sus lectores sobre la gran Exposición Universal Internacional, realizada en la capital francesa de abril a noviembre de 1900. La Exposición fue una de las más concurridas de la historia. Nervo regresa a México en 1902.

Darío y otros autores hispanoamericanos de la vanguardia literaria de su tiempo.[11] También destaca que la melancolía de este amor muerto se manifieste en el escenario de un elegante restaurante moderno que remite, mediante la mención de la calle de Plateros y San Francisco (hoy Francisco I. Madero), así como de las torres de la Profesa, al ambiente coetáneo de la capital mexicana. Esta concreción referencial del mundo de ficción, herencia de la poética del naturalismo, quería posiblemente insinuar la ubicuidad de los sentimientos evocados que tanto distaban del dramatismo romántico de los inicios de la literatura nerviana.

La obra narrativa con la cual Nervo se ganó una temprana, aunque controvertida, reputación, fue *El bachiller*, publicada por primera vez en 1895.[12] Se trata de una novela corta de apenas cincuenta páginas (Nervo 1920-1922: XIII, 9-57), en la que se cuenta la evolución del estado anímico de un joven hipersensible llamado Felipe, desde su infancia hasta el momento en que está por recibir las órdenes sagradas. La descripción del estado anímico del protagonista sigue el modelo de la ficción naturalista: derivar el carácter y la actuación de los personajes de su origen biológico y de las circunstancias sociales e históricas que los rodean. Sin embargo, a diferencia de los protagonistas del naturalismo, Felipe tiene un carácter raro que lo acerca a los personajes típicos de la novela hispanoamericana del *fin de siècle*:[13]

> Nació enfermo, enfermo de esa sensibilidad excesiva y hereditaria que amargó los días de su madre. Precozmente reflexivo, ya en sus primeros años prestaba una atención extraña a todo lo exterior, y todo lo exterior hería con inaudita viveza su imaginación. Una de esas augustas puestas de sol del otoño le ponía triste, silencioso y le inspiraba anhelos difíciles de explicar: algo así como el deseo de ser nube, celaje, lampo, y fundirse en el piélago escarlata del ocaso (Nervo 1962: I, 185).

Después de la muerte de la madre, Felipe va a vivir con un tío suyo en una ciudad lejana (y ficticia) llamada Pradela, "De fisonomía medioeval, de costumbres patriarcales y, sobre todo, de ferviente religiosidad" (185-186). Coexisten en el ánimo del joven un inmenso anhelo de misticismo espiritual,

---

[11] Abundan los trabajos sobre el modernismo hispanoamericano al filo del siglo XX. Sobre la génesis y evolución del modernismo en México, consúltese el estudio de Kurz (2005), elaborado rigurosamente sobre las fuentes primarias, el que (con un título menos laborioso) aún espera su traducción al español.

[12] Esta novela fue reimpresa en 1896 (Estrada 1925: 9), esto es, inmediatamente después de la publicación original de la obra, con juicios de José María Vigil, Luis G. Urbina y otros (González Guerrero 1962: 22).

[13] Acerca de las marcas específicas de esta novela y de las características de sus protagonistas, véase Meyer-Minnemann (1997). Sobre el naturalismo en Hispanoamérica informa el libro de Schlickers (2003).

"esa fibra latente en todo el organismo moderno" (188),[14] y una sensualidad poderosa: "su fantasía, aguijoneada por el vigor naciente de la pubertad, iba perpetuamente, como hipogrifo sin freno, tras irrealizables y diversos fines. Atormentábale un deseo extraño de misterio, y mujer que a sus ojos mostrase la más leve apariencia de un enigma, convertíase en fantasma de sus días y sus noches" (187).

Para reprimir esa sensualidad, cuyos efectos padece, Felipe decide estudiar teología en el seminario de Pradela con la intención de ordenarse. En los ejercicios espirituales de San Ignacio se muestra como el más fervoroso de los estudiantes. Después de haber recibido las órdenes menores, lo nombran bibliotecario del colegio, "y desde entonces su vida transcurrió en la capilla, en la cátedra y en la biblioteca", donde puede estudiar a su gusto "en el latín de la decadencia y la Edad Media, las extensas lucubraciones de los Santos Padres" (190).[15]

No obstante la vida austera en el claustro, Felipe permanece bajo la influencia poderosa de su imaginación, desgarrada entre el misticismo y la sensualidad. Una noche en la capilla durante sus meditaciones sobre la Pasión de Jesucristo, se le aparece la figura de Asunción, la hija del administrador de la hacienda de su tío, la que lo ha acompañado en los juegos inocentes de sus vacaciones en la propiedad:

¿Por qué surgía frente a él? Debía, es claro, cerrar los ojos ante la aparición, maligna, sin duda, pero ¿cómo, si eran los del alma los que la veían?

Y su terror, desvaneciéndose lentamente, daba lugar a una sensación tibia y suave que llevaba el calor a los miembros rígidos y aceleraba los latidos del corazón.

La hermosa figura extendió las manos, las apoyó en la cabeza del bachiller y, murmurando algo, acercó lentamente, muy lentamente, sus labios... (192).

---

[14] La expresión "organismo moderno" en este contexto merece un breve comentario. Felipe es mexicano, y a pesar de su carácter ficticio refiere al país en que (ficcionalmente) vive. La existencia fingida, en el México del Porfiriato, de una hipersensibilidad y excitabilidad de los nervios, estigmas del *fin de siècle*, como los que muestra Felipe, parece querer señalar que el país ya forma parte de la modernidad finisecular, puesto que se revela capaz de crear estos "organismos modernos".

[15] La lectura de obras en "el latín de la decadencia y la Edad Media" (las que se prefiere sobre las obras de la Antigüedad escritas en latín clásico) es un distintivo característico de algunos protagonistas de la narrativa del *fin de siécle*, herederos en este aspecto (como en muchos otros) de las preferencias de Des Esseintes, protagonista de la famosa novela *À rebours* (*Al revés* o *Contra natura*, como se conoce en su traducción al español) de Joris Karl Huysmans, publicada en 1884. Esta novela pronto se había transformado en el breviario del decadentismo literario de finales del siglo XIX, que influyó de manera decisiva en la formación del modernismo hispanoamericano.

Horrorizado, Felipe corre a la estatua cercana de una Virgen con el niño "Jesús en los brazos" y exclama sollozando: "¡Te juro por tu divino Hijo, que está presente, conservarme limpio o morir!" (192-193). Esta escena preludia el final de la obra. A causa de su vida ascética, Felipe cae enfermo de anemia y reumatismo. A instancias de su tío y por orden médica, debe dejar el seminario y retirarse a la hacienda para recuperar la salud. Ahí vuelve a encontrar a Asunción, quien empieza a cuidar de él. Finalmente, en un momento de intimidad entre los dos, en el cual el sol corona "como una diadema de fuego, la cúspide de un monte" (198) y la brisa llega "llena de perfumes rudos a la ventana" (*idem*), la muchacha le declara su amor: "¡Te quiero —repitió—, te quiero! ¡No te ordenes! / Y atrajo con fuerza a su pecho ardoroso aquella cabeza rebelde y la cubrió de besos cálidos, rápidos, indefinibles" (199).

"Ante la pompa de la naturaleza", el joven se siente de repente "ebrio de juventud, ebrio de vida" (198). Cuando Asunción entró en el cuarto, Felipe estaba leyendo, desflorando sus páginas "con aguda y filosa plegadera de acero" (197), el capítulo de un libro devoto "denominado *Orígenes*, el cual refería la historia de aquel padre de la Iglesia que se hizo célebre por haber sacrificado su virilidad en aras de su pureza, profesando la peregrina teoría de que la castidad, sin este sacrificio, era imposible" (*idem*).

Ahora, ante el peligro inminente de sucumbir al poder de los sentidos, la mirada del bachiller cae sobre el título del capítulo leído. "Una idea tremenda surgió entonces en su mente... / Era la única tabla salvadora..." (199). En un gesto supremo, en el que es posible ver, en analogía (¿irónica?) a la *Imitatio Christi* (*Imitación de Cristo*) de Thomas de Kempis, una especie de *Imitatio Origenis*,[16] Felipe recurre al amparo de la autocastración:

> El bachiller afirmó, con el puño crispado, la plegadera, y la agitó durante algunos momentos, exhalando un gemido...
>
> Asunción vio correr a torrentes la sangre; lanzó un grito, y aflojando los brazos, dio un salto hacia atrás, quedando en pie a dos pasos del herido, con los ojos inmensamente abiertos y fijos en aquel rostro, que, contraído por el dolor, mostraba, sin embargo, una sonrisa de triunfo...
>
> ....
>
> Allá, lejos, en un piélago de oro, se extinguía blandamente la tarde (*idem*).

Este final de la historia, donde contrasta la belleza de la naturaleza con el horror de la acción, transforma la obra de Nervo en el relato de un evento truculento. Lo aproxima a la famosa definición de la novela corta ("*Novelle*"

---

[16] No es casual que la versión francesa de *El bachiller* se publique con el título de *Origène: nouvelle mexicaine*, París, Léon Vanier, 1901.

en alemán, "*nouvelle*" en francés) de Goethe, según la cual se debe narrar en ella un acontecimiento inesperado e inaudito. Y la convierte, hacia el final del argumento, de un relato de tipo causal (un estudio de psicopatología moderna) a una narración que culmina en el hecho horroroso.

Con todo, la truculencia en sí era una característica bastante ajena a la poética del *fin de siècle* (que a este respecto se hallaba mucho más cerca del ideal de representación de la cotidianidad monótona del naturalismo que del carácter lúgubre de un romanticismo espeluznante). Tampoco la focalización del protagonista en *El bachiller* se atiene siempre a los preceptos narrativos de la narrativa *fin de siècle*, la que para representar los estados anímicos solía servirse del discurso indirecto libre en los casos de la narración heterodiegética, es decir, en tercera persona, como en el relato de Nervo. En la escena de la aparición de Asunción en la capilla del seminario, el narrador emplea este recurso, pero también, olvidándose de su carácter de omnisciente e imparcial, echa mano del medio más bien burdo de la pregunta retórica acerca del estado anímico de su personaje:

> Felipe se apoyó en un pilar, y fijando sus miradas en el azul, inundado de plateadas olas, murmuró tristemente: "¡No quisiera vivir!"
>
> ¿Era que presentía la impotencia de la voluntad ante las grandes exigencias de la naturaleza, que tras largo adormecimiento recobraba en él sus bríos y prefería la deserción a la lucha?
>
> ¿Acaso, microcosmos débil, sentía aletear en su rededor todas las fuerzas de la creación y estremecerlo, y adivinaba la derrota de su resistencia flaca?
>
> ¡Quién sabe! Ello es que aquella alma exaltada sintió hasta entonces cuán altas y cuán ásperas eran las cimas que pretendía escalar, y como ave cansada plegó las alas... (193).

¿Quién sabe? La pregunta y el siguiente comentario son sorprendentes, ya que en el estudio ficcional de un alma moderna, como la que se atribuye a Felipe, el narrador debería estar al tanto de lo que mueve a su personaje, como con certeza lo está su creador. El recurso del estilo indirecto libre le hubiera permitido al *auctor* Nervo (como le permitió en otros momentos), colocar al narrador en el nivel de conciencia del personaje para transmitir desde una posición de aquiescencia el estado de ánimo de éste, en vez de especular acerca de lo que, en toda lógica, debería conocer.

A la truculencia de la historia de *El bachiller* corresponde, en el plano de la expresión verbal, la opulencia de algunas de sus descripciones, tanto de la naturaleza como de la atmósfera apremiante del seminario de Pradela. Esta opulencia se nota aún más en otra novela de Nervo, dos veces más larga que *El bachiller*, que lleva como título el nombre de su protagonista *Pascual Aguilera* (Nervo 1920-1922: VI, 11-123). Como en el caso anterior, también esta obra muestra una orientación hacia el final del argumento que termina con un hecho truculento.

Nervo dice haber escrito *Pascual Aguilera* "a la edad en que, según Gautier, se estila «el juicio corto y los cabellos largos»" (Nervo 1962: I, 157). En las *Obras completas de Amado Nervo* al cuidado de Alfonso Reyes, el título señala como fecha entre paréntesis el año de 1892 (Nervo 1920-1922: VI, 15), dato que también reproduce la edición de 1962. No está claro si el año se refiere a la historia narrada o al momento de su composición. Al final del texto se lee la indicación "México, noviembre de 1896", lo cual parece referirse al término de la redacción de la obra. No obstante, la novela se publicó por vez primera en el libro *Otras vidas*, que apareció sin indicación de año en la editorial barcelonesa Ballescá; según Estrada (1925: 10), además de *Pascual Aguilera*, en este volumen se incluyó *El bachiller* y *El donador de almas*; se supone (aunque no se tiene certeza absoluta) que de esta obra salió la versión de 1905 (Nervo 2006a: 312). No parece imposible que Nervo haya revisado el texto antes de publicarlo.

La narración de la historia de *Pascual Aguilera* está repartida en dos libros. El primero abre con una descripción de la naturaleza exuberante de una mañana de abril tropical en el campo mexicano. Pone en escena al personaje principal de la historia, el "charro" Pascual Aguilera, heredero de la hacienda de su madrastra doña Francisca (Pancha) Alonso, viuda de Aguilera, y a la ranchera Refugio, novia de Santiago, un mozo de veintidós años que trabaja como vaquero en la hacienda de la patrona (Nervo 1962: I, 161 y ss.). Pascual corteja a Refugio con una voluptuosidad apenas reprimida, pero ella rechaza al joven con decisión.

Después de esta obertura, el narrador detalla en un largo relato retrospectivo, siguiendo otra vez el modelo de la novela naturalista, el origen biológico y las circunstancias sociales e históricas de los protagonistas de la novela. Doña Francisca es el resultado típico de la educación femenina en la clase acomodada del mundo rural mexicano "allá por la quinta década del siglo" (161), esto es, a mediados del ochocientos. Ella aprende "el Catecismo, la urbanidad, tantico así de gramática y aritmética, no más de escritura: lo necesario apenas para escribir su nombre" (161-162). Lleva en la heredad de sus padres una vida apacible y virtuosa: "Jamás el simún de las pasiones conmovió su organismo, perfectamente equilibrado. No conocía los grandes amores ni en las novelas, porque no leyó, debido a la cautela maternal, ni *Atala* ni las ficciones de Walter Scott, ni *Pablo y Virginia*, que de tan amplia hospitalidad gozaron en los hogares mexicanos" (163).[17]

---

[17] Se trata de obras clave del romanticismo europeo, de profunda raigambre también en tierras americanas. *Atala* es una novela corta de Chateaubriand, en la que se narra el amor trágico entre el indio Chactas y la joven Atala, hija de padre español. Inicialmente se publicó en 1801, pero en 1802 se integró al *Génie du christianisme* (*El genio del cristianismo*)

Y aunque en los libros devotos (santa Teresa, san Francisco de Asís, la Baronesa de Chantal), "que componían la piadosa biblioteca de su madre" (163), se hallan expresiones de exaltación sentimental comparables a "los transportes del mísero amor humano" (*idem*), resultan ser para Francisca expresiones dirigidas a la divinidad que juzga muy diferentes a "las pasiones mezquinas de la tierra" (*idem*).

A los dieciocho años, sus padres (que poco después pasan a santa gloria) casan a Francisca con don Pascual Aguilera, un hombre ya maduro "con asomos de calvicie y patas de gallo que prolongaban las comisuras de los párpados" (164). En su juventud, don Pascual había calavereado "recio y tupido, ejerciendo sus depredaciones preferentemente en el accesible gremio de las gatas o doncellas de servir" (*id.*). Pero para entonces sentía que era "tiempo de amainar y dar con su averiada barca en el tranquilo golfo del matrimonio" (*id.*). Casi al final de sus aventuras, es decir, antes de casarse, le ha nacido "un hijo espúreo", a quien la madre, que muere poco después, dio el nombre de Pascual "con voluntad manifiesta de que el nombre y apellido del vástago proclamasen la cepa, hidalga para ella, de donde procedía" (*id.*).

La criatura, "Mísero retoño de un agotado y de una alcohólica, con quién sabe qué heredismos torpes" (168), viene a vivir con el matrimonio, pues doña Francisca acepta, por consejo de su confesor, hacerse cargo de ese niño de dos años, quien no tarda en mostrar características de degeneración: "temprano dio señales de un histerismo sospechoso. Solía padecer el niño grandes alteraciones sensitivas y obsesiones voluptuosas; amaba el engaño y el disimulo; mostraba celos precoces en sus cariños; adolecía de frecuentes accesos de melancolía, a los que sucedían transportes de loco júbilo; irritábase con facilidad, y era, en edad relativamente corta, dominado por un erotismo salvaje" (165).

Esta propensión hacia lo erótico y el sexo será la marca distintiva del carácter de Pascual. Cuando sus padres deciden retirarlo de la escuela, porque el buen dómine de ésta ya no puede con él, Pascual busca con disimulo saciar sus malos ímpetus entre las rancheras de la hacienda, donde va diariamente, mientras que las noches se le pueblan de imágenes perturbadoras: "A veces padecía insomnios pertinaces, y entonces, con los ojos abiertos en la sombra, excitado por la soledad y por el silencio, veía desfilar más desnude-

del mismo Chateaubriand. Hubo traducciones al español a partir de 1803. La serie de novelas de Walter Scott, cuyas versiones españolas tuvieron, asimismo, un gran éxito, arrancó con *Waverley*, de 1814. *Paul et Virginie* (*Pablo y Virginia*) de Bernadin de Saint-Pierre, la historia de los amores infelices de dos jóvenes en el paraíso tropical de la isla Mauricio, apareció en 1788. También de esta novela se hicieron versiones al español a partir de 1814. A finales del siglo XIX, sin embargo, el sentimentalismo un tanto ingenuo de estas obras ya había pasado de moda. La intelectualidad mexicana de aquel entonces las miraba con desdén.

ces que todas las que turbaron las plegarias del santo Abad en el apartamiento del yermo" (167).

Cuando el joven tiene dieciocho años, su progenitor muere, y doña Francisca, "sin más lazo en el mundo que el de su hijastro" (168), abandona la ciudad y se va a la hacienda a vivir con Pascual. Mientras que ella dedica su vida a la misericordia cristiana, no sin experimentar una cierta "voluptuosidad de las buenas obras practicadas" (181), el joven continúa con sus desmanes. Pero cuando fija la mirada en Refugio con una "pasión toda sensualismo" (169), se tropieza con la voluntad firme de la prometida de Santiago, "el patán más cumplido que vieron ojos de hembra" (170). Impotente, Pascual debe aceptar los planes de boda de la pareja.

En el segundo libro de la novela, se narran los sucesos que van a culminar en el hecho truculento y sus consecuencias. Por consejo de don Jacinto, el vicario de la hacienda, quien "abrigaba sus temorcillos de que la muchacha [...] «brincara las trancas»" (171) antes del beneplácito de la Iglesia, Refugio viene a vivir en el casco de la hacienda. Una noche, Pascual la espía en sus preparativos para acostarse a dormir. En el momento supremo, cuando la moza aparece "completamente desnuda, surgiendo de las ropas albas que la rodeaban como una hostia morena de un copón de plata" (173), el joven quiere romper la puerta. Pero la voz de doña Francisca, que se oye "a lo lejos, llamando a una criada" (*idem*), lo detiene. La noche siguiente, Pascual se esconde en el cuarto de Refugio con la intención de forzarla. Pero cuando se abalanza sobre la doncella desnuda, ella, "Sobrado brava y fiera [...] para [...] mostrarse intimidada" (174), coge la ropa y lo rechaza. Pascual huye "a su recámara a beberse, despechado, entre la sombra, la salsedumbre de sus lágrimas" (*idem*). Refugio, por su parte, reacciona de un modo inesperado. Ya sola, el recuerdo de la brutal audacia del "charro" se le convierte en un excitante poderoso:

> Si en aquellos momentos hubiera vuelto Pascual, habríala poseído. Sus deseos indefinidos de virgen tumultuaban por el brusco sacudimiento despertados... Las repugnancias que Pascual le inspiraba desaparecían. Continuaría odiándole mañana, mas ahora le deseaba; revolcábase en el húmedo lecho, dolorida y anhelosa, paseando por su cuerpo las manos temblorosas con suaves e inconscientes caricias.
>
> Y aquella noche Refugio tuvo la primera revelación del amor... (*id.*).[18]

----

[18] Es obvio que Refugio no pudo tener en aquella noche, aunque sea ficticiamente, "la primera revelación del amor", sino sólo una incipiente experiencia de su propia sexualidad. Lo que no parece evidente, sin embargo, es por qué Nervo hace hablar al narrador de la novela de "amor" en el caso presente. ¿Acaso por mojigatería ante la crudeza impúdica del vocablo "sexualidad"?

Es difícil medir el efecto que pudo tener entre las lectoras y los lectores mexicanos, en el momento de publicación de la novela, la escena de Pascual espiando a Refugio mientras ella se desnuda preparándose para dormir, así como el intento de violarla la noche siguiente. Al contrario de lo que podría pensarse, la literatura finisecular no excluía la representación del cuerpo femenino, a condición de sublimarlo en su calidad de divino o de estigmatizarlo, a veces con un deleite morboso, como corrupto. La perspectiva desde la que se describe el cuerpo de Refugio en *Pascual Aguilera* es, desde luego, masculina. Es masculina porque en el mundo de ficción Refugio es espiada por Pascual, degenerado sexual impulsado por sus deseos insanos. Y es masculina, fuera de la ficción, por ser una invención del *auctor* Nervo sobre el trasfondo de una línea de erotismo finisecular ya hecha tradición.[19] En cuanto al proceso de descripción del cuerpo de Refugio propiamente dicho, Nervo hace pasar al narrador con gran habilidad de una evocación poetizante de la joven desvistiéndose en su cuarto, a la percepción codiciosa de Pascual.

Con todo, Refugio no encarna cabalmente uno de los dos tipos femeninos que pueblan la literatura del *fin de siècle*. No es una mujer fatal (aunque lo será de una manera inocente respecto de Pascual), y tampoco es una mujer frágil y angélica al modo de Helena de Scilly Dancourt en *De sobremesa* del colombiano José Asunción Silva.[20] Más bien recuerda el ideal romántico de la moza de pueblo, cándida y pura. Asimismo, su reacción frente a la tentativa del charro de forzarla se compagina con este ideal. Sólo la observación posterior del narrador de que ella deseaba a Pascual incluso después de haber rechazado su intento de violación —una idea tan falsa como firmemente inveterada en el imaginario masculino sobre la mujer—, no se ajusta a la imagen romántica de la moza de pueblo.

Sin embargo, el hecho truculento que marca la novela de Nervo no es el acto de Pascual de espiar a Refugio mientras se desnuda, ni su intento de forzarla, sino la violación de doña Francisca. Cuando, al terminar la fiesta de la boda, los desposados, Santiago y Refugio, ya se han retirado a su choza, Pascual se lanza, *faute de mieux*, sobre su madrastra: "¡Refugio, Refugio!... —aulló, y llegando de un salto hasta la matrona, alzóla en vilo con fuerzas centuplicadas por la locura y desapareció con su carga en la obscuridad de la

---

[19] Sobre el erotismo de fin de siglo sigue siendo de imprescindible consulta e͏́ trabajo pionero de Litvak (1979). Véase además Rogers (1998) para la literatura francesa, ͏así como Chaves (1997), que incluyó algunos ejemplos mexicanos en sus observaciones sobre cultura y sexualidad en la literatura de fin de siglo XIX.

[20] *De sobremesa*, obra que es la máxima representante de la novela del *fin de siècle* hispanoamericano, fue redactada en el momento de la gestación de *Pascual Aguilera*. No obstante, Nervo no llegó a conocerla, porque se publicó en 1925. En cambio, leyó la primera edición, aún incompleta, de las obras de Silva en 1908, y lamentó su arreglo descuidado; al respecto, véase su artículo "José Asunción Silva" (1909), en Nervo 1962: II, 386-388.

290 KLAUS MEYER-MINNEMANN

estancia" (180). Las consecuencias de este acto, ya en sí pasmoso, son terribles. Doña Francisca, que ha tenido "¡Una hora de amor!" (181), léase de goce sexual, "sin otra protesta que la de un simulacro de resistencia más o menos prolongado..." (*idem*), espera (parece) del atropello de su entenado "un fruto de ignominia: la más tremenda, la más espantosa forma de expiación, porque irán con ella el sarcasmo, el escándalo y la vergüenza" (183). A Pascual, por su parte, lo encuentran poco después en el cuarto de su madrastra, tendido en el suelo, muerto de "una hemorragia cerebral con inundación ventricular, ocasionada por alguna intensa conmoción fisiológica debida a la histeria mental" (184).

Pero la novela de Nervo, que termina con una (seudo) explicación científica de lo ocurrido, la que el narrador cree poder descifrar en la cara de Pascual muerto, no sólo es la narración de un truculento hecho de ficción, sino que también quiere ofrecer algunos cuadros de costumbres campiranas de la zona tropical mexicana. El subtítulo de la novela reza: "Costumbres regionales". Y esas costumbres, cuya representación acompaña el relato de la historia truculenta del "niño" Pascual Aguilera, culminan en la descripción del "jarabe" de los desposados,[21] el banquete de bodas y la siguiente corrida de toros, organizada en la hacienda para festejar el feliz enlace de los jóvenes.

Llama la atención, sin embargo, que las descripciones tanto del banquete de bodas como de la corrida sólo se elaboran a medias, pues son interrumpidas por el narrador mediante un comentario no exento de un humor un tanto forzado (174-179). ¿Nervo sintió vergüenza de incluir algunas escenas de costumbres en su obra de corte naturalista, dotada de descripciones opulentas de una naturaleza exuberante que se relacionan con la lujuria del protagonista? ¿Le dio vergüenza porque estas escenas no correspondían a la poética naturalista de la fría observación que Nervo seguramente apreciaba, sino que obedecían a una tradición ya fuera de moda, que remontaba a un romanticismo folclórico? Sea como fuera, cabe notar que *Pascual Aguilera* no corresponde plenamente al ideal de la novela de costumbres hispanoamericana y que tampoco es, por su truculencia y por sus descripciones poéticas, una obra marcada por el cientifismo ostensivo del naturalismo.[22]

---

[21] *El Diccionario del español usual en México* especifica en la segunda acepción de "jarabe": "Baile popular, ejecutado por una o varias parejas sueltas, al compás de 3/4 y de 6/8, en el que es fundamental el zapateado y los giros; música y coplas con letras graciosas y picarescas que lo acompañan" (528).

[22] Conviene recordar, sin embargo, que la poética naturalista no está reñida con el uso de descripciones de carácter altamente poético, como se observa, por ejemplo, en las representaciones de la naturaleza exuberante del invernadero en la novela *La curée* de Émile Zola, una naturaleza que se vincula con la pasión incestuosa entre Renée y su hijastro Maxime. Es curioso, dicho sea de paso, que las traducciones al español de la novela no

De índole distinta que *Pascual Aguilera* y *El bachiller* es la novela corta *El donador de almas*, que se publicó junto con las dos primeras en el mencionado volumen de la casa barcelonesa Ballescá; primero había aparecido por entregas, probablemente en una versión aún no definitiva, en la revista *Cómico* en 1899 (véase Nervo 2006a: 308). La historia que en ella se cuenta no muestra una orientación hacia el final tan acusada como las dos novelas anteriores, y tampoco culmina en un hecho truculento. Andrés, un poeta típicamente finisecular, alto, rubio, pálido y con "ojos de niebla de Londres" (Nervo 1962: I, 200),[23] dona un alma a su amigo médico Rafael, porque éste, hombre rico, ha subvencionado la publicación de sus obras. El alma donada pertenece a una monja "que en religión se llamaba sor Teresa y en el siglo no tenía nombre" (207). Ella ruega a su nuevo amo que la llame Alda, por ser éste su nombre espiritual "que unas voces de ultramundo me dan en sueños, y por el cual he olvidado el mío" (203). Durante los raptos místicos de la monja, ella puede, a un llamado mental de Rafael, desplazarse y servir a su dueño en todo lo que necesite. Sólo es incapaz de amarlo porque es el alma de una amada de Cristo.

Gracias a la ayuda de Alda, Rafael se vuelve un médico famoso que durante varios años llega a sanar a un sinnúmero de enfermos.[24] Una noche, Alda se queda demasiado tiempo con Rafael, lo que causa la muerte de Teresa. Pero Alda, inmortal como el alma de cualquiera en la ficción (y probablemente también en la concepción de mundo de Nervo), debe encarnar en otro cuerpo, si quiere seguir prestando sus servicios y no marcharse a la eternidad. Y puesto que el tiempo apremia, Alda busca alojamiento en el cuerpo de Rafael. Acontece lo que debe acontecer. Después de un tiempo de luna de miel entre ambas, las dos almas coexistentes en el cuerpo de Rafael empiezan a reñir hasta tal punto que se impone el divorcio.[25] ¿Pero cómo lograr la

se titulen "El encarne", que sería la expresión literal en español de "La curée", sino que se han buscado títulos interpretativos, como *La carnaza, La jauría* o, incluso, *La ralea*. Me parece más que probable que Nervo, quien pudo aprender mucho del arte descriptivo de Zola, conociera esta obra soberbia del novelista francés, ya sea en el texto original del año 1871, en la versión revisada por Zola en 1872 (varias veces reimpresa), o en una de las traducciones españolas.

[23] Los "ojos de niebla de Londres" de Andrés aluden al color gris tan apreciado por la poesía simbolista europea, que también domina la famosa "Sinfonía en gris mayor" de Darío. Un poco más adelante, el texto de Nervo habla de los "hermosos ojos grises" (202) del personaje.

[24] La disposición servicial de Alda recuerda el motivo legendario del pacto con el diablo, cuya concreción más famosa se encuentra en el *Fausto* de Goethe. Sin embargo, Alda no tiene voluntad propia —de hecho es Andrés quien dispone de ella— y tampoco muestra características diabólicas. Rafael no debe empeñar su alma para pagar los servicios de Alda, lo cual es tradicionalmente de rigor en el caso de un pacto con el príncipe de las tinieblas.

[25] Hay en la novela una alusión explícita del narrador a la idea darwinista de la lucha

separación de los cuerpos si son dos almas *in carne una*? La solución es ardua y consiste en la pronunciación correcta de la palabra hebrea sagrada *IEVE*, la que Andrés, implorado por los infelices Rafael y Alda, aprende de los labios del sacerdote Josefo en Tierra Santa. Alda, que en una coda cómica primero encarna en doña Corpus, el ama de casa de Rafael, antes de tomar el vuelo hacia el infinito, se despide de su ex cónyuge con un sublime adiós lleno de promesas de retorno, pero también no exenta de una nota dulzona que preludia los textos del último Nervo:

> No más me llamaré para ti Alda, mas habrás de llamarme *lumen*, pues que tu luz seré y como luz estaré en todas las cosas. Y cuando te avecines al trance postrero, yo vendré a ti para confortarte, yo te daré la mano para que salves ese tremendo abismo que separa la vida de la eternidad, y *como dos notas que forman un acorde*, como dos hebras de luz que forman un rayo, como dos colores que forman un tono, nos uniremos entonces para siempre en el infinito y juntos seguiremos la escala de perfección a que estamos destinados... (225).

La historia de la donación del alma de la monja Teresa al médico Rafael y su subsiguiente connubio con ese ser etéreo parecería fantástica, si no se produjese con total normalidad dentro del mundo de ficción de la novela, el cual, por lo demás, es descrito de acuerdo con el patrón de la representación literaria realista. También los "frecuentes y largos viajes por el cielo" (214) de Alda son referidos con maravillosa labia, por cierto, pero sin ninguna señal de asombro o terror por parte del narrador o de los personajes.[26] Según la concepción de lo fantástico de Todorov (1970), la novela corta *El donador de almas* de Nervo pertenecería al género de lo maravilloso, más allá de lo fantástico propiamente dicho. Asimismo, Olea Franco aclara al respecto que "en un texto maravilloso pueden coexistir el mundo de representación realista y el maravilloso, en oposición pero sin conflicto profundo, ya que si bien los seres de ambos niveles tienen facultades diferentes, se admite sin cuestionar la distancia entre ellos" (2004: 47). En efecto, en el mundo de ficción de *El*

---

de los sexos, tan familiar ya para el pensamiento de finales del siglo XIX y principios del XX: "¡Oh, sí, los sexos se odian! El beso no es más que una variación de la mordida. El amor, en sus impulsos, tiene ferocidades inauditas. Los abrazos fervorosos de un amante sofocan... como los de un oso. ¿No habéis visto alguna vez a una madre joven besar a su hijo hasta hacerle llorar, besarle con furia, casi con ira, causarle daño? Pues lo propio haría con su amado, si tuviese vigor para ello" (217).

[26] Sólo se refiere un breve momento de incredulidad de Rafael ante la propuesta de Andrés de regalarle un alma (201 y s.). Y esto es todo. El mismo narrador califica de "maravilla" (203) la donación del alma de la monja Teresa a Rafael durante los estados de raptos místicos comunes en aquélla. No queda claro, sin embargo, si estos raptos (o sueños, de los que habla Alda) son la consecuencia de los llamados de Rafael o su condición previa.

donador de almas conviven el mundo de los seres humanos y el de las almas, de las que dispone el poeta Andrés como de un todo no cuestionado.[27] No es imposible que la novelita pueda leerse alegóricamente, tomando la historia de la donación del alma de la monja Teresa como una parábola aplicable a la situación mexicana del momento de su redacción o de cualquier otra circunstancia. Pero también es posible que sólo se trate de una historia un tanto fútil, en la cual sería vano buscar un sentido más profundo.

Lo que verdaderamente llama la atención en *El donador de almas*, en comparación con las dos anteriores novelas breves, no es tanto su argumento algo confuso, sino el tono a menudo festivo de la narración. Por ejemplo, el narrador comenta así el deseo arduo de doña Corpus de que el mundo se acabe cuanto antes:

> Suplicamos al lector que no censure a doña Corpus, en nombre de la libertad de ideas que constituyen la presea más valiosa de nuestro moderno orden social. El ama de llaves no conculcaba con su ideal ninguno de los artículos de la Constitución del 57; no vulneraba los derechos de tercero; su proyecto de ley —draconiana sin duda—, a ser legisladora, habríase reducido a esta cláusula:
>
> "Acábese el mundo en el perentorio plazo de cuarenta y ocho horas".
>
> Pero el mundo, magüer doña Corpus, continuaba rondando al sol, y el sol continuaba rasgando el éter en pos de la *zeta* de Hércules, sin mayor novedad (203).[28]

Doña Corpus es el personaje cómico de la novela. Concreta un tópico, el de la vieja ridícula, que ya se encuentra en la literatura española del Siglo de Oro. En *El donador de almas* es objeto de risa por su semblante,[29] por su afán de ver pronto el fin del mundo y por su predilección por los platos de sesos, los cuales aborrece su amo, el doctor Rafael, porque se le figura que en ellos se come "el pensamiento de las vacas" (202).[30]

---

[27] En cambio, Chaves (2000: 140) adscribe *El donador de almas*, sin discusión, al "momento fundacional de la literatura fantástica en Hispanoamérica".

[28] Me parece difícil calibrar la actualidad política de este comentario a la distancia de más de cien años después de su enunciación.

[29] Doña Corpus tiene "una nariz que, como la de Cyrano, estaba en perpetua conversación con sus cejas: dos cejas grises bajo el calvario de una frente de marfil viejo" (202). El personaje de Cyrano de Bergerac, poeta francés del siglo XVII, fue de una cierta actualidad al filo de 1900 por la comedia de mismo nombre de Edmond Rostand, estrenada en París en 1897. Nervo pudo verla probablemente durante su estancia en la capital francesa entre 1900 y 1901.

[30] Notemos de pasada dos deslices del autor de *El donador de almas*. El famoso primer verso del poema "Brise marine" de Mallarmé reza correctamente: "La chair est triste, hélas! Et j'ai lu tous les livres", y no: "Helas! La chair est triste et j'ai lu tous les livres!" (204). Y el personaje que ha perdido su sombra, no sale en un cuento de Hoffmann (208), sino que

A partir de 1905, Nervo vive en Madrid, donde se desempeña como segundo secretario de la Legación Mexicana en España y Portugal. El año siguiente sale en la editorial de la revista *Archivos* de Madrid su libro de cuentos *Almas que pasan* (*cf.* Estrada 1925: 11). Se trata de una colección de doce textos. Uno de éstos es "La última guerra" (Nervo 1962: I, 239-245), destacado por Monsiváis en su biografía de Nervo. Narra el fin de la raza humana en una proyección hacia el futuro. El narrador, uno de los últimos sobrevivientes de la humanidad, refiere los preparativos y el estallido de la cuarta revolución, la de los animales; las tres anteriores fueron la Revolución cristiana, la Revolución francesa y la Revolución socialista, esta última acontecida en el mundo de ficción en el año "dos mil treinta de la Era cristiana" (239-240). Con el fin de la humanidad y la victoria de los animales se abriría un nuevo ciclo de la evolución de las razas que "hoy fermentan en el seno obscuro aún de la animalidad inferior, en el misterio de un génesis activo e impenetrable..." (245). El argumento del relato, de clara raigambre darwinista, no está exento de cierta imaginación ingeniosa que hace pensar en la famosa novela de 1945 *The Animal Farm* (*Rebelión en la granja*), de George Orwell, sin lograr la maestría de la obra posterior del autor inglés.

Más delicioso por su argumento y expresión, sin embargo, es en el mismo libro el cuento "Una humillación", donde se narra la historia del regalo de un gatito joven y supuestamente valiente, de nombre Fierabrás,[31] a un narrador en primera persona, cuya casa está "infestada de ratones" (262): "Era, sin duda, un primor de bichito: cruzado de Angora, con una gran cola esponjada y unos ojos de topacio estriados de plata. Parecía un ovillo de seda floja. Toda la piel estaba rayada de flavo, y las garras casi no se le veían por el fleco finísimo que las cubría. Y una arrogancia en la actitud, en los movimientos..., pero ¡qué arrogancia!" (*idem*).

En la primera noche de la convivencia con Fierabrás, el narrador y su pareja Clara se preguntan si deben continuar poniendo ratoneras en la casa. Clara se opone a la idea, arguyendo que como ya tienen al gato para terminar con la plaga de los ratones, no hace falta: "Y Fierabrás, que parecía haber oído

---

es el protagonista del relato *Peter Schlehmil's wundersame Geschichte* (*La maravillosa historia de Peter Schlehmil*) (1814), del romántico alemán Adelbert von Chamisso. La versión española de este famoso relato parece ser posterior a la publicación de la novela corta de Nervo, pero existían varias versiones al francés, publicadas a lo largo del siglo XIX.

[31] Recuérdese que Fierabrás es un gigante temible que figura en algunas canciones de gesta francesas como enemigo de Roldán y Oliveros. En el saqueo de Roma, este Fierabrás se roba el bálsamo, con el que habían ungido a Cristo antes de enterrarlo. Este bálsamo tiene la virtud de sanar las más terribles heridas con sólo beber un sorbo. En el *Quijote* I, 17, el Caballero de la Triste Figura prepara un brebaje a base de aceite, vino, sal y romero para sanar sus heridas, producto de la aventura con Maritornes. Piensa, gracias a los efectos benéficos del brebaje, haber acertado con el bálsamo de Fierabrás; mas en Sancho, el mismo "licor" da resultados lamentablemente opuestos.

esto, se paseaba con cierta actitud suficientista, con cierto augusto continente de un supergato que ha leído a Nietzsche, por las piezas, mirando de soslayo los rincones" (263). Finalmente, mandan poner una sola ratonera, la más grande de la casa, en la pieza contigua a la recámara, dejando el resto del trabajo a los buenos oficios de Fierabrás. Primero no pasa nada, pero a eso de la una se oye una serie de rumores. El gato maúlla furioso y parece "arrastrar con estruendo, por la pieza inmediata, una cosa pesada" (264). En la mañana, Clara descubre que, en vez de los ratones, es Fierabrás quien ha caído en la trampa. El cuento, como se ve, muestra una clara orientación hacia el final del argumento, la deliciosa inversión de las funciones entre cazador y cazado.

En 1907, Nervo publica en la serie El Cuento Semanal de Madrid el cuento "Un sueño", que posteriormente se llamará "Mencía".[32] Éste narra la historia de un rey contemporáneo que mientras está soñando, despierta en Toledo alrededor de 1580, encarnado en la figura de un orfebre de nombre Lope de Figueroa, quien está casado con Mencía, "una mujer de veinte años a lo sumo, de una admirable belleza" (326). Ambos personajes trabajan en una custodia y un bordado, respectivamente, destinados a la iglesia de un convento toledano. Llega Gaetano, un amigo italiano, ayudante del pintor Domenikos Theotokopulos, llamado El Greco. Gaetano lleva al orfebre a la casa del pintor, donde Lope puede admirar un retrato que representa a un caballero "de pie y de frente, con la mano izquierda, larga y espatulada, apoyada sobre el pecho" (336).[33] Después, Lope acompaña al pintor a una audiencia que le concedió el rey Felipe, circunstancia que él aprovecha para hablar con el monarca sobre el arte de la orfebrería. De vuelta a su casa, Lope invita a Mencía a dar un paseo por Toledo. Al atardecer, contemplan juntos la silueta de la muy noble ciudad en una actitud barresiana de rememoración de los muertos.[34] Ya en la noche, después de haber probado con desgano algunos

[32] Cruz (2004: 54, n. 2) afirma que en la segunda edición de Madrid (1917) Nervo cambió el título a "Mencía", el nombre de la protagonista del cuento. No obstante, Estrada (1925: 14) da también para esta edición el título de "Un sueño". En las *Obras completas de Amado Nervo*, el cuento sigue llamándose *Un sueño* (Nervo 1920-1922: XIII, 59-119). Las *Obras completas* editadas por González Guerrero y Méndez Plancarte lo registran como "Mencía (Un Sueño)", véase Nervo 1962: I, 325.

[33] No se necesita mucha perspicacia para notar que el lienzo remite al famoso retrato "El caballero de la mano al pecho" de El Greco, que se encuentra en el Museo del Prado de Madrid, donde Nervo ciertamente lo vio.

[34] La escena hace recordar las páginas que Maurice Barrès dedicó a Toledo e incluyó en su colección de ensayos *Du sang, de la volupté et de la mort* (*Sangre, voluptuosidad y muerte*) de 1894. A este libro, famoso en su tiempo y muchas veces reimpreso, se puede añadir el ensayo *Greco ou le secret de Tolède* (*El Greco o el secreto de Toledo*), que Barrès publicó en 1912 y que Nervo, tal vez, tuviera presente para la segunda edición (1917) del cuento en la serie madrileña de La Novela Corta.

bocados de la cena, Lope se duerme para despertar luego como el rey viejo que es "de un país poderoso del norte de Europa" (327).

El cambio en el título del cuento fue feliz porque ayudaba a borrar para el mundo de ficción la frontera entre "realidad" y "sueño". Con menos acierto, sin embargo, desplazaba el foco del argumento de la (aparente) transgresión del límite entre ambos espacios hacia el personaje femenino del cuento. Este personaje, además, transparentaba una cierta incoherencia conceptual, ya que al final de la historia se muestra consciente de su carácter onírico, lo cual, en rigor, distorsiona el equilibrio entre "realidad" y "sueño". En el último capítulo, titulado "Su majestad despierta", se aclara que el rey tan sólo fue víctima de una ilusión al soñar la existencia de un Lope de Figueroa en la Toledo de 1580. Con esta aclaración, se reestablece la frontera entre "sueño" y "realidad", aparentemente transgredida en el transcurso de la historia. El "sueño" sigue siendo sueño, es decir, una realidad soñada, y la "realidad", realidad.

En el prólogo "Al lector" (325), al referirse al argumento de su cuento, Nervo menciona *La vida es sueño*.[35] La analogía es obvia (aunque no exactamente congruente con la trama de la comedia de Calderón) y no precisa una mayor explicación. No obstante, el cuento parece también remitir a una idea que se encuentra en *The Tempest* (*La tempestad*) de Shakespeare (a quien, por cierto, se alude al final del texto mediante la famosa cita procedente de *Hamlet* de que "Hay muchas cosas en los cielos y en la tierra *que no comprende nuestra filosofía*", 343).[36] La idea de *The Tempest* plantea que todo lo que vemos es (o, por lo menos parece) ilusión, y que nosotros, los humanos, en realidad somos materia de sueños. Dice Próspero a Miranda y Fernando: "And, like the baseless fabric of this vision, / The cloud-capp'd towers, the gorgeous palaces, / The solemn temples, the great globe itself, / Yea, all which it inherit, shall dissolve, / [...] We are such stuff / As dreams are made on; and our little life / Is rounded with a sleep" (acto IV, escena 1, vv. 151-157). A esta cita corresponden las aprensiones del protagonista del cuento nerviano, caminando al atardecer con Mencía por las calles de Toledo: "A medida que llegaban las sombras, parecíale que todo: la ciudad, las gentes, su Mencía misma, tenían menos realidad... ¡Si iría el sueño a disolver aquello como a vano fantasma! / ¡Si estaría aquello hecho de la misma sustancia de su ensueño! / ¡Si al dormir perdería a su amada! ¡Qué desconsuelo, qué miedo, qué angustia!" (341).

Mediante el recurso del discurso indirecto libre, la narración focaliza al personaje soñado por el rey como temeroso de perder su existencia "real" al

---

[35] El prólogo no figura en las *Obras completas de Amado Nervo* al cuidado de Alfonso Reyes.

[36] "There are more things in heaven end earth, Horatio, / Than are dreamt of in your philosophy" (acto I, escena 5, vv. 166-167).

caer dormido. Este recurso, medio narrativo por excelencia desde las novelas de Flaubert, permitía colocar con habilidad los sentimientos de Lope de Figueroa en primer plano.

En cuanto al carácter de las descripciones de "Mencía (Un sueño)", se nota la evolución del estilo de Nervo hacia una mayor sencillez. Con pocas excepciones, el autor ya no busca los efectos estilísticos más llamativos por medio de una rica adjetivación y del uso de metáforas opulentas (como "lluvia de fuego", "piélago de oro" o "diadema de fuego").[37] Más bien trata de encontrar, en las representaciones de los mundos de ficción, la palabra "justa", como, por ejemplo, en la larga descripción del panorama de Toledo que en el tercer capítulo Lope contempla desde la ventana de su casa (330-332).

Hasta su fallecimiento, Nervo siguió publicando algunos cuentos que no hace falta analizar en detalle. De 1913 es "El sexto sentido", que sale en la revista *Mundial Magazine* de Rubén Darío (Nervo 2006a: 315).[38] Narra en primera persona las consecuencias de una operación que vuelve capaz al narrador protagonista de ver el porvenir del mismo modo que se recuerda el pasado. Como es de esperar, el protagonista concreta en sus navegaciones por el futuro a una hermosa joven que ansía conocer para hacerla suya. Pero antes del feliz enlace, tiene que pasar por momentos de una angustiosa espera, salpicada en la retrospectiva de la narración por muchas reflexiones de filosofía moral tediosa.

De 1916 es el cuento "El diablo desinteresado" (316), que apareció en la colección madrileña La Novela Corta. Aquí, un joven, pintor talentoso pero aún desconocido, que ha venido a París desde alguna república hispanoamericana para hacerse famoso, parece pactar con el diablo. Éste lo pone en contacto con una rubia adorable de nombre Laura,[39] de la cual el pintor está enamorado, para que le haga su retrato. En el siguiente Salón, la exposición anual de pintura en la capital francesa, el retrato se exhibe y recibe los más altos elogios. En consecuencia, los dos jóvenes hacen "un pacto para la vida, para todas las vidas posibles, ¡para la eternidad!" (Nervo 1962: I, 308), mientras que el supuesto diablo se revela como un hombre ya maduro, rico y generoso, que buscando "a Dios por el camino real de la caridad" (309), ha

---

[37] Las dos primeras metáforas se hallan al principio de *Pascual Aguilera* (Nervo 1962: I, 150), la tercera al final de *El bachiller* (190).

[38] Parece que el cuento volvió a publicarse en 1918 en la colección madrileña La Novela Corta, véase Estrada (1925: 14).

[39] ¡De nombre Laura, nada menos! Y el narrador exhorta a Petrarca para que comente las emociones del joven pintor ante la expectativa de ver por fin cara a cara a la bella muchacha adorada: "Era 'l giorno che al sol si scoloraro / Per la pietà del suo Fattore i rai, / Quand' i 'fui preso, e non me ne guardai / Che i be' vostri occhi Donna, mi legaro" (Nervo 1962: I, 301). Se trata del primer cuarteto del soneto III del *Canzoniere* del poeta italiano.

querido hacer feliz a un joven pintor de talento. Así, el relato, que al principio parece ser un cuento fantástico, se convierte en una historia dulzona para lectores *bien pensants*.[40] Lo que contrabalancea (un poco) la insipidez del argumento es el tono desenfadado y festivo del narrador, quien incluso llega a burlarse indirectamente del estilo de las descripciones opulentas de la primera época del autor.[41]

Nervo publicará en la serie La Novela Corta de Madrid aún tres cuentos más. Son "El diamante de la inquietud" y "Una mentira" de 1917, así como "Amnesia" de 1918 (Nervo 2006a: 317). Se trata de cuentos que repiten, con variaciones, las temáticas y reflexiones de los relatos inmediatamente anteriores. Ya se está lejos de la truculencia opulenta de *El bachiller* y *Pascual Aguilera*, que en su tiempo hicieron famoso al autor. Al mismo tiempo, los cuentos muestran una intensificación de la tendencia general de la obra tardía de Nervo hacia el endulzamiento. Sólo en forma de un relampagueo lejano y a veces frívolo, se nota de vez en cuando en los comentarios del narrador un reflejo del derrumbe de la sociedad y cultura de la *Belle Époque* en que Nervo, como los demás autores modernistas hispanoamericanos (y españoles), se había formado y que tan entrañablemente era la suya.[42]

En 1914, a raíz del cese general del Servicio Exterior de México ordenado por Venustiano Carranza, Nervo pierde el puesto de secretario de la Legación en Madrid. Había vivido con creciente angustia los sucesos revolucionarios de México, permaneciendo, sin embargo, leal a todos los gobiernos que se habían sucedido a partir de 1910, incluso al del general Huerta (Durán 1968: 89 y ss.; Monsiváis 2002: 76 y ss.). Es reintegrado a sus funciones diplomáticas por el gobierno constitucionalista en 1916. Dos años después, Carranza nombra a Nervo ministro plenipotenciario de México en Argentina, Uruguay y Paraguay. Lo que sigue es la apoteosis (banquete ofrecido por el presidente en el Castillo de Chapultepec, recitales y actos en honor suyo en Nueva York, Montevideo y Buenos Aires). Cuando Nervo fallece el 24 de mayo de 1919 en Montevideo, en la cumbre de la gloria, no sabe que lo que él, su obra y su época representan, ya está irremisiblemente destinado a un largo desprecio y olvido. Quien en la actualidad lee los textos narrativos de Nervo se traslada a lejanos universos de ficción previos a la Revolución (o a la Gran Guerra),

[40] En cierta medida se repite en el cuento la temática de la duda entre realidad y sueño del cuento anterior, incluso, se cita el famoso *"Such stuff as dreams are made on!"* (308) de *The Tempest*; pero al final todo se resuelve en un *happy end* almibarado.

[41] Dice el narrador dirigiéndose al narratorio lector ante la inminencia de la descripción de un atardecer: "No temas, empero, que te describa el crepúsculo con su 'orgía de colores'. Aquel no era un crepúsculo orgiástico; muy decentito, al contrario, muy modesto, muy sobrio, apenas con el intento de un rosa asalmonado" (*idem*).

[42] Es así como se lee, por ejemplo, en "Una mentira": "Si todos los maridos engañados de Madrid, de París, de Londres, fuesen a tomar en serio su 'situación', ríase usted de la carnicería de Verdun" (312).

aquellos que a menudo se solía construir mediante comienzos novelísticos hoy largamente desacreditados, como el famoso "La marquesa salió a las cinco".[43]

BIBLIOGRAFÍA

Bibliografía directa

NERVO, Amado. 1920-1922. *Obras completas de Amado Nervo*, ed. al cuidado de Alfonso Reyes, 28 vols. Biblioteca Nueva, Madrid. [Hay reimpresión, con un volumen suplementario, Biblioteca Nueva, Madrid, 1928.]

——. 1938. *Mañana del poeta*, ed. Alfonso Méndez Plancarte. Ediciones Botas, México.

——. 1962. *Obras completas* (1951-1952), 3ª ed., ed., estudios y notas Francisco González Guerrero (prosas) y Alfonso Méndez Plancarte (poesías), 2 ts. Aguilar, Madrid. [Hay reimpresión mexicana, 2 ts., Aguilar, México, 1991.]

——. 2002. *En voz baja. La amada inmóvil*, ed. José María Martínez. Cátedra (*Letras Hispánicas*, 526), Madrid.

——. 2006a. *Tres estancias narrativas (1890-1899)*, ed. y notas Yólotl Cruz Mendoza, Gustavo Jiménez Aguirre, Claudia Cabeza de Vaca, estudios José Ricardo Chaves, Y. Cruz Mendoza, coord. y liminar G. Jiménez Aguirre. Océano-UNAM-Conaculta (*Obras de Amado Nervo*, 2), México.

——. 2006b. *Lunes de Mazatlán (crónicas: 1892-1894)*, ed., liminar, estudio y notas Gustavo Jiménez Aguirre, índice onomástico Itzel Rodríguez González. Océano (*Obras de Amado Nervo*, 1), México.

Bibliografía crítica

AMADO NERVO: *lecturas de una obra en el tiempo*, en http://www.amadonervo.net (consultado el 26 de marzo de 2010).

CHAVES, José Ricardo. 1997. *Los hijos de Cibeles. Cultura y sexualidad en la literatura de fin del siglo XIX*. Universidad Nacional Autónoma de México (*Cuadernos del Seminario de Poética*, 17), México.

——. 2000. "El donador de enigmas. Un acercamiento a la prosa fantástica de Amado Nervo", *Literatura Mexicana*, vol. XI, núm. 1, pp. 137-153.

——. 2006. "Tópicos y estrategias en la narrativa inicial de Amado Nervo", en Amado Nervo, *Tres estancias narrativas (1890-1899)*, ed. cit., pp. 15-36.

CRUZ MENDOZA, Yólotl. 2004. "Ciudades y mujeres: simultaneidad onírica en Amado Nervo y H. G. Wells", *Literatura Mexicana*, vol. XV, núm. 1, pp. 53-70.

——. 2006. "Lecturas y transfiguraciones románticas en los primeros relatos de Amado Nervo", en Amado Nervo, *Tres estancias narrativas (1890-1899)*, ed. cit., pp. 37-56.

DURÁN, Manuel. 1968. *Genio y figura de Amado Nervo*. Universitaria de Buenos Aires (*Biblioteca de América. Genio y Figura*), Buenos Aires.

[43] En el *Manifeste du surréalisme* (*Manifiesto del surrealismo*), Breton atribuye a una observación de Paul Valéry la expresión proverbial de desprecio hacia ese tipo de novela.

ESTRADA, Genaro. 1925. *Bibliografía de Amado Nervo*. Monografías Bibliográficas Mexicanas, México.

GONZÁLEZ GUERRERO, Francisco. 1962. "Introducción" a Amado Nervo, *Obras completas*, t. I, ed. cit., pp. 9-33.

GRASS, Roland. 1979. "Notas sobre los comienzos de la novela simbolista-decadente en Hispanoamérica (Amado Nervo y Carlos Reyles)", en *El simbolismo*, ed. José Olivio Jiménez. Taurus (*El Escritor y la Crítica*, 113), Madrid, pp. 313-327.

KURZ, Andreas. 2005. *Die Entstehung modernistischer Ästhetik und ihre Umsetzung in die Prosa in Mexiko (Die Verarbeitung der französischen Literatur des fin de siècle)*. Editions Rodopi, Amsterdam.

LARA, Luis Fernando (dir.). 1996. *Diccionario del español usual en México*. El Colegio de México, México.

LITVAK, Lily. 1979. *Erotismo fin de siglo*. Antoni Bosch, Ed., Barcelona.

MARTÍNEZ, José María. 2002. "Introducción" a Amado Nervo, *En voz baja. La amada inmóvil*, ed. cit., pp. 13-110.

MEYER-MINNEMANN, Klaus. 1997. *La novela hispanoamericana de fin de siglo*, 2ª ed., tr. Alberto Vital Díaz. Fondo de Cultura Económica, México.

MONSIVÁIS, Carlos. 2002. *Yo te bendigo, vida. Amado Nervo: crónica de vida y obra*. Gobierno del Estado de Nayarit, México.

OLEA FRANCO, Rafael. 2004. "El concepto de literatura fantástica", en *En el reino fantástico de los aparecidos: Roa Bárcena, Fuentes y Pacheco*. El Colegio de México-Consejo para la Cultura y las Artes de Nuevo León, México, pp. 23-73.

ROGERS, Nathalie Buchet. 1998. *Fiction du scandale. Corps féminin et réalisme romanesque au dix-neuvième siècle*. Purdue University Press (*Purdue Studies in Romance Literatures*, 16), Estados Unidos.

SCHLICKERS, Sabine. 2003. *El lado oscuro de la modernización: Estudios sobre la novela naturalista hispanoamericana*. Iberoamericana-Vervuert, Madrid-Frankfurt am Main.

SHAKESPERARE, William. 1868. *The Tempest*. Bergard Tauchnitz, Leipzig.

——. 1963. *The Tragedy of Hamlet Prince of Denmark*, ed. Edward Hubler. Signet Classic, Estados Unidos.

TODOROV, Tzvetan. 1970. *Introduction à la littérature fantastique*. Éditions du Seuil (*Poétique*), París.

LAURA MÉNDEZ DE CUENCA:
UNA NARRADORA MODERNA

Pablo Mora

Instituto de Investigaciones Bibliográficas, UNAM

A Roberto Sánchez Sánchez

Hasta hace unos años, Laura Méndez de Cuenca (1853-1928) era conocida, sobre todo, por los cuentos que publicó en 1910 en el pequeño volumen *Simplezas*:[1] diecisiete historias, casi todas breves, que fueron redactadas en el transcurso de veinte años. Ahora sabemos que esta educadora fue una escritora de amplios y diversos registros, en varios géneros, durante la mayor parte de su vida.[2] También que su periodo más fecundo como narradora va de 1890 a 1910, pero en especial entre 1908 y 1910, cuando el periódico *El Imparcial* publica sus cuentos. Asimismo sabemos que Laura llegó a escribir un total de 44 cuentos[3] y que durante esta época, además, preparó lo que me parece una de sus más interesantes obras: las *Impresiones de viaje. Desde Europa*, constituida por 74 crónicas difundidas por la misma publicación periódica entre 1907 y 1910.

Hay que decir que con estas historias y crónicas Laura se revela como una narradora y cuentista digna de ser incluida en cualquier antología, por su prosa de sólida factura, en la que demuestra un manejo diverso de temas, tradicionales y modernos, que logra amalgamar con gran eficacia. La autora se centra en historias realistas, a veces de carácter costumbrista, pero siempre como una romántica que sabe tensar los destinos de sus personajes con la vida pueblerina o moderna de las familias en provincia o en ciudades. Sus cuentos pueden ocurrir en villorrios y zonas rurales, pero también en capitales y ciudades importantes de Estados Unidos, Europa y México. Laura es

---

[1] *Simplezas* fue publicado por la Sociedad de Ediciones Literarias y Artísticas, en colaboración con la Librería Paul Ollendorff, París, a principios de 1910; se reeditó en la editorial Premiá y el INBA, en la colección *La Matraca*, dirigida por Margo Glantz y Fernando Tola de Habich (México, 1983).

[2] La primera antología que muestra ese gran espectro de la escritura de Laura apareció con el título *Impresiones de una mujer a solas* (2006).

[3] Así lo informa Roberto Sánchez Sánchez en su más reciente trabajo de edición crítica de *Simplezas y otros cuentos* (tesis de maestría presentada en 2009), donde se estudia y se presenta por primera vez toda la cuentística de Laura Méndez de Cuenca.

una escritora cosmopolita que sabe confrontar tanto elementos sociales ancestrales como modernos en historias de amor, de traición, de condena, de fantasía, de marginalidad, de deriva social, entre otros. Se trata de narraciones que integran distintas variables, sociales e individuales, y que, bajo conflictos sentimentales o deterministas, por las condiciones sociales específicas, arrastran a sus personajes a cometer actos irreversibles o a padecer condenas y ser protagonistas de desengaños provocados por la enfermedad, el olvido, la muerte, el desamor, el pecado, etcétera. Asimismo, Laura regresa a sus orígenes para contar historias de lugares donde las costumbres se sobreponen a la libertad humana, o bien refiere sucesos de infancia asimilando no sólo su tradición, al incorporar elementos románticos, realistas y una ironía moderna, sino también, como analizó más adelante, explorando, en algunos casos, nuevos registros. Pero antes de describir las cualidades de su prosa, vale la pena hacer un recorrido por su vida, una trayectoria singular y por demás sobresaliente en una época todavía adversa para la mujer moderna.

Amor y destino de Laura Méndez de Cuenca

Laura Méndez de Cuenca nació el 18 de agosto de 1853 en la Hacienda de Tamariz y hasta 1860 vivió en haciendas del Estado de México y pasó algún tiempo en Tlalmanalco. Precisamente a partir de dicho año, en plena guerra de Reforma, se trasladó con su familia a la Ciudad de México, donde cursó la primaria.

Muy pronto como estudiante, Laura se sumó al movimiento republicano y de restauración, con el grupo de escritores encabezado por Ignacio M. Altamirano. En 1870, a los diecisiete años, comenzó a colaborar al lado de figuras como Manuel Acuña, Ignacio Ramírez, Agustín F. Cuenca o Juan de Dios Peza, en las sesiones de la Sociedad Netzahualcoyotl (1869). Manuel Acuña era entonces uno de los poetas más prolíficos y prometedores de la generación, pues incorporaba ya no sólo un romanticismo sino que, como su amigo Manuel M. Flores, introducía un sensualismo novedoso o una reflexión filosófica en versos que eran censurados por La Sociedad Católica. La joven poeta, sensible e inteligente, se inició como escritora pero también se convirtió en musa y amante del poeta Acuña. A partir de entonces, compartió momentos de la vida literaria y educativa mexicana con personajes como Agustín F. Cuenca, Justo Sierra, Enrique de Olavarría y Ferrari,[4] por citar sólo algunos, y al mismo tiempo fue protagonista decisiva alrededor del céle-

[4] En 1878, Enrique de Olavarría, quien por primera vez mencionaba las virtudes de Laura como poeta y la sumaba a una antología, decía: "Laura Méndez de Cuenca, a quien el autor de estos renglones ha tenido el honor de contar con el número de sus más ilustradas discípulas, aunque no en literatura, es una muy estimable poetisa que en 1874 comenzó a publicar sus bellas composiciones escudada modestamente con el anónimo" (Olavarría 1878: 178).

bre mito consagrado al "Nocturno a Rosario" de Manuel Acuña.

Efectivamente, Laura Méndez experimentaba el amor romántico con Acuña al mismo tiempo que Rosario era la musa no sólo del mismo Acuña sino también de poetas como Ignacio Ramírez, Manuel M. Flores, y hasta del cubano José Martí. Laura y Manuel Acuña se enamoraron en el año de 1873 y como producto de ese amor nació un hijo que, a los escasos tres meses, murió de una bronquitis aguda; sin embargo, un mes y medio antes de dicha muerte, el escritor del drama *El Pasado* se quitó la vida (6 de diciembre de 1873). El poeta, además de escribir su "Nocturno..." a Rosario, le había dedicado a Laura versos que constataban la intensidad intelectual y emocional de una relación amorosa singular, pero sobre todo, mostraban también la fortaleza de la futura escritora. Decía el poeta suicida:

> y que la tierra en tus pupilas lea
> la leyenda de un alma consagrada
> al sacerdocio augusto de la idea.
> [...]
> Sí, Laura... que tu espíritu despierte
> para cumplir con su misión sublime,
> y que hallemos en ti a la mujer fuerte
> que del oscurantismo se redime
> (Acuña 2000: 61-62).

Entonces la poeta escribía poemas como "Cineraria": "perdida entre las zarzas que a mi paso / el destino arrojó, / vago al azar con la esperanza muerta / y muerto el corazón" (Méndez de Cuenca 2006: 71). Asimismo, dejaba testimonio de ese fatalismo del amante, en manifiesta confesión del amor infortunado y de la existencia de la muerte; y, asumiendo la duda por la muerte del amor entre los dos, reconocía, en la propia poesía, la resignada dicha de la muerte.

> ¡Las flores de la dicha ya ruedan deshojadas!
> ¡Está ya hecha pedazos la copa del placer!
> En pos de la ventura buscaron tus miradas
> del libro de mi vida las hojas ignoradas,
> y alzóse ante tus ojos la sombra del ayer.
>
> La noche de la duda se extiende en lontananza;
> la losa de un sepulcro se ha abierto entre los dos.
> Ya es hora de que entierres bajo ella tu esperanza;
> que adores en la muerte la dicha que se alcanza,
> en nombre de este poema de la desgracia. ¡Adiós! (74-75)

Este mismo poema, de clara alusión a algunos versos de Acuña, dejaba la posibilidad de referirse al hijo que había concebido con él; en cierta manera, de forma sesgada la poeta también consideraba ese "Nocturno a Rosario". Un año después, en 1875, ella escribió "Bañada en lágrimas", un poema al hijo perdido con claros sentimientos de dolor. A partir de entonces, la joven supo vislumbrar y cifrar uno de los motivos permanentes en su obra poética: los límites de la razón humana y el destino incierto del hombre, una encrucijada que formulaba así en "Nieblas", poema publicado en La Juventud Literaria (7 de agosto de 1887: 174-175):

> Siempre el misterio a la razón se opuso;
> el audaz pensamiento el freno tasca
> y exánime sucumbe el hombre iluso.
>
> Por fin, del mundo en la áspera borrasca
> sólo quedan del árbol de la vida
> agrio tronco y escuálida hojarasca (77).

Años atrás, en 1877, Laura se unió en matrimonio con un amigo de Acuña: Agustín F. Cuenca, poeta de transición, periodista liberal y autor de una obra de teatro (La cadena de hierro) que mereció elogios de Ignacio Manuel Altamirano y Manuel Gutiérrez Nájera. La relación matrimonial de ambos escritores duraría hasta 1884, cuando Agustín F. Cuenca murió por un padecimiento hepático. En ese lapso, la esposa y escritora tuvo siete hijos, cinco de los cuales murieron prematuramente; los dos sobrevivientes fueron Alicia (1878) y Horacio (1880).[5] Asimismo, entonces la madre y esposa se dedicó mayormente al hogar, pero también comenzó a publicar escasos poemas suyos en revistas y antologías. Sin embargo, a muy temprana edad, a los 31 años, la madre se convirtió en viuda y así inició la otra profesión que nunca dejaría de ejercer: la del magisterio.

En 1884, durante el segundo gobierno de Porfirio Díaz, Laura fue nombrada directora de la Escuela de Niñas en la Ciudad de México; al año siguiente, obtuvo el título, por parte del Ayuntamiento Constitucional de la Ciudad de México, de profesora de instrucción primaria. La maestra se integró, en 1885, a una escuela que adoptaba uno de los modernos sistemas educativos para niños, el del pedagogo alemán Federico Froebel (1782-1852, creador del sistema de Kindergarten). Su interés por estos sistemas quedó patente en los

---

[5] El 11 de julio de 1896, en una carta signada en San Francisco, California, le confesaba a Olavarría: "No sé cómo es que no le he dicho a usted que tengo dos hijos vivos, resto de ocho que Dios me dio. Alicia de 18 años y Horacio de 16" (Archivo Personal de Enrique de Olavarría y Ferrari, Biblioteca Nacional de México, incluida en "Cartas de Laura Méndez de Cuenca" 2003: 264). Horacio, sin embargo, muere antes que Laura.

distintos reportes enviados después desde sus primeros encargos como comisionada en San Louis Missouri, Estados Unidos: "La escuela se asienta sobre la base del progreso individual como premisa del progreso colectivo; sobre el cimiento de la responsabilidad individual como antecedente de la responsabilidad común" (313).[6] No hay que olvidar que, a partir de 1867, el positivismo había sido el sistema dominante en la enseñanza media superior. A partir de 1890, la maestra comenzó a viajar al extranjero (San Louis Missouri y San Francisco, California) y a partir de 1902, luego de una estancia en México de 1898 a 1901, la nombran comisionada en distintos congresos de educación, así como para estudiar los métodos de enseñanza pública en Estados Unidos y Europa. Estas comisiones, promovidas por el entonces ministro de educación Justo Sierra, serían también pretexto para permanecer en Europa de 1907 a 1910 y hacer distintos viajes, mientras radicaba sobre todo en Berlín. En 1906 la escritora inicia su viaje a Europa, primero a Alemania, para estudiar las escuelas primarias, y después a Milán con motivo del 2° Congreso de Educación Familiar.[7] La maestra regresa de nuevo a Berlín en 1907,[8] y en enero comenzará la escritura de las mencionadas crónicas: *Impresiones de viaje. Desde Europa*, luego publicadas en *El Imparcial*. A fines de julio de ese mismo año realiza un viaje por buena parte de Europa y recorre ciudades como París, Barcelona, Toledo, Madrid, Zaragoza y Londres, a las que dedica una o varias crónicas. Permanece la mayor parte del tiempo en Alemania en 1908, aunque viaja de nuevo a Inglaterra,[9] entre otros lugares. A mediados de ese año visita Karlsbad, sitio al que dedicará seis de sus crónicas más representativas, sobre los balnearios como forma del restablecimiento de la salud.

En el ocaso del gobierno de Porfirio Díaz, regresó a México en 1910, para reasumir sus funciones como maestra en distintas escuelas de provincia y de la capital. Durante esos años, apoyó el movimiento de Venustiano Carranza,

[6] Los datos originales de la fuente son: "Informe rendido a la Secretaría de Instrucción Pública, por la Sra. Laura Méndez de Cuenca", en *Boletín de Instrucción Pública*, 30 de enero de 1904, p. 386. Por su parte, Froebel planteaba la pedagogía basada en la unidad del hombre con la Naturaleza. El pedagogo alemán asignaba importancia a la educación infantil e intentaba despertar en el niño una actividad voluntaria como medio de su formación.

[7] Del 2 al 5 de septiembre e inmediatamente después como delegada de México al Tercer Congreso Internacional de Mutualismo que se reunió en el mismo lugar, Milán, Italia. Producto de esos viajes son los artículos e informes que aparecen en *El Boletín de Instrucción Pública* de dicho año.

[8] Como delegada del gobierno de México en el XIV Congreso Internacional de Higiene y Demografía y participa como delegada en el IV Congreso para la Infancia, celebrado en Alemania. Laura deja testimonio de su encomienda cuando publica el texto sobre el sistema educativo alemán, dividido en dos partes sobre la escuela elemental en el *Boletín de Instrucción Pública* en 1907 y 1908.

[9] Participa como delegada de México en el Primer Congreso de Educación Moral, celebrado en Londres. El último encargo registrado es como delegada del gobierno mexicano en Bélgica, donde asistió al 4° Congreso de Educación.

vivió en Xalapa aún dando clases y escribió dos biografías: una semblanza de Justo Sierra en 1914 y una biografía de Álvaro Obregón en 1918, esta última con claros tintes proselitistas. Todavía en los últimos años de su vida, con ese deseo de conocer y aprender todo lo posible sobre el mundo, semejante al que siglos atrás desplegó su compatriota sor Juana, Laura Méndez de Cuenca fue alumna de la Escuela de Altos Estudios, lugar donde estudiaba sánscrito, después de haber aprendido alemán, inglés, griego e italiano durante sus años como viajera. En 1923, Laura asiste a la conmemoración del aniversario luctuoso de Manuel Acuña, y tres años después se le concede la jubilación. Varios años antes, se le había detectado un absceso y en 1922 se le diagnosticó enterocolitis. La maestra murió en 1928, el mismo año que su admirado Salvador Díaz Mirón; sus restos permanecen en el Panteón Francés de la Ciudad de México.

LOS MOTIVOS DE LA PROSA DE LAURA:
UNA ROMÁNTICA MODERNA

Antes de mostrar las cualidades de su prosa y, muy concretamente, sus virtudes como narradora de relatos autobiográficos, me parece importante destacar algunas incógnitas que se deducen de su trayectoria literaria y tratar de responder a ciertas preguntas. En el estudio preliminar del trabajo más reciente sobre la obra cuentística de Laura Méndez de Cuenca, Roberto Sánchez Sánchez apunta que "su mirada avizoró con presteza los *ismos* en auge, abonando a favor de la reelaboración y corrección esmerada de los 17 cuentos publicados en la edición de *Simplezas* (1910). Aspectos medulares en una mujer empeñada en configurar los elementos distintivos de la modernidad finisecular, cuyos signos notorios eran la diversidad y simultaneidad estéticas" (2009: 5).

Ahora bien, sabemos, por un lado, que Laura Méndez no escribió ensayos sobre los avatares del oficio de escritor y menos sobre la narrativa de su tiempo. Por otro lado, resulta muy inquietante que a pesar de que ella contaba con una producción tan amplia y de buena factura, sólo haya seleccionado diecisiete cuentos, con lo cual dejó de lado importantes narraciones, algunas de ellas muy significativas para la cuentística mexicana, como lo es "La confesión del alma", de 1896. El mismo Roberto Sánchez Sánchez señala que los diecisiete cuentos son la "culminación de un viaje creativo de dos décadas que ilumina de manera categórica su obra narrativa" (11). Por la calidad de sus textos, es desconcertante que la propia autora no se preocupara por hacer alguna selección más de sus narraciones y crónicas. Muy particularmente en el caso de sus crónicas, esa posibilidad pudo haber sido factible por el hecho de contar con un título de interés, acaso comerciable, como lo era el de "Impresiones de viaje. Desde Europa"; sin embargo, también es un hecho que con la interrupción de la paz porfiriana, cualquier proyecto anclado a esa generación de intelectuales liberales y románticos se viera mermado, y más aún respecto de una obra que se concentraba en el desarrollo de los países de Europa.

En todo caso, las condiciones fueron distintas: por un lado, se trataba de una mujer que vivió buena parte de su vida como narradora en el extranjero, comisionada por el gobierno de Porfirio Díaz, y que regresó a un país convulsionado por el estallido de la Revolución Mexicana. Ello implicó que Laura no tuviera el tiempo suficiente para organizar su propuesta literaria en términos editoriales, además de que pasó algunas penurias económicas al final de su vida como maestra. Por otro lado, si tomamos en cuenta los proyectos literarios y la producción de los escritores que circularon en aquellos años, concretamente el identificado con el grupo de jóvenes del Ateneo de la Juventud, es un hecho que la propuesta cultural de éstos no era ajena a la de la propia Laura; la prueba de ello es que incluso fue reconocida en una de las sesiones del Ateneo.[10] Por otro lado, no en vano tenemos testimonio de la presencia de la maestra en la Escuela de Altos Estudios, lugar al que asistían regularmente algunos de estos escritores e intelectuales jóvenes. En todo caso, Laura prefirió mantenerse en una obligada marginalidad, sin que ésta la eximiera de simpatizar con la Revolución. Particularmente es visible dicho gesto en el poema de 1916 "Al pasar el regimiento" (2006: 102-106), en el cual registró el paso de las tropas de Carranza, cuyo trote se transformó en un ritmo sonoro y fotográfico, preciso y moderno. Asimismo, aunque sabemos que la maestra tenía gran admiración por Salvador Díaz Mirón y simpatía por Amado Nervo, hay que reconocer que tampoco mantuvo lazos estrechos con el grupo de la *Revista Moderna* y los modernistas. En todo caso, Laura fue un espíritu singular, siempre al margen, que construyó su obra a solas, paulatinamente y sin mucha alharaca. El carácter mismo de su escritura y el destino de su pasión la llevaron a esa postura. Además, aunque pudo mantenerse con distintas labores en el extranjero como comisionada en educación, es un hecho que Laura perteneció y estuvo más apegada a las enseñanzas de los viejos románticos, de aquellos escritores liberales que se formaron con Altamirano.

La otra cuestión que me parece fundamental para entender la marginalidad y el poco reconocimiento de Laura es que su narrativa resulta de una modernidad *sui generis*, difícil de apreciar a primera vista, porque asimila lenta y discretamente ciertos aspectos de esos ismos, sin preocuparse tanto por su impacto inmediato o por su novedad, sino más bien buscando una exploración hacia adentro, en un marco de construcción clásica, en español

---

[10] El 5 de septiembre de 1910, José Escofet ofreció una conferencia sobre sor Juana Inés de la Cruz, la cual dedicó a Laura Méndez de Cuenca (*cf.* Méndez de Cuenca 2006: 59, n. 79).

correcto, que busca acoplar una visión equilibrada entre la pasión, la docencia y los clásicos. La prosa de Laura incorpora novedades, una vez que las ha madurado, con una visión crítica que no olvida a sus lectores mexicanos ni a sus maestros de aquella República Restaurada de 1867. Y es que este proceso es definitivo, sobre todo si consideramos que Laura comenzó a escribir prosa de manera sistemática cuando contaba con 43 años de edad y una vez que había iniciado su vida de viajera con largas estancias en el extranjero. Hay que decir, además, que gracias a esta experiencia, la maestra descubre otras formas de ver a su país y, en ese sentido, al mismo tiempo que se gana el sustento diario, descubre otra manera de proyectar temas de su preocupación social, pedagógica; otras veces —las menos—, explora en territorios más personales y autobiográficos.

En efecto, Laura era una viajera que confrontaba el mundo moderno en el extranjero con un carácter y un espíritu profundamente románticos, anacrónicos, si se quiere, para el empuje modernista y posmodernista; pero era un espíritu nada moralizante, que suponía una escritura más equilibrada, yo diría más reposada, y que seguía ciertas constantes del cuento clásico, derivadas de su experiencia como maestra. Es importante considerar que la escritora, en tiempos en que la mujer no gozaba de libertades, era también la maestra y la madre que estudiaba los sistemas educativos en el extranjero y que no renunciaba a sus compromisos sociales, su instinto maternal y su misión de maestra; por lo que a cada paso es patente su preocupación no sólo didáctica sino también de mujer maternal y mujer enterada de los adelantos en salud e higiene, en el desarrollo de cuestiones tecnológicas y científicas.

Por ello, la apreciación de la prosa de Laura en una primera lectura es que está sujeta a un estilo tradicional; sin embargo, en una segunda lectura, se nota que en realidad hay una constante incorporación de los temas y los desafíos modernos, cosmopolitas, apelando a tópicos de todos los tiempos, como el de la justicia, los derechos del hombre y la situación de la mujer, las causas sociales, la niñez, etcétera.

En todo caso, Laura ha entrado en las historias literarias como poeta identificada con ese grupo de jóvenes románticos de la década de 1870; esta percepción provocó que no se rescatara, en parte, el resto de su obra. Sin embargo, como dije, ella muestra un singular romanticismo, profundo y moderno, que, efectivamente, permaneció íntegro y vigente a lo largo de su vida, a pesar de los cambios. Se trata de un romanticismo que, desde temprana edad, se fraguó en versos bien hechos y que, sin retóricas y modas, permaneció en toda su escritura. Y es que esa pasión también supo revestirse en una conciencia de escritura crítica que se sustenta en una prosa pulcra, con la incorporación de discretos modismos o expresiones coloquiales y locales. En este sentido, la escritura de la cuentista asume otra frecuencia. Ella maneja una prosa que mantiene la pasión de una enamorada del amor y del conocimiento, pero que se frena para aquilatar, y entonces produce historias donde la soledad, el pecado, la muerte, el desamor, etcétera,[11] juegan un papel definitivo en el drama de sus personajes. En otras palabras, la modernidad de Laura, salvo algunas excepciones, antes está en los contenidos que en los aspectos formales. Sin radicalismos, ella va por el mundo, además, teniendo presente los principios liberales que preserva, caros para una sociedad mexicana a la que vuelve, una y otra vez, en sus escritos; principios que le parecen indispensables y que quedaron latentes en un espíritu que se educó con el juarismo y en un marco positivista. Me refiero a principios como el laicismo, el anticlericalismo, los derechos individuales, la democracia, la duda de la existencia de Dios, la presencia laboral de la mujer, etcétera. Y esta convicción liberal es la que sostiene cuando enfrenta la vida y mira a México, aunque en su edad madura lo hace desde balcones, jardines, calles, tiendas de grandes ciudades, sin desprenderse de aquellos ojos de niña sensible, o adolescente pasional, que sabe integrar a su visión la crítica y el sentido del humor. Esta modalidad la vemos, en su mejor expresión, cuando la prosista explora en crónicas autobiográficas que también podrían ser, como veremos, relatos modernos. Sin embargo, en general la autora se contiene y evalúa las consecuencias de la modernidad con cierto gradualismo, confrontando culturas y países por medio de la crítica de sus costumbres o mediante la formulación de preguntas específicas. Simplemente para mostrar esa continua actitud y esa mirada testimonial, podríamos detenernos en cualquiera de las crónicas de la serie titulada "Impresiones de viaje". Por ejemplo, en una de sus primeras, cuando Laura camina frente a una tienda en Berlín se pregunta: "¿Habrá cosa más vulgar que una tienda? Después de la cantina, que es el centro de comercio fundamental de toda congregación o conato de aldea, en cualquier parte del mundo, nada hay tan importante como la tienda. Mas con ser un giro universal, da carácter a los pueblos, porque siendo el lugar donde cada quisque va a surtirse de lo que ha menester, una tienda bien encaminada es libro abierto en que aprender las costumbres de la gente" (Méndez de Cuenca 2006: 231).

En efecto, la maestra hace cuestionamientos sobre los aspectos culturales, arquitectónicos, de higiene, de beneficencia social, días festivos, tradiciones culinarias, inventos tecnológicos, comida, centros recreativos, florería, anuncios o publicidad, etcétera. En general, la prosa de sus crónicas resulta menos elaborada, más directa, con alusiones históricas y con frecuencia mediante un ejercicio comparatista entre culturas. En cambio, en los cuentos podemos identificar la profundización de estas confrontaciones en sus perso-

[11] En el citado estudio de Roberto Sánchez Sánchez, se plantea un recorrido por la obra cuentística de Laura a través de la figura de un cometa, en el que se revisan tres temas generales, netamente románticos: "la soledad", "la muerte" y "la duda".

najes, mexicanos o extranjeros, en escenarios rurales o en ciudades modernas. Para no ir muy lejos, en un cuento como "El ramo de violetas", un relato
que ocurre en Berlín, Laura narra los sucesos de una aristócrata que, desme-
moriada, busca formas para no olvidarse de la compra de una madeja. Una
vez en su recorrido por la ciudad, la señora Blum opta por la compra de un
ramo de violetas como una señal de recordatorio. Sin embargo, a la hora de
continuar su trayecto, con el ramo de violetas en las manos, la mujer es aco-
sada y confundida por un alemán que ha concertado una cita, por medio de
un anuncio en el periódico, con una mujer desconocida. El alemán la inter-
cepta porque, ¡oh casualidad!, ha puesto como signo de identificación de la
mujer el que llevase un ramo de violetas. Con ello se sugieren los desafíos de
la vida urbana, por ejemplo la prostitución, por medio de la ambigüedad
simbólica provocada por el ramo de violetas y por la pérdida de la individua-
lidad en una metrópoli. En dicho relato, elementos como el teléfono, la vida
en los cafés, el cinematógrafo, son aspectos importantes que entran en juego
para la construcción de la trama. No en vano Laura Méndez de Cuenca es la
primera que escribe un cuento en torno al cinematógrafo, donde busca mostrar el efecto de dicho invento en espectadores ingenuos que descubren la
identidad de un adulterio mediante esa primera experiencia de la ficción
proyectada en la pantalla.

Hay que insistir en que este procedimiento se complementa con un sentido social que toma en cuenta la pasión de los individuos y la presencia de
cuestiones fundamentales como la religión, el pecado, la superstición, etcétera. Sin entrar por el momento en detalles, podemos advertir que para la
escritora, los pecados revelan la condición del hombre, entre la superstición
y la razón, la ironía y la ambigüedad. Es el caso de "La venta del Chivo Prieto", en donde la avaricia de los padres y la presencia de un forastero provocan el asesinato del hijo en un malentendido. En "La espina", la glotonería
desencadena la duda de la existencia de Dios. Lo mismo sucede con la lujuria
y la presión social en "Porque era bizca" o con el juego en "La tamalada del
coronel". O bien con el adulterio y la avaricia en "El cinematógrafo", o la
muerte causada por el adulterio en "El corpiño azul" y el suicidio por amor en
"Amaldina" (todos estos cuentos, excepto "La espina", están reunidos en Méndez de Cuenca 2006).

Ahora bien, para documentar estos elementos románticos de su narrativa, habría que mencionar que la autora se inicia como cuentista de relatos de
carácter fantástico y sentimentales alrededor de 1889. Unos años después, en
su viaje a Estados Unidos y con la responsabilidad de la fundación y dirección
de la *Revista Hispanoamericana* en San Francisco, publica algunas crónicas,
pero también escribe cartas de excelente factura desde California, donde ya
se muestra como una observadora ejemplar y crítica de las costumbres. No
hay que olvidar que en 1902, Laura edita su novela de costumbres *El espejo*

de Amarilis, texto que aparece primero por entregas, en el periódico *El Mundo*. Dicha novela le sirve como ensayo de una serie de preocupaciones que persistirán a lo largo de toda su obra, como la confrontación entre la medicina y la superstición, la imposibilidad del amor ante la condición social, entre otros temas. Explora los límites de las sociedades regidas por el pensamiento mágico en provincia frente a las prácticas profesionales de un médico que emigra a la ciudad. La obra era, en todo caso, una novela formativa y de formación que indagaba en el conflicto entre educación moderna y el peso de factores sociales determinantes, como la ignorancia, la locura y el deseo.

Más afortunada, en cambio, me parece la prosa de uno de sus primeros cuentos: "La confesión del alma" (publicado en *El Mundo Ilustrado* el 26 de abril de 1896). Con una prosa realista y teniendo presente la tradición clásica —el mito de Pigmalión y Galatea—, Laura escribe un relato donde pone en juego sus preocupaciones más profundamente románticas, confrontadas en tramas más elaboradas y modernas. Ahí, la escritora muestra la incertidumbre del destino de una mujer ante el amor, así como la relatividad de la justicia humana o el relato de mujeres y hombres que luchan contra las costumbres, la condena social y la herencia. Se trata de la historia de una tenedora de libros, mujer soltera, que a partir de encuentros y veladas sociales y literarias, se enamora de un inglés comerciante:

> Durante la velada Alma creyó descubrir en su amigo, no sé qué de tierno, en que jamás había reparado antes. Atraía en verdad la amabilidad cadenciosa de Morton, aun a los caracteres más agrios, había nacido para seducir corazones, y sin esforzarse avasallaba. Alma se había dado por vencida y gozaba en su esclavitud. La lectura de esa noche fue en su mayor parte consagrada a Tennyson, el poeta favorito de Morton quien recitaba dulcemente:
> *Nay, dearest, teach me how to hope*
> *Or tell me how to die* (Méndez de Cuenca 2006: 131).

En una ocasión posterior, después del anterior descubrimiento, Alma finalmente se atreve a declararle su amor al inglés, pero antes de hacerlo reflexiona sobre el sentido de una confesión pagana, hecha entre los amigos. Sin embargo, para sorpresa de Alma, la respuesta de Morton no sólo es negativa sino de una frialdad implacable. En este pasaje, por medio del personaje se muestran, en una prosa espléndida, las dimensiones de la crueldad y el dolor humano:

> Para Alma, desde la terrible confesión, días y noches fueron sorbos de hiel que apurar sin descanso. El dolor no se conforma con ser insaciable, tiene que ser cruel, revolcarse en su presa; y si a veces se hace más llevadero es para apretar en su tremendo rigor después. Y a todo esto hay que añadir la buena porción del

ridículo con que se flagela al desgraciado cuyo infortunio no depende de una calamidad, de esas que afectan al común. Se deploran en colectividad los estragos de una guerra o de una peste; se compadece al que pierde un deudo querido o a quien por fuerza de la fatalidad cae agobiado por dolencias físicas; pero ¿qué puede esperar aquél cuya felicidad estriba en un mero detalle que para los otros nada significa? Un corazón que late sin querer, y que sin saber por qué se inclina bajo la mirada magnífica de un ser a quien se le es completamente indiferente, no es acontecimiento que por vulgar interese a alguien, y sin embargo, ¿de qué vulgaridades no están hechas la felicidad y la desgracia? (134).

La excelente prosa del episodio trágico revela a una escritora adscrita a un romanticismo indiscutible, no sólo por la forma en que reflexiona sobre la frágil soledad de una mujer, sino también por la relatividad del dolor frente al corazón humano. Se trata de un pasaje ejemplar en el que Laura nos muestra, por medio de su personaje, la sensibilidad femenina y la ironía de la crueldad humana.

TRES RELATOS EN LAS CRÓNICAS DE LAURA:
MODERNIDAD Y TRADICIÓN

Pues bien, precisamente estos momentos dramáticos y románticos son trasladados y traducidos a lo que la autora considera crónica, género donde podemos vislumbrar una narrativa formalmente más moderna. Además de la serie de crónicas sobre ciudades y costumbres, escribió tres crónicas dedicadas al recuerdo de México y a sus memorias autobiográficas. En estos tres relatos muestra registros literarios distintos e intensos, ausentes del resto de sus crónicas, porque en ellos bordea entre la crónica, la prosa poética y el cuento; produce así narraciones de gran peso literario, que despliegan un estilo conciso pero fluido, diferente al de sus cuentos reconocidos, provocando el flujo de puras sensaciones. Me refiero a "El balcón y las ventanas", "¿Quién era don Gumersindo Morlote?" y "La neurastenia".

En estas tres crónicas, ensaya una suerte de prosa introspectiva —narraciones en primera persona— de corte sicológico, en la que claramente las consecuencias de su experiencia como viajera y cuentista se plasman de manera menos convencional, sin un propósito didáctico, pues, en todo caso, esa conciencia de maestra la adopta con otros valores; es mucho más subjetiva y sus analogías sirven para imprimir intensidad al relato. En efecto, ahí el recuerdo funciona como una especie de introspección que hipersensibiliza la prosa y plantea ambigüedades y sugerencias derivadas de su romanticismo. Si bien en las tres se revelan las repercusiones de la experiencia urbana como un proceso de secularización muy típico en la prosa y en la poesía modernistas, encontramos también, una vez más, los temas románticos del desengaño, la desesperanza, la soledad, la duda, la muerte ante el descubrimiento de sucesos y realidades categóricas y fatales en la vida de Laura.

En 1907, en una de sus primeras y mejores crónicas de la serie "Impresiones de viaje. Desde Europa", Laura documentaba su propia sensibilidad cuando en "El balcón y las ventanas" se hacía preguntas sobre el significado de esos mismos objetos arquitectónicos que reportaba, pero que, finalmente, la llevaban al misterio de las cosas en este mundo y a lo inexplicable de muchas cuestiones. Una vez más desde Berlín, se cuestionaba el porqué los balcones y las ventanas tenían otras repercusiones en ella cuando los comparaba con los de la Ciudad de México. Para ello, utilizaba la primera persona e introducía su yo lírico para desplegar una suerte de prosa poética: "Oh, balcones y ventanas que viví en mi memoria, unos con su palma como de oro a raíz del domingo de ramos, y luego deshonrada y envilecida por las moscas; otras cerradas y sin otro ornamento que la jaula del perico, ¿por qué habláis a mi corazón más dulcemente que éstos, dónde el rododendro asoma vistosos capullos por la reja dorada del barandal, y la propia se yergue ufana en mi maceta?" (237).

Pero estos recuerdos y evocaciones cobran un tono más dramático e intenso cuando la propia escritora evoca una experiencia de desengaño histórico y de plenitud, simultáneas. Rememora el Tlalmanalco de su infancia mediante el relato de un suceso en que cuenta la forma como había aprendido a leer, el cual también había representado el descubrimiento de la identidad de un general español responsable de crímenes monstruosos. En "¿Quién era don Gumersindo Morlote?", plantea esa combinación de elementos entre felices y amargos, de ternura y terror, relacionados con un recuerdo de plenitud infantil ante la llegada y desenmascaramiento de un forastero en plena Guerra de Reforma, cuando México "era un caos, una verdadera cena de negros" (266). En principio, Laura elabora un recuerdo impreciso asociado a un pueblo que más bien era entonces un lugar temible, un paso de forasteros en plena guerra; sin embargo, para ella Tlalmanalco también implica un remoto recuerdo de la infancia, con imágenes de un pueblo sencillo que no estaba asociado ni a la historia ni a la geografía. Para Laura ese pueblo vivía en sus recuerdos de una forma particular:

[...] un pedazo de río corriendo, al sesgo, por una plazuela cerrada por casas de aspecto bien menguado; unos cuantos árboles de follaje oscuro y triste, y, como única alegría, la luna retratándose en la corriente límpida. El río se colaba por debajo de un paredón sombrío, el ancho patio de mi casa, una gran fábrica de aguardiente y molino de trigo; allí ponía en movimiento a una gran rueda de cangilones colorados, que debe haber hecho en sus giros alguna cosa de provecho, aunque yo no supe jamás qué es lo que haría. Tenía yo cuatro años cumplidos; y como mi muñeca de hule tenía también colorado el vestido, la similitud de color con el de la rueda, fue lo único que me hizo fijar en ella la atención. También cuando volteaba, contando sus chorros, aprendí las primeras nociones del número (267).

Más allá de la plaza, del río, del molino y fábrica que constituían su casa, también recuerda el camposanto vecino con una sensación de miedo provocada por las historias que le contaban las niñas de la escuela (por ello muchas veces no había podido dormir). A pesar de las temporadas de continua revuelta, la escritora también evoca otros recuerdos de plenitud y felicidad, como el de las reuniones en la hacienda, con la presencia de su familia y amenizadas con música. Precisamente en una de éstas, la niña Laura conoce a un amigo español de sus padres, quien había llegado ahí para refugiarse durante la guerra. Dicho forastero, que para ella se llamaba Gumersindo Morlote, había conquistado la simpatía de los niños de la hacienda y, particularmente, el suyo. Sin embargo un día, mientras Laura jugaba sobre las rodillas de don Gumersindo, le desabotonó la camisa "y de un tirón le eché fuera la aletilla de la camisa, donde indiscretamente unas manos queridas habían bordado un nombre [...]" (268). Fue entonces cuando la niña gritó: "¡Mira, mamá! Aquí dice Marcelino Cobos" (*idem*), frase que reveló algo ignorado para la familia: que la niña ya había aprendido a leer. A continuación el relato remata: "Cuando, algunos años después, leí de corrido los pormenores del fusilamiento o mutilación, o lo que fue del bandido Marcelino Cobos, lloré mis primeras lágrimas por algo que no era la muñeca rota o el dulce no comido. Diga lo que quiera la historia, Marcelino Cobos, alias Gumersindo Morlote, fue un alma que dejó una grata emoción en la mía de niña" (*idem*). El desenmascaramiento era doble. Se trataba, por un lado, de la revelación, en edad más madura, de la verdad histórica acerca de dicho forastero: Marcelino Cobos (1825-1860), un militar español nacido en Manrese, muerto a manos del ejército republicano y cuya cabeza había sido paseada, como triunfal trofeo, por la Ciudad de México, en la Guerra de Reforma; este acto, en apariencia excesivo, era una venganza por las crueldades cometidas por el español contra los prisioneros republicanos. Por otro lado, Laura revela la presencia de un ser cariñoso en la etapa vital en que ella estaba aprendiendo a leer.

Me parece que la intensidad del relato está lograda, además, por la forma como reconstruye las escenas, así como por el orden y edición de los párrafos. Laura construye sus textos para generar un flujo de secuencias, como el propio río de Tlalmanalco, para después pasar la película de dicho suceso. Así, nos deja con un recuerdo electrizante, en donde con una ironía típicamente romántica —por el uso del desdoblamiento de las almas—, al final opta por quedarse con su recuerdo del personaje bondadoso, con lo cual desecha la historia verdadera. Se trata, una vez más, de un relato exento de moralismos o culpabilidades, en donde la autora logra trascender la carga histórica por medio de la narración de un drama personal a lo largo del tiempo. En otras palabras, mediante la estructura del relato y el carácter de su raíz lírica, supera los límites del tiempo y del espacio para hacerlos más universales, sin buscar instruir una lección histórica, sino procurando dejar el recuerdo en el juicio —alma, también— del lector.

Pues bien, este mecanismo lírico y de recargamiento de su prosa, fundado en el ritmo de un flujo de escenas y en la evidente disolución del género, entre la crónica y el relato, alcanza su expresión más alta en la última crónica que escribió mientras se preparaba para regresar a México, a una tierra que se encontraba en vísperas de la Revolución. Con la voz crítica de una pedagoga, madre, viuda, viajera y amante, en dicha crónica dejó posiblemente uno de sus relatos más personales, un cuento, pero también un texto que funcionó como una especie de anticuerpo ante su regreso a México. La crónica trata sobre un antiguo regreso a Maltrata cuando era una adolescente.

El texto, titulado "La neurastenia", narra su vuelta a ese lugar para asistir a la boda de un hermano. El cuento inicia de manera atípica en sus crónicas para crear el efecto de descenso: "Íbamos siempre descendiendo. Seguíamos una espiral alrededor de la montaña, que debía terminar en un hermoso valle [...]" (296). Inmediatamente después, Laura busca crear símiles de acuerdo con su experiencia de maestra, pero ahora elabora una imagen significativa, dirigida a acentuar su carácter estético, sinestésico, vertiginoso, como para subrayar el recargamiento y el estado febril de su ser sensible, una adolescente, al mismo tiempo que introduce el término —apenas en boga— con el que se identifica:

> En las afueras las labores, de trigo y de maíz, recortadas en caprichosas figuras, parecían el escarabajeo de una pizarra en que un chico hubiese ensayado sus conocimientos geométricos. Entre sementera y sementera, se extendían indefinidos por la distancia, los paralelos de la vía férrea, sobre los que serpenteaba un tren envuelto en humo, que pronto debía emprender la subida a las cumbres. Nos esperaban. A mí, como a la poetisa Mitilene, nos atraían el abismo y la muerte. Era yo decididamente un neurópata (*idem*).

Lo importante era crear el efecto de su estado de ánimo, su sensibilidad potencializada, plena pero amarga, a través de aquello que llevaba desde nacimiento, desde sus primeros versos, pero que se expresaba de una manera distinta conforme avanzaba en edad y en su experiencia en la ciudad:

> A los veinticuatro años de edad no se asiste a una boda como a un entierro, con el corazón pellizcado y las nublazones de la melancolía, ennegreciendo la mente.

Pues ése era mi estado habitual, mi modo de ser ordinario. La sangre ardiente de la juventud se me helaba al contacto del muerto que llevaba yo o sentía llevar dentro. Sin motivo se me llenaban los ojos de agua. Unas veces me atosigaba el dolor por las flores pisadas, por los animales sacrificados a la utilidad común, por la materia inconsciente de su existir; las hermosas flores que ignoran lo grato de su perfume, las fúlgidas estrellas que no saben que brillan. Otras ocasiones se apoderaba de mi ser lo sombrío y me animaba espíritu destructor (*idem*).

Con estas líneas, Laura prosigue su relato para describir su agradecimiento al padre adoptivo, su apego y cariño: "El amor a los míos, la gratitud hacia el hombre generoso que había hecho de mi orfandad un derecho a la compasión y al cariño, y llevándome a su hogar me había amparado y sacado a hombre de provecho, llenaban mi corazón y me compensaban de las desabrideces que a menudo me hacían sentir el egoísmo y la crueldad humana" (298). Entonces la escritora cuenta que el padre había convocado al hermano y a la poeta para comunicarles cómo sería la repartición de sus bienes. El padre le dejaba todo al varón y, para sorpresa de Laura, a ella no sólo le notificaba que no le heredaría nada, sino que le daba una razón injusta, ofensiva: puesto que era una mujer, tenía el riesgo de perder todo. Desengañada, ultrajada por esa bondad apenas reconocida, resentida hacia el padre, terminaba: "De regreso a la ciudad, di un puntapié al cariñoso perro que salía a despedirme hasta las puertas de la hacienda, de donde salí escapando como un bandido. Jamás me pareció tan insufrible la greguería de los jilgueros posados en los liquidámbares. / ¡Oh!, ¡qué recuerdo tan pesaroso!" (*idem*).

Sin duda, estas dos últimas crónicas representan un punto extremo dentro de la prosa de Laura. Son dos relatos que ella misma desechó, acaso por estar dentro de los más autobiográficos y personales del taller íntimo de su escritura; además, no se adecuaban a sus otros cuentos, los cuales poseen una estructura tradicional.

Para concluir, se podría plantear que una de las causas del tardío rescate de la obra de Laura Méndez de Cuenca radicaría en que su visión como narradora combina elementos singulares que, para la época, tal vez resultaron desfasados. Se trata de una autora mexicana que mantuvo un romanticismo profundo en sus temas, pero que fue cauta ante los ismos literarios. Asimismo, con frecuencia su mirada estuvo sujeta a una conciencia pedagógica moderna y a un liberalismo tradicional, aspectos que repercutieron en la adopción de un espíritu literario más moderado. Sin embargo, como hemos visto, en su factura literaria ella también desplegó un registro más amplio; y por las crónicas aquí revisadas, ofrece, además, registros de una modernidad intachable, digna de suscribirse en la mejor tradición de la narrativa mexicana.

BIBLIOGRAFÍA

ACUÑA, Manuel. 2000. "A Laura", en *Obras: poesía y prosa*, ed., pról. y notas José Luis Martínez. Factoría Ediciones, México, pp. 59-62.

"Cartas de Laura Méndez de Cuenca a Enrique de Olavarría y Ferrari". 2003. *Literatura Mexicana*, vol. XIV, núm. 1, pp. 249-287.

MÉNDEZ DE CUENCA, Laura. 1984. "Bañada en lágrimas (1875)", en *La pasión a solas*, selec., pról. y notas Raúl Cáceres Carenzo. Gobierno del Estado de México (*Clásicos del Estado de México*), Toluca, pp. 22-24.

——. 1993. *Simplezas* (1890). Premiá Editora-INBA (*La Matraca*, 20), México.

——. 2006. *Impresiones de una mujer a solas*, selec. y estudio prel. Pablo Mora. FCE-Fundación para las Letras Mexicanas-UNAM (*Biblioteca Americana. Viajes al Siglo XIX*), México.

OLAVARRÍA Y FERRARI, Enrique de. 1878. *Poesías líricas mejicanas de Isabel Prieto, Rosas, Sierra, Altamirano, Flores, Riva Palacio, Prieto y otros autores*. Imp. de Aribau y Ca., Madrid.

SÁNCHEZ SÁNCHEZ, Roberto. 2009. *"Simplezas" y otros cuentos*. Tesis de Maestría, Universidad Nacional Autónoma de México, México.

FEDERICO GAMBOA, ESCRITOR DEL PORFIRIATO

Javier Ordiz

Universidad de León, España

La valoración de la obra de Federico Gamboa (1864-1939) ha sido muy desigual a lo largo del último siglo. Consagrado en vida como el mejor narrador mexicano de todos los tiempos, debido sobre todo al éxito espectacular de *Santa*, su fama y prestigio decayeron de forma considerable después de su muerte. Ya en 1947, transcurridos apenas ocho años del fallecimiento del autor, Mariano Azuela dejaba constancia del cambio de sensibilidad hacia su ilustre antepasado, que a su juicio era evidente entre los nuevos escritores del momento. Azuela aludía a la "pobreza de psicólogo" (1960: 650) de Gamboa, criticaba la "mescolanza de gazmoñería y sensualismo" (652) de sus relatos, lo consideraba "pobrísimo como buceador de almas" (653) y remataba el comentario mencionando el "desarrollo desigual y contradictorio" (656) de sus ideas. Tiempo después, en 1965, Carlos Landeros realizó una encuesta cuya mención se ha convertido ya en un tópico reiterado de la crítica gamboana, en la que algunos de los novelistas más renombrados de la época opinaban sobre la obra de su antecesor. Los resultados de ésta no pudieron ser más esclarecedores: oscilaron entre la indiferencia que mostraron autores como Juan José Arreola o Rosario Castellanos, que simplemente reconocieron no haber leído a Gamboa, la abierta hostilidad de otros como Elena Garro, que lo calificaba de "abuelo nefasto", o la ironía un tanto despreciativa que destilaba la famosa frase de Carlos Fuentes: "No sé nada de él. Es como si me hablaran de un general de los hititas. No tengo nada que decir..." (Landeros 1965: vi).

Las razones de este olvido, cuando no de la abierta aversión, que a lo largo del siglo XX algunos intelectuales han expresado hacia Gamboa, responden a motivos muy diversos que, en líneas generales, tienen como denominador común la identificación de su figura con una etapa histórica que fue particularmente denostada después del triunfo de la Revolución. El cambio de régimen nacido de la revuelta, unido a los aires renovadores que pronto empezaron a percibirse en la narrativa del país, dejaron a Gamboa situado, a los ojos de las nuevas generaciones, en un pasado del que la mayoría renegaba, tanto en un sentido político como artístico.

Esta corriente de opinión mayoritariamente negativa entre los creadores, que se puede advertir hasta fechas recientes (por ejemplo, la imagen de *Santa* que en 1999 ofrece Cristina Rivera Garza en su novela *Nadie me verá llorar*), no ha concitado sin embargo tantos adeptos en el terreno de la crítica, donde algunos sectores han seguido destacando a Gamboa no sólo como uno de los representantes de mayor relevancia del canon realista-naturalista en Hispanoamérica, sino también como un autor que en su día abrió caminos por los que transitarían las letras del continente en el futuro (Alegría 1966; García Barragán 1971; Brushwood 1973). Los estudios sobre este escritor han cobrado renovado vigor en los últimos años, en particular, a raíz de la conmemoración del centenario de la publicación de *Santa* en el año 2003. Merecen especial mención la monografía de Manuel Prendes Guardiola, *La novela naturalista de Federico Gamboa* (2002), la edición crítica de Santa publicada también en 2002 por la editorial Cátedra, o el volumen colectivo editado por Rafael Olea Franco titulado *Santa, Santa nuestra* (2005), que recoge las contribuciones aportadas en un congreso internacional sobre esta novela celebrado en enero de 2003.

En el recorrido por la creación literaria y la personalidad de Federico Gamboa que llevo a cabo en estas páginas, me propongo en primera instancia destacar los aspectos más relevantes de la trayectoria vital y del pensamiento del autor, para más tarde centrarme en tres apartados concretos que, a mi entender, permiten ofrecer una visión genérica de su narrativa tanto en su vertiente temática como formal. Por la importancia de *Santa*, cuya fama y popularidad han eclipsado a otros textos de Gamboa, esta novela se convertirá en referencia principal de los comentarios.

VIDA Y PENSAMIENTO DE FEDERICO GAMBOA

La mayor parte de los avatares biográficos de Gamboa se recogen con desigual incidencia y extensión en su amplia obra autobiográfica, que se compone de un libro de juventud, *Impresiones y recuerdos*, publicado en 1893, cuando Federico contaba con apenas 28 años, y los siete volúmenes de que consta *Mi diario*, de los cuales los cinco primeros aparecieron en vida de su autor (los imprimió íntegros en 1995 el Consejo Nacional para la Cultura y las Artes).

El contenido de *Impresiones y recuerdos* se desgrana en 17 capítulos concebidos a modo de narraciones breves e independientes entre sí, que se centran en algún episodio de la vida del escritor y se distribuyen en orden cronológico. Estamos probablemente ante las páginas más frescas y espontáneas de Gamboa, escritas en un momento en que su imagen pública no ha logrado aún reprimir la expresión de sus sentimientos más profundos. El autor, en un tono a veces cercano a la confesión intimista, nos hace partícipes de sus esperanzas, deseos y problemas de adolescente, nos pone al corriente de sus gustos literarios, relata los sinsabores de su trabajo como escribiente en un juzgado —una experiencia que tendrá más tarde su reflejo en *Suprema ley*— y además no ahorra detalles a la hora de contarnos su afición por los ambientes de prostitución. Los personajes principales de *Santa* se van perfilando en estas aventuras nocturnas del autor, y en particular la historia de la desgraciada muchacha de Chimalistac se aproxima a las de dos meretrices, Carlota y Margarita, que dejaron honda huella en el entonces joven Gamboa.

En los diferentes tomos de *Mi diario*, que Gamboa comienza a escribir en 1892, cambian de forma notable tanto la estructura como el tono de la narración. Nos encontramos ahora con una composición en la que se suceden fragmentos de extensión muy variable, que llevan una indicación cronológica precisa y que refieren básicamente aspectos de la actividad pública y profesional del escritor. Las páginas de *Mi diario* recogen entrevistas con tal o cual político o intelectual, detalles de sus a veces delicadas misiones como diplomático y embajador de su país, y retazos de gran interés sobre episodios trascendentales de la historia de México, como los relativos al triunfo de la Revolución y la huida del presidente de la capital, que el escritor vivió en primera fila en su calidad de alto funcionario.

Gamboa no desaprovecha tampoco la ocasión de poner al lector al corriente de sus convicciones políticas. En el ideario que va desgranando a lo largo de los distintos volúmenes, se muestra en conjunto como un nacionalista conservador, crítico con todo lo que suene a modernidad e influencia extranjera, en particular la procedente de Estados Unidos, y como un defensor a ultranza de los valores e instituciones sobre los que considera asentada la identidad de México: la religión y la familia. Más adelante se verá la importancia de estas ideas a la hora de establecer el trasfondo ideológico de su narrativa y los conflictos que ésta plantea.

De regreso a México en 1919, después de unos años de exilio en Cuba motivado por su oposición al régimen político del momento, los diarios de Gamboa se tiñen de nostalgia, decepción y crítica. Nostalgia de un tiempo pasado, el de Porfirio Díaz, que considera como el más provechoso en la historia del país; decepción al comprobar que los servicios que había prestado a la nación no le eran reconocidos ni recompensados (de hecho, el gobierno rechaza su solicitud para recibir la pensión como antiguo funcionario), y crítica generalizada hacia los nuevos gobernantes y los acontecimientos internacionales, todo ello salpicado por un tono habitualmente preñado de quejas y autocompasión. En general, el escritor se siente ajeno a los cambios y transformaciones de una época que, lejos de intentar comprender, considera como un ejemplo de decadencia. Los nexos entre la generación de Gamboa y las que le siguieron constituyen una historia de incomprensiones mutuas.

La obra narrativa de Federico Gamboa:
cronología y temas principales

El primer libro de Gamboa, *Del natural* (1889), se compone de un total de cinco narraciones breves. Destaca entre ellas el relato "¡Vendía cerillos!", el favorito del novelista según nos informa Hooker (1971: 17), en el que ya se hacen palpables las preocupaciones del autor por la vida en los barrios bajos de la capital y donde también aparece perfilada por vez primera la figura de la prostituta.

Las tres novelas que siguen a este volumen, *Apariencias* (1892), *Suprema ley* (1896) y *Metamorfosis* (1899), responden plenamente a la intención que el autor manifiesta en *Impresiones y recuerdos*: convertir el conflicto amoroso en el eje central de todos sus entramados ficcionales (Gamboa 1994: 154).

En *Apariencias* el tema del adulterio se presenta como el motor principal de la acción. Pedro, un joven abogado a quien don Luis Verde había acogido de niño en su casa tras quedar huérfano, se enamora sin remedio de la joven esposa de éste, que no tarda en corresponderle. Ni los remordimientos ni las posibles consecuencias que sus actos pueden acarrear detienen a los jóvenes, quienes finalmente son descubiertos por don Luis, que en lugar de tomarse una venganza de forma violenta, decide dejarles "la vida como castigo" (Gamboa 1965: 223).[1]

Un tema similar, aunque con distinto tratamiento, se repite en *Suprema ley*, cuyo protagonista, Julio Ortegal, se enamora de Clotilde, una mujer acusada de haber matado a su amante; él abandona a su esposa e hijos para vivir con ella una pasión no exenta de dudas y remordimientos. Cuando Clotilde, decidida a cambiar de vida, da por terminada la relación, Julio muere a causa de una enfermedad tuberculosa, lo cual le impide cumplir el deseo de regresar con su familia.

El estudio de los estragos que causa la pasión llega a su punto más extremo y escabroso en *Metamorfosis*, que narra también una historia de amor pecaminosa, con la particularidad de que en este caso la contraparte femenina es una monja, sor Noeline, quien después de las consabidas luchas internas resuelve, en la escena final del relato, entregarse a su pretendiente, el rico viudo Rafael Bello.

Aunque los conflictos de índole amorosa siguen teniendo un protagonismo destacado en su obra, a partir de *Santa* (1903) el propósito principal de Gamboa se centrará en concienciar al lector sobre la necesidad de llevar a cabo una regeneración moral y política del país. Como señala el narrador en

---

[1] En *Impresiones y recuerdos* Gamboa explica así este final: "Desde un principio perseguí un propósito, demostrar que el castigo del adulterio existe dentro del adulterio mismo" (Gamboa 1994: 149).

las largas digresiones con las que introduce su voz en *Reconquista*, esta misión requiere de la guía y tutela de los intelectuales, que deben crear un tipo de "arte [...] apóstol" (1965: 1092), comprometido con la realidad y con finalidad didáctica, que opone a ese "arte inútil [...] para los iniciados" propio de una "aristocracia intelectual" (1093), en clara referencia al mensaje, para él vacío, del modernismo. *Santa* marca también el inicio de una evolución en la narrativa del autor, desde el pesimismo naturalista de sus orígenes hasta el optimismo idealista de que hace gala en estos relatos, donde los conflictos de los personajes, siempre relacionados con la realidad de México, acaban encontrando solución.[2] El simbolismo religioso se hace asimismo mucho más presente en su narrativa a partir de esta novela, cuyo proceso de escritura concluye poco antes de la declaración de fe renovada registrada por el autor en sus diarios: "¡Creo!... ¡creo!.. Apenas si hay que arrancar ortigas menudas, que aún persisten en crecer y reproducirse [...] pero el dogma, lo fundamental e inconmovible, impera y reina, me ha reconquistado..." (Gamboa 1995: III, 90).

Santa cuenta la historia de una muchacha que reside en un pueblo cercano a la capital, Chimalistac, quien después de ser engañada por un alférez y abortar fortuitamente, es expulsada de su casa, por lo que decide dirigirse a la gran ciudad para ejercer la prostitución. En este nuevo espacio, Santa se convierte de inmediato en el principal objeto de deseo de los varones más acomodados, mientras el ciego y físicamente detestable Hipólito, pianista del burdel donde la joven trabaja, siente un creciente amor por ella. Después de un tiempo amancebada, primero con el torero español Jarameño y más tarde con el rico burgués Rubio, la enfermedad que aqueja a la muchacha le hace perder su antigua belleza y la empuja a una vida de degradación por los tugurios más sórdidos de la ciudad. Santa muere después de una operación desesperada que no logra atajar el cáncer cérvico-uterino que padece. Sin embargo, en sus últimos días la joven vive una historia de amor platónico con Hipólito, la cual, junto con su sufrimiento, parece redimir en este tramo final de la historia al personaje, como sugieren su entierro en su edén particular de Chimalistac y la oración del ciego con que finaliza el relato.

Las preocupaciones de índole religiosa y político-social se hacen más evidentes y explícitas en *Reconquista*, novela que cuenta la historia del pintor Salvador Arteaga, quien vive una existencia viciosa y disoluta en la capital mexicana hasta que una crisis personal, derivada de un accidente en el que está a punto de perder la vida, le hace recobrar su fe en Dios y lo convierte en un hombre nuevo.

[2] Es una evolución similar a la que había experimentado uno de los grandes maestros de Gamboa, León Tolstoi, cuya novela *Resurrección* (1899) supone una de las influencias más directas de *Santa*.

La llaga (1913), por su parte, narra el proceso de reinserción social de un ex presidiario de San Juan de Ulúa, de nombre Eulalio, argumento que sirve a Gamboa para dar rienda suelta, como en ninguna de sus anteriores novelas, a su visión crítica de la sociedad mexicana del momento y de las lacras que la caracterizan.

El último de los relatos de Gamboa, *El evangelista* (1922), apenas tratado ni considerado por la crítica —de hecho no se incluye en la edición de *Obras completas* del Fondo de Cultura Económica— es, como reza el subtítulo, una novelita de "costumbres mexicanas" que cuenta la historia de un antiguo soldado de Maximiliano que se gana la vida escribiendo para el pueblo iletrado.

El conflicto principal que, como se ha visto, plantean las tres primeras novelas de Gamboa, se basa en la "irrupción", en medio de un ambiente "estable", de una pasión amorosa que acaba por dominar a los protagonistas y los lleva no sólo a traicionar lealtades personales, sino también a transgredir las normas básicas de instituciones tan importantes para el orden social como el matrimonio o la Iglesia. Con el cambio de siglo, otros asuntos, como la religión, la política o la sociedad, empiezan a dominar con mayor fuerza y presencia el imaginario del autor. En torno a estos dos ejes, que me propongo tratar a continuación, se articulan la mayor parte de los temas, ambientes y personajes de la narrativa de Gamboa.[3]

AMOR, PASIÓN E INSTINTO EN LOS RELATOS DE GAMBOA

El tratamiento del tema amoroso en los relatos anteriores a *Santa* se encuentra claramente influido por las tesis naturalistas propias de la época. Para Émile Zola y sus herederos literarios, las relaciones entre hombre y mujer están determinadas por la presencia latente o manifiesta de ciertos instintos primarios; cuando éstos se desbocan, arrollan a su paso cualquier tipo de norma "civilizada". La especulación naturalista en este aspecto se acerca de forma notable a las teorías sobre las caras "visible" y "oculta" del ser humano que desarrollará tiempo más tarde la escuela psicoanalítica; en esta línea, los personajes de Gamboa experimentan una lucha interna entre esa parte des-

[3] Gamboa fue también un dramaturgo de cierto éxito. En 1894 estrenó *La última campaña*, una pieza que destaca por su factura clásica, su estilo sencillo y su pintura de caracteres (Hooker 1971: 14), en especial la del personaje central, don Antonio, un viejo coronel que se convierte en memoria viva de las campañas contra los invasores extranjeros de México. De 1905 data *La venganza de la gleba*, un drama de corte social donde Gamboa censura las desigualdades e injusticias del Porfiriato en un tono similar al que emplea en sus novelas de la época. La tercera pieza de relevancia, *Entre hermanos*, se estrena en 1928 y supone una visión crítica de la Revolución Mexicana. Ya de tono menor son el monólogo *Divertirse* (1905) o el drama *A buena cuenta* (1907).

conocida de su mente, sobre la que no tienen control, y su razón lógica, consciente, que les permite ver con claridad no sólo los peligros personales sino también la transgresión social que supondría ceder a las tentaciones de esos "demonios" interiores que se presentan habitualmente bajo la forma de deseo sexual. Éste es de hecho el conflicto principal de *Apariencias*, donde los jóvenes protagonistas se debaten a lo largo del relato entre sus deberes de amor y respeto hacia don Luis y el irresistible poder de sus instintos. Algo parecido puede decirse en el caso de sor Noeline, de *Metamorfosis*, cuyos extraños desasosiegos, que ella no es capaz de comprender de forma racional, tienen su origen en el oculto o no reconocido deseo hacia Rafael, que se manifiesta en sueños de contenido sexual (Gamboa 1965: 636). La tenaz resistencia de los personajes ante el poder de ese instinto-pasión será a la postre infructuosa, y tanto antes como después de la consumación física, viven esta experiencia como un acontecimiento doloroso y traumático.

La situación, sin embargo, no resulta la misma en el hombre y en la mujer. El personaje masculino de los relatos de Gamboa es, sobre todo en sus primeras obras, un ser dominado principalmente por sus ocultas pasiones a la hora de relacionarse con el otro sexo. Al modo naturalista, en muchos casos el narrador parece exculpar al varón de toda responsabilidad individual en sus escarceos, e incluso en sus excesos sexuales, debido a que, en la mayoría de los casos, su voluntad no puede imponerse a sus imperativos fisiológicos. La verdadera naturaleza de la pasión inicial del hombre que corteja a la mujer con palabras de amor y promesas de matrimonio (*Santa*, *Reconquista*) o que incluso cree tener hacia ella un sentimiento puro e idealista (*Apariencias*), queda realmente al descubierto con el desinterés, el desencanto e incluso el hastío que a menudo le invade después de consumados su deseos. Gamboa no ofrece hasta *Santa* el contrapunto a esta pasión irrefrenable: el amor puro y sincero, que se rige por las normas del catolicismo y excluye la relación física no "santificada" por el matrimonio, y que resulta vencedor en su pugna con el instinto en *Santa* (en el caso de Hipólito), *Reconquista* (a partir del momento de la "conversión" de Salvador), y sobre todo *La llaga*, en cuyos momentos finales Eulalio vive en castidad su relación con Nieves, a la espera de un futuro enlace nupcial.

La mujer, por su parte, aparece dibujada en los relatos de Gamboa con trazos mucho menos firmes. El novelista no pierde ocasión en sus relatos para destacar lo que considera inferioridad intelectual de las mujeres, a las que, como señala Manuel Prendes, caracteriza como "naturalmente inestables, tendentes a la neurosis, inseguras. Y, también, volubles, coquetas y con una innata capacidad para el disimulo" (2002: 146). El personaje femenino de estas tramas vive en general la historia de una forma más pasiva que su contraparte masculina, aunque una vez que ella ha cedido, no sin notables resistencias, a las pretensiones del hombre, se deja llevar también por sus instintos. En este caso, sin embargo, su entrega no se encuentra tan motivada por la satisfacción física como por el imperativo fisiológico de la maternidad, principal objetivo y función de la mujer, en opinión de Gamboa. Así lo manifiesta Salvador en *Reconquista*, con su particular reflexión sobre la psicología femenina: "Ella, al darse, persigue y cumple su misión esencial de maternidad, de ser que lleva en sus entrañas los gérmenes de un mundo, sus hijos y los hijos de sus hijos, por siglos, por milenios... ¡Nosotros, sólo perseguimos un instante del placer más vecino de la muerte!" (1965: 1009).

El tema se plantea de forma especial en *Metamorfosis*, donde asistimos al proceso que conduce a sor Noeline a descubrir que antes que monja, es una mujer con debilidades y deseos. El hecho de que el narrador, al referir la historia de la joven, sugiera que su ingreso en el convento fue provocado más por sus necesidades económicas que por una verdadera vocación, contribuye a suavizar un tanto la gravedad del asunto, el cual en parte deriva hacia una crítica a la escasez de oportunidades laborales y posibilidades de independencia que tenía la mujer durante el Porfiriato. Como señala Hooker: "no es justo encerrar a una mujer en un convento porque no tiene dote para casarse" (1971: 99).

Aparte de describir con mayor o menor acierto y profundidad sus procesos internos, Gamboa también analiza los efectos que desencadena la mujer en el imaginario masculino. De nuevo en los aledaños de la prédica naturalista, el narrador alude a la necesidad de atracción que a su juicio es inherente a la fisiología femenina, y de hecho en ocasiones reprocha a sus personajes que no sean conscientes del poder que su sexo les otorga sobre los hombres o, por el contrario, que jueguen claramente las bazas del deseo y la provocación en su relación con los personajes masculinos. La figura de Eva, imagen inequívoca de la mujer "tentadora" en la tradición bíblica, se impone en la mente de Julio, en *Suprema ley*, cuando reflexiona acerca de su relación con Clotilde: "Se comparó a Adán, quien, hombre al fin, no vaciló entre la mujer y el Paraíso; entre la excelsa serenidad de que habría gozado por los siglos de los siglos, si con cordura se maneja, y los instantes de pasionales tormentos por que prefirió pasar, antes que renunciar a las ardientes y paradisíacas caricias de Eva, provocativa y deslumbrante en su virgínea desnudez" (1965: 343).

El arquetipo de la hembra seductora que domina al hombre merced al poder que su sexo le otorga, encuentra su mayor expresión en la figura de la prostituta, un oficio que, como se ha visto, Gamboa conoció de primera mano y cuyas características plasmó en varios de sus relatos y en particular en el personaje de Santa, sin duda la prostituta más famosa de las letras latinoamericanas.

La prostituta es un personaje recurrente en la narrativa del siglo XIX. Su presencia comienza a hacerse perceptible en la época romántica, pero serán sobre todo los naturalistas, preocupados por ofrecer una imagen de los aspectos menos amables de la realidad, los que construyan un perfil psicológico más acabado del personaje y se alejen de la contemplación idealista y compasiva que habían hecho sus antecesores. Zola y sus acólitos indagan en los motivos que, a nivel personal, impulsan a las mujeres a ejercer este oficio, al que presentan de forma invariable como un factor dañino para el orden social vigente, y cuya práctica atribuyen a menudo a una desviación patológica del carácter femenino, que en otros individuos conduciría al crimen o al alcoholismo.[4]

Naná, protagonista de la novela de Zola del mismo nombre, se convierte en el modelo de la prostituta naturalista, y por tanto en punto de referencia obligado de todo estudio comparativo. En líneas generales, la crítica sobre Santa ha tendido a destacar, por encima de las posibles y ocasionales similitudes entre la joven mexicana y la cortesana francesa, los rasgos que diferencian su historia y su carácter.[5] Al margen de detalles concretos, resulta sobre todo evidente la distinta perspectiva que adoptan los narradores respectivos a la hora de juzgar a sus personajes: mientras que en Naná es palpable la distancia y la escasa empatía con que Zola contempla a su protagonista, convertida en profesional del vicio por ineludible herencia familiar, en Santa destacan la comprensión, la simpatía y hasta el cariño con que Gamboa transmite la historia de la desgraciada campesina engañada; un tratamiento que, por otra parte, es común a otras novelas hispanoamericanas de la época con tema similar, como Música sentimental (1884) de Eugenio Cambaceres, Garduña (1896) de Manuel Zeno Gandía, Juana Lucero (1902) de Augusto D'Halmar o María Luisa (1907) de Mariano Azuela. Frente a sus colegas franceses, los escritores latinoamericanos de la época tienden a contemplar a la prostituta más como víctima de una sociedad injusta y corrupta que como un agente de destrucción del orden y la armonía sociales.

Esa imagen compasiva y hasta amable de la prostituta que predomina en la obra de Gamboa, se percibe de forma especial en el caso de Santa, una joven pueblerina engañada por un varón, la cual acaba sufriendo en sus carnes las consecuencias de transgredir las normas de conducta que se presuponían en la época para una muchacha "decente". Sus deseos de autocastigo y venganza contra los hombres la empujan en primera instancia al mundo de la prostitución, pero una vez instalada en él, Santa experimenta con satisfacción el poder que su sexo le otorga (Fernández-Levin 1997: 92). La subversión

[4] En este sentido, tuvieron una gran influencia las tesis sobre la "mujer delincuente" del criminólogo italiano Cesare Lombroso, un autor al que se menciona de forma explícita en Santa (2002: 289).

[5] Entre las contribuciones más recientes al tema, cabe señalar el artículo de Álvaro Uribe "Historia de dos beldades" (2005: 241-253) y el de Lourdes Franco Bagnouls "Guiños espaciales entre Santa y Naná" (2005: 255-261).

del orden social que se opera en estos ambientes prostibularios, donde la otrora campesina tiene rendidos a sus pies a los caballeros más acomodados de la capital, ejerce una particular fascinación en la mente de la ingenua e inculta muchacha que, como apunta el narrador, se deja llevar por "el naturalísimo deslumbramiento que ejerce en ánimo de plebeyo origen el calcularse igual al antiguo señor respetado" (2002: 181). Esta sensación de dominio de la joven, así como su deseo no del todo consciente de hundirse hasta el fondo en su propia depravación moral para "expiar" su culpa, parecen ser los principales motivos que la mantienen en su oficio. También en estas razones se podría encontrar la explicación de uno de los episodios en principio más ambiguos del relato: el torero Jarameño, que trata siempre a Santa con gran respeto y delicadeza (e incluso lo seguirá haciendo hasta poco antes de su muerte), aparta a la joven del burdel y la lleva consigo a la pensión La Guipuzcoana, donde con el tiempo la muchacha empieza echar de menos el ejercicio de ese poder sobre los hombres. El engaño al Jarameño con Ripoll, un insignificante inquilino de la pensión, no deja de ser una excusa para regresar a su antiguo trono de "emperatriz" de la noche.

Gamboa nunca llega a hacer responsable a Santa de su situación, pues a lo largo del relato trata más bien de explicar, e incluso de justificar, las decisiones de la muchacha, cuyo destino se halla marcado a la postre no por un carácter vicioso o una educación equivocada, sino por un error derivado de su propia ingenuidad de adolescente. Las fuertes convicciones morales y religiosas de su infancia asaltan ocasionalmente el pensamiento de la joven y provocan, además de conatos de arrepentimiento, una profunda nostalgia del "paraíso" en que transcurrió su niñez. Los momentos de sufrimiento y las circunstancias de su muerte contribuyen a acrecentar la lástima y la simpatía del lector, que "absuelve" finalmente al personaje.

POLÍTICA, SOCIEDAD Y RELIGIÓN EN LA OBRA DE GAMBOA

Como se aprecia en sus datos biográficos, Federico Gamboa fue un decidido admirador del general Porfirio Díaz, al que sirvió como representante diplomático en diversos destinos y a cuya figura dedicó encendidos elogios en sus escritos autobiográficos. Este apoyo, sin embargo, no le hizo obviar la crítica hacia algunos aspectos del sistema político, que en la recta final del Porfiriato se encontraba dominado por el llamado grupo de los "científicos", con el que el ala conservadora del régimen, a la que pertenecía Gamboa, se encontraba en abierta discrepancia. El ideario positivista que impregnaba las acciones de gobierno, el cual implicaba, entre otras cosas, el desamparo de los menos favorecidos o la orientación laica del sistema educativo, chocó con las firmes convicciones católicas y la sensibilidad social de Gamboa; por ello en sus novelas, y particularmente a partir de *Santa*, dejará constancia de la situación de desarme moral en que a su juicio vivía el país —y de forma primordial la capital—, y dedicará una parte sustancial de sus relatos a describir el ambiente de exclusión social en que malvivía un amplio colectivo de la sociedad de la época; como afirma Pacheco al referirse a varias novelas de Gamboa de este periodo: "Sobre los monumentos del Porfiriato se insinúan las grietas de su ruina" (1995: xii).

Las críticas del escritor se dirigen también hacia los efectos, a su juicio perniciosos, de una modernidad que, alentada asimismo por las erróneas directrices gubernamentales, entrañaba para él un claro riesgo de olvido de los rasgos de identidad cultural de México en aras de la imitación extranjera y en particular de Estados Unidos, cuya creciente presencia en el país define Salvador en *Reconquista* como una "invasión [...] lenta, sin entrañas, corruptora" (1965: 1087).[6] Leopoldo Zea resume así los planes educativos que tanto rechazo suscitan en nuestro autor:

> La educación positiva fue una educación tendente a desarraigar de los mexicanos lo que consideraban defectos heredados de la raza latina, a la cual pertenecían. Había que hacer de los mexicanos hombres con la capacidad de creación material de los sajones. México ... Por temor a la raza sajona, se sajonizó, abandonando las aptitudes más propias de lo que consideraba su raza (1968: 308).

En su obra narrativa y autobiográfica, Gamboa dejó plasmada tanto su visión negativa de la gran ciudad, donde más claramente advertía los efectos desastrosos que estaban provocando esas políticas equivocadas, como su predilección hacia las zonas rurales, a su juicio todavía no "contaminadas" por los aires de modernidad, y donde aún se conservaba la esencia tradicional del país. El contraste entre ambos espacios se convertirá en una de las constantes de toda su obra.

Uno de principales rasgos renovadores de las novelas de Gamboa reside en el protagonismo, prácticamente desconocido hasta la fecha, que en ellas adquiere la Ciudad de México (Curiel 2005: 59) y que prefigura la importancia que la gran urbe desempeñará en la narrativa hispanoamericana del siglo XX. Desde sus primeros relatos, se percibe su interés por trazar una imagen detallada de una capital en proceso de expansión. De la mano de los personajes recorremos sus calles, sus barrios —tanto los acomodados como los de

---

[6] La pretensión del sector mayoritario del Porfiriato de imitar el modelo estadounidense como base del futuro desarrollo del país, es duramente criticada por Gamboa en la serie de artículos que escribió durante su estancia en Washington, como diplomático, entre 1903 y 1904; estos ensayos, que se recogen en el tomo III de su Diario, están dedicados "a nuestros políticos y sociólogos, predicadores de que Hispanoamérica debería ser un trasunto de los Estados Unidos" (1995: III, 181).

"mala vida"—, visitamos los establecimientos más populares del momento y asistimos a sus fiestas y celebraciones más señaladas. Durante el día, la ciudad rebosa de movimiento y energía, y el narrador se detiene con frecuencia en la descripción de cuadros costumbristas que dan fe de la vitalidad de la urbe. Este México por donde desfilan burgueses ociosos, obreros de las fábricas, panaderos, cocheros o niñeras, representa la cara más amable de una ciudad que también cuenta con bolsas de miseria que el autor sabe retratar con precisión y dramatismo. Estos ambientes de marginalidad, enfermedad y violencia, adquieren creciente protagonismo en las páginas de Gamboa hasta dominar casi por completo su penúltima novela, *La llaga*, centrada principalmente en la denuncia de esas condiciones, en las que malvive buena parte de la población y de las que hace responsables de forma directa a "las autoridades, que hacía siglos pasan y pasan junto al pueblo, y no acaban de abrirle los brazos, ni le reconocen todos sus derechos, y en las guerras lo mutilan, y en la paz lo menosprecian... Los cómplices eran los ricos, los detentadores de los bienestares temporales, de los dineros y las industrias" (1965: 1358).

La capital es también el espacio donde se han desarrollado con más éxito los planes educativos del gobierno, cuyo propósito de eliminar de la escuela todo rastro de moral religiosa ha dado como resultado, en opinión de Gamboa, una sociedad dominada por el egoísmo y carente de todo tipo de sensibilidad humana. La negativa transformación que experimenta un personaje que, procedente del campo, se asienta en la ciudad, se convierte así en un tema reiterado en los relatos del autor. En *Apariencias*, Pedro recibe, a su llegada a la capital, una educación laica y racionalista que acaba con las creencias de su infancia rural, "llenas de recuerdos santos, de figuras veneradas que prometen venturas sin límites y dicha sin horizontes" (Gamboa 1965: 61). Aunque este motivo no adquiere la presencia y el desarrollo visibles en novelas posteriores, la ausencia de una moral religiosa se convierte en uno de los factores que a la postre contribuyen a explicar el engaño y la traición de Pedro contra el hombre que lo recogió de niño y lo cuidó como hijo propio.

Este proceso se muestra con detalle en *Reconquista*. Salvador, quien llega a la gran ciudad procedente de un campo idílico, recibe enseñanzas en las escuelas seguidoras de las orientaciones de la "instrucción oficial y laica" del gobierno, cuyas ideas "demoledoras e iconoclastas" echan pronto abajo "el edificio de sus creencias" (1965: 930). Salvador se convierte así en un hombre sin ética ni principios, como la misma Patria "en que ya no creen los que sólo a la Ciencia adoran" (995). El paralelismo entre el personaje y el país se hace explícito en momentos como éste a lo largo del texto: "ambos caminaban, tambaleantes y ciegos, a quién sabe qué abismos de ruina; ambos, obedeciendo a idéntica causa: esa carencia absoluta de sentido moral que a uno y otro afligía, esa falta de ideales de todo género; ni religiosos, ni políticos, ni artísticos, ni sociológicos" (1027-1028). Finalmente, Salvador ve la situación con claridad y después de su "reconquista" por la religión, propiciada por su accidente, proclama el retorno a los principios de la fe católica como el único modo de enderezar el rumbo de la nación. El amor y el temor de Dios son también para el autor las únicas armas que pueden servir de freno a los instintos naturales, y de hecho el personaje, cuando ya ha culminado su proceso de conversión religiosa, se encuentra perfectamente capacitado para reprimirlos (1080).

Una "regeneración" con connotaciones similares es la de Clotilde, quien en *Suprema ley* se arrepiente de su vida pecadora después de que la carta de perdón de sus padres, que su tía Carlota le lleva a la capital, despierta en ella "dormidos hábitos" (1965: 427) que la impulsan a recordar su infancia rural y a recuperar la fe religiosa por medio de la confesión.

El simbolismo espacial ocupa también lugar destacado en *Santa*. A la imagen del ambiente vicioso y nocturno del escenario urbano, el narrador contrapone la descripción del pueblo de Chimalistac, que la joven rememora como un auténtico paraíso perdido: "Por todas partes aire puro, fragancias de las rosas que asoman por encima de las tapias, rumor de árboles y del agua que se despeña en las dos presas. En el día, zumbar de insectos, al sol; en la noche, luciérnagas que el amor enciende y que se persiguen y apagan cuando se encuentran" (2002: 98).

En ese mundo de luz y blancura, Santa crece "sana, feliz, pura" (99) en una humilde casa familiar en la que son palpables los signos de la fe religiosa. En Chimalistac perviven los rasgos del México tradicional que Gamboa admira, y en este contexto la llegada del alférez Beltrán y su regimiento tiene el efecto de introducir un elemento extraño, procedente del *exterior*, en los lindes de esa especie de reducto ideal, lo cual a la postre desencadena el drama. La dicotomía tradición/modernidad (y lo que cada uno de estos términos supone para el autor) se percibe en la simbología que rodea estos episodios del relato: la "Gendarmería Municipal de a caballo", con sus uniformes "a la europea" (110), llega al pueblo en sustitución de los antiguos *rurales*. Los integrantes de la guarnición se instalan, según señala el narrador, como "invasores" en el antiguo convento del Carmen —el nuevo espíritu laico ocupa el espacio del culto religioso— y el alférez Beltrán, al margen de no poder escapar de su condición de hombre dominado por sus instintos, mostrará también en su comportamiento, desprovisto de todo tipo de consideración humana hacia la pobre chica a la que ha engañado, la ausencia de principios éticos y morales que caracteriza a los nuevos tiempos. En esta parte del relato, la relación de los dos jóvenes supone en realidad la confrontación entre dos espacios y dos tiempos diferentes: el México rural, apegado a sus tradiciones y su moral católica de conducta, y el México de la modernidad, con sus costumbres disolutas. El caso del convento se repetirá más adelante en las descripciones del Palacio de Justicia que aparecen en el capítulo III de la segunda parte. Aunque el edificio ocupa el espacio de un antiguo albergue religioso secularizado con las Leyes de Reforma, el narrador sigue percibiendo bajo su apariencia la presencia oculta de los "viejos oratorios", "las austeras y desnudas celdas" de donde aún se escapan "plegarias y salmodias" (284). Una vez más, con la imagen de ese México descreído y moderno, el autor sigue sintiendo la entraña auténtica y tradicional del país.

Desde esta perspectiva, la historia de Santa se vislumbra como una suerte de metáfora del México de la época, una interpretación apuntada en distintos momentos por la crítica (Brushwood 1973; Fernández-Levin 1997; Glantz 2005), que también ha hecho extensiva esta lectura a la posterior *Reconquista*. A pesar de la visión tan negativa de la realidad que Gamboa ofrece en estas historias, la conclusión de ambos relatos deja sin embargo una clara puerta abierta a la esperanza, en consonancia con el optimismo idealista antes apuntado: el retorno a los valores tradicionales del país, aún vivos y ocultos bajo las apariencias de modernidad, será la verdadera solución de los problemas de México.

El ideario político y social de Gamboa que se trasluce en estas novelas tiene una estrecha relación con sus convicciones religiosas. Como se ha señalado, la carencia de unos principios y una moral de esta índole conduce siempre al desastre a los personajes, quienes a partir de *Santa* en particular, y una vez culminado su proceso de "re-conversión", son capaces de reconocer sus errores y corregir el rumbo de sus vidas. El trasfondo religioso también se percibe en el propio carácter de "historia ejemplar" de *Santa*, un aspecto de la novela que ha sido objeto de diversos acercamientos críticos, que en algunos casos han planteado ciertas dudas acerca de la efectividad y el alcance de la enseñanza moral que pretende el autor. En este sentido, Munguía Zatarain sostiene que "la novela [...] resulta un estruendoso fracaso en sus pretensiones moralizantes" (2005: 73), opinión que Olea Franco matiza al afirmar que este propósito "no se cumple a cabalidad dentro del texto, uno de cuyos mayores atractivos es precisamente provocar en las y los lectores una irresistible seducción por la sabrosa vida de pecado de la protagonista, más que por su castigo y eventual proceso redentor" (2005: 36).

Santa es culpable en primera instancia de haber transgredido las normas de convivencia por las que se rige el mundo del que procede, al haber cedido a las pretensiones del alférez, lo cual provoca su embarazo, un pecado que la incapacita para seguir viviendo en el *espacio sagrado* de su infancia. En un remedo del mitema tradicional de la expulsión del Paraíso, Agustina y sus hijos, convertidos "en solemne grupo patriarcal de los justicieros tiempos bíblicos" (2002: 123), echan de casa a la joven infeliz, quien, desprovista del cariño y el apoyo de los suyos, acudirá a la capital para ejercer la prostitución. En un proceso que Aníbal González ha descrito como "la paradoja de la abyección como vía de purificación" (2005: 120), Santa vive su inmersión en el mundo del vicio y el pecado como una suerte de suicidio aplazado, que le va a proporcionar un mayor sufrimiento y una muerte a la larga más lenta y dolorosa de la que encontraría arrojándose al río Magdalena, como había sido su primera intención. El autocastigo y el dolor *purifican* finalmente a Santa, que en sus últimos días, enferma y perdida ya su antigua belleza, vive una historia casta y sincera con el monstruoso Hipólito. En el tiempo que pasan juntos, la antigua cortesana y el pianista ciego experimentan un cierto sentimiento de culpabilidad por haber vivido de espaldas a Dios (2002: 341), y por medio del amor y el dolor, sienten que poco a poco regresa la antigua devoción. Cuando Santa muere finalmente en la mesa de operaciones, su alma se encuentra ya limpia de pecado: por medio del amor, el sufrimiento y el consuelo divino, la joven alcanza el perdón y ello le permite el regreso al paraíso, momento que simboliza su entierro en Chimalistac. A los pies de su tumba, el antes descreído Hipólito ve con claridad el sentido de la historia: nunca es tarde para quien se arrepiente, y no existe pecado ni pecador a quien no perdone la infinita misericordia divina. Como expresé en otro lugar (Ordiz 2002), la estructura de la acción responde a la dinámica "transgresión-expiación-perdón", que se encuentra en la base de relatos hagiográficos como los de la Magdalena o Santa María Egipciaca.

La relación entre Santa e Hipólito reproduce también a otro nivel el juego entre "apariencia" y "realidad" que, como se ha visto, representa un aspecto importante en la narrativa del mexicano. Hipólito es un hombre de imagen repulsiva, que a medida que avanza el relato se revela como un alma sensible, capaz de concebir un amor puro y desinteresado por la joven campesina caída en desgracia. Él será el único varón que no llegará a gozar del cuerpo de la cortesana, pues no desea causarle un mayor sufrimiento físico, cuando ya la enfermedad se ha manifestado en toda su crudeza. Sólo él será también capaz de ver ese fondo de pureza e ingenuidad que la joven mantiene en lo profundo de su ser a pesar de su vida pecaminosa; y frente al resto de los hombres, que caen deslumbrados por la belleza exterior de la muchacha, Hipólito, incapacitado para percibirla, se enamora del *interior* de la joven y con el tiempo incluso consigue *abrirle los ojos* a la contemplación de una realidad que supera lo aparente. Por ello, casi al final de la historia, el narrador llega a afirmar que Santa "encuentra bello, decididamente" (2002: 354) al ciego. El tema, tratado con amplitud en historias de corte romántico, remite en última instancia a las doctrinas del dualismo platónico adoptadas por el catolicismo; en este aspecto, resulta significativo el contraste que se produce, en la evolución de Santa, entre la belleza de su cuerpo y la "suciedad" del alma con que comienza su vida en la ciudad, y la fealdad exterior del final de sus días, cuando su espíritu está ya en paz con Dios.

Las firmes convicciones religiosas esgrimidas por Gamboa en sus obras no impiden, sin embargo, que en ocasiones el autor ofrezca una visión negativa del clero, aunque ésta en el fondo no tenga la relevancia ni la continuidad que algunos críticos quieren otorgarle (Fernández-Levin 1997: 60). En realidad, el relativo anticlericalismo del escritor se inscribe en su crítica contra el catolicismo mal entendido, tendencia que percibe no sólo en la población, la cual confunde a menudo el dogma con la superstición, sino también entre los ministros llamados a aplicar sus principios, quienes en algunos casos no están a la altura de las circunstancias, como sucede con el confesor de Elena en *Apariencias* o con el sacerdote que expulsa a Santa del templo. No obstante, esta imagen se compensa con la actuación de religiosos sabios y comprensivos, como el confesor de Clotilde en *Suprema ley* y sobre todo fray Paulino, de especial protagonismo en *Metamorfosis*.

ESTRUCTURA, ESTILO, INFLUENCIAS

La crítica también ha puesto de relieve el "encuentro y diálogo de corrientes" literarias que tiene lugar en las obras de Gamboa (Quintana Tejera 2005: 191). Los comentarios se han centrado de manera especial en la relación del novelista con el movimiento naturalista (Hooker 1971; García Barragán 1971), que en esos momentos aledaños al cambio de siglo extendía su influencia por buena parte de la narrativa occidental.

En líneas generales, las tres primeras novelas extensas de Gamboa se atienen a una forma y una problemática acordes con las teorías e hipótesis defendidas por la llamada Escuela de Médan, en particular en cuanto a la interpretación de la pasión amorosa como un rasgo de la fisiología humana que supone una potencial fuerza destructiva de la sociedad civilizada, a la que acompaña el empleo de una terminología "científica" a la hora de describir tal proceso. En algunas ocasiones, encontramos en las novelas de Gamboa escenas de indudable calado naturalista, entre las que destaca la que refiere la muerte de un cliente en el burdel de Santa, donde el narrador analiza con precisión los resortes últimos que conducen al drama e incide de manera especial en la influencia del alcohol como liberador de los "instintos perversos" (2002: 270-275) que incitan al crimen. También a veces algunos personajes, como don Luis (*Apariencias*), Berón (*Suprema ley*) o Chinto (*Metamorfosis*), se hacen eco de ciertas ideas de la época relacionadas con las teorías deterministas y positivistas, aunque en general resulta evidente la escasa simpatía del autor hacia tales planteamientos. Asimismo, la predilección de Gamboa por introducir al lector en ambientes hasta entonces poco frecuentados por la narrativa del país, como el burdel o los barrios más humildes de la capital, ha sido señalada como otro débito suyo a la influencia de la escuela francesa.

A pesar de estos puntos de contacto, la mayor parte de la crítica está de acuerdo en considerar que Gamboa no es un naturalista ortodoxo, pues en su obra las premisas de este movimiento conviven en mayor o menor medida con tendencias tan diferentes como el sentimentalismo romántico, el optimismo idealista o el didactismo religioso. Entre los rasgos que alejan al escritor de las normas naturalistas, se puede señalar de forma primordial la ausencia del determinismo como agente principal en el destino de los personajes. Aunque en ocasiones el narrador realiza comentarios desconcertantes, como el que parece atribuir el carácter de Santa a "gérmenes de muy vieja lascivia de algún tatarabuelo que en ella resucitaba con vicios y todo" (2002: 127), lo cierto es que en ningún caso la personalidad y la forma de proceder del personaje se encuentran guiados por leyes de herencia y medio, las cuales además el autor rechaza de forma explícita en *La llaga*, donde la voluntad y el libre albedrío del protagonista se imponen a sus circunstancias vitales.

Las características formales de los relatos de Gamboa se inscriben, por su parte, en los parámetros habituales del canon realista dominante en la época. Todas sus historias tienen un desarrollo lineal, el cual a veces es interrumpido por ocasionales analepsis que ofrecen información de un pasado cercano al presente narrativo; por ejemplo, cumplen esta función el capítulo II de *Santa*, donde se refiere la vida de la joven en su pueblo, o los distintos episodios donde se desgranan los antecedentes de Clotilde en *Suprema ley*. Resulta también frecuente la intercalación de historias secundarias que, como señala Prendes Guardiola (2002: 103), se incluyen de manera regular en el discurso principal, a modo de digresiones donde se cuenta la vida de alguno de los personajes cercanos a los protagonistas, aunque en ocasiones pueden parecer excesivamente largas y de presencia no del todo justificada. Algunos ejemplos: la historia de fray Paulino en *Metamorfosis*, cuya inclusión no aporta nada al hilo narrativo central, o, más reducida en su extensión, la de Gregorio en *La llaga*, personaje del cual se olvida el narrador una vez que centra su atención en Eulalio. También en esta línea, y aunque no se trate estrictamente de una interpolación, se debe señalar, en la primera parte de *Apariencias*, la gran extensión de la historia ambientada en la época de la Intervención francesa, que no tendrá efecto ni consecuencia alguna en el desarrollo ulterior de la trama.[7]

La presencia de estas interpolaciones tiene el efecto de crear un *tempo* narrativo que en ocasiones parece ralentizado respecto de la acción principal; un ritmo al que también contribuyen las numerosas y variadas intromisiones de la voz narrativa en tercera persona, que a menudo se entremezcla

---

[7] En *Impresiones y recuerdos*, Gamboa reconoce como defecto de esta novela "unas cincuenta páginas que huelgan" (1994: 153) y explica que lo que nació con el propósito de convertirse en una novela sobre esta etapa histórica, le fue llevando más tarde hacia otros derroteros (148).

y confunde con los pensamientos en estilo indirecto de los personajes. Con frecuencia, el narrador se expresa con un alambicado estilo retórico de largos periodos oracionales que al lector de hoy puede resultarle grandilocuente y trasnochado, sobre todo en sus últimas novelas. Prendes Guardiola señala al respecto que "Las farragosas prédicas alejan de la escritura artística estas obras gamboanas, y las convierten en un objeto de lectura bastante plúmbeo" (2002: 136).

Federico Gamboa es, en resumen, el escritor que mejor representa las tensiones sociales, políticas y culturales que existían en la época del Porfiriato. Ciertos aspectos de su obra y de su pensamiento mencionados en estas páginas —como sus ideas políticas, el carácter didáctico-religioso de sus historias, su estilo algo recargado, o la imagen que ofrece de la mujer—, mantienen a este autor muy alejado de los cánones estéticos e ideológicos actuales, y han sido a su vez los principales culpables del mayoritario rechazo que su figura y su creación literaria han suscitado entre las sucesivas generaciones de narradores surgidas después de la Revolución. Sin embargo, pocos escritores en el mundo han sido capaces de lograr en su época tal éxito de público, y mucho menos de forjar mitos perdurables como el de Santa, personaje que sigue vivo en nuestros días en canciones, películas, adaptaciones teatrales —incluso una calle de Chimalistac que lleva su nombre—, y que sin duda se ha convertido en una de las figuras más entrañables del imaginario cultural mexicano.

BIBLIOGRAFÍA

ALEGRÍA, Fernando. 1966. *Breve historia de la novela hispanoamericana*, 3ª ed. Eds. de Andrea, México.

AZUELA, Mariano. 1960. "Federico Gamboa", en *Obras completas*. Fondo de Cultura Económica (*Letras Mexicanas*), México, vol. III, pp. 648-658.

BRUSHWOOD, John S. 1973. *México en su novela*, tr. Francisco González Aramburo. Fondo de Cultura Económica (*Breviarios*, 230), México.

CURIEL, Fernando. 2005. "*Santa*: el desenlace vedado", en *Santa, Santa nuestra*, ed. Rafael Olea Franco. El Colegio de México, México, pp. 51-68.

FERNÁNDEZ-LEVIN, Rosa. 1997. *El autor y el personaje femenino en dos novelas del siglo XIX*. Pliegos, Madrid.

FRANCO BAGNOULS, Lourdes. 2005. "Guiños espaciales entre *Santa* y *Naná*", en *Santa, Santa nuestra*, ed. cit., pp. 255-261.

GAMBOA, Federico. 1965. *Obras completas*. Fondo de Cultura Económica (*Letras Mexicanas*), México.

——. 1994. *Impresiones y recuerdos* (1893), nota prel. José Emilio Pacheco. Consejo Nacional para la Cultura y las Artes, México.

——. 1995-1996. *Mi diario. Mucho de mi vida y algo de la de otros*. Consejo Nacional para la Cultura y las Artes, México, ts. I-VI.

——. 2002. *Santa*, ed. Javier Ordiz. Cátedra, Madrid.

GARCÍA BARRAGÁN, María Guadalupe. 1971. *Federico Gamboa et le Naturalisme*. Tesis Doctoral, Institut d'Études Ibéroamericaines, Université de Paris Sorbonne III, París.

GLANTZ, Margo. 2005. "Santa, ¡otra vez!", en *Santa, Santa nuestra*, ed. cit., pp. 125-134.

GONZÁLEZ, Aníbal. 2005. "Santidad y abyección en *Santa*", en *Santa, Santa nuestra*, ed. cit., pp. 111-124.

HOOKER, Alexander C. 1971. *La novela de Federico Gamboa*. Plaza Mayor, Madrid.

LANDEROS, Carlos. 1965. "¿Quién es Gamboa para los escritores mexicanos de hoy: un general de los hititas o un novelista que llevó el arte narrativo a sus más altos niveles?", *La Cultura en México*, supl. de *Siempre!*, 9 de junio, pp. iv-vii.

MUNGUÍA ZATARAIN, Martha Elena. 2005. "El derrumbe del idilio en *Santa*. Problemas de interacción discursiva en la novela", en *Santa, Santa nuestra*, ed. cit., pp. 71-89.

OLEA FRANCO, Rafael. 2005. "La construcción de un clásico: cien años del mito de *Santa*", en *Santa, Santa nuestra*, ed. cit., pp. 13-36.

ORDIZ, Javier. 2002. "Introducción" a Federico Gamboa, *Santa*, ed. cit., pp. 11-60.

PACHECO, José Emilio. 1977. "Introducción" a Federico Gamboa, *Mi diario. Mucho de mi vida y algo de la de otros*, ed. cit., t. I, pp. ix-xxx.

PRENDES GUARDIOLA, Manuel. 2002. *La novela naturalista de Federico Gamboa*. Universidad de La Rioja (*Biblioteca de Investigación*, 31), Logroño.

QUINTANA TEJERA, Luis. 2005. "Encuentro y diálogo de corrientes decimonónicas en *Santa*", en *Santa, Santa nuestra*, ed. cit., pp. 191-208.

URIBE, Álvaro. 2005. "Historia de dos beldades", en *Santa, Santa nuestra*, ed. cit., pp. 241-253.

ZEA, Leopoldo. 1968. *El positivismo en México: nacimiento, apogeo y decadencia*. Fondo de Cultura Económica, México.

Doscientos años de narrativa mexicana, 1. Siglo XIX
se terminó de imprimir en agosto de 2010
en los talleres de Reproducciones y Materiales, S.A. de C.V.,
Presidentes 189-A, Portales, 03020 México, D.F.
Portada de Irma Eugenia Alva Valencia.
Composición tipográfica y formación:
Patricia Zepeda y Socorro Gutiérrez, en Redacta, S.A. de C.V.
Cuidó la edición Rafael Olea Franco.